LES

ŒUVRES

COMPLETES

DE

VOLTAIRE

84

VOLTAIRE FOUNDATION

OXFORD

2020

© 2020 VOLTAIRE FOUNDATION LTD

ISBN 978 0 7294 1153 0

Voltaire Foundation Ltd
University of Oxford
99 Banbury Road
Oxford OX2 6JX

A catalogue record for this book
is available from the British Library

www.voltaire.ox.ac.uk

The Forest Stewardship Council is an international network
to promote responsible management of the world's forests

Printed on FSC™-certified and chlorine-free paper at
Henry Ling Limited, at the Dorset Press, Dorchester, DT1 1HD

Fragments divers

TABLE DES MATIÈRES

TABLE DES MATIÈRES

ILLUSTRATIONS

ILLUSTRATIONS

ABRÉVIATIONS

Bengesco Georges Bengesco, *Voltaire: bibliographie de ses œuvres*, 4 vol. (Paris, 1882-1890)

BGE Bibliothèque de Genève

BGE (MV) Bibliothèque de Genève (Musée Voltaire)

BnF Bibliothèque nationale de France, Paris

BV M. P. Alekseev et T. N. Kopreeva, *Bibliothèque de Voltaire: catalogue des livres* (Moscou, 1961)

'Calendar' Andrew Brown, 'Calendar of Voltaire manuscripts other than correspondence', *SVEC* 77 (1970), p.11-101

Caussy Fernand Caussy, *Inventaire des manuscrits de la bibliothèque de Voltaire conservée à la Bibliothèque impériale publique de Saint-Pétersbourg* (Paris, 1913; réimpression Genève, 1970)

CLT F. M. Grimm, *Correspondance littéraire, philosophique et critique, par Grimm, Diderot, Raynal, Meister, etc.*, éd. Maurice Tourneux, 16 vol. (Paris, 1877-1882)

CN *Corpus des notes marginales de Voltaire*, 9 vol. (Berlin et Oxford, 1979-2018)

D Voltaire, *Correspondence and related documents*, éd. Th. Besterman, dans *Œuvres complètes de Voltaire*, vol.85-135 (Oxford, 1968-1977)

DP Voltaire, *Dictionnaire philosophique*

EM Voltaire, *Essai sur les mœurs*

Encyclopédie *Encyclopédie, ou dictionnaire raisonné des sciences, des arts et des métiers, par une société de gens de lettres*, éd. J. Le Rond D'Alembert et D. Diderot, 35 vol. (Paris, 1751-1780)

GpbV La bibliothèque de Voltaire, conservée à la Bibliothèque nationale de Russie, Saint-Pétersbourg

Kehl	*Œuvres complètes de Voltaire*, éd. J. A. N. de Caritat, marquis de Condorcet, J. J. M. Decroix et Nicolas Ruault, 70 vol. (Kehl, 1784-1789)
LP	Voltaire, *Lettres philosophiques*, éd. G. Lanson, rév. A. M. Rousseau, 2 vol. (Paris, 1964)
M	*Œuvres complètes de Voltaire*, éd. Louis Moland, 52 vol. (Paris, 1877-1885)
ms.fr.	manuscrits français (BnF)
n.a.fr.	nouvelles acquisitions françaises (BnF)
OCV	*Œuvres complètes de Voltaire* (Oxford, 1968-) [la présente édition]
OH	Voltaire, *Œuvres historiques*, éd. R. Pomeau (Paris, 1957)
QE	Voltaire, *Questions sur l'Encyclopédie*
SVEC	*Studies on Voltaire and the eighteenth century*
VF	Voltaire Foundation, Oxford
VST	René Pomeau, René Vaillot, Christiane Mervaud et autres, *Voltaire en son temps*, 2ᵉ éd., 2 vol. (Oxford, 1995)

L'APPARAT CRITIQUE

L'apparat critique placé au bas des pages fournit les diverses leçons ou variantes offertes par les états manuscrits ou imprimés du texte.

Chaque note critique est composée de tout ou partie des indications suivantes:

— Les numéros des lignes auxquelles elle se rapporte.
— Les sigles désignant les états du texte, ou les sources, repris dans la variante. Des chiffres arabes, isolés ou accompagnés de lettres, désignent en général des éditions séparées de l'œuvre dont il est question; les lettres suivies de chiffres sont réservées aux recueils, w pour les éditions complètes, et т pour les œuvres dramatiques; après le sigle, l'astérisque signale un exemplaire particulier, qui d'ordinaire contient des corrections manuscrites.
— Les deux points (:) marquant le début de la variante proprement dite, dont le texte, s'il en est besoin, est encadré par un ou plusieurs mots du texte de base. A l'intérieur de la variante, toute remarque de l'éditeur est placée entre crochets.

Les signes typographiques conventionnels suivants sont employés:

— Les mots supprimés sont placés entre crochets obliques (<>).
— La lettre grecque bêta (β) désigne le texte de base.
— Le signe de paragraphe (¶) marque l'alinéa.
— Deux traits obliques (//) indiquent la fin d'un chapitre ou d'une partie du texte.
— La flèche horizontale (→) signifie 'adopté par'.
— Les mots ajoutés à la main par Voltaire ou Wagnière sont précédés, dans l'interligne supérieur, de la lettre ^{V} ou ^{W}.
— La flèche verticale dirigée vers le haut (↑) ou vers le bas (↓) indique que l'addition est inscrite au-dessus ou au-dessous de la ligne.
— Le signe $^+$ marque la fin de l'addition, s'il y a lieu.

LES DESCRIPTIONS BIBLIOGRAPHIQUES

Dans les descriptions bibliographiques les signes conventionnels suivants sont employés:

- Pi (π) désigne des cahiers non signés supplémentaires à l'enchaînement régulier des pages préliminaires.
- Chi (χ) désigne des cahiers non signés supplémentaires à l'enchaînement régulier du texte.
- Le signe du dollar ($) signifie 'un cahier typique'.
- Le signe plus ou moins (±) indique l'existence d'un carton.

REMERCIEMENTS

La préparation des *Œuvres complètes de Voltaire* dépend de la compétence et de la patience des membres du personnel de nombreuses bibliothèques de recherche partout dans le monde. Nous les remercions vivement de leur aide généreuse et dévouée. Parmi eux, certains ont assumé une tâche plus lourde que d'autres, dont en particulier le personnel de la Bibliothèque nationale de France et de la Bibliothèque de l'Arsenal, Paris; du Musée Voltaire de la Bibliothèque de Genève; de la Taylor Institution Library, Oxford; et de la Bibliothèque nationale de Russie, Saint-Pétersbourg. La base de données *Electronic Enlightenment* (*EE*) de la Bodleian Library constitue pour notre équipe un outil irremplaçable. Nous remercions également Michael Agnew (Bobst Library, New York University), Stephen Ashworth, Samuel Bailey, Flávio Borda d'Agua (BGE, MV), Yoann Givry (Fondation Martin Bodmer, Genève), James N. Green (Library Company of Philadelphia), Kaitlyn Krieg (Morgan Library, New York), Dominique Lussier, Leah Morin, Cédric Ploix, Ruggero Sciuto, Martin Smith, Stéphanie Toro (BGE, MV), Catherine Walser (BGE, MV), qui nous ont aidés à préparer ce volume. Nous sommes particulièrement reconnaissants à Sylvain Menant pour sa relecture.

Ce volume a été réalisé avec le soutien de la British Academy.

PRÉFACE

Toute nouvelle édition d'œuvres complètes d'un auteur des temps modernes, ou presque, se retrouve confrontée à la question des fragments, brouillons et autres varia non datés qu'on ne sait pas trop où classer. Mais s'il y a forcément quelque chose d'aléatoire dans le corpus des textes de cette nature parvenus jusqu'à nous, ils réservent aux chercheurs des découvertes et des joies sans pareil. Certes, on peut relire dans une nouvelle édition les œuvres classiques de Voltaire (le *Siècle de Louis XIV*, *Mahomet*, *Candide*...), et dans la présente édition scientifique, nombreux sont les textes connus qui ressortent enrichis de paratextes, ou qui bénéficient d'un nouvel éclairage. L'inconnu et l'inédit, cependant, exerceront toujours un attrait particulier.

A une époque antérieure, la plupart des textes imprimés ici n'auraient peut-être pas été considérés 'dignes' d'être édités. Tel fut le jugement de Louis Léouzon Le Duc concernant les *marginalia*: 'la plupart de ces notes sont ou trop insignifiantes, ou trop indignes, pour qu'il vaille la peine de les relever'.[1] Mais comme nous l'avons vu pour les *marginalia*, l'étude de ce genre de texte est pleine d'enseignements.[2] Quelques-uns des fragments de ce tome 84 sont très courts, quelques lignes seulement, parfois une vingtaine de mots (par exemple la [*Procuration*], les fragments 34a et 46a). Ces manuscrits constituent la trace de moments où Voltaire note rapidement quelques idées ou questions auxquelles il pensait peut-être revenir, ou bien, dans le cas de la [*Procuration*], une plaisanterie pour initiés dont le contexte nous est totalement inconnu aujourd'hui.

---

[1] 'Essai sur la bibliothèque de Voltaire', *Voltaire et la police* (Paris, 1867), p.235-65 (ici p.237).
[2] Voir notre *Voltaire à l'ouvrage* (Paris, 2018).

Mais ce corpus, comme celui des *Carnets* (*Notebooks*), laisse entrevoir ce qu'étaient les archives de Voltaire, ce que Nathalie Ferrand appelle un 'espace expérimental',[3] et c'est pourquoi ces brouillons méritent d'être étudiés. Nous avons évidemment bien d'autres brouillons de Voltaire, dont le plus grand nombre figure dans les *Œuvres complètes* dans la strate de la page consacrée aux variantes. Les brouillons qui restent sont ceux dont aucun aboutissement imprimé n'est connu, ou qui semblent avoir constitué des étapes primitives d'ouvrages publiés par la suite. Certes, l'étude des brouillons est l'étude du rebut, mais celui-ci peut jeter un éclairage sur l'œuvre et sur l'écrivain, et c'est en ceci qu'il est précieux. Citons Daniel Ferrer, qui insiste que '[l]a genèse est faite de ces échecs relatifs de la procédure, qui sont en même temps des victoires de l'invention: les brouillons en sont les traces, les dépôts sédimentaires, que le généticien détourne à son profit comme autant de trésors égarés'.[4] Ou comme le dit Voltaire, 'le superflu, chose très nécessaire'.[5]

Ce volume contient trois sortes de textes: d'abord les productions éphémères, concernant le quotidien (comme l'*Avertissement* auquel on a donné le sous-titre de 'Voltaire et la poste', ou les textes qui concernent une réédition de *La Henriade* en 1770), ensuite des textes apparemment rejetés, que Voltaire a dû laisser de côté sciemment (comme par exemple les [*Fragment sur les mystères de la nature*]), et enfin les documents de travail: une partie importante de ce volume renoue en effet avec les *Carnets* et ajoute une vingtaine de textes à cet ensemble.[6] Outre les documents déjà publiés ailleurs par Theodore Besterman, Gustave van Roosbroeck et Andrew Brown,[7] nous publions pour la première fois ici quelques véritables inédits. Mais quiconque lira ces 'fragments' avec

---

[3] N. Ferrand, 'Expériences du manuscrit' dans *Ecrire en Europe. De Leibniz à Foscolo*, éd. N. Ferrand (Paris, 2019), p.7, 12.

[4] D. Ferrer, *Logiques du brouillon* (Paris, 2011), p.53.

[5] *Le Mondain* (*OCV*, t.16, p.296).

[6] *OCV*, t.81-82; voir surtout les 'Sixty-one notebook fragments', t.82, p.584-714.

[7] Voir notre introduction ci-dessous, p.161.

attention constatera que certains d'entre eux ressemblent davantage aux brouillons rejetés par Voltaire qui figurent dans la première partie du volume qu'aux notes des *Carnets*. En effet, Voltaire ne se souciait guère de classer ses papiers, comme nous le faisons, en catégories hermétiques. Il pouvait noter des extraits de lecture ou des réflexions philosophiques sur une feuille volante tout comme il pouvait coucher sur le papier des tentatives de rédaction liées à un projet d'écriture précis (comme les pages qui composaient autrefois le carnet réunissant les fragments 13b, 13c et 15 contenaient les premiers jets de ce qui deviendrait probablement par la suite *La Philosophie de l'histoire*).

L'ordre des textes suit celui de la chronologie autant qu'il a été possible de l'établir; certains textes – comme [*L'Ame des bêtes*], *Sur les Juifs*, ou encore [*Sur le Pentateuque*] – n'ayant pas pu être situés avec précision, nous avons indiqué une fourchette de dates. Nous avons placé les fragments de carnets en fin de volume, car ils sont de datation diverse et incertaine. Ensuite vient l'[*Appareil de classement*] de Voltaire, ainsi placé car encore plus difficile à dater. Avec cette sorte de documents, on s'éloigne de la notion d'œuvre, et même de texte, et on se rapproche du genre de fonds d'archives que nous imprimons en appendice de l'*Avertissement* [*Voltaire et la poste*], à savoir des documents pratiques ayant trait à la vie quotidienne de l'auteur.

Les textes de ce volume nous instruisent jusqu'à un certain point sur les méthodes de travail de notre auteur, mais révèlent aussi une partie de sa production qu'il n'a pas jugé bon de publier, qu'il a parfois délaissée sans l'achever (*Sur les Juifs*, [*Sur le Pentateuque*], [*Fragment sur les mystères de la nature*]). L'article *Action* en particulier peut être mis en rapport avec un projet d'écriture très précis, à savoir les *Questions sur l'Encyclopédie*. Mais pourquoi ne pas avoir ajouté cet article aux 440 autres qui forment les *Questions*? On peut imaginer que Voltaire a estimé que celui-ci n'était pas à la hauteur. Ou bien a-t-il constitué une version primitive de ce qu'est devenu l'article 'Art dramatique'? Sans recoupement textuel, on ne saurait le dire. Autre hypothèse: le manuscrit se serait-il simplement perdu, et l'absence de cet article dans les *Questions* n'est-il que le signe d'une perte ou d'un oubli? Si ces inédits ne proposent aucune grande révélation concernant les idées ou les opinions de Voltaire, ils témoignent malgré tout de son activité littéraire et des choix qu'il opérait en décidant de publier ou non un texte. Ces textes peuvent-ils par ailleurs nous instruire sur l'inachevé et l'inachèvement chez Voltaire?

En consultant le présent volume, on a conscience d'être au plus près du manuscrit en tant que support. Editer un brouillon est un défi au niveau de la mise en page. Alors que le texte imprimé offre d'emblée une structure qui rend sa réédition dans un contexte scientifique relativement simple, le manuscrit comporte des difficultés qui lui sont propres. Les symboles tracés à la main, les encadrés et autres lignes qui donnent une importance accrue à certains mots ou phrases, des mots relégués en marge ou des paragraphes agencés de manière particulière sur la page sont autant d'éléments dont nous avons pris le parti de rendre compte. Le lecteur a ainsi accès aux particularités des manuscrits, et nous proposons en outre de nombreuses photographies pour leur donner une meilleure idée de la matérialité des documents. En suivant les principes adoptés ailleurs dans les *Œuvres complètes* nous n'avons pas modernisé l'orthographe lorsqu'on reproduit le texte d'un manuscrit autographe de Voltaire, ou de la main de ses secrétaires. Un grand nombre des textes présentés ici sont sans titre, en raison de leur nature manuscrite et fragmentaire. Aussi leur attribuons-nous des titres entre crochets, le plus souvent en suivant le titre provisoire conféré dès leur première publication, le cas échéant.[8]

Même si les textes du présent volume sont très majoritairement issus de manuscrits, deux d'entre eux ont fait l'objet d'une impression dès le dix-huitième siècle: l'*Avertissement* et l'*Avis des éditeurs*. Le premier constitue une trace éphémère de la façon dont Voltaire exploite les possibilités des périodiques: il s'agit d'une annonce comme il en reste sans doute d'autres à identifier. Le second est

---

[8] A. Brown, 'Calendar', surtout p.89-101.

la trace du dernier grand projet d'édition des œuvres complètes du vivant de l'auteur, et le texte a été inclus dans l'édition de Kehl. Un troisième texte n'a pas été imprimé au dix-huitième siècle, mais il a connu une publication par voie manuscrite dans la *Correspondance littéraire* de Grimm. L'*Epître aux fidèles*, qui a parfois été attribuée à Diderot, revient ici à Voltaire, paternité très probable. En appendice le lecteur découvrira les vestiges d'une collaboration entre Voltaire et Baculard d'Arnaud. Nous nous sommes inspirés des volumes des notes marginales de Voltaire pour la présentation de ce document, même si nous n'avons pas affaire ici à des notes marginales à proprement parler; par ailleurs, la complexité du dossier est telle, étant donné la publication par Wagnière en 1826 de données qui ne correspondent pas exactement au manuscrit qui a survécu, que nous sommes ici en présence d'un cas limite en ce qui concerne les notions d'œuvre et de paternité littéraire.

Dans la *Provisional table of contents*, on annonçait parmi le contenu du tome 84 certains *marginalia*.[9] Or depuis 1983 la totalité des notes marginales ont intégré les *Œuvres complètes* dont elles forment aujourd'hui treize volumes (tomes 136-45), ce que les auteurs de la liste provisoire du contenu des volumes, établie voici presque quarante ans, étaient loin d'imaginer. Dans la même liste figure des 'Documents financiers et juridiques' de Voltaire. Par là on entendait sans doute les manuscrits qui ont été publiés sous le titre de *Voltaire's household accounts*,[10] mais nous avons jugé qu'il ne s'agit pas à proprement parler d'œuvre de Voltaire, même si de temps de temps les comptes contiennent un ajout de sa main. Devaient figurer dans le tome 84 aussi de nombreux textes qui ont été attribués à Voltaire: ceux-ci étant trop nombreux et volumineux, ils paraîtront à la toute fin des *Œuvres complètes*, aux tomes 146 et 147, où ils seront suivis d'un index des titres des œuvres de Voltaire.

[9] *Provisional table of contents for the Complete works of Voltaire*, éd. U. Kölving (Oxford, 1983), p.53.

[10] *Voltaire's household a ccounts, 1760-1778*, éd. Th. Besterman (Genève et New York, 1968).

Nul doute que le dépouillement de nouvelles archives et la découverte de nouveaux dépôts de documents révèleront des textes jusqu'ici inconnus. Si les *Œuvres* de Voltaire sont néanmoins complètes (ou presque), c'est du côté des brouillons et des documents non destinés à la postérité que les découvertes auront lieu, et la collection des manuscrits de Voltaire conservée à la Bibliothèque nationale de Russie à Saint-Pétersbourg contient certainement un nombre important de tels papiers. En attendant, nous proposons ce florilège de témoignages de la vie littéraire de Voltaire, auquel peut s'appliquer cette observation de Nathalie Ferrand: 'L'importance n'est pas l'amplitude des archives, mais la qualité des problèmes qu'elles posent et des questions qu'elles font jaillir en elles-mêmes et au contact les unes des autres.'[11] Nous espérons que cette publication sera à l'origine d'un intérêt et d'un questionnement renouvelés pour les archives voltairiennes.

Gillian Pink

---

[11] 'Expériences du manuscrit', p.23.

[*Dédicace pour un ouvrage sur la métallurgie*]

Edition critique

par

John Renwick

TABLE DES MATIÈRES

INTRODUCTION

Ce fragment olographe traite d'une matière plutôt éloignée des centres d'intérêt habituels de Voltaire, et ne semble donc pas se prêter à un nouveau commentaire plus étoffé que les cinq lignes rédigées naguère par Andrew Brown où il avouait que ses recherches étaient demeurées infructueuses.[1] Quoique nous n'ayons pas non plus de réponses définitives à offrir, nous croyons toutefois qu'il est possible de proposer quelques conjectures non dénuées de probabilité.

Première remarque: ce court passage trahit (fugitivement, il est vrai) un Voltaire à cheval sur des graphies à la fois traditionnelles et modernes, et plus précisément celles des imparfaits et conditionnels en *-ois*, *-oit*, etc. Dès les années 1730, Voltaire avait préconisé la substitution, dans des vocables tels 'anglois' ou 'françois', de *-ais* à *-ois*.[2] A la même époque, sa correspondance, dont nous possédons des exemples entièrement de sa main, trahit une fluctuation entre les deux formes, avec toutefois une tendance marquée à respecter la graphie traditionnelle, qu'il s'agisse d'adjectifs, de verbes (par exemple 'connoître' au lieu de 'connaître') ou de temps des verbes.

Deuxième remarque: le ton de cette dédicace enthousiaste, qui encense un roi anonyme mais qui véhicule des jugements de valeur assez prononcés, aiguille infailliblement, non vers Louis XV, mais plutôt vers Frédéric II de Prusse. Or, l'orthographe des manuscrits autographes de Voltaire destinés à ce dernier trahit une évolution

---

[1] 'Calendar', p.99.

[2] Voir l'avertissement (1736) de *Zaïre* (*OCV*, t.8, p.525), D1054 du 5 avril 1736 et *La Henriade* (*OCV*, t.2, p.323). Sur la place de Voltaire dans ce mouvement vers la modernisation des imparfaits, des conditionnels, etc., voir Ferdinand Brunot, *Histoire de la langue française des origines à 1900*, 17 vol. (Paris, 1932), t.6, deuxième partie, p.961-63.

des plus intéressantes. En 1749, ils respectent, à de rares exceptions près, les vieilles graphies qu'il avait dénoncées, même si on remarque parfois, dans certaines lettres de 1749, la coexistence du traditionnel et du moderne.[3] C'est toutefois dans le courant de 1751 qu'une transformation s'opère dans ce domaine. Jugeons-en plutôt. Le 5 juin, on trouve, par exemple, 'Sire, croyez moy, j'*étois* fait pour vous, et puis[que][4] je vis seul quand vous n'êtes plus à Potsdam, aparemment que je n'y *étais* venu que pour vous' (D4486). Plus tard (le 9 juillet 1751), on trouve les deux formes 'dormait' et 'avait' (D4517), alors que le 14 (juillet 1751) on relève de même les formes très modernes: 'j'*avais*'; 'Pluton *allait*'; '*allaient* dépêcher'; 'je *mourrais*' (D4519). Le 24 août 1751, en pleine évolution vers le moderne (huit exemples de l'imparfait et du conditionnel en -*ais*), Voltaire peut cependant écrire: 'j'*avais* bien encor d'autres vers à vous montrer. J'*avois* à vous demander votre protection pour l'édition de ce siècle de Louis 14 que je fais imprimer à Berlin' (D4550). A la fin du mois d'août 1751, parmi sept exemples de la même tendance vers la nouvelle orthographe, on relève un seul écho du passé: 'Si je *voulois* moy, louer l'auteur de ces mémoires, je me *servirais* des mêmes raisons que cet *anglais* aporte contre luy' (D4560).[5]

Troisième remarque: Voltaire, écrivant à Frédéric II, en est toujours – au milieu de l'année 1751 – à mélanger l'ancien et le moderne. Cela dit, les trois maigres exemples relevés dans notre dédicace n'autorisent, statistiquement parlant, aucune conclusion définitive. N'y aurait-il pas toutefois un autre moyen de circonscrire notre problème dans le temps? Que peut-on dire (pour

[3] Voir D4039, du 15 octobre 1749, où, parmi les nombreuses graphies traditionnelles, on trouve par deux fois 'conn*aiss*(i)ez' au lieu de 'conn*oiss*(i)ez'.

[4] Correction faite par André Magnan, *Dossier Voltaire en Prusse (1750-1753)*, *SVEC* 244 (1986), p.185.

[5] Si le même genre de fluctuation entre ancien et moderne demeure visible dans des lettres olographes adressées à d'autres correspondants, on se doit de signaler que Voltaire – quelle que soit l'identité de son correspondant – est résolument moderne dans son orthographe dès 1752.

revenir au ton de cette dédicace) des rapports entre Voltaire et Frédéric II et de leur évolution depuis les épanchements des débuts jusqu'aux aigreurs et aux récriminations de 1753? [6] Si l'on prend le ton employé au pied de la lettre, on serait tenté de placer le texte en 1750, ou au plus tard en 1751... voire encore plus tôt. Comme on le voit donc, l'indécision demeure constamment de mise. N'y aurait-il pas cependant une autre piste à exploiter qui nous permettrait peut-être de trouver un début de réponse possible, nous entendons: dans le monde de l'édition?

Or, il se trouve qu'en 1750 le minéralogiste Johann-Gottlieb Lehmann (1719-1767), destiné à devenir en 1761 le directeur du Musée impérial de Saint-Pétersbourg, s'installa à Berlin où il devint le conseiller des mines du roi de Prusse. En cette même année 1750, l'Académie royale des sciences de Berlin (dont il devait devenir membre en 1754) lui confia d'ailleurs la mission d'étudier l'exploitation minière dans les différentes provinces du royaume. Plus intéressant encore: on sait qu'à cette époque précise, Lehmann travaillait déjà à la composition d'un traité de métallurgie. [7] Lui-même membre de l'Académie, Voltaire aurait-il été pressenti pour patronner un ouvrage qui ne pouvait que plaire à un monarque résolu à faire de son pays une puissance européenne moderne? Cela n'a rien d'improbable. Mais comme nous nous trouvons ici au seuil d'une deuxième série de problèmes et surtout de conjectures encore plus invérifiables, [8] contentons-nous de répéter que

[6] Sur le devenir de cette amitié aux origines intenses qui devait finir désastreusement, voir Christiane Mervaud, *Voltaire et Frédéric II: une dramaturgie des Lumières 1736-1778*, *SVEC* 234 (1985), et plus spécialement le ch.6: 'Variations épistolaires sur un contrat de vie commune (1749-1752)', p.169-210.

[7] Il convient de noter que la préface du t.2 de son *Abhandlung von den Metall-Müttern und der Erzeugung der Metalle aus der Naturlehre und Bergwerckswissenschaft hergeleitet und mit chymischen Versuchen erwiesen* (Berlin, 1753) est datée: 'A Berlin den 5. August 1752'.

[8] Pourquoi une dédicace rédigée en français pour un ouvrage qui devait paraître en allemand? Lehmann, si c'est bien lui le récipiendaire ou le destinataire du texte (1750-1751), aurait-il jugé inconvenant de se prévaloir de l'appui d'une célébrité devenue entre-temps (1752-1753) *persona non grata*?

ce projet de dédicace pourrait très bien dater de la période berlinoise, avant la brouille entre les deux hommes.

Manuscrit

MS

[*Sans titre*].
Document entièrement autographe.
Genève, BGE (MV): MS 43.21.

Principes de cette édition

La présente édition reproduit un manuscrit autographe. Aussi présentons-nous une transcription fidèle de l'original, et reproduisons-nous les corrections apportées par Voltaire lui-même en variante.

[DÉDICACE POUR UN OUVRAGE SUR LA MÉTALLURGIE]

Sire

jose mettre sous la protection de v. majesté, et soumettre a ses lumieres, un ouvrage qui ne seroit pas digne de luy etre presenté si le fonds n'en etoit utile aux hommes. quiconque n'a en vue que les avantages du public peut s'adresser avec confiance a votre majesté; je traite icy de ce qui fait lobjet du commerce de toute la terre, et dun art qui met en œuvre tous les autres arts. a qui oserais je adresser un ouvrage sur les tresors que dieu a mis p^r nos besoins dans le sein de la terre, quau monarque qui possede les plus beaux de ces tresors qui en fait le plus respectable usage, qui les employe avec liberalité sans profusion, avec pieté sans superstition et avec autant de goust, que de magnificence; en sorte que luy parler de ses richesses cest en effet luy parler de ses vertus.

2   β: jose <implorer> $^{V↑}$mettre sous$^+$ la
4   β: fonds <netoit> ^{V}n'en $^↑$etoit$^+$ utile
    β: hommes. <quiconque ne> $^{V↑}$quiconque n'a$^+$ en
7   β: qui <est le pere de> $^{V↑}$met en œuvre$^+$ tous les $^{V↑}$autres$^+$ arts
8-9 β: ouvrage sur les <metaux> sur les tresors <richesses> <de la> que dieu a mis p^r <notre usage> $^{V↑}$nos besoins$^+$ dans
9   β: quau <prince> $^{V↑}$monarque$^+$ qui
10 β: tresors <et> qui
12 β: avec $^{V↑}$autant de$^+$ goust,

1. [*Dédicace pour un ouvrage sur la métallurgie*], Genève, BGE (MV): MS 43.21.

[*L'Ame des bêtes*]

Edition critique

par

Gerhardt Stenger

TABLE DES MATIÈRES

INTRODUCTION

Voici la transcription d'un fragment exposé au mois de novembre 1986 dans la vitrine de la Librairie de l'Abbaye à Paris.[1] Voltaire y traite d'un de ses thèmes de prédilection, l'existence – ou plutôt la non-existence – d'une âme spirituelle et immortelle chez l'homme et les animaux.[2] Il est évidemment impossible de dater ce fragment avec précision; tout au plus peut-on remarquer que la critique de l'âme selon les philosophes péripatéticiens se situe surtout avant les années 1760, sans disparaître totalement des œuvres ultérieures.[3] Dans le premier des deux paragraphes, Voltaire développe une idée-force présente dès la *Lettre sur M. Locke* (1732): les animaux – y compris l'homme – n'ont pas d'âme spirituelle mais plus ou moins de sensations et d'idées selon le nombre de leurs organes; c'est Dieu qui a donné à leurs organes la faculté de sentir et de penser, c'est-à-dire de combiner des idées. Le deuxième paragraphe est plus original. Si l'on admet, suggère Voltaire, que certains animaux possèdent une âme sensitive, ces animaux ont nécessairement des idées, sans être doués d'une quelconque âme spirituelle. Si Voltaire avait poursuivi la rédaction de ce texte, il aurait probablement amené le lecteur à conclure que ce qui était vrai pour les animaux l'était également pour l'homme, qui n'est qu'un animal plus perfectionné que les autres. Comme il disait dans la *Lettre sur M. Locke*:

Je penserai que Dieu a donné des portions d'intelligence à des portions de matière organisées pour penser: je croirai que la matière a pensé à

---

[1] Photocopie envoyée à la Voltaire Foundation par J. H. Pinault, de la librairie susmentionnée, en décembre 1986.

[2] Nous avons brièvement résumé les idées de Voltaire sur l'âme dans l'introduction à *De l'âme*, *OCV*, t.76, p.211-30.

[3] L'huître, le ciron, l'éléphant et les vermisseaux apparaissent notamment dans la *Lettre sur M. Locke* (*OCV*, t.6c, p.258), le *Traité de métaphysique* (*OCV*, t.14, p.451-53), l'article 'Sensation' du *DP* (*OCV*, t.36, p.531), *Les Colimaçons du révérend père l'Escarbotier* (*OCV*, t.65B, p.145) et *Les Adorateurs* (*OCV*, t.70B, p.281).

proportion de la finesse de ses sens, que ce sont eux qui sont les portes et la mesure de nos idées; je croirai que l'huître à l'écaille a moins d'esprit que moi, parce qu'elle a moins de sensations que moi [...]. Il y a beaucoup d'animaux qui n'ont que deux sens; nous en avons cinq, ce qui est bien peu de chose, il est à croire qu'il est dans d'autres mondes d'autres animaux qui jouissent de vingt ou trente sens, et que d'autres espèces, encore plus parfaites, ont des sens à l'infini. [4]

A quoi fait écho, quarante ans plus tard, ce passage tiré des *Lettres de Memmius à Cicéron*: 'Les animaux ont les mêmes facultés que nous. [...] Ils ont des sens et des sensations, des idées, de la mémoire. Quel est l'homme assez fou pour penser que le principe de toutes ces choses est un esprit inétendu? Nul mortel n'a jamais osé proférer cette absurdité. Pourquoi donc serions-nous assez insensés pour imaginer cet esprit en faveur de l'homme?' [5] Entre ces deux textes, Voltaire a, entre autres, abordé la question de l'âme des bêtes dans les *Questions proposées à qui voudra et pourra les résoudre*, [6] l'article 'Bêtes' du *Dictionnaire philosophique* [7] et la 'Section troisième' de l'article 'Ame' des *Questions sur l'Encyclopédie*. [8]

Manuscrit

MS

[*Sans titre*].

Document entièrement autographe portant la mention 'Ecriture de Voltaire' en début de fragment. Sont conservés les points 5 et 6 d'un argument, ce qui laisse penser qu'il y aurait eu au moins deux pages précédentes. Le texte ne se termine pas en fin de page et semble donc représenter un état achevé.

Lieu de conservation inconnu; photocopie Oxford, VF.

[4] *OCV*, t.6C, *Lettre sur M. Locke*, lignes 147-58.
[5] *OCV*, t.72, p.260-61.
[6] *OCV*, t.57A, p.299-315.
[7] *OCV*, t.35, p.411-15.
[8] *OCV*, t.38, p.225-30.

Principes de cette édition

La présente édition reproduit un fragment de manuscrit autographe. Aussi présentons-nous une transcription fidèle de l'original, et reproduisons-nous les corrections apportées par Voltaire lui-même en variante.

[L'ÂME DES BÊTES]

[f.1] 5° je supplie le lecteur de se demander de bonne foy a luy meme si en voiant une huitre ou un vermissau il est tenté de croire que cette huitre et cet insecte qui ont si peu de sensations possedent dans eux un etre spirituel[1] je ne pense pas quil y ait baucoup dhommes a qui cette idee soit venue.[2] pourquoy donc en voyant de plus gros animaux douez de plus d'organes et de plus de sensations imaginera til quil faut une ame a ces corps! quoy vous ne laurez pas admise dans une huitre, et vous L'admettrez dans un elephant parce quil est plus gros? ne voyez vous pas que si le createur a des animaux, a pu donner un [*sic*] ou deux[3] sensations a une huitre, il a pu en donner mille a une autre espece! et que si la matiere sent peu dans un corps peu organisé elle sent baucoup dans un corps qui a plus d'organes.

6° vous n'etes donc pas au fonds revolté que la matiere ait des sensations. mais il ny a point de sensations sans idées.[4] un animal

---

5   β: idee <[*illisible*]> soit

6-7 β: sensations <pensera> imaginera til

11   β: espece! ᵛ↑et⁺ que

12   β: sent <un> peu dans un corps peu organisé elle <peut> sent<ir> baucoup

14   β: 6° <il y a eu des philosophes qui ont acordé une ame sensitive a la matiere, aux betes> vous

---

[1] Dans l'article 'Ame' des *QE*, Voltaire affirme que 'personne n'avait poussé la témérité jusqu'à dire qu'une huître possède une âme spirituelle' (*OCV*, t.38, p.225).

[2] Voltaire pense aux partisans de l'âme des bêtes comme le jésuite Ignace-Gaston Pardies et son *Discours de la connaissance des bêtes* (Paris, 1672, BV2643) et, plus récemment, l'auteur de l'article 'Ame des bêtes' de l'*Encyclopédie* (t.1, p.343-53), l'abbé Yvon (voir *CN*, t.3, p.364-65).

[3] D'après l'article 'Sensation' du *DP*, les huîtres ont 'deux sens' (*OCV*, t.36, p.528).

[4] Aristote et après lui saint Thomas. Voir l'article 'Ame' du *DP* (*OCV*, t.35, p.310).

14

ne peut voir sans avoir lidée qu'il voit. un ciron a l'organe de la vue, il a donc des idées. ⁵ il est matiere oserez vous donner une ame spirituelle a ce ciron, dites nous en bonne [f.1*v*] foy quel sentiment vous revolte le plus ou de dire, voyla un ciron a qui dieu a donné la faculté de sentir, ou de dire voila un ciron a qui dieu a donner [*sic*] une ame spirituelle pour sentir?

16 β: lidée <de ce> qu'il
17 β: idées. <oserez-vous donnér un> il

⁵ Voltaire n'a cessé de répéter que, dans la mesure où les animaux ont des idées (c'est-à-dire des images provenant des sensations), ils ont également une mémoire et 'une mesure d'intelligence' (*Il faut prendre un parti*, *OCV*, t.74B, p.23).

Avertissement [*Voltaire et la poste*]

Edition critique

par

Nicholas Cronk

et

Gillian Pink

TABLE DES MATIÈRES

INTRODUCTION

Nous connaissons la correspondance de Voltaire comme le chef-d'œuvre qu'elle constitue – et nous oublions qu'elle posait aussi un grand problème pour Voltaire. Devenu une célébrité à l'échelle européenne, le patriarche de Ferney est inondé de lettres. Le 16 mai 1760, il se confie à d'Argental en ces termes: 'je reçois vingt lettres de connus, d'inconnus qui tous s'adressent à moi pour que je sois le réparateur des torts' (D8912). Parfois ces lettres contiennent des reproches, comme Voltaire l'explique à Damilaville (4 juillet 1767, D14254): 'Vous n'ignorez pas que j'ai reçu un nombre prodigieux de lettres anonymes dans ma retraite. J'en ai reçu quatre-vingt quatorze de la même écriture, et je les ai toutes brûlées.' Même les lettres moins combatives s'avèrent problématiques: l'étiquette épistolaire demande qu'on accuse réception de tout le courrier que l'on reçoit et que l'on accepte, et cela revient cher à Voltaire, car sous l'Ancien Régime c'est le destinataire qui paie les frais de poste.[1] Au château de Ferney on conservait un livre de cachets des divers correspondants de Voltaire pour pouvoir identifier les expéditeurs des lettres qui arrivaient, afin de pouvoir refuser les lettres des inconnus, et réduire d'autant les frais de poste.[2] Nous connaissons également un livre où Wagnière notait les dépenses liées à la poste entre 1758 et 1762, reproduit ici en appendice.

En 1761, Voltaire publie donc cet *Avertissement* pour annoncer qu'il n'acceptera plus le courrier qui lui est adressé par des personnes qui lui sont inconnues. L'*Avertissement* fut publié d'abord

---

* L'introduction est de Nicholas Cronk, et l'appendice est de Gillian Pink.

[1] Voir Eugène Vaillé, *Histoire des postes françaises jusqu'à la Révolution* (Paris, 1946); Vaillé, *Histoire générale des postes françaises*, 7 vol. (Paris, 1947-1955); et Jay Caplan, *Postal culture in Europe: 1500-1800* (Oxford, 2016).

[2] Ce livre de cachets est conservé à la bibliothèque du Musée Voltaire à Genève.

dans les *Annonces, affiches et avis divers*, le 16 novembre 1761; il fut
repris six semaines plus tard, dans une version identique à quelques
détails près, dans le *Mercure de France*, en janvier 1762. Trois mois
plus tard, animé sans doute par un esprit de concurrence, Jean-
Jacques Rousseau publia dans le *Mercure* une annonce semblable:
'Jean-Jacques Rousseau, Citoyen de Genève, prie Messieurs les
auteurs de ne plus lui envoyer leurs ouvrages, surtout par la poste,
et Messieurs les beaux-esprits de ne lui plus écrire des lettres de
compliment, même affranchies; n'étant pas en état de payer tant
de ports, ni de répondre à tant de lettres' (*Mercure de France*, avril
1762, t.1, p.209). Pour Rousseau, comme pour Voltaire, la célébrité
a littéralement son prix.

Editions

AAAD

'Avertissement de M. de Voltaire', *Annonces, affiches et avis divers*,
16 novembre 1761, p.713.

MF

'Avertissement de M. de Voltaire', *Mercure de France*, janvier 1762,
t.1, p.206.

Principes de cette édition

Le texte de base est celui de la première édition (AAAD). La version
du *Mercure de France* a fourni les variantes. Nous avons modernisé
la graphie: 'étoient' devient 'étaient'.

AVERTISSEMENT DE M. DE VOLTAIRE

Plusieurs personnes s'étant plaintes de n'avoir point reçu de réponse à des paquets envoyés, soit à Ferney, soit à Tournay, soit aux Délices; on est obligé d'avertir, qu'attendu la multiplicité immense de ces paquets, on a été contraint de renvoyer tous ceux qui n'étaient pas adressés par des personnes avec qui on a l'honneur d'être en relation.

4   MF: été obligé de
5   MF: avec qui l'on a

APPENDICE: NOTE DES PORTS DE LETTRES ET AFFRANCHISSAGES

Le livre des comptes relatifs à la poste, dont le manuscrit, jusqu'ici apparemment inédit, est conservé à la Bibliothèque nationale de France, constitue un complément aux deux volumes manuscrits des comptes de Ferney pour la période 1760-1778 publiés en fac-similé par Th. Besterman.[1] Celui qui nous intéresse ici contient des sommes payées pour le port et l'affranchissement des lettres pour la période du 30 octobre 1758 au 3 février 1762, avec plusieurs lacunes, notamment entre le 3 janvier 1759 et le 1er juillet 1760, entre le 17 juillet et le 11 août 1760, entre le 3 et le 27 septembre 1760, et entre le 20 janvier 1761 et le 1er janvier 1762.

Le document donne une impression de grande précision, même si, en l'examinant de près, on constate que, outre ces périodes négligées, la semaine du 2 au 9 décembre 1758 est présente deux fois, mais avec des chiffres différents (lignes 46-55, 66-70), et la même chose pour les jours du 14 au 25 du même mois (lignes 73-82, 89-109), et encore pour la période du 27 août au 2 septembre 1760 (lignes 200-209, 212-19). D'ailleurs, il y a peut-être raison de penser que les entrées furent notées dans le livre à partir de reçus ou de notes prises ailleurs, car le port payé pour un paquet venu de Vienne par l'intermédiaire des MM. Sautters à Genève est d'abord noté sous la date du 20 décembre 1758, puis barré et noté pour le 26 décembre (lignes 100-102, 115-17). Enfin, les entrées pour janvier 1761 sont éparses, et celles de 1762 ne comportent aucune explication. Il convient de signaler également que Wagnière rédige ses entrées à la fois en livres, sols et deniers français, et en florins et sols suisses. Une livre semble avoir valu environ deux florins. Besterman indique dans son introduction aux *Household accounts*

---

[1] *Voltaire's household accounts 1760-1778*, éd. Th. Besterman (Genève et New York, 1968). Le manuscrit original est conservé à New York, Morgan Library: MA 2480-81.

qu'une livre d'Ancien Régime valait environ un dollar américain en 1767 (p.vi). Il s'ensuit donc que, chaque mois, Voltaire pouvait payer pour sa correspondance des sommes équivalant à plusieurs centaines d'euros ou de livres sterling de nos jours. Il n'y a rien d'étonnant à ce qu'en 1761 il ait pris la décision de publier une annonce pour prier les lecteurs de ne point lui envoyer de paquets par la poste pour lesquels il devait assumer les frais de port.

Ce livre de comptes éclaire également d'autres aspects de la correspondance et de la vie de Voltaire. Dans certains cas, lorsqu'il s'agit de lettres envoyées de Ferney, on peut identifier avec plus ou moins de certitude des lettres connues (voir les notes de bas de page pour ces précisions). On apprend que les lettres destinées à Saint-Pétersbourg passaient par Vienne, sans doute par l'intermédiaire du comte Hermann Karl von Keyserlingk.[2] Mais si ce registre correspond parfois à des données connues, il révèle aussi l'existence de lettres qui sembleraient avoir disparu. Ainsi Wagnière note-t-il l'envoi de lettres à Le Cat, à Collini et à Pinon du Coudray en juillet 1760 (lignes 136, 144, 147-48) ou encore à Keyserlingk et à un certain Roderie en octobre de la même année (lignes 257, 232). Enfin, de temps en temps Wagnière a noté parmi les frais de port et d'affranchissement d'autres sommes dépensées ou données: l'achat de vêtements, de papier à minute et de pains à cacheter (lignes 59-63, 95, 146), les gages de musiciens, un don 'à une pauvre femme' (lignes 181-82), l'achat d'eau de mouche (lignes 196, 250), et de l'argent donné aux 'garçons poelliers', à une fille qui a apporté un dindon, à un 'petit qui a apporté des figues', à des 'esclaves' (lignes 220, 240, 248, 281). Les frontières entre ce carnet et les grands registres des comptes du château ne sont donc pas aussi étanches qu'on pourrait le croire.

---

[2] Pour les débuts de cette correspondance avec Keyserlingk, voir D7777 et D7992. On trouve des références à cet ambassadeur russe à Vienne dans les lettres échangées entre Voltaire et Ivan Ivanovitch Šuvalov dans les années 1759 et 1760 (par exemple D8183, D8749, D9111, D9270...).

Manuscrit

MS

Notte des Ports de Lettres, et affranchissages, / pour Monsieur De Voltaire

Le manuscrit est entièrement de la main de Wagnière et consiste en une couverture dont le titre n'est lisible qu'en partie (Por[t]s de Lettres / et / afranchissage / pour / [*illisible*] / Monsieur [?]), suivie de dix feuillets.

Un feuillet entre le f.9 et le f.10 est sans foliotation. Il reste des feuillets blancs après la dernière entrée, f.13*v*.

Paris, BnF: n.a.fr.13140.

Principes de cette édition

Nous reproduisons le document sans modernisation.

2. Début de la 'Note des ports de lettres, et affranchissages',
Paris, BnF: n.a.fr.13140, f.5r.

[f.5r]

Notte des Ports de Lettres, et affranchissages,
pour Monsieur De Voltaire.

Commencé le 30ᵉ Octobre 1758 aux délices.

			flor.	sols	deniers
	1758				
5	Octobre				
	le 30ᵉ	pour port	2	5	
	31	pʳ port	1	2	
	Novembre				
	le 1ᵉʳ	pʳ affranchissage	3		
10	le 2ᵉ	pʳ port	3		
	le 3ᵉ	pʳ port		2	
	le 4ᵉ	pʳ port	14	11	
	ledit	pour affranchissage	2	11	
	le 5ᵉ	pʳ port	9	2	
15	le 7ᵉ	pʳ port	2	3	
	le 8ᵉ	pʳ port	2		
	le 9ᵉ	pʳ port	4		
	le 10ᵉ	pʳ port	2	5	
	le 11ᵉ	pʳ port	18	6	
20	le 13ᵉ	pʳ port	2	5	
	le 14	pʳ port	7	4	
	le 15	pʳ port	2	6	
	le 16	pʳ port	4		
	le 17ᵉ	pʳ port	2	10	
25	le 18	pʳ port	8	9	
	le 20	pʳ port	7		
		flns [?]	100S	9S	″d

[*le bas de la page est déchiré*]

27

[f.5ν]

1758
Novembre

		fl:	S	
le 21ᵉ	pour port de Lettres	12	6	30
le 22.	pʳ port	2	3	
+ le 23.	pʳ port	6	4	
le 24	pʳ port	4	4	
le 25	pʳ port de Lettres de france et de suisse	16³	9	35
le dit	pʳ port d'une caisse de livres	24		
le 27	pʳ port	1		
le dit	pʳ port des lettres d'Allemagne	3	3	
le 28ᵉ	pʳ port	1		
[le 29ᵉ	pʳ port et affranchissage d'une lettre pʳ gotha⁴	3	10	40
	payé le 29ᵉ 9ᵇʳᵉ paié	79£	4S	
le 30	pour port ⎫	2	6	
Dècembre	⎬ mᶦˡˡᵉ maton			
le 1ᵉʳ	pour port ⎭		10	45
J.L. { le 2ᵉ	pʳ port d'une Lettre de Milan	4	6	
le dit	pʳ port des Lettres de Suisse et de france	4	3	
le 4ᵉ	pʳ port	8	7	
le 5ᵉ	pʳ port	1	8	50
le 6	pʳ port	4	3	
le 7	pʳ port	3	6	
le 8ᵉ	pʳ port	2	9	
le 9ᵉ	pʳ affranchissage d'une Lettre pʳ vienne	2	8	55
le dit	pʳ port d'une Lettre d'allemagne		2	
ledit	pʳ [le bas de la page est déchiré]		1	
			9	

³ Ou '26'.

⁴ Peut-être D6954, lettre écrite le 27 novembre à Louise Dorothée, duchesse de Saxe-Gotha.

[f.6r]

7 Chemises garnies, et deux unies

60 2 mouchoirs

2 cols

3 chaussons le 10 9bre 1761 [5]

un bonnet

[f.6v]

	Ports de Lettres			
65		florins	sols	Livres
le 2e X^bre		7	4		
le 3					18
le 3^e				2	18
le 6^e				2	12
70 le 9^e		3	3		
le 10				1	5
le 12		1	4	3	5
le 14^e		4	7^+	8	12
le 15^e		1		1	3
75 le 16		4	10		
le 17			+		
le 18			6		
le 19			3^+	2	8
le 21			3	3	7
80 le 22					7
le 23		17			
le 25		2	3	2	
le 28		7	s 7^+	2	17
le 30		1	7	4	1
85 le 3[1]				2	4
florins		44	9	35	18
	soit			22	8
				58	6

[5] Dans *Voltaire's household accounts*, Wagnière note pour le 10 novembre 1761 seulement 'deux paires de bas de laine' pour 6£ (p.20).

29

[f.7r]

le 14[6]	[*le haut de la page est déchiré*]		[9?]		
le 16	p^r port	8	3		90
le dit	p^r affranchissage d'une Lettre p^r petersbourg *et vienne*	7	10	6	
le dit	p^r affranchissage de 2 lettres p^r Vienne	6	9^x		
le 18^e	p^r port	4	10^x		
le dit	p^r du papier à minute 6 mains	2			95
le 20^e	p^r port de Lettres		4		
le dit	p^r port d'un paquet venant de Berne	1	6^x		
le dit	p^r affranchissage d'une Lettre p^r manheim[7]	2	7	6	
~~le dit~~	~~p^r port d'un paquet venu de vienne par addresse de Mrs Sautters de Genêve, p^r m^r de Voltaire dont j'ai le reçu~~	~~11~~	~~6~~		100
le 21^e	p^r port	4	4		
le 22^e	p^r affranchissage d'une Lettre p^r vienne et Petersbourg[8]	7			105
le dit	p^r port	1	3		
le 23^e	p^r port	4	8		
le dit	p^r afranchissage d'une Lettre p^r carlsruch[9]	2	10		
le 25^e	p^r port	6	11		

	67fl	7s	6d	110
	48	9	6
Reçu 3 pistoles ou	116	5s	d
	105		
reste dû	11	5s	

[6] Vraisemblablement les dates qui suivent se rapportent au mois de décembre 1758.

[7] Possiblement D7989, à Heinrich Anton von Beckers, datée de Genève du 20 décembre 1758.

[8] Le 23 décembre 1758, Voltaire écrit à Ivan Ivanovitch, comte de Šuvalov. Wagnière a pu se tromper en notant la date.

[9] Le 23 décembre 1758, Voltaire écrit à Caroline Louise Baden-Durlach, margravine de Baden-Durlach, qui habite à Carlsruhe, pour la remercier du portrait qu'elle lui a envoyé (D7991). Il ne semble avoir payé les frais de port que quelques jours plus tard (voir l'entrée du 26 décembre ci-dessous).

[f.7*v*]

[*le haut de la page est déchiré*]

115	Le 26 X^bre	p^r port d'un paquet venu de Petersbourg par Vienne à l'addresse de M^rss Sautters de Genêve dont j'ai le reçu	44	6	
	le dit	p^r port de lettres	2	8	
	le dit	p^r affranchissage d'une lettre p^r gotha [10]	2	7	6
120	le dit	p^r port du portrait de M^e la Marg. de dourlach [11]	2	6	
	le 27^e	p^r affranchissage d'une Lettre p^r Cologne	2	7	6
	le dit	p^r port	4	10	
	le 28	p^r port	4	6	
125	le 29	p^r port	2	4	
	le 30	p^r port	4	10	

1759
Janvier

	le 1er	p^r port	5	6
130	le 2^e	p^r port	8	3
	le 3^e	p^r affranchis: d'une Lettre p^r Dijon	1	
	le dit	p^r port		8
			86	10

[f.8*r*]

Juillet 1760

135	le 1er juillet	pour port	1fl:	9s
	le 2^e	p^r port et affranchiss. p^r m^r Kat à Londre	2	3s
	le dit	les droits à genève du balot venu d'hollande	2	6s
	le 3^e	p^r port	7	6s
140	le 4^e	p^r port	2	6s
	le 5^e	pour port	8	9
	le dit	pour ~~port~~ affr. p^r m^e de Bentinck [12]	3	6
	le 7^e	pour port	5fl	-s

[10] Probablement D7997, lettre du 25 décembre 1758 à la duchesse de Saxe-Gotha.
[11] Voir ci-dessus, l'entrée pour le 23 décembre et n.9.
[12] D9039, à la comtesse de Bentinck.

31

le dit	pour affran. p^r m^r Colini	I	IOS	
le 8^e	pour port		IOS	145
le dit	pour des pains à cachetter	I		
le 9^e	pour port et affranch. p^r m^r Pinon du Coudrai à paris	6		
	Entout	43fl	5s	
	sur ce reçu d'avance	35fl	6s	150
	reste dû	7fl	IIs	

le 10e Juillet mad^e Denis m'a donné un Louis neuf. ainsi j'ai d'avance 43fl: 1s.

Wagnière

[f.8v]

Juillet 1760

155

le 10^e	pour port	4fl	3s	
le 11^e	pour port	5fl	2s	
le 12^e	pour port et affr. p^r m^r Colini [13]	15fl	6s	6
le 14^e	pour port	18fl	8s	
le 15^e	pour port	13fl	9s	160
le dit	p^r affr. p^r mad^e. de Gotha, [14] et p^r m^r algaroti à bologna [15]	6fl	6s	

		63fl	IOs	6d
	Sur ce reçu d'avance	43fl	Is	
	reste du	20fl	9s	6	165

plus le 16e pour port		5s	
le dit pour deux grands cartons p^r m^r	3	6	
le 17e pour port	4		
redu en tout	28s	8s	6d

le 17e J'ai reçu un Louïs neuf de mad^e Denis ainsi j'ai d'avance 22 florins 3s 6d.

170

Wagnière

[13] D9054.
[14] D9067, écrite le 14 juillet.
[15] Possiblement D9059, écrite le 13 juillet.

32

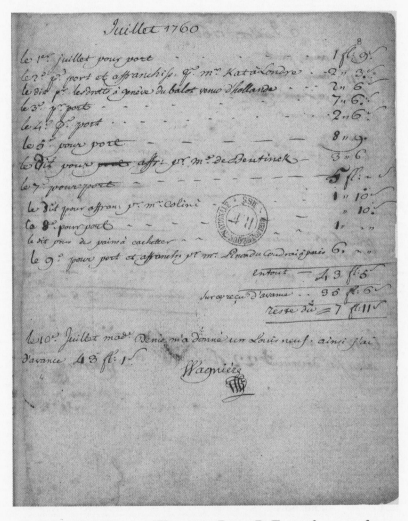

3. Page paraphée par Wagnière, Paris, BnF: n.a.fr.13140, f.8r.

[f.9r]

Aoust

le 11^e	pour port	6£	18s	
le 12	pour port	1	10s	175
le 13^e	pour port	3	12s	
le 15^e	pour port et affr. p^r m^r algaroti [16]	2	9s	
le 16	pour port	5	3s	
le 18^e	pour port	4	2s	
le 19^e	pour port		8s	180
le dit	aux musiciens ⎫	1	12s	
le dit	à une pauvre femme ⎭ par ordre de M^r		16s	

	26£	10s
reçu d'avance	22£	18s
reste dû	3£	12s	185

plus pour port de la martre 1£ 4s

reste du entout 4£ 16s

le 19e aoust m^{lle} maton m'a donné un Louïs d'or ainsi j'ai d'avance dix-neuf Livres 4s.

[f.9v]

Aoust 1760   190

le 20^e	pour port	2£	8s	
le 21^e	pour port	1£	4s	
le 22^e	pour port	2£		
le 23^e	pour port	5£	16s	
le 25	pour port	2£	10s	195
le dit	p^r de l'eau de mouche		19s	
le 26^e	pour port	3£	6s	
le 27^e	pour port	1£	7s	
le 28^e	pour port	2	5s	
le 29^e	pour port	1	16s	200
le 30^e	pour port	9	6s	

Entout 32£ 17s

---

[16] D9146.

34

Sur ce reçu d'avance	19£	4s
reste dû	13£	13s

205 plus le 1er 7bre pour port 6£

	19£	13s
plus le 2^d pour port	1£	11s
	21£	4s

le 3e m^{lle} maton m'a donné un Louïs d'or neuf ainsi j'ai d'avance 2£ 16s.

[f.9 *bis* r^{17}]

210	le 27^e	pour port	3£ 6s
	le dit	p^r affranchissage p^r Pétersbourg, Gotha le meklembourg	7£
	le 29^e	pour port	7£ 16s
	le 30^e	pour port de Lettres du Tabac ~~et de~~	
215		[~~illisible~~]	3£ 12s
	le 1er	pour port	1 11s
	le 2^e	p^r port	1 16s
	le 3^e	pour port	6s
	le 4^e	pour port	2
220	le 5^e	aux garçons poelliers par ordre de m^r	1 12
	le 6^e	pour port	4 3s
	le 7^e	p^r port	1 5s
	le 8^e	pour port	15s

	35£	2s
Sur ce reçu d'avance	28£	18s
reste du	6£	4s

225

le 9e m^{lle} maton m'a donné un Louïs d'or neuf, ainsi j'ai d'avance 17£ 16s.

Wagnière

---

^{17} Il s'agit d'un feuillet non numéroté.

[f.9 *bis v*]

Octobre 1760

230

le 9ᵉ	pour port	1£	11s
le 10ᵉ	pour port, et affr. pʳ mʳ roderie à cologne	1	19s
le 11ᵉ	pour port	7	
le 13ᵉ	pour port	1	4s
le 14ᵉ	pour port	2	18s
le 15	pour port	1	9s
le 16ᵉ	pour port		7s
le 17ᵉ	pour port	1	19s
le 18ᵉ	pour port	3	8
à la fille de la brochet qui a aporté un d'indon			16s

235

240

	22£	11s
reçu d'avance	17£	16s
reste dû	4£	15s

le 20ᵉ octobre mᶫᶫᵉ mathon m'a donné deux Louïs d'or neufs. ainsi j'ai d'avance quarante trois livres cinq sols. 43£ 5ˢ.

245

Wagnière

[f.10r]

8ᵇʳᵉ 1760   25″ 5

le 20ᵉ	au petit qui a aporté des figues		16s
le dit	pour port	2£	12s
le dit	pʳ de l'eau de mouche		19s
le 21ᵉ	pour port	1	15s
le 22ᵉ	pour port	1	5s
le 23ᵉ	pour port		15s
le 24ᵉ	pour port	1	19s
le 25ᵉ	pour port	7	18s
le 27ᵉ	pour port	4	7s
le 28ᵉ	pʳ port. et affr. pʳ Vienne à mʳ Keiserling et pʳ des oublies	2	19s
le 29ᵉ	pour port	3	12s
le 30ᵉ	pour port	2	10s
le 31ᵉ	pour port	3	

250

255

260

36

le 1er 9bre	pour port	4	10s
le 3^e	pour port	4	9
le 4^e	pour port et affr. p^r Londres	2	9s
le 5^e	pour port	1	18s
le 6^e	pour port	2	15s
le 7^e	p^r port et affr. p^r Mr Shouvalow[18]	2	11s

265 (line number for le 5e)

Entout	53£	19s
Sur ce j'avais reçu d'avance	43£	5s
reste dû	10£	14s
plus le 8e p^r port	7£	15s
redû en tout =	18£	9s

270

[f.10v]

le 10e Mlle m'a donné deux Louïs d'or neufs après avoir retiré 18£ 9s qui m'étaient redus du compte cy contre, j'ai d'avance vingt neuf Livres 11s. 29£ 11s.

275

Wagnière

Le 10e Novemb:	pour port	3£	7s
le 12^e	pour port	1	4s
le 13^e	p^r port	1	9s
le 14^e	pour port	2	4s
le dit	à des Esclaves[19] par ordre de m^r	1	4
le 15^e	pour port et affr. p^r m^r de Schouvalow[20]	9	12s
le 17^e	pour port	2	15s
le 18^e	p^r port	2	10
le 19^e	pour port		7s
le 20^e	pour port	1	19s
le 21^e	pour port	2	
le 22^e	pour port	10	4s

280, 285 (line numbers)

	38£	15s
reçu d'avance	29£	11s
reste dû	9£	4s

290

[18] D9386.

[19] Probablement des serfs de Saint-Claude, auxquels Voltaire s'intéresse dès 1764 (voir D12183), mais surtout à partir de 1770: voir l'introduction de R. Granderoute à *Au Roi en son Conseil* (*OCV*, t.72, p.273-85).

[20] D9406.

le 24e Mlle mathon m'a donné deux Louïs, et après avoir retenu 9£ 4s du compte cy dessus j'ai d'avance Trente hui Livres 16s. 38£ 16s.

Wagnière

[f.11r]   295

Le 24^e	pour port	1£	15s
le 25^e	pour port	2	7s
le 26^e	pour port	1	14s
le 27^e	pour port	2	6s
le 28^e	pour port et affr. pr hambourg m^r Bilefeld	2	
le 29^e	pour port	2	9s
Le premier Décembre pour port		3	18s
le 2^e	pour port	2	5s
le 3^e	pour port		10s
le 4^e	pour port		15s
le 5^e	pour port	1	4s
le 7e ^{21}	pour port	5	15s
le 8^e	pour port	2	5s
le 9^e	pour port	3	
le 10^e	pour port	1	10s
le 11^e	pour port	2	14s
le 12^e	pour port	1	12s
le 13^e	pour port	3	15s
		41£	4s
	reçu à d'avance	38£	16s
	reste dû	2£	8s

(300, 305, 310, 315 appear as line markers in the right margin)

[f.11v]

Suitte du Compte cy contre

où	Il m'était redu		2£	8s
plus	le 16^e	pour port	3	12s
	le 16^e	p^r port	1	4s
	le 17^e	p^r port	2	10s
	le 18^e	pour port	1	17s
	le 19^e	pour port	1	15s

(320 appears as a line marker in the right margin)

21 Le '7' surcharge un '6'.

	le 20^e	pour port	4	12s
325	le 22^e	pour port	4	15s
		il m'est redu entout	22£	13s
	le 24^e	pour port	3£	
	le 25	pour port	7£	11s
		on me redoit =	33£	4s

330

le 26, X^b monsieur m'a donné deux Louïs d'or;[22] ainsi après ce qui m'est
redu, j'ai d'avance 14£ 15s.

Wagnière

[f.12r]

	le 26e X^{bre}	pour port	1£	18s
	le 27^e	pour port	3£	5s
335	le 28^e	p^r port des arbres, de la sciure et du Tabac	3£	7s
	le 29^e	pour port	4£	4s
	le 30^e	pour port		7s
	le 31^e	pour port		5s
340	le dit	p^r port d'un paquet de Livres venant d'angleterre	3	7s

1761 [23] Janvier

le 5e Janv:	pour port de Lettres depuis le 31e X^{bre} 1760 jusqu'à aujourd'huy	17£	2
345		33£	15s
	sur ce j'ai reçu d'avance	14£	15s
	reste du	19£	.s

le 6e Monsieur m'a donné deux Louïs d'or,[24] ainsi j'ai d'avance vingt
neuf livres — 29£

350
Wagnière

[22] Ces deux Louis d'or sont confirmés dans *Voltaire's household accounts*, p.14.
[23] Le 'I' surcharge un 'o'.
[24] *Voltaire's household accounts*, p.14.

39

[f.12v]

1761 Janvier – à Joseph le 10e 16£ 10s.

le 10e	pour ports de Lettres et affranchissages depuis le 5e jusqu'à ce jour	15£	19s
le 20e	pour ports et affranchissages, depuis le 11e jusqu'à ce jour	23£	7s
		39£	6s

Sur ce reçu d'avance de mr d̶   29£

reste dû   10£   6s

le 19e	à la servante de de croze 21s de genève, et à Trutard le fils aussi 21s entout	1£	12s
	redu en tout	11£	18s

le 20e monsieur m'a donné deux Louïs d'or neufs ainsi j'ai d'avance 36£ 2s.

Wagnière

[f.13r]

1762

Le 1er		9s		
le 2e	1f	2s	4£	10s
le 4e			2	19s
le 5			2	17s
le 6	2			
le 7			2	7
le 8	s [?]	4s		
le 9		3	3	6
le 11 25		3	1	7
le 12			2	15s
le 13	12	10s		
le 14			1	12s
le 15		2s		
le 16e		7	8	19s
le 18e	4	1	1	12s

25 Le dernier '1' surcharge un 'o'.

40

	le 20^e			7	3
	le 21			5	17s
	le 22	2			
	le 23			4	8s
385	le 24			3	19
	[f.13v]				
	le 26			1£	12s
	le 27		3fl		
	le 28			2£	17s
	le 30			3	19s
390	le 1er fev	[*illisible*]	9s	1	12s
	le 2^e			2	5s
	le 3^e		2fl.		

[*Fragment sur les mystères de la nature*]

Edition critique

par

Jean Dagen

et

John Renwick

TABLE DES MATIÈRES

INTRODUCTION

Ce fragment, publié pour la première fois par Andrew Brown en 1970,[1] aiguille immanquablement le lecteur vers les interrogations les plus insistantes d'un Voltaire confronté aux problèmes de la métaphysique. C'est plus précisément la nature des thèmes qu'il y aborde qui fait penser à son *Traité de métaphysique* (1734-1737) et aux *Eléments de la philosophie de Newton* (1736-1737), dont on trouve des échos dans certains de ses textes philosophiques des années 1750-1765. Toutefois, par son style et sa matière, le fragment se rapproche de deux textes des années soixante, *Les Ignorances* dans les *Nouveaux Mélanges*, et *Le Philosophe ignorant*.[2]

Nous commentons dans les notes les parallèles frappants avec ce dernier écrit, dont notre texte semble un brouillon partiel ou un premier jet d'idées. Avec *Les Ignorances*, texte bref et assez discontinu, notre texte mérite une comparaison plus détaillée. C'est moins en raison de ce qui les rapproche qu'en raison de ce qui les différencie que le parallèle de ces deux écrits est intéressant. Si les thèmes de réflexion sont analogues, la tonalité du manuscrit n'est pas du tout la même. Il s'agit justement d'un manuscrit: pas de publication envisagée, aucune de ces recherches de style propres à mobiliser l'attention du lecteur. Voltaire semble s'adresser à lui-même, il parle à son propre esprit: 'Je lui ai dit, tu as des idées' (lignes 39-40). Il ne veut tenir que de soi, du rapport de ses cinq sens, les connaissances qu'il peut prétendre avoir du monde extérieur et de l'homme intérieur. Est manifeste le souci de traiter de données objectives sans émotion et sans préjugé. Il n'est question

[1] 'Calendar', p.96-97. Dans l'en-tête de ce texte, qu'il intitule 'The mystery of nature', l'éditeur note qu'on trouve dans Moland 'many passages similar to this holograph fragment' mais que 'none are sufficiently close to enable any conclusions to be drawn about its origin or intended destination' (p.96).

[2] *Les Ignorances*, éd. Jean Dagen, *OCV*, t.60A, p.155-70; *Le Philosophe ignorant*, éd. Roland Mortier, *OCV*, t.62, p.1-105.

que de répondre à une 'curiosité' exigeante en se gardant d'outre-passer les bornes de l'expérience et du savoir personnels (ligne 14).

Voltaire ne déroge à la prudence qu'en nommant le 'fabricateur' que lui 'décèle' le mécanisme de l'instinct animal: il aperçoit dans les actions de l'animal 'des fins et des moyens étonnants', de même qu'il devine un architecte dans l'architecture de l'univers (lignes 10-11). Le transfert métaphorique vaut-il argument? Le 'spectateur' s'en tient au spectacle, étonnement et ignorance. L'espace spéculatif se trouve encore restreint quand on note que la théorie de Newton sur le 'grand phénomène universel' s'avère aussi incompréhensible que 'la végétation d'un champignon' (lignes 18, 18-19).

On voit Voltaire embarrassé par les mots dont il ne peut s'empêcher d'user. Ce n'est pas sans scrupule qu'il prête aux plantes 'un autre instinct' qu'il se résigne à comparer à une 'mécanique secrète' (lignes 2, 6); qu'il se dit 'porté, entouré continuellement par un être qu'on appelle matière' (ligne 20): est-il 'porté' ou 'entouré'? Quel sens attribuer à 'être' appliqué à 'matière' et qu'est-ce que 'matière'? La langue se dérobe. Mais est-ce bien la langue? Voltaire voudrait entendre la voix des planètes, celle de ses cinq sens, celle de son propre esprit: que les uns et les autres libèrent à son intention une sorte de métalangage jusque-là inaudible. Les uns et les autres restent muets et, tout déçu qu'il soit par ce mutisme, Voltaire ne se propose pas d'écouter une autre voix.

En conséquence, ne resterait-il qu'à se défaire de sa curiosité? A moins qu'il ne paraisse opportun de mettre en cause une curiosité intempérante, immodeste de la part de l'homme. Celle de Voltaire voudrait 'percer dans [l]a nature intime' des choses, remonter la suite des causes jusqu'au 'premier ressort' (lignes 27-28, 13). Ce n'est peut-être pas tant d'identifier le ressort premier ou la nature intime qu'il s'agit que de l'insatiable désir de s'assurer qu'il y a quelque chose de premier ou d'intime. Voltaire prend à son compte cette incapacité si commune à l'esprit humain de se priver des idées de commencement et de fin, de prendre les choses 'par le milieu', de penser dans l'histoire, de tolérer la réalité d'un devenir. On sait combien il était attentif à la stabilité des formes et des natures, hésitant donc sur les modalités et la possibilité d'une création, inquiet quand se profilaient des hypothèses novatrices sur la germination, sur ce qu'on nommera transformation et évolution: il ne se satisfait guère, par exemple, de ce que certains contemporains, dont Buffon, après bien d'autres, suggèrent de la formation et des déformations du globe terrestre. Pourtant il ne cesse, à contrecœur parfois, parfois avec impatience, de douter de ses propres thèses, voire de s'en moquer.

N'est-ce pas ce qui se produit avec la conclusion de notre texte? Il est question de l'âme, sujet familier à l'auteur: il demande dans le chapitre 5 du *Traité de métaphysique* 'si l'homme a une âme, et ce que ce peut être',[3] il construit sur la même interrogation la contre-démonstration des *Lettres de Memmius à Cicéron* et conclut, comme dans le présent texte, qu'il n'y a que des 'facultés'.[4] La réponse de notre manuscrit est, en effet, suffisamment claire: le dialogue entre un éléphant et un docteur indien paraît complet en deux répliques: c'est ne rien dire que nommer l'âme.[5] L'essentiel, du reste, est moins dans l'énoncé d'une éventuelle certitude que dans l'ironie légère venue mettre un terme à une spéculation vaine en définitive et d'une gravité superflue.

Dès lors, à quoi bon cette courte méditation? Empruntons au *Traité de métaphysique* la morale retenue à la suite d'un exercice de même nature: 'je cherche avec sincérité ce que ma raison ne peut découvrir par elle-même; j'essaie ses forces, non pour la croire capable de porter tous ces poids immenses, mais pour la fortifier par cet exercice, et pour m'apprendre jusqu'où va son pouvoir'.[6] La quête des ignorances est bien enquête indéfinie sur les bornes du clairement penser.

[3] *OCV*, t.14, p.449-56.

[4] *OCV*, t.72, p.255-63.

[5] On attendrait que la réponse de l'éléphant se termine avec un point d'interrogation. La virgule qu'on trouve à sa place pourrait suggérer une continuation de la réponse. Mais le texte est écrit sur un recto, donc il n'y a pas de feuille perdue. Voltaire l'aurait-il simplement abandonné?

[6] *OCV*, t.14, p.456.

Manuscrit

MS1

Fragment.

Manuscrit autographe avec quelques ratures. Le titre est ajouté d'une main inconnue d'époque. Notre texte de base.

Genève, BGE (MV): MS1, f.99-100r.

Principes de cette édition

La présente édition reproduit un fragment de manuscrit autographe. Aussi présentons-nous une transcription fidèle de l'original, et reproduisons-nous les hésitations et corrections apportées par Voltaire lui-même en variante.

[FRAGMENT SUR LES MYSTÈRES DE LA NATURE]

[f.99r] je vois dans les animaux un instinct[1] qui les determine a touttes les fonctions de leur vie[.] je vois un autre instinct qui domine les plantes qui redresse leurs germes ou couchés ou renverses dans la terre qui resserre et qui epanouit leurs feuilles qui
5 abrite leurs fruits jusqua leur maturité[.] je puis a toutte force expliquer cet instinct des plantes par une mecanique secrette. mais apres bien des efforts je sens que je nai pu me rendre raison du redressement de tant de germes et de tant de tiges.

pour linstinct des animaux je ne puis le comprendre. je vois seule-
10 ment dans touttes leurs actions et dans touttes leurs facultes, des fins et des moyens etonnants qui decelent un fabricateur plus etonnant encore et je reste comme un spectateur qui a vu une machine admirable dont le premier ressort lui est caché pour jamais[.]

ma curiosité selance vers le ciel[.] je demande aux planetes pour-
15 quoy elles volent dans leurs orbites de notre occident a notre orient. et pourquoi elles gravitent vers le soleil qui gravite vers elles. neuton leur interprete m'avoue quil ne sait pas plus la cause

---

4   β: feuilles <et> qui
6-7   β: secrette. <et encor jay bien de la peine a me rendre raison> ᵛ↑mais apres bien des efforts je sens que je nai pu me rendre raison⁺ du
8-9   β: tiges. ¶<mais> pour
9-10   β: seulement <que> dans
15   β: occident <en [et?]> a
16   β: orient. <je demande> et

---

[1] Voltaire tend à assimiler à l'instinct toute impulsion, toute manifestation de l'énergie vitale: 'Tout est l'effet incompréhensible d'une cause incompréhensible' (article 'Instinct' des *Questions sur l'Encyclopédie*, *OCV*, t.42A, p.447). Il s'efforce de définir l'instinct, chez l'animal et chez l'homme, dans *La Philosophie de l'histoire* (*OCV*, t.59, p.113), *Les Adorateurs* (*OCV*, t.70B, p.276-77) et les *Dialogues d'Evhémère* (cinquième dialogue, *OCV*, t.80C, p.164 et suivantes).

de ce grand phenomene universel que celle de la [f.99v] vegetation
d'un champignon que je foule a mes pieds sans men apercevoir[.][2]
porté, entouré continuellement par un etre quon appelle matiere, et   20
qui frappe quelqu'un de mes cinq sens sans aucun relache, jay
voulu savoir ce que c'est que cet etre nommé chez nous matiere
et dont je fais partie.[3] j'y ai trouvé autant d'obscurité que dans tout
le reste. des maitres a penser m'ont dit que cest quelque chose qui a
de la longueur de la largeur et de la profondeur. je le savais bien   25
sans eux; je me suis appercu que nous avons la faculté de mesurer
de peser de nombrer les parties de cet etre. mais percer dans sa
nature intime[4] cest ce qui ne nous a pas eté donné.[5]

convaincu de mon ignorance sur tous les objets qui remplissent
lespace, jay descendu dans moi meme[.] je me suis flatté de pouvoir   30
connaitre quelque chose de mon etre a l'aide de mes cinq sens qui

---

21   β: frappe <mes> $^{V\uparrow}$quelqu'un de mes$^+$ cinq
29   β: sur tous les <qu> objets

---

[2] Ces trois premiers paragraphes vont se transformer en ceux-là mêmes qui forment l'entrée en matière, également en trois paragraphes, du 'Premier doute' du *Philosophe ignorant* (*OCV*, t.62, p.31).

[3] Voltaire hésite sur les termes, mais sa pensée paraît assez claire: il entend parler de l'homme comme participant du monde matériel; il veut le comprendre comme être biologique et historique, inclus dans la nature, 'substance unique', terme de Spinoza. Voir les *Questions sur l'Encyclopédie*, article 'Dieu' (*OCV*, t.40, p.435) et *Le Philosophe ignorant*, doute VIII, 'Substance' (*OCV*, t.62, p.38-39).

[4] Que signifie pour Voltaire la 'nature intime'? N'est-ce qu'un résidu de métaphysique? Il se sert de cette expression dans *Eléments de la philosophie de Newton*, 1re partie, ch.8, 2e partie, ch.2, appendice 2.A, appendice 4.D (*OCV*, t.15, p.241, 273, 548, 640); *Essai sur la nature du feu*, 'Introduction' (*OCV*, t.17, p.31); *Le Philosophe ignorant*, doute XXIX, 'De Locke' (*OCV*, t.62, p.71); *Les Colimaçons du révérend père l'Escarbotier* (*OCV*, t.65B, p.148); *Les Singularités de la nature*, ch.32 (*OCV*, t.65B, p.303).

[5] 'Il y a une centaine de cours de philosophie où l'on m'explique des choses dont personne ne peut avoir la moindre notion. Celui-ci veut me faire comprendre la Trinité par la physique; il me dit qu'elle ressemble aux trois dimensions de la matière. Je le laisse dire, et je passe vite' (*Le Philosophe ignorant*, doute XXV, 'Absurdités', *OCV*, t.62, p.64).

m'instruisent sans cesse.[6] ces cinq precepteurs les seuls qui pouvaient me donner quelque connaissance[7] au moins superficielle, ont eté aussi muets que le reste de la nature quand je leur ai demandé quelque chose au dela des bornes de leurs facultés. jay dit a mes yeux pourquoi voyez vous, a mes oreilles pourquoy entendez vous[?] nul traitté de phisique na pu m'apprendre ce secret[.][8]

il y a chez moi une intelligence, je me suis separé autant que jay pu de mes sens pour m'adresser uniquement [f.100r] a elle. je lui ai dit tu as des idées[,] tu combines. n'aurais tu rien combiné qui put maprendre ce que tu es, et ce que je suis? jay combiné tant que jai pu m'a telle dit et je n'en suis pas plus avancée.[9] je suis une de tes

---

32-33   β: qui <peuvent> ᵛ↑pouvaient⁺ me
33   β: quelque <instruction> ᵛ↑connaissance⁺ au
33-34   β: superficielle, <ne[?]> ont
36   β: voyez vous, ᵛ↑a mes oreilles⁺ pourquoy
38   β: suis <adressé> separé autant
39   β: uniquement a elle. [f.100r] a elle. je
40   β: dit <ne> tu

---

[6] 'Ainsi arrêtés dès le premier pas, et nous repliant vainement sur nous-mêmes, nous sommes effrayés de nous chercher toujours, et de ne nous trouver jamais. Nul de nos sens n'est explicable' (*Le Philosophe ignorant*, doute XI, 'Désespoir fondé', *OCV*, t.62, p.40).

[7] C'est l'argument de Locke dans *An Essay concerning human understanding*.

[8] Ce développement concernant la nature bornée des sens reproduit les grandes lignes des développements sur les planètes et sur l'intelligence (*Le Philosophe ignorant*, doute IX, 'Bornes étroites', *OCV*, t.62, p.31, 39) et les réflexions sur Spinoza: 'Il ne parle en aucun endroit de son livre des desseins marqués qui se manifestent dans tous les êtres. Il n'examine point si les yeux sont faits pour voir, les oreilles pour entendre, les pieds pour marcher, les ailes pour voler; il ne considère ni les lois du mouvement dans les animaux et dans les plantes, ni leur structure adaptée à ces lois, ni la profonde mathématique qui gouverne le cours des astres' (doute XXIV, 'Spinosa', p.61). On pourrait répondre qu'un traité de physique répond à des 'comment' et non à des 'pourquoi'.

[9] Ici autant d'échos de trois ou quatre développements éparpillés par-ci par-là: 'J'ai interrogé ma raison; je lui ai demandé ce qu'elle est? Cette question l'a toujours

a elle. je lui ai dit tu as des idées tu combines, n'aurais
tu rien combiné qui put m'apprendre ce que tu es, et ce que
je suis? j'ay combiné tant que j'ai pu m'a telle dit
et je n'en suis pas plus avancée. je suis une de tes
facultés. et sans vanité je crois etre la premieres
mais je ne scais pas positivement— si je fais un avec
toy ou de nous sommes deux. plus je me suis
examinée et plus je m'ignore

confus de me regarder et de ne pouvoir me connaitre
d'etre si curieux et si ignorant je me suis mis pour
m'amuser alors un dialogue entre un elephant
et un docteur indien composé dit-elle neuf a dix
mille ans par un bramane. le voici

L'homme
dis moy mon elephant, as tu une ame?

L'Elep
et vous, mon homme.

4. [*Fragment sur les mystères de la nature*], Genève, BGE (MV):
MS1, f.100r.

facultés. [10] et sans vanité je crois etre la premiere mais je ne scais pas positivement si je fais un avec toy ou si nous sommes deux. [11] plus
45 je me suis examinee et plus je m'ignore[.] [12]

confus de me regarder et de ne pouvoir me connaitre, detre si curieux et si ignorant je me suis mis pour mamuser a lire un dialogue entre un elephant et un docteur indien composé il y a neuf a dix mille ans par un bracmane. [13] le voicy[.]

50   lhomme
dis moy mon elephant, as tu une ame?

---

confondue' (*Le Philosophe ignorant*, doute III, 'Comment puis-je penser?', *OCV*, t.62, p.33); 'Il est évident qu'il [un chien de chasse] a de la mémoire et qu'il combine quelques idées' (doute VI, 'Les bêtes', p.36); 'Notre intelligence est très bornée, ainsi que la force de notre corps' (doute IX, 'Bornes étroites', p.39); 'Je me vois arrêté tout à coup dans ma vaine curiosité. Misérable mortel, si je ne puis sonder ma propre intelligence, si je ne puis savoir ce qui m'anime, comment connaîtrai-je l'intelligence ineffable qui préside visiblement à la matière entière?' (doute XVII, 'Incompréhensibilité', p.50).

[10] Dans les *Lettres de Memmius à Cicéron*, sections 15-18 (*OCV*, t.72, p.258-63), Voltaire démontre que l'âme n'est rien de plus qu'une 'faculté', de telle sorte qu'en vertu de la gageure qu'il s'est imposée, en niant l'immortalité de l'âme, il se prive d'une preuve de l'existence de Dieu.

[11] Dans *Le Philosophe ignorant*, doute III, 'Comment puis-je penser?', Voltaire devait se poser la même question concernant le dualisme pour avouer la même insatisfaction intellectuelle: 'J'ai vu une si grande différence entre des pensées et la nourriture, sans laquelle je ne penserais point, que j'ai cru qu'il y avait en moi une substance qui raisonnait, et une autre substance qui digérait. Cependant, en cherchant toujours à me prouver que nous sommes deux, j'ai senti grossièrement que je suis un seul; et cette contradiction m'a toujours fait une extrême peine' (*OCV*, t.62, p.33).

[12] Cette attitude se trouve partout en filigrane dans *Le Philosophe ignorant*, par exemple dans le passage cité ci-dessus à la note 6.

[13] Voltaire, se rappelant peut-être son *Histoire d'un bon bramin* (1759-1760) qui avait commencé à agiter les mêmes problèmes que *Le Philosophe ignorant*, était sans doute tenté primitivement de reprendre la même approche dialogique. On connaît le goût de Voltaire pour les très anciennes sagesses, d'origine orientale, pour Zoroastre notamment: voir Guillaume Métayer, *Nietzsche et Voltaire* (Paris, 2011), p.244.

lElep

et vous, mon homme. [14]

53   Et <m> vous,

[14] Voltaire a pu considérer que tout est dit en deux répliques et qu'il pouvait se dispenser d'inventer la suite du dialogue. On ne peut pas négliger le fait que ce fragment se termine avec une virgule, et non pas avec le point d'interrogation qu'on attendrait. La fin du texte est sur un recto, donc il ne s'agit pas d'une feuille perdue, mais on ne peut pas exclure la possibilité que Voltaire n'ait pas complété le texte qu'il avait à l'esprit: sans doute, mais toute réponse éventuelle a déjà été éliminée par Voltaire lui-même.

Sur les Juifs

Edition critique

par

Marie-Hélène Cotoni

TABLE DES MATIÈRES

INTRODUCTION

Cette ébauche intitulée *Sur les Juifs*[1] est difficile à dater. Les jugements, dans ce texte, portés sur la 'horde juive' paraissent d'abord
contradictoires. Certains jurisconsultes auraient trouvé les lois
'extravagantes' et 'atroces'; mais certains clercs se seraient extasiés
sur le code juif. Toutefois Voltaire éclaircit vite ces données. Après
avoir ironisé sur la bizarrerie de certaines prescriptions de l'Ancien
Testament, il aborde la question de la mosaïcité du Pentateuque et
de la date de sa rédaction véritable.

Il porte beaucoup d'intérêt à cette question et, sous des formes
diverses, a présenté ce débat à maintes reprises, comme nous allons
le voir en suivant le mieux possible la chronologie. En particulier
dès le *Sermon des cinquante* (rédigé vers 1752, imprimé en 1762),
il juge le Pentateuque 'faussement imputé' à Moïse, car il n'a
pu parler 'de choses advenues longtemps après lui'.[2] Enumérant
longuement 'ce qu'on nous raconte', Voltaire n'extrait des premiers livres de la Bible que 'des fables à perte de vue'.[3] Le *Traité
sur la tolérance* est imprimé par les Cramer en avril 1763, mais il a du
mal à être diffusé en France, où il est interdit. Le chapitre 12 évite
de 'réfuter ici les critiques qui pensent que le Pentateuque ne fut
pas écrit par Moïse; tout a été dit dès longtemps sur cette matière'.[4]
Toutefois l'auteur introduit de nombreuses notes, en particulier
dans les chapitres 12 et 13. Dans la note *g* du chapitre 12, selon
Aben Esra, la rédaction du Pentateuque datait du temps des rois.
D'ailleurs, pour d'autres on ne pouvait alors graver, dans les

[1] Elle a été publiée par Andrew Brown dans 'Calendar', p.94-95, avec, toutefois,
une omission de deux lignes environ, par saut du même au même.

[2] *OCV*, t.49A, p.96. Dans une lettre au marquis d'Argence du 1er février 1764
(D11676), Voltaire a énuméré des citations du Pentateuque (essentiellement des
précisions géographiques) qui prouvaient que Moïse ne pouvait en être l'auteur.

[3] *OCV*, t.49A, p.97, 102.

[4] *OCV*, t.56C, p.199.

déserts, que d'une façon très abrégée, en hiéroglyphes et non en gros livres, ce qu'on voulait transmettre à la postérité. Plus loin le rabbin Aben Esra mentionne des passages du Pentateuque qui ne peuvent être de Moïse, puisqu'il y est parlé de choses arrivées après lui. Il s'agirait de notes ajoutées plus tard... Newton, pour sa part, attribue à des auteurs sacrés très postérieurs les livres de Moïse, de Josué et des Juges, de même que Jean Leclerc. Et Voltaire limite le nombre de sectateurs... Dans le chapitre 13, cependant, les notes *c* et *g* introduisent, l'une des versets (Deutéronome 18:10-11), l'autre des termes équivoques, qui feraient croire à une permanence des âmes. Voltaire évoque les difficultés insurmontables de la langue, dans la première note, et une dispute de mots, pour la deuxième.

Mais le dialogue du *Catéchisme de l'honnête homme*, achevé dans l'été 1763, présente tout de suite des questions épineuses: 'Il me semblait difficile que Moïse ait écrit dans un désert le Pentateuque', qu'il l'ait écrit en hébreu et non en égyptien, qu'il ait pu polir le bois ou la pierre.[5] Avant de relater des fables 'absurdes' tirées de la Bible, Voltaire a fait allusion aux 'hommes les plus versés dans l'antiquité', selon qui les livres du Pentateuque 'ont été écrits plus de sept cents ans après Moïse' parce 'qu'il y est parlé des rois et qu'il n'y eut de rois que longtemps après Moïse'. Il constate que 'les événements racontés dans le Pentateuque étonnent ceux qui ont le malheur de ne juger que par leur raison'.[6] Aussi, dans la *Lettre d'un quaker à Jean-George Lefranc de Pompignan*, écrite à la fin de 1763, reprend-il ces conseils railleurs: 'Tu devais réfuter les théologiens et les savants téméraires qui ont prétendu que le Pentateuque ne fut écrit que sous le roi Osias, ceux qui l'attribuent à Samuel, ceux qui l'imputent même à Esdras, ceux qui disent que Moïse n'a pas pu prescrire des règles aux rois, puisqu'ils n'existèrent point de son temps'.[7]

---

[5] *OCV*, t.57A, p.145.
[6] *OCV*, t.57A, p.147, 149.
[7] *OCV*, t.57A, p.282. Voir aussi p.286.

L'article 'Moïse' parut dans le *Dictionnaire philosophique* de 1764. Voltaire commence par proclamer que 'plusieurs savants ont cru que le Pentateuque ne peut avoir été écrit par Moïse', le premier exemplaire connu ayant été trouvé plus de mille ans après lui, rien n'indiquant qu'il en est l'auteur et les livres du Pentateuque n'étant mentionnés nulle part ailleurs. Se succèdent ensuite huit questions, souvent au conditionnel, qui laissent entendre des réponses négatives. La langue du Pentateuque aurait dû être l'égyptien; et il aurait fallu trouver, dans le désert, des hommes assez habiles 'pour graver cinq volumes sur des pierres polies', alors qu'on manquait du nécessaire. Par ailleurs, Moïse aurait-il introduit des contradictions entre ses différents livres? Aurait-il cité des villes inexistantes, ou les aurait-il mal situées? Aurait-il prescrit des règles pour les rois juifs, alors qu''il n'y avait point de rois chez ce peuple'? Au nombre invraisemblable de combattants devant, selon Moïse, sortir d'Egypte Voltaire substitue des 'larrons' et des 'lâches' qui ont risqué de mourir de faim et de fatigue dans des déserts horribles. C'est dans l'édition Varberg de 1765 que Voltaire ajoute une longue note commençant par 'Est-il bien vrai qu'il y ait eu un Moïse?' Elle s'achève sur l'emprunt probable, par ce peuple 'si longtemps errant', des fables phéniciennes. [8]

La Philosophie de l'histoire sortit des presses de Cramer en 1765. Le chapitre 40 traite 'de Moïse considéré simplement comme chef d'une nation'. Voltaire y évoque d'abord, d'après l'histoire, ses faiblesses, ses défaites, sa sévérité, sa barbarie, son inhumanité. Mais il prétend que 'ce n'est point un homme qui agit en homme, c'est l'instrument de la Divinité'. Moïse n'annonce pas à son peuple l'immortalité de l'âme ou les peines et récompenses après la mort tant que Dieu ne veut pas révéler ces dogmes. L'auteur feint alors de connaître 'des hommes d'une science profonde' qui ont pu

[8] *OCV*, t.36, p.385-86, 388, 390, 391, 394-95. Dans l'article 'Moyse' des *Questions sur l'Encyclopédie*, paru en novembre-décembre 1771, Voltaire mentionne les invraisemblances du Pentateuque, puis, sous le nom de Bolingbroke, revient sur les contradictions, les fautes de chronologie et de géographie, les villes inexistantes, tout autant que les rois cités dans ce livre.

douter de son existence, ou ne savent en quel temps la placer. 'Il leur paraît impossible que Moïse ait gouverné deux ou trois millions d'hommes pendant quarante ans dans des déserts inhabitables', où il n'y a plus que quelques 'hordes vagabondes'. Mais l'écrivain se prétend bien loin d'adopter leur choix téméraire. Dans le chapitre précédent il assurait qu'une multiplication contre l'ordre de la nature (deux millions de personnes issues, en deux siècles, d'une seule famille) était un miracle exécuté par Dieu en faveur des Juifs. Il affirme ici rejeter aussi l'opinion d'Aben Esra, de Maïmonide et quelques autres, 'quoique le docteur Leclerc, Middleton, les savants connus sous le nom de théologiens de Hollande, et même le grand Newton aient fortifié ce sentiment'. Ils prétendent, en effet, que 'ni Moïse, ni Josué ne purent écrire les livres qui leur sont attribués' car l'art difficile de graver sur la pierre ne pouvait pas être cultivé dans des déserts. Voltaire affirme donc embrasser 'contre ces grands hommes l'opinion commune', sans les accuser pour autant d'impiété parce que 'les livres de Moïse et de Josué et le reste du Pentateuque ne leur paraissent pas être de la main de ces héros israélites'. [9] En fait, il doute à coup sûr de la mosaïcité du Pentateuque. Mais il répète, dans le chapitre 25, les paroles d'Arnauld, dans l'*Apologie de Port-Royal*, concernant les promesses de l'Ancien Testament, purement temporelles et terrestres. Et il reprend, face aux croyances des autres peuples, la double hypothèse de l'ignorance ou de la fourberie de Moïse. Dans les *Questions sur les miracles*, sous le titre 'Evidence des miracles de l'Ancien Testament', [10] il oppose aux vains raisonnements, concluant que Moïse a écrit et a existé, ceux des incrédules qui estiment que les livres de Moïse n'ont pu être écrits que sous les rois juifs.

Le premier chapitre de *L'Examen important de milord Bolingbroke*, 'Des livres de Moïse', posait une suite de questions devant indiquer, après lecture, si les livres attribués à Moïse étaient de lui.

[9] *OCV*, t.59, p.225-27.
[10] *OCV*, t.60D, p.178-83.

Y avait-il graveurs et polisseurs de pierre 'dans un désert affreux'? 'Comment écrivit-on tout un livre sur du mortier?' et comment l'autel qui en était enduit subsista-t-il si longtemps? Les erreurs, de géographie et de chronologie par exemple, dans le Pentateuque ont éloigné de ce texte de nombreux lecteurs, parmi lesquels Leclerc et Newton, de même que les confusions, la présence étonnante de rois juifs, ou la mention de trop nombreuses villes. L'écrivain conclut: 'Chaque trait est une hyperbole ridicule, un mensonge grossier, une fable absurde'.[11] Dans la troisième *Homélie*, 'Sur l'interprétation de l'Ancien Testament', Voltaire s'en était tenu, en un paragraphe, aux 'savants hommes' qui assurent que le Pentateuque n'est point de Moïse. 'Le grand Newton', 'cet étonnant génie', l'attribue à Samuel, tandis que d'autres le croient de Saphan ou d'Esdras.[12] En 1767, Voltaire introduisit dans *L'Examen important* un chapitre 4, intitulé 'Qui est l'auteur du Pentateuque?' Mais il jongle plus avec Newton, Esdras et Jérémie qu'il n'établit des hypothèses sérieuses. Il ajoutera, en 1771, des notes qui expliquent, par exemple au premier chapitre, pourquoi 'les livres qu'on prétend écrits du temps de Moïse et de Josué sont écrits en effet du temps des rois'. Au deuxième, il rappelle que les écrivains du 'misérable peuple juif' 'ne travaillèrent que très tard' et 'pillèrent tout ce qu'ils trouvèrent chez leurs voisins'. Il ajoute que 'Sanconiaton ne parle pas de la horde juive; [...] donc la horde hébraïque n'existait pas encore en corps de peuple'. Dans le troisième chapitre, il revient sur l'ignorance concernant 'l'immortalité de l'âme et les peines après la mort'.[13]

Plus simples, les sixième et septième questions des *Questions de Zapata*, publiées en mars 1767, rappellent brièvement les difficultés d'un raisonnement favorable à Moïse: 'Par quels arguments prouverai-je que les livres attribués à Moïse furent écrits par lui dans le désert?' 'Il était peu probable qu'on eût des gens assez habiles pour

---

[11] *OCV*, t.62, p.174-76.
[12] *OCV*, t.62, p.474.
[13] *OCV*, t.62, p.176 (d), p.178-79 (a), p.183 (a).

graver un gros livre, lorsqu'on n'avait ni tailleurs ni cordonniers.'[14] Mais dans l'été 1767 parut *La Défense de mon oncle* où, dans la 'quatrième diatribe', Voltaire feint de se moquer des 'détracteurs' allant 'jusqu'à dire que le Pentateuque n'a pu être écrit que dans le temps où les Juifs commencèrent à fixer leur culte, [...] au temps d'Esdras et de Néhémie'. Ils 's'appuient du sentiment d'Aben Esra', des théologiens 'hérétiques' et de la décision de Newton lui-même, qui croit que Samuel fut le rédacteur du Pentateuque: ce sont là des 'cris de l'hérésie et de l'infidélité'! Et 'blasphème' encore que de dire que 'Moïse tel qu'on nous le dépeint n'a jamais existé'.[15]

Toutefois c'est sur Spinoza, sa vie et ses œuvres que porte la dernière des *Lettres à Son Altesse Monseigneur le prince de ****, à la fin de 1767. Voltaire remarque que, d'après Spinoza, 'le mot hébreu *Ruhag*, que nous traduisons par *âme*, signifiait chez les Juifs le vent, le souffle', comme il est compris dans le Pentateuque. Il remarque encore que Spinoza 'a développé le dangereux système d'Aben-Esra, que le Pentateuque n'a point été écrit par Moïse'. Leclerc et 'le célèbre Newton', qui attribuera à Samuel les livres de Moïse, tandis que Spinoza choisira Esdras comme auteur, ont suivi ce jugement.[16] Dans *Le Dîner du comte de Boulainvilliers*, paru en décembre 1767, lors du 'deuxième entretien', Fréret déclare plus sobrement, après avoir raillé les 'prodiges inconcevables' attribués à Moïse: 'Vous savez que l'auteur du Pentateuque est encore incertain; quel homme sensé pourra jamais croire, sur la foi de je ne sais quel Juif, soit Esdras, soit un autre, de si épouvantables merveilles inconnues à tout le reste de la terre?'[17]

Voltaire insistera à nouveau sur le sujet dans *Dieu et les hommes*, en 1769, en montrant, dans le chapitre 22, l'impossibilité qu'il y avait d'écrire sur les pierres d'un désert les cinq gros volumes

[14] *OCV*, t.62, p.382-83.
[15] *OCV*, t.64, p.262-63. Voir aussi les notes des pages 433-36.
[16] *OCV*, t.63B, p.485.
[17] *OCV*, t.63A, p.370.

du Pentateuque, en énumérant parmi d'autres les erreurs de géographie, de chronologie, d'histoire figurant dans ce livre, l'inexistence de villes et de rois qui y étaient cités. Le chapitre 23 a pour titre 'Si Moïse a existé'. En doutent ceux qui ne se rendent qu'à l'évidence et pourraient l'assimiler à l'enchanteur Merlin... Voltaire revient évidemment, dans des textes plus tardifs, comme le *Discours de l'empereur Julien* (1770), sur le silence total d'un législateur à propos de l'immortalité de l'âme, ou des récompenses ou châtiments après la mort, sur l'usage douteux de l'écriture dans un désert, au temps où on place Moïse, sur les miracles ridicules qu'on lui attribue, sur le silence de Sanchoniathon à son sujet, sur la date des livres du Pentateuque, sur la certitude que Moïse ne peut avoir écrit les livres qu'on lui prête, et ainsi de suite.

L'attribution du Pentateuque à Moïse avait donc été discutée en particulier par Spinoza, Richard Simon et Jean Leclerc. On peut supposer que très tôt, par plusieurs sources, Voltaire a connu les arguments précis destinés à diminuer l'autorité du Pentateuque par l'incertitude concernant son auteur. En effet, les 'Leningrad notebooks' offrent un texte intitulé 'Extraits de Maillet',[18] qui tire parti de la critique spinoziste et relève plusieurs raisons justifiant l'hypothèse d'une rédaction tardive du texte sacré:

Si on prouve [par] des anachronismes des plus marqués que Moïse n'a point écrit la Genèse, si l'on démontre qu'il n'est point non plus l'auteur de l'Exode, du Lévitique, des Nombres, du Deutéronome, il est sûr qu'on doit moins de foi à des histoires dont on n'a point d'auteurs contemporains. Voilà l'objet et l'idée de la critique de Spinosa.

Les pharisiens traitaient d'hérétiques ceux qui niaient que le Pentateuque fût de Moïse, mais selon Spinosa il y a de fortes présomptions pour soutenir la même chose.[19]

---

[18] Voltaire dit dans le 'Catalogue des écrivains' du *Siècle de Louis XIV* qu'on a de lui des ouvrages manuscrits d'une philosophie hardie (*OCV*, t.12, p.127). Sur l'auteur du *Telliamed*, voir Miguel Benítez, 'Benoît de Maillet et la littérature clandestine: étude de la correspondance avec l'abbé Le Mascrier', *SVEC* 183 (1980), p.133-59.

[19] *OCV*, t.81, p.420-21.

Sont donc citées cinq 'fortes présomptions': la préface du Deutéronome ne peut être de Moïse – il n'a pas passé le Jourdain, qu'elle mentionne cependant. L'auteur du Pentateuque parle de Moïse à la troisième personne et avec trop d'éloges. La mort de Moïse et le deuil des Israélites sont rapportés dans un de ces livres et on le met bien au-dessus des prophètes venus après lui. L'historien parle de certains lieux sous des noms qu'ils n'ont pas. Enfin il y a une anticipation dans Exode 16:34, avec la manne et les tables de la loi.

Après les cinq arguments cités figure la référence au verset 31 du chapitre 36 de la Genèse (les rois d'Edom): 'On voit par là que l'historien vivait sous les rois d'Israël et que ce n'est point Moïse qui a écrit la Genèse. Il est néanmoins constant que Moïse avait écrit, mais ces livres sont perdus.'[20] L'hypothèse selon laquelle Esdras est l'auteur de la Genèse, comme des livres des Juges et des Rois, clôt cet extrait diffusant des critiques courantes dans la littérature clandestine.

Richard Simon (1638-1712) avait acquis une très précise érudition, ayant appris, en particulier, le grec et l'hébreu. Il avait des relations avec des protestants et des Juifs. Dans son *Histoire critique du Vieux Testament* (BV3173), parue à Rotterdam en 1685, après avoir été imprimée à Paris en 1678, puis à Amsterdam en 1680, il a relativisé la propriété exclusive du travail d'auteur qu'on attribuait à Moïse. Dans la Genèse, par exemple, une infinité de faits dans le texte étaient arrivés plusieurs siècles avant lui. En tenant compte des pertes, des additions, des évolutions, le critique met donc en doute l'attribution de tout le Pentateuque au seul Moïse et fait d'Esdras (milieu du cinquième siècle avant J.-C.) son compilateur. Il a probablement recueilli d'anciens mémoires, en ajoutant, diminuant, changeant ce qu'il croyait être nécessaire, comme prophète ou écrivain public. Richard Simon juge d'ailleurs qu'on ne doit pas s'étonner si d'autres ont écrit plus tard dans le Recueil des Ecritures canoniques, et donc si 'Esdras n'est pas le dernier compilateur des livres sacrés'.[21]

[20] *OCV*, t.81, p.421.
[21] *Histoire critique* (1680), p.61.

Voltaire possédait, parmi les livres de Richard Simon, son *Histoire critique du Vieux Testament*.[22] Quand il écrivit, dans la *Défense de milord Bolingbroke* (1752), que ce dernier avait 'appliqué les règles de la critique au livre du Pentateuque', Voltaire ajouta que, sans prétendre ébranler les fondements de la religion, il avait séparé la foi de la raison; et il précisa que 'beaucoup de savants hommes avant lui, et surtout le père Simon, ont été de son sentiment'.[23]

Certes, il se référa aussi à Aben Esra, Maïmonide et d'autres, mais non à Richard Simon, dans le chapitre 40 de *La Philosophie de l'histoire*, pour citer l'incapacité de Moïse à écrire le livre qui lui a été attribué. Toutefois, dans l'article 'Argent' des *Questions sur l'Encyclopédie*, il suggère que le Pentateuque peut être 'très admirable sans être de Moïse' et renvoie au 'premier livre de l'*Histoire critique du Vieux Testament*, par le révérend père Simon de l'Oratoire'.[24]

Le premier livre de ce texte de Richard Simon est consacré à l'histoire du peuple hébreu depuis Moïse. Il met en doute l'attribution du Pentateuque au seul Moïse et discute pour savoir qui avait écrit des passages qui lui sont attribués. Il expose sa théorie particulière: pour les événements de chaque période avaient existé, pendant la durée de l'histoire juive, des rapporteurs ou annalistes dont les écrits avaient été conservés dans les archives publiques, institution qu'il attribue à Moïse. Il va de la théologie des 'prophètes' à l'histoire des 'écrivains publics'. Les 'auteurs' des grands livres bibliques ne défendaient pas leurs propres idées mais reproduisaient la tradition d'un peuple dont ils se montraient les porte-voix, tout en ayant, selon les circonstances, la liberté de

[22] La révocation en doute de l'autorité mosaïque du Pentateuque poussa Bossuet à exiger l'arrêt du processus de publication de l'*Histoire critique du Vieux Testament*. La plupart des exemplaires furent brûlés sur la place publique. Des notes éditoriales, dans le huitième tome du *Corpus des notes marginales de Voltaire*, donnent quelques indications de l'usage que Voltaire en fit (p.569-70).

[23] *OCV*, t.32B, p.241.

[24] *OCV*, t.38, p.587-88, n.*b*.

corriger et de modifier les documents d'archives. Dès sa préface Richard Simon a mentionné des écrivains publics, ou prophètes, qui recueillaient les actes de ce qu'il arrivait d'important chez les Hébreux. Ils servirent à rendre compte d'expressions se trouvant dans les livres de Moïse, tout en paraissant bien, simultanément, supposer qu'il n'en était pas toujours l'auteur.

Richard Simon avait évalué positivement, dans la Bible, la place, le concept de la tradition, tout en n'acceptant pas d'emblée les modèles qui la représentaient; méfiant, il avait censuré certaines des traditions, en les soumettant à un examen critique, afin de purger quelques-uns des textes sacrés. Au contraire Jean Leclerc (1657-1730), qui doit sa formation à Genève, Saumur et la Hollande, où il enseigna à Amsterdam la philosophie, l'hébreu et l'histoire ecclésiastique, s'est livré à la critique la plus complète en réclamant le droit de formuler librement une opinion sur toutes les matières. Selon lui le recours à la tradition risquait plus, dans certains cas, d'embrouiller que de clarifier. Son audace lui permit de publier, en 1685, les *Sentiments de quelques théologiens de Hollande sur l'Histoire critique du Vieux Testament, composée par le R.P. Simon de l'Oratoire, où en remarquant les fautes de cet auteur, on donne divers principes utiles pour l'intelligence de l'Ecriture sainte.* Il réfute des hypothèses de Richard Simon, tout en en suggérant d'autres, formule sa critique la plus complète de sa position sur la tradition, tout en ne désapprouvant pas toutes ses conclusions critiques, et combat à son tour la doctrine de l'inspiration littérale. Dans sa sixième lettre, il affirme que, vu certains désordres, ou dissemblances stylistiques, ou manques de cohérence, 'Moïse n'est pas l'auteur de tout le Pentateuque'. [25] Tout son chapitre offre des passages citant des extraits jugés antérieurs ou postérieurs à Moïse. Leclerc estime qu'il y a des choses qui doivent avoir été écrites avant ou après lui, qu'il y a 'des marques assez sensibles que Moïse n'a pas écrit le livre de la Genèse' tout au long (p.116). Il mentionne des paroles 'ajoutées par Esdras' et citées par Huet dans

[25] (Amsterdam, 1685), p.102 et suivantes, avec Jean Leclerc.

66

le Deutéronome 3:14 (p.120). Il note, au début de sa septième lettre
(p.131), un faux raisonnement du P. Simon 'pour prouver que
Moïse n'est pas l'auteur du Pentateuque'. En 1686 paraîtra une
*Réponse au livre intitulé Sentiments de quelques théologiens de Hol-
lande sur l'Histoire critique du Vieux Testament, par le prieur de
Bolleville*, c'est-à-dire Richard Simon qui, sur un ton irrité, juge
que Leclerc s'arrête aux minutes et aux redites inutiles. La même
année, Leclerc produira une *Défense des sentiments de quelques
théologiens de Hollande sur l'Histoire critique du Vieux Testament.*
Dans le chapitre 7, il reprendra quelques endroits de sa sixième
lettre, sur l'impossibilité pour Moïse d'être l'auteur de tout le
Pentateuque et ajoutera, entre autres remarques, qu'Esdras n'avait
'pas fait les changements et additions que notre critique prétend
qu'il y a faits'. [26] Dans les deux ouvrages, il oppose ses propres
réflexions à ce qu'il considère comme des erreurs chez Richard
Simon. Après l'exil des dix tribus en 721, les habitants avaient été
remplacés en Samarie par des colons étrangers, qui n'avaient pas
connaissance de la religion juive. Leclerc en déduit que le prêtre
israélite mentionné en 2 Rois 17:28, renvoyé en Samarie par le roi
des Assyriens pour enseigner la crainte de Yahvé aux habitants de
l'ancien royaume d'Israël, pouvait être le rédacteur du Pentateuque, le 'Sacrificateur' attaché au service du vrai Dieu, qui entreprit
une histoire de la création pour les idolâtres et abrégea celle des
Juifs jusqu'à la Loi. 'Rien n'empêche qu'on ne croie qu'il s'était
conservé, dans le royaume des dix tribus, quelques exemplaires
de la loi de Moïse' et que l'autorité du Pentateuque 'est appuyée
sur les pièces authentiques dont il est composé' (p.168-69).

Dom Calmet connaissait évidemment ces discussions. Dans son
Dictionnaire de la Bible, il discute des réactions de R. Simon et
J. Leclerc sur ce qui ne convient pas dans le Pentateuque, particulièrement sur l'époque où vivait Moïse et sur son caractère, sur le
récit déplacé de sa mort et de ses funérailles. Il répond par trois
réflexions générales: les objections proposées sont en-dessous de

[26] (Amsterdam, 1686), p.175. La citation de Leclerc est juste.

preuves solides; il y a de nombreuses additions, des omissions, des confusions, qui peuvent constituer des retouches ou des altérations de copistes; et enfin, les systèmes de MM. Simon et Leclerc sont liés à leur imagination et dénués de vraisemblance. Dans son *Commentaire littéral* il assure fermement que le Pentateuque est l'ouvrage de Moïse, malgré quelques changements au texte.

Toutefois Voltaire réagit vivement à ses lectures. Par exemple, lisant le Deutéronome dans son *Commentaire littéral*, il a mis en marge, en face du chapitre 17:18-19: 'ordonnance / pr les rois / quand / il ny avoit / point de / rois'. Sur la 'Dissertation où l'on examine si Esdras a changé les anciens caractères hébreux pour leur substituer les lettres chaldéennes', Dom Calmet indiquait que les caractères hébreux anciens 'n'étaient point un caractère singulier', ni propre aux seuls Juifs et que 'Moïse l'avait appris en Egypte': Voltaire écrit en marge: 'non, les carac / teres egiptiaques / etaient fort / differents'. Selon Calmet, Moïse écrivit sans doute son ouvrage en lettres chananéennes, car les Juifs, en Egypte, 'avoient conservé la langue chananéenne' (attribuée à une tribu sémitique) dont ils avaient apporté l'usage; Voltaire note: 'qui te la dit?' Dans la 'Dissertation où l'on examine si Esdras est l'auteur ou le restaurateur des Saintes Ecritures', il est écrit: 'Moyse n'ordonne rien avec plus de soin que d'étudier et de méditer ses lois. Il veut que le roi en décrive un exemplaire pour son usage; qu'on la lise au peuple, etc.' Voltaire répond en marge: 'Beau chien / de raisonnement! Et si cest Esdras / qui fait parler / ce moïse / hen!' Un peu plus loin, l'auteur assure que, par les Psaumes et les textes des prophètes, 'les lois dont nous avons parlé, aussi bien que l'histoire des Hébreux furent très connues dans la République d'Israël'. Voltaire rectifie: 'remarqués quil / ny a pas une / ligne du penta / teuque citée dans / les livres juifs. / quelques faits / oui, un passa / ge entier? non'.[27]

---

[27] *Commentaire littéral sur tous les livres de l'Ancien et du Nouveau Testament*, 25 vol. (Paris, 1709-1734, BV613). *CN*, t.2, p.27, p.330, 332-33, 333-34.

Voltaire avait publié, en 1741, les *Eléments de la philosophie de Newton*. Il avait révisé le texte qu'il édita, en 1748, puis en 1752. Dans la première édition, la première partie, comportant neuf chapitres, était intitulée *Métaphysique*. L'auteur y traitait de Dieu, de la liberté de l'homme, de la religion naturelle, de l'âme, puis de la nature de la matière. Toutefois, s'il attaquait discrètement Bible et théologie, en en venant aux sources de vérités scientifiques c'était pour dire, par exemple, qu'il n'y avait rien de miraculeux dans l'arc-en-ciel, puisqu'il s'agissait juste d'une réfraction de la lumière du soleil dans les gouttes de pluie! C'est donc dans d'autres travaux de Newton que Voltaire a mis en doute la mosaïcité du Pentateuque. Dans une lettre du 1er février 1764 à d'Argence de Dirac (D11676), après avoir rappelé les objections habituelles, Voltaire citait également à l'appui de sa thèse 'le grand Newton', en même temps que Leclerc: 'Tous ces passages, et beaucoup d'autres, prouvent que Moïse n'est point l'auteur de ses livres, puisque Moïse n'avait point passé le Jourdain, puisque le Cananéen était de son temps dans le pays etc.' Outre des travaux sur l'Apocalypse, Isaac Newton avait, en effet, écrit ses *Observations on the prophecies of Daniel and the Apocalypse of St John* (1733), que Voltaire ne mentionne pas et dont il ne connaît probablement pas les détails. Dans le premier chapitre, 'Concerning the compilers of the books of the Old Testament', Newton fait d'abord référence, dans le deuxième livre des Chroniques, à Manassé, qui régna quarante-cinq ans à Jérusalem (687-642 avant J.-C.) et qui pratiqua des cultes païens dans le Temple. Mais il se convertit et écarta du Temple les dieux étrangers. Josias, son petit-fils, devenu roi à huit ans, à la place d'Amon son père, le resta trente et un ans (640-609) et fit très vite démolir idoles et autels païens. Un prêtre, en 622, découvrit au temple le livre de la Loi de Yahvé transmise par Moïse, qui s'était perdu sous Manassé. On en fit la lecture devant le roi, qui le prit et renouvela ensuite l'alliance avec Yahvé en montant au Temple avec les prêtres, les lévites et tout le peuple. Newton rappelle comment, bien plus tôt, Roboam (931-913), fils de Salomon, avait abandonné la Loi de Yahvé, laissant les Juifs sans vrai Dieu et vrai prêtre, tandis que Shéshonq faisait campagne en Palestine et pillait le Temple, comment Asa (911-870) et Josaphat (870-848) avaient lutté contre l'idolâtrie, Josaphat établissant à Jérusalem juges, prêtres, lévites et chefs de famille pour mettre en pratique la Loi.

Le livre avait été gardé par les dix tribus avant leur captivité, en 721. Quand elles furent captives et que leur pays fut occupé par des étrangers venus de Babylone et d'ailleurs, qui ne connaissaient pas leurs rites religieux, un des prêtres, selon Newton, fut envoyé par le roi d'Assyrie en Samarie. Il s'installa à Béthel et leur enseigna comment ils devaient révérer Yahvé, de telle sorte que les nouveaux Samaritains eurent le Pentateuque des mains de ce prêtre et gardèrent ce livre dans les caractères originaux des Hébreux. Mais les deux tribus restantes des Hébreux, après leur retour de Babylone, changèrent leurs caractères en ceux des Chaldéens, appris à Babylone.

Le Pentateuque était déjà le livre de la Loi, du temps de David (1010-970) et Salomon (970-931), qui s'occupèrent des affaires du tabernacle et du Temple, selon la loi de ce livre. La race des rois d'Edom, avant l'établissement de tout royaume en Israël, a été marquée dans le livre de la Genèse (36:31). Newton précise que, le Pentateuque étant composé simultanément de la Loi et de l'histoire du peuple de Dieu, l'histoire a été unifiée à partir de plusieurs livres (Création..., Guerres...). Samuel a pu, pendant le règne de Saül (1030-1010), les mettre dans la forme actuelle des livres de Moïse et de Josué, et insérer dans le livre de la Genèse la race des rois d'Edom, jusqu'à ce qu'il règne un roi en Israël. Les livres de Moïse, de Josué et des Juges contiennent, en effet, une histoire continue. Tous ces livres ont donc été composés à partir des écrits de Moïse, de Josué et d'autres récits, par une seule et même main, après le début du règne de Saül et avant la huitième année de David. Samuel, prophète, écrivain sacré, informé de l'histoire de Moïse et des Juges, très estimé du peuple, avait une autorité suffisante pour les composer.

A l'hypothèse newtonienne Voltaire a parfois préféré celle de Spinoza, résumée dans la dernière des *Lettres à Son Altesse*

Monseigneur le prince de ***: Esdras, scribe versé dans la loi de Moïse et appliqué à la pratiquer et à l'enseigner, aurait forgé ces livres au retour de la captivité chez les Chaldéens, auxquels les Juifs empruntèrent l'écriture.[28]

Sur les Juifs Voltaire reprend en tous temps les critiques déjà formulées dans l'article 'Des Juifs', paru en 1756, écrit bien avant. Certes le chapitre 40 de *La Philosophie de l'histoire* semble offrir encore des images contraires: 'Ils reconnaissent le doigt de Dieu à chaque ligne dans la Genèse, dans Josué, dans Samson, dans Ruth. L'écrivain juif n'a été, pour ainsi dire, que le secrétaire de Dieu; c'est Dieu qui a tout dicté.'[29] Mais à l'inverse, multiples sont, là et ailleurs, les références ironiques à la 'horde' juive, ou aux fables absurdes, aux merveilles invraisemblables... et aux réalités horribles des déserts.

L'écrivain n'a pas hésité à jouer, tardivement, d'un passage de l'article 'Lois', section 4 (1774), des *Questions sur l'Encyclopédie*. Après avoir rappelé la sagesse chinoise, Voltaire examine ce que, inversement, le 'code' d'un petit peuple arrivé d'un 'désert affreux' sur les bords du Jourdain, quoique donné comme 'le modèle de la sagesse', a d'absurde, de barbare, de cruel: 'ne jamais manger d'onocrotale...', 'ne point coucher avec sa femme quand elle a ses règles...', 'exterminer sans miséricorde tous les pauvres habitants du pays de Canaan [...] égorger tout, massacrer tout...', 'immoler au Seigneur tout ce qu'on aura voué en anathème...', 'brûler les veuves qui [...] s'en seraient consolées...'.[30] Dans cet article, Voltaire oppose les deux extrêmes. Alors qu'il avait rapproché, longtemps auparavant, Chinois et Juifs pour leur même ignorance concernant l'âme humaine, il juxtapose ici douceur et barbarie.

Le manuscrit étudié fait donc partie des nombreux écrits soulignant l'infériorité absolue des lois juives. Toute l'habilité polémique, ici, consiste à opposer d'abord le jugement négatif des

---

[28] *OCV*, t.63B, p.485.
[29] *OCV*, t.59, p.227.
[30] *OCV*, t.42B, p.120-21.

jurisconsultes et des savants à l'avis de prétendus clercs dont on souligne vite les ignorances. Les nécessités imposées par la nature au peuple juif – manger, survivre – l'ont écarté pour longtemps des prodiges de la culture. C'est donc sur des antithèses constantes que repose le texte de Voltaire: d'un côté l'obscurantisme, avec ses aspects illogiques et cruels, les naïvetés, les incertitudes; de l'autre côté, la science, ses découvertes, ses démonstrations. L'écrivain juxtapose le rationnel au délirant. Il joue de sa supériorité logique: dépouillant de toute signification les préceptes qu'il cite, de toute valeur symbolique l'arche d'alliance, dépeinte dans son apparence la plus banalement matérielle, de toute grandeur le prophète Samuel, Voltaire ramène, une fois de plus, l'univers juif à l'absurde et au dérisoire. L'examen critique se donne les armes du raisonnement; les coordinations logiques, dans ce texte, ne manquent pas. Comme le montrait l'attaque initiale, finalement cautionnée par l'autorité de spécialistes du droit, la polémique se pare ici d'objectivité.

Manuscrit

MS I

Sur les juifs.

Manuscrit autographe avec quelques ratures. Notre texte de base.

Genève, BGE (MV): MS 43.21, f.92r-92 *bis r*.

Principes de cette édition

La présente édition reproduit un fragment de manuscrit autographe. Aussi présentons-nous une transcription fidèle de l'original, et reproduisons-nous les corrections apportées par Voltaire lui-même en variante.

SUR LES JUIFS

[f.92r] de touttes les hordes qui ont eté reunies en une espèce de société il ny en a point qui ait eu des loix plus extravagantes et plus atroces que la horde juive au jugement de plusieurs jurisconsultes. d'un autre coté plusieurs clercs ont écrit merveilles sur le code juif
5 et ont vu par tout le doigt de Dieu. Il est difficile de savoir au juste à quel juif Dieu preta d'abord son doigt pour écrire l'ordre de manger de lagneau ou du chevrau roti avec des laitues ameres et du pain azime chaque année le 14 de la lune du mois du nisan sous peine de mort;[1] pour ecrire la deffense detre peintre ou sculpteur
10 sous peine de chatiment jusqua la quatrieme generation,[2] pour ecrire la deffense d'allumer du feu le samedi sous peine de mort[3] et enfin tous les préceptes qui sont dans lexode, dans le levitique, dans les nombres dans le deuteronome, enfin dans quelques uns des livres suivants. De très savants hommes ont prétendu; et comme
15 mathematiciens ils ont cru démontré que Samuel avait ecrit touttes ces choses à lui parvenues par tradition.[4]

en effet si moyse avait écrit la genèse ce n'eut ete que par tradition qu'il eut pu la savoir et lecrire. Il ny a pas d'apparence

---

5 β: doigt de <il faut remarquer> Dieu
6 β: à <qui> V↑quel juif+ Dieu preta V↑d'abord+ son
   β: pour ecrire <d'abord> pour écrire l'ordre
11 β: ecrire V↑la+ deffense d'allumer
12 β: l'Exode, <et tous ceux qu'on trouve> dans le Levitique

---

[1] Exode 12:5-10.
[2] Exode 20:4.
[3] Exode 16:23.
[4] Voltaire annonce déjà Newton.

quAdam caïn Enok mathusalem meme eussent laissé des me-
moires. nos savants croient de meme qu [f.92v] il nest pas vrai- 20
semblable que les Israelites aient eu des historiografes dans le
temps quils erraient dans des deserts affreux, toujours entourez
dennemis, nayant a manger qua la pointe de lepee, manquant de
vétements comme de pain,[5] bientot apres reduits sept fois en
servitude, et dans un espace de temps assez long[.][6] 25

ceux qui savent ainsi raisonner et supputer, ont donc cru que la
horde juive n'a pu avoir des loix par écrit et des histoires que lors
que ces sauvages vagabons ont eté en possession du moins de
quelques mechants villages[.]

or on fixe ce temps un peu avant le regne de Saul lorsque la 30
horde etait parvenue jusqua posseder une petite chapelle portative
dans le bourg de Shilo,[7] un coffre denviron sept pieds de haut quon
trainait sur une charette dans les grandes occasions. un homme du
pays nomme Samuel, juge de ce village et de quelques hamaux
voisins dont la horde setoit emparée, ecrivit alors une histoire telle 35
quon pouvait lecrire dans ce pays sauvage, et il fut suivi de
quelques pretres qui continuerent sous les regnes suivants jusqua
esdras qui mit le tout dans lordre qui [f.92 bis r] subsiste aujourdui.
tel est le sentiment des savants dont je parle. et quel est le chef de
ces savants[?] cest le grand neuton lui meme cest le génie qui a 40

19   β: qu'Adam [V↑]Caïn[+] Enok
27-28   β: lors <qu'ils ont eté du moins> que ces
28   β: en possession <de quelque> du moins
30   β: <Or> on fixe
32   β: Shi<llo>[V↑]lo[+]
40   β: même cest le <grand homme> [V↑]génie[+] qui

[5] Voir Deutéronome 8:2-4.

[6] Voir Des Juifs, OCV, t.45B, p.119: les Juifs 'furent réduits sept fois en servitude,
pendant plus de deux cents années'.

[7] Le pèlerinage à Silo est mentionné dans 1 Samuel 1:3. L'arche y fut installée au
temps des Juges, peut-être déjà sous Josué.

74

decouvert la premiere loi de la nature et qui a scu anatomiser la lumiere. [8] lopinion d'un tel homme doit avoir quelque poids[.]

on demande ensuitte pourquoy les loix judaïques furent si extraordinaires[.]

[8] Voltaire a cité souvent, en particulier dans les *Eléments de la philosophie de Newton*, sa théorie de la gravitation universelle ou son analyse scientifique de la lumière. Mais le savant avait également procédé à des hypothèses sur la rédaction du Pentateuque, dans les *Observations on the prophecies of Daniel, and the Apocalypse of St John* (1re partie, ch.1, 'Concerning the compilers of the books of the Old Testament'). Voir le texte publié par J. Darby et T. Browne (Londres, 1733).

[*Sur le Pentateuque*]

Edition critique

par

Marie-Hélène Cotoni

TABLE DES MATIÈRES

INTRODUCTION

Ce texte – trois pages sans titre de la main de Wagnière, à part une addition marginale et un paragraphe final ajoutés par Voltaire – est conservé à la Library Company of Philadelphia, après être passé en plusieurs mains, comme l'a indiqué Andrew Brown.[1] Wagnière ajouta plus tard, en haut du texte, 'fragment d'une Lettre de M. de V.' Une autre main ajouta 'A M...' et 'fin de 1765'.

Dans ce texte court, comme dans le *Fragment sur les Juifs*,[2] c'est sur le dogme de l'immortalité de l'âme que Voltaire s'est d'abord arrêté. Il semble indiquer sa totale absence dans le Pentateuque, puisque l'auteur du livre n'en a jamais parlé. Il paraît donc ôter toute culpabilité à Moïse, tout en introduisant l'hypothèse d'une révélation que ce dernier aurait gardée pour lui seul, tandis que cette croyance était adoptée par tous les pays environnants. Voltaire ne mentionne ici ni Arnauld, cité pourtant dans ce même 'fragment' comme au chapitre 25 de *La Philosophie de l'histoire*, ni Warburton, fréquemment évoqué, alors que tous deux rejettent, dans le Pentateuque, la croyance des Juifs à une âme immortelle. Il énumère plutôt ici le ridicule, la mauvaise foi, l'interprétation forcée de paroles éparses, qui auraient côtoyé 'la loi même', où le dogme de l'immortalité devait être clairement exprimé. En fait, le Pentateuque en serait resté à ne parler toujours de Dieu que comme d'un être corporel, ce que Voltaire souligne expressément dans son addition marginale.

Il est impossible de confirmer la date indiquée pour ce texte, 'fin de 1765', car les rapprochements avec des textes publiés sont innombrables, comme nous l'avons montré pour le *Fragment sur les Juifs*. Voltaire avait inséré un texte, dans la *Correspondance littéraire* du 15 juillet 1759, sous le titre 'De l'antiquité du dogme de

[1] 'Calendar', p.100-101.
[2] *OCV*, t.60B, p.1-17.

l'immortalité de l'âme par M. de Voltaire'. Il constituera une partie de l'article 'Ame' du *Dictionnaire philosophique*, qui sera reprise en 1765 dans *De l'antiquité du dogme de l'immortalité de l'âme*. On y lit: 'Il est très certain, il est indubitable, que Moïse en aucun endroit ne propose aux Juifs des récompenses et des peines dans une autre vie, qu'il ne leur parle jamais de l'immortalité de leurs âmes, qu'il ne leur fait point espérer le ciel, qu'il ne les menace point des enfers, tout est temporel'. [3]

Dans ses carnets déjà, vraisemblablement après le mois de septembre 1757, Voltaire mentionnait Warburton qui 'prouve que Moyse n'a jamais insinué l'immortalité de l'âme, et les récompenses et les peines de la vie à venir. [4] Et il rapprochait, dans le 'Saint-Fargeau notebook', l'attitude chinoise de celle de Moïse, puisque ni peine ni récompense ne paraissait y exister après la vie. [5]

Dès octobre 1757, dans une lettre à Keate, Voltaire avait répété la position de Warburton qui prouve que 'ni Moïse ni les prophètes ne connurent jamais rien de l'immortalité de l'âme' (D7432). Il insiste, dans sa première lettre à d'Argence du 1er octobre 1759, sur toute absence, dans les lois de Moïse, à la différence des autres peuples, de l'immortalité de l'âme et des 'récompenses' et 'peines' dans une autre vie (D8516). Le 11 octobre 1763, il réaffirme à d'Argence le silence de Moïse sur l'immortalité de l'âme, répété par les écrits de Warburton (D11453).

Dans ses œuvres imprimées, les affirmations s'accumulent et se répètent. Déjà, dans les *Lettres philosophiques*, la douzième remarque sur les *Pensées* de Pascal affirmait que le décalogue ne dit rien de l'immortalité de l'âme. L'article 'Enfer' du *Dictionnaire philosophique*, probablement de la fin de 1760, insistait sur les châtiments temporels, redoutés par les Juifs, que Voltaire opposait aux punitions après la mort, imaginées par d'autres peuples: 'nous ne

---

[3] *OCV*, t.35, p.311. Voir aussi le t.60A, p.114.

[4] *OCV*, t.82, p.597. Voltaire semble avoir reçu l'ouvrage de Warburton à ce moment: voir *CN*, t.9, p.649 (n.672), et G. Pink, *Voltaire à l'ouvrage* (Paris, 2018), p.166.

[5] *OCV*, t.81, p.137.

connûmes notre Dieu et ses ministres, ses anges, que comme des êtres corporels'. Toutefois, il fait de Moïse soit un 'ignorant', soit un homme 'très mal avisé, si étant instruit de ce dogme, [il] n'en av[ait] pas fait la base de [sa] religion'.[6] Dans le chapitre 13 du *Traité sur la tolérance*, Voltaire assure que Dieu n'avait rien révélé à son peuple de l'âme immortelle ou des peines et récompenses dans une autre vie.[7] Le *Sermon des cinquante* ne voyait dans l'immortalité de l'âme qu'un 'dogme inconnu à Moyse', de même que récompenses et punitions après la mort restaient des dogmes ignorés de lui.[8] Le *Catéchisme de l'honnête homme*, non sans ironie, craint d'être un peu 'effarouché' par ce qui n'existe pas...[9] Dans l'article 'Ame' du *Dictionnaire philosophique*, Voltaire insiste sur le fait que 'tout est temporel' dans les lois attribuées à Moïse, sans 'un mot de la spiritualité et de l'immortalité de l'âme'.[10] L'article 'Moïse' (1764) s'intéresse davantage aux contradictions hardies, que Voltaire évoque en huit questions,[11] qu'à une mention précise de l'âme immortelle. Toutefois le texte ajouté en 1765 doute de l'existence de Moïse et juge qu'un peuple 'd'esclaves barbares' (p.394) n'a pu qu'inventer les prétendus miracles de Moïse apparus à la sortie de l'Egypte et copier ses voisins. Dans *La Philosophie de l'histoire*, préparée en 1764, l'écrivain mentionnait bien, dans le chapitre 25, les convictions de Warburton et les paroles d'Arnauld, dans *L'Apologie de Port-Royal*, concernant les promesses de l'Ancien Testament purement temporelles et terrestres. Mais il reprenait aussi la double hypothèse concernant soit l'ignorance, soit la fourberie de Moïse: 'S'il ignorait ces dogmes utiles, il n'était pas digne de conduire une nation; [...] s'il les savait et les cachait, il en était encore plus indigne'.[12] On en a l'écho dans le chapitre 40,

---

[6] *OCV*, t.36, p.52-53.
[7] *OCV*, t.56C, p.210.
[8] *OCV*, t.49A, p.118.
[9] *OCV*, t.57A, p.147-48.
[10] *OCV*, t.35, p.311.
[11] *OCV*, t.36, p.388-93.
[12] *OCV* t.59, p.178.

quand on cherche pourquoi Moïse n'a pas annoncé expressément l'immortalité de l'âme, ou les peines et les récompenses après la mort. C'est qu'il s'agit d'une loi donnée par Dieu même, qui ne voudra révéler au peuple juif que les dogmes figurant dans les temps qu'il avait marqués.

L'Examen important de milord Bolingbroke (1766) consacre ses deux premiers chapitres aux livres et à la personne de Moïse. C'est le troisième qui introduit les prétendues erreurs de Dieu. 'Comment en donnant des lois à ces brigands [une 'horde d'Arabes voleurs'] a-t-il oublié de contenir ce petit peuple de voleurs [les Juifs] par la croyance de l'immortalité de l'âme et des peines après la mort?' Une note de 1771 ajoute: 'Quoi! Les législateurs indiens, égyptiens, babyloniens, grecs, romains enseignèrent tous l'immortalité de l'âme, on la trouve dans vingt endroits dans Homère même. Et le prétendu Moïse n'en parle pas? Il n'en est pas dit un seul mot ni dans le décalogue juif, ni dans tout le Pentateuque!' [13] La trente-troisième des *Questions de Zapata* manifeste le doute: 'Dois-je avouer ou nier que la loi des Juifs n'annonce en aucun endroit des peines ou des récompenses après la mort?' [14] L'auteur s'étonne surtout que Moïse n'ait pas parlé de l'immortalité de l'âme, dogme connu de quantité de peuples. Dans ses *Lettres à Son Altesse Monseigneur le prince de ****, Voltaire a consacré quelques pages à Warburton, qui 'a soutenu dans sa légation de Moïse que Dieu n'a point enseigné à son peuple chéri l'immortalité de l'âme'. [15]

Dans *Dieu et les hommes* (1769), le chapitre 20 a pour titre 'Que l'immortalité de l'âme n'est ni énoncée ni même supposée dans aucun endroit de la loi juive'. Il commence ainsi: 'Quel que soit l'auteur du Pentateuque [...] il est toujours de la plus grande certitude que le système d'une vie future, d'une âme immortelle ne se trouve dans aucun endroit de ce livre'. Et il précise 'quels que

[13] *OCV*, t.62, p.183.
[14] *OCV*, t.62, p.391.
[15] *OCV*, t.63B, p.416.

soient les écrivains qui l'ont compilé'. Quelques pages plus loin, il évoque le 'fatras' de Warburton qui avait ramassé 'toutes les preuves que l'auteur du Pentateuque n'a jamais parlé d'une vie à venir'. [16]

C'est en ajoutant les figures d'Abraham et de Balaam dans son texte manuscrit que Voltaire rend compte à nouveau de la totale absence du dogme de l'immortalité de l'âme en leur temps. Pour Abraham il se réfère à la Genèse: 'Abraham expira, il mourut dans une vieillesse heureuse, âgé et rassasié de jours, et il fut réuni à sa parenté' (Genèse 25:8). Il rejette évidemment toute possibilité de survie des uns ou des autres et préfère surtout ne pas donner les mêmes croyances à Abraham et à son père, Térah (ou Tharé), resté, en son temps, idolâtre. C'est dans Josué 24:2 qu'il a pu voir, selon les paroles de Yahvé, les ancêtres d'Abraham, comme Térah son père, servir d'autres dieux. Yahvé lui-même a, alors, emmené Abraham et lui a fait traverser toute la terre de Canaan. Dans la Genèse, Yahvé lui dit: 'Quitte ton pays, ta parenté et la maison de ton père, pour le pays que je t'indiquerai. Je ferai de toi un grand peuple, je te bénirai, je magnifierai ton nom, qui servira de bénédiction' (12:1-2).

En ce qui concerne Balaam, Voltaire se limite à une seule interprétation, sans s'occuper des désaccords des interprètes, qui voient en lui un magicien, un idolâtre. Dans le *Catéchisme de l'honnête homme*, on lit: 'On voit encore avec plus d'étonnement un vrai prophète parmi les idolâtres, dans la personne de Balaam'. [17] Au chapitre 12 du *Traité sur la tolérance* il est dit: 'Balaam idolâtre était prophète'. [18] Dans *La Philosophie de l'histoire* l'auteur écrit: 'Dieu ne se communiquait qu'aux Juifs, excepté dans quelques cas particuliers, comme, par exemple, quand il inspira Balaam, prophète de Mésopotamie, et qu'il lui fit prononcer le contraire de ce qu'on voulait lui faire dire. Ce Balaam était le prophète d'un autre dieu,

[16] *OCV*, t.69, p.365, 369.
[17] *OCV*, t.57A, p.155.
[18] *OCV*, t.56C, p.209.

et cependant il n'est point dit qu'il fût un faux prophète.'[19] Voltaire lui-même, dans son bref écrit, l'a traité cependant de 'faux prophète', qui aurait pu s'attribuer une âme (ligne 19). C'est d'abord par une plaisante hypothèse qu'il le juge supérieur à Moïse, qui n'a eu aucune idée de son immortalité, alors que le faux prophète aurait pu en parler! En fait Balaam 'regarde son âme comme mortelle'. L'écrivain en vient vite, fermement, à l'inexistence, pour Balaam aussi, d'une vie après la mort.

C'est dans les Nombres, aux chapitres 22 à 24, qui mêlent tradition 'yahviste' et tradition 'élohiste', que Balaam, devin des bords de l'Euphrate, reconnaît Yahvé pour son dieu. Il était incité par le roi Balak à maudire les Israélites redoutés. Mais Dieu lui interdit de maudire ce peuple sorti d'Egypte, qui est béni. Balaam répond aux envoyés de Balak qu'il ne peut transgresser l'ordre de Yahvé, son Dieu. 'Comment maudirais-je, s'exclame-t-il, quand Dieu ne maudit pas?' Puis il ajoute: 'Puissé-je mourir de la mort des justes! Puisse ma fin être comme la leur!' (Nombres 23:8-10). Voltaire souligne donc, à juste titre, que Balaam ne parle pas du tout d'une vie à venir. Auprès de Balak, il maintient qu'il dira la parole que Dieu a mise dans sa bouche et il récite des poèmes où Dieu, loin de maudire, le charge de bénédictions par trois fois, à la grande irritation de Balak. Contraint par l'esprit tout-puissant de Dieu, il écarte, dans l'immédiat, sans imaginer l'au-delà, des malédictions terribles au profit de bénédictions favorables: 'Je n'ai pas aperçu de mal en Jacob ni vu de souffrance en Israël. Yahvé son Dieu est avec lui [...]; Dieu le fait sortir d'Egypte' (Nombres 23:21-22).

Toutefois Voltaire juge cette prophétie bien fausse... On a vu dans le texte précédent, *Sur les Juifs*, qu'il avait évoqué des Israélites, qui 'erraient dans des déserts affreux, toujours entourés d'ennemis, n'ayant à manger qu'à la pointe de l'épée, manquant de vêtements comme de pain', avant d'être réduits sept fois en servitude.[20] L'infériorité absolue des lois juives est établie par comparaison avec les autres peuples.

[19] *OCV*, t.59, p.236.
[20] Ci-dessus, p.74.

Voltaire ne s'attarde guère, ensuite, sur l'arrivée tardive du dogme de l'immortalité de l'âme chez les Juifs, mille ans après Moïse, quand il limite et uniformise le discours de 'tous les savants' à l'intérêt des pharisiens et des esséniens. En fait, la croyance à l'immortalité de l'âme a été également transmise aux Juifs quand ils sont entrés en contact avec la pensée grecque et surtout avec la philosophie de Platon. Mais auparavant, selon l'auteur, leur ignorance bien connue d'un 'grand principe', entraînant forcément le silence, avait annihilé toute question.

Il semble que l'écrivain ait connu les indications de Dom Calmet dans certaines de ses 'Dissertations', en particulier lorsqu'il s'agirait de passages du Pentateuque ainsi que des textes des prophètes et des psaumes. Dans la 'Dissertation où l'on examine si Esdras est l'auteur ou le restaurateur des Saintes Ecritures' (1712), Dom Calmet écrit:

Les psaumes sont pleins de témoignages, qui prouvent que du temps de David et des autres écrivains de ces divins cantiques, les lois dont nous avons parlé, aussi bien que l'histoire des Hébreux, furent très connues dans la république d'Israël. Les livres des prophètes montrent la même vérité en cent endroits. Ils invectivaient continuellement contre les désordres opposés à ces lois; ils rappelaient le peuple à leur observance. Ils les exhortaient à retourner à Dieu, à considérer les voies anciennes. [...] Les prophéties n'étaient point des ouvrages obscurs et inconnus. [...] Les prophètes écrivaient leurs prophéties. [...] Elles étaient connues de tout le monde.

Voltaire a écrit en marge: 'remarqués quil ny a pas une ligne du pentateuque citée dans les livres juifs, quelques faits oui, un passage entier? non.'[21]

Les trois derniers paragraphes du présent texte prennent un autre ton. L'écrivain abandonne désormais, pour finir, le dogme de l'immortalité de l'âme, ou 'l'ignorance des Juifs'. Imaginerait-il une découverte à venir? Un passage du Pentateuque cité mot

[21] *CN*, t.2, p.333-34.

à mot, chez les prophètes ou dans les psaumes? Il semble qu'il n'y ait jamais vu qu'un rêve.

En quelques phrases très brèves, Voltaire fait paraître trois périodes évoquant le Pentateuque: celle de Néhémie et Esdras, au milieu du cinquième siècle avant J.-C., appréciée par les savants; puis une autre période, nourrie de traditions bien plus anciennes et confuses, ou de notes incomprises par les yeux d'autres lecteurs; enfin, une période également antérieure à celle d'Esdras: celle du temps de Samuel, vers 1040 avant J.-C. C'est, en fait, ce travail qui comporterait déjà des passages du Pentateuque. Selon Newton et Leclerc, le Pentateuque daterait même du temps de Samuel.

Dans ses ouvrages Voltaire a abordé la question de la mosaïcité du Pentateuque. [22] Dans la note *g* du chapitre 12 du *Traité sur la tolérance*, la rédaction du Pentateuque daterait du temps des rois. Newton attribue les livres de Moïse à des auteurs qui lui sont très postérieurs. Dans le *Catéchisme de l'honnête homme*, selon les savants les livres du Pentateuque datent de plus de 700 ans après Moïse. Dans la *Lettre d'un quaker à Jean-George Lefranc de Pompignan*, écrite à la fin de 1763, on peut lire cette raillerie: 'Tu devais réfuter les théologiens et les savants téméraires qui ont prétendu que le Pentateuque ne fut écrit que sous le roi Osias, ceux qui l'attribuent à Samuel, ceux qui l'imputent même à Esdras'. [23] Dans son article 'Moïse' du *Dictionnaire philosophique*, Voltaire débute par: 'En vain plusieurs savants ont cru que le Pentateuque ne peut avoir été écrit par Moïse'. [24] Puis se succèdent questions et réponses. Passons sur *La Philosophie de l'histoire* et sur *L'Examen important de milord Bolingbroke*, où est mentionné Newton, 'le plus grand homme qui ait jamais été'. [25] Voltaire affirmait rejeter aussi, dans *La Philosophie de l'histoire*, l'opinion d'Aben Esra, de Maïmonide et quelques autres, 'quoique le docteur Leclerc, Middleton, les

[22] Voir ci-dessus, p.57-63.
[23] *OCV*, t.57A, p.282.
[24] *OCV*, t.36, p.385-86.
[25] *OCV*, t.62, p.175.

savants connus sous le nom de théologiens de Hollande, et même le grand Newton aient fortifié ce sentiment'. Ils prétendent, en effet, que 'ni Moïse, ni Josué ne purent écrire les livres qui leur sont attribués'; car l'art difficile de graver sur la pierre ne pouvait pas être cultivé dans des déserts. Voltaire affirme donc embrasser 'contre ces grands hommes l'opinion commune', sans les accuser pour autant d'impiété parce que 'les livres de Moïse et de Josué et le reste du Pentateuque ne leur paraissent pas être de la main de ces héros israélites'. [26] En fait, il doute à coup sûr de la mosaïcité du Pentateuque. En 1767, dans la troisième des *Homélies prononcées à Londres*, 'Sur l'interprétation de l'Ancien Testament', l'écrivain s'en tient aux 'savants hommes' qui jugent que le Pentateuque n'est pas de Moïse. Il mentionne 'le grand Newton', 'étonnant génie', qui l'attribue à Samuel, tandis que d'autres le croient de Saphan ou d'Esdras. [27] Dans *La Défense de mon oncle*, il attribue, lors de la quatrième diatribe, les 'cris de l'hérésie et de l'infidélité' aux 'détracteurs' qui situent le Pentateuque aux temps d'Esdras et de Néhémie, mentionnent Aben Esra, ou vont jusqu'à citer Newton lui-même, qui croit que Samuel rédigea le Pentateuque. [28] Fréret, dans *Le Dîner du comte de Boulainvilliers*, juge que l'auteur du Pentateuque est encore incertain. Dans le chapitre 23 de *Dieu et les hommes* le titre porte 'Si Moïse a existé'. Dans le *Discours de l'empereur Julien*, au milieu de nombreuses questions on s'interroge sur la date des livres du Pentateuque.

C'est la date de rédaction du texte qui, d'un savant à un autre, fait problème. Dans la dernière des *Lettres à Son Altesse Monseigneur le prince de ****, Voltaire remarque que Spinoza 'a développé le dangereux système d'Aben-Esra que le Pentateuque n'a point été écrit par Moïse'. [29] Leclerc puis Newton, qui attribue au temps de Samuel les livres de Moïse, ont suivi ce jugement, tandis que Spinoza a choisi Esdras comme auteur. Voltaire a pu

[26] *OCV*, t.59, p.226-27.
[27] *OCV*, t.62, p.474.
[28] *OCV*, t.64, p.262-63.
[29] *OCV*, t.63B, p.485.

puiser, comme on l'a vu pour *Sur les Juifs*, des remarques de Leclerc dans ses *Sentiments de quelques théologiens de Hollande*, et la suite...[30] Il s'est souvent référé à Newton, qu'il admirait, même s'il n'a pas possédé de lui les *Observations on the prophecies of Daniel and the Apocalypse of St John* (1733).

Voltaire envoya au marquis d'Argence, le 1er février 1764, une lettre multipliant les questions, la cinquième concernant le Pentateuque dans plusieurs domaines. Il écrit: 'Tous ces passages, et beaucoup d'autres, prouvent que Moïse n'est point l'auteur de ces livres, puisque Moïse n'avait point passé le Jourdain, puisque le Cananéen était de son temps dans le pays etc. Le grand Newton, et le savant Le Clerc ont démontré la vérité de ce sentiment' (D11676).

L'absence évidente, chez les Juifs, de l'immortalité de l'âme, du temps de Moïse, citée, sans grande discussion, au début de son texte, a cédé la place, dans les trois derniers paragraphes, à la présence rapide de prophètes, puis de savants de siècles différents. On a cherché en vain quelque passage du Pentateuque dans les psaumes ou les prophéties, les savants ne voyant que confusion avant Néhémie et Esdras. Le dernier paragraphe, ajouté par Voltaire, joue sur des hypothèses dépourvues de preuves, puisqu'il imagine d'abord des prophètes inconnus, antérieurs à Esdras, qui auraient été capables de citer des passages du Pentateuque écrits avant Esdras. Par la dernière phrase il semble, alors, vouloir, en jouant du conditionnel, clore avec plus ou moins de certitude une situation où seuls Newton et Leclerc auraient des preuves que le Pentateuque fut rédigé vers 1040 avant J.-C., du temps de Samuel.

Principes de cette édition

Puisque notre texte de base est un manuscrit en partie autographe et en partie préparé sous la direction de Voltaire, nous transcrivons le texte tel quel.

[30] Voir ci-dessus, p.66-67.

Manuscrit

MS

A M ...... fragment d'une Lettre de Mr de V.

Manuscrit de la main de Wagnière avec des ajouts de Voltaire. Le support est un bifolium, dont le verso du second feuillet est en blanc. D'une main inconnue, on lit 'fin de 1765' en haut à droite à la première page.

Le texte de base.

Philadelphia, PA, Library Company of Philadelphia: Read family papers, carton 76, chemise 30.

A M........ fragment d'une lettre de Mr de V.

fin de 1765

On n'aurait point demandé si le dogme de l'immortalité de l'âme est annoncé dans le pentateuque. on sait bien que l'auteur de ce livre n'en a jamais parlé; et l'auteur eut été trop coupable, si connaissant un dogme si utile, il ne l'avait pas révélé, dans le temps que cette croyance était celle de toute l'Égypte et de toute la Caldée. ce serait le comble du ridicule et de la mauvaise foi, qu'on veut laissé une chose si nécessaire à deviner, par l'interprétation forcée de quelques paroles éparses dans l'histoire juive. c'était dans la loi même que ce grand dogme devait être clairement exprimé.

Quand il est dit qu'Abraham fut réuni à ses pères, cela ne peut signifier autre chose, sinon qu'il mourut ainsi que ses pères. il ne pouvait être certainement réuni avec son père qui était un potier et un faiseur d'idoles. [Il serait bien plaisant que le faux prophète Balaam eut parlé de l'immortalité de l'âme, et que Moïse n'en eut rien dit du tout.

5. [*Sur le Pentateuque*], Read family papers, carton 76, chemise 30, f.1r, Library Company of Philadelphia.

[SUR LE PENTATEUQUE]

A M...... fragment d'une Lettre de M. de V.

[f.1r] On n'avait point demandé si le dogme de l'immortalité de l'ame est annoncé dans le pentateuque. on sait bien que l'auteur de ce livre n'en a jamais parlé; et l'auteur eut été trop coupable, si connaissant un dogme si utile il ne l'avait pas révélé, dans le temps que cette croiance était celle de toute l'Egypte et de toute la Caldée.[1] ce serait le comble du ridicule et de la mauvaise foi, qu'on eut laissé une chose si necessaire à deviner, par l'interpretation forcée de quelques paroles éparses dans l'histoire juive.[2] c'était dans la loi même que ce grand dogme devait être clairement exprimé. Sil est dit dans la genese faisons lhomme a notre image, cela suppose visiblement que les juifs croyaient comme tout le reste de la terre que les dieux avaient un corps et un visage. le pentateuque ne parle jamais de dieu que comme dun etre corporel[3] qui marche qui parle qui ecrit de son doigt.

6   β: ridicule <qu'on> et
10-15   β: exprimé. [V] [ajouté en marge] Sil est dit dans la genese faisons lhomme a notre image, cela suppose visiblement que les juifs croyaient comme tout le reste de la terre que les dieux avaient un corps et un visage. le<urs> pentateuque ne parle jamais de dieu que comme dun etre corporel qui marche qui parle qui ecrit de son doigt[.] ¶Quand

[1] On remarque la simultanéité de cette annonce portant sur l'immortalité de l'âme avec celle des premiers paragraphes du *Fragment sur les Juifs*. L'énumération des peuples étrangers est plus longue dans le *Fragment* et reprise quand il s'agit des prescriptions ou superstitions de ces peuples (*OCV*, t.60B, p.16).

[2] Le *Fragment sur les Juifs*, comme certains textes cités dans l'introduction, utilise un dilemme de Moïse plus appuyé: 'un ignorant bien grossier [...] ou un fourbe bien malavisé' (*OCV*, t.60B, p.15).

[3] C'est exactement la même phrase dans le *Fragment* (*OCV*, t.60B, p.14).

Quand il est dit qu'abraham fut réuni à ses pères, celà ne peut 15
signifier autre chose, sinon qu'il mourut ainsi que ses pères. il ne
pouvait être certainement réuni avec son père qui était un potier
Idolatre et un faiseur d'idoles.[4]

Il serait bien plaisant que le faux prophête Balaam eut parlé de
l'immortalité de l'ame, et que Moÿse n'en eut rien dit du tout. 20

[f.1v] Balaam ne parle en aucune manière de l'autre vie. il dit,
selon l'hebreu, que mon ame meure en juste, et que mes derniers
jours soient aussi heureux que ceux des hebreux. ainsi Balaam loin
de parler d'une vie à venir regarde son ame comme mortelle.[5] et de
plus, sa prophétie est très fausse, car ces hébreux à qui il prédit une 25
fin si heureuse, vécurent et moururent miserablement dans le
desert.

Tous les savants conviennent que le dogme de l'immortalité de
l'ame ne fut reçu que des pharisiens et des Esseniens, mille ans
après Moÿse.[6] on n'a donc fait ni pu faire de question sur un point 30

17-18 β: potier $^{W\uparrow}$Idolatre$^+$ et
18-19 β: d'idoles. $^{V}[^+$ Il
29   β: reçu $^{V\uparrow}$que$^+$ des pharisiens et des Esseniens, <que> mille

---

[4] Au chapitre 24 du livre de Josué, Josué a déclaré que, parmi les ancêtres, Térah
servait d'autres dieux que Yahvé. La Genèse indique sa descendance: 'Térah engen-
dra Abram, Nahor et Harân. [...] Abram et Nahor se marièrent: la femme d'Abram
s'appelait Saraï. [...] Or Saraï était stérile: elle n'avait pas d'enfant. Térah prit son fils
Abram, son petit-fils Lot, fils de Harân, et sa bru Saraï, femme d'Abram. Il les fit
sortir d'Ur des Chaldéens, pour aller au pays de Canaan, mais, arrivés à Harân, ils
s'y établirent.' Térah y mourut à 205 ans (Genèse 11:27-31). Abram et sa femme
stérile partirent pour un pays inconnu, après que Dieu l'eut appelé et lui eut promis
une postérité. 'Quitte ton pays, ta parenté et la maison de ton père pour le pays que je
t'indiquerai. Je ferai de toi un grand peuple' (Genèse 12:1-2).

[5] Après une plaisanterie inutile, Voltaire cite avec précision Balaam et insiste sur
ses déclarations, nécessaires pour montrer que son âme mourra en même temps que
s'éteindra sa vie (Nombres 23:10). L'écrivain se montre ici plus sérieux que lorsqu'il
mentionne, en un tout autre domaine, l'ânesse loquace de Balaam (souvent sans citer
le nom de Balaam) dans le *Sermon des cinquante*, le *Catéchisme de l'honnête homme*,
Dieu et les hommes, etc.

[6] A côté des pharisiens et des esséniens, les saducéens semblent être la seule secte
qui n'admettait pas l'immortalité de l'âme. Dans les 'Leningrad notebooks' on lit:

aussi décidé et aussi connu que celui de l'ignorance des juifs sur ce grand principe. mais on a demandé si en lisant les prophètes et les pseaumes on y trouvait quelque passage du pentateuque cité précisément et mot pour mot.

35   Il se peut faire qu'il y en ait quelqu'un, mais celui qui le cherche n'a pu encor le déterrer: [7] il serait à souhaitter qu'on en put trouver, afin de pouvoir [f.2r] réfuter la foule des savants hommes qui ont prétendu qu'avant Nehemie et Esdras on n'avait qu'une tradition confuse et quelques notes peu digerées de l'histoire juive. [8]

40   car sil est prouvé que les profetes qui vivaient avant esdras ont cité fidelement des passages entiers du pentateuque, il est prouvé que le pentateuque etait ecrit avant esdras[.] [9]

la difficulté serait alors seulement de repondre aux preuves que donnent neuton et le clerc que le pentateuque fut rédigé du temps
45   de Samuel. [10]

___

39-45   β: juive. ᵛ¶car sil est prouvé que les profetes qui vivaient avant esdras ont cité fidelement des passages entiers du pentateuque, il est prouvé que le pentateuque etait ecrit avant esdras[.] ¶la difficulté serait ᵛ↑alors seulement⁺ de repondre aux preuves que donnent neuton et le clerc que le pentateuque fut rédigé du temps de Samuel. //

___

'Les saducéens chez les Juifs nioient l'immortalité de l'âme; ils nioient les anges' (*OCV*, t.81, p.399). On y lit aussi que les peuples de la Thébaïde avaient imaginé le système de l'immortalité de l'âme mais que Moïse 'n'osa jamais admettre cette immortalité' (p.355).

[7] Voltaire a remarqué en note marginale, dans la 'Dissertation où l'on examine si Esdras est l'auteur ou le restaurateur des Saintes Ecritures' de Dom Calmet, qu'il n'y a pas 'une ligne du pentateuque citée dans les livres juifs', encore moins 'un passage entier' (*CN*, t.2, p.333-34). Dans l'article 'Moïse' du *Dictionnaire philosophique* il précise: 'Quelques contradicteurs ajoutent qu'aucun prophète n'a cité les livres du Pentateuque' (*OCV*, t.36, p.387).

[8] Dans la dernière de ses *Lettres à Son Altesse Monseigneur le prince de* ***, 'Sur Spinoza', Voltaire indique que, selon Spinoza, situé souvent par lui parmi les 'savants hommes', le Pentateuque n'a pas été écrit par Moïse, d'après Aben Ezra, mais qu'Esdras en est l'auteur, au milieu du cinquième siècle avant J.-C.

[9] Cette phrase semble une évidence...

[10] Dans cet ajout de Voltaire, le conditionnel paraît indiquer que les réponses aux 'preuves' données par Newton et Leclerc, pour des écrits rédigés vers 1040 avant

J.-C., du temps de Samuel, ne seraient pas nombreuses et indiscutables. Dans l'article 'Moïse' du *Dictionnaire philosophique* on lit: 'Que ce soit Esdras ou un autre, qui ait rédigé ce livre, cela est absolument indifférent, dès que le livre est inspiré' (*OCV*, t.36, p.387).

Epître aux fidèles, par le grand apôtre des Délices

Edition critique

par

Stéphanie Géhanne Gavoty

TABLE DES MATIÈRES

INTRODUCTION

1. *Présentation*

Le texte, connu sous le titre que lui ont donné les rédacteurs de la *Correspondance littéraire*, *Epître aux fidèles, par le grand apôtre des Délices*, est d'épistolarité douteuse. Aucun manuscrit autographe n'a été retrouvé à ce jour, les nombreux manuscrits émanant des différentes copies de la *Correspondance littéraire* de Grimm et Diderot, parmi celles-ci, les livraisons adressées à Louise-Dorothée de Saxe-Meiningen, duchesse de Saxe-Gotha (MS1) et celles envoyées à la reine Louise-Ulrique de Suède, sœur cadette de Frédéric II (MS2). Les feuilles de Grimm ont pu donner lieu à des recueils épistolaires, tel celui conçu comme un complément à l'édition de Kehl et qui donne le texte sous la rubrique 'Pièce attribuée à M. de Voltaire et qu'on ne croit pas avoir été imprimée': trois pièces, dont l'épître, y sont consignées (MS4). Elle figure également dans un recueil manuscrit de morceaux divers, conservé à la Bibliothèque nationale de Russie à Saint-Pétersbourg (MS3). La Bibliothèque nationale de France possède un manuscrit plus tardif (MS5), copie par Emmanuel Miller (1812-1886) à partir de MS3.

Dans les feuilles de Grimm, cette première épître forme série avec deux autres, intitulées comme suit: 'Seconde épître aux fidèles; par le grand apôtre des Délices du 12 juillet 1763' (D11306) et 'Troisième épître du grand apôtre à son fils Helvétius du 26 juillet 1763' (D11322). S'y adjoint enfin le *Catéchisme de l'honnête homme* que la troisième épître introduit (*OCV*, t.57A). L'ensemble est présenté comme tel par Grimm: 'Je crois que vous aimerez mieux lire les morceaux qui suivent'.[1] Ce procédé d'inserts épistolaires n'est pas inédit: Grimm a déjà étayé la *Correspondance littéraire* de lettres

---

[1] Friedrich Melchior Grimm, *Correspondance littéraire*, éd. U. Kölving et autres (Ferney-Voltaire, 2006-), t.10 (2016), 1er août 1763, p.291.

de Voltaire (à Diderot, Voisenon, Haller, etc.).[2] Cependant, avec
ce premier ensemble s'inaugure un 'feuilleton' qui alimentera la
Correspondance littéraire pour les cinq années à venir, formé de
lettres adressées par Voltaire à l'un de ses 'frères' parisiens, Damilaville.[3] Une première 'Lettre de M. de Voltaire à M. D'Amilaville.
Aux Délices ce 23 mars 1763' avait été insérée dans la livraison du
1er avril 1763.[4] D'autres suivront, car elles peuvent, selon Grimm,
'contribuer à l'édification commune'.[5]

Cependant, la première épître aux fidèles s'en distingue quelque
peu. D'abord, parce qu'elle forme un ensemble avec d'autres 'morceaux' divers; ensuite, parce qu'elle tient moins de la lettre privée
que de la lettre ostensible, manifeste destiné aux frères et aux autres
gens de bien, leurs semblables, *vade mecum* invitant à distribuer
gratis de courtes brochures à même d'inspirer au genre humain
l'horreur de la superstition et des disputes théologiques, et inversement l'amour de la morale. C'est aussi un vibrant appel à l'union
des 'sages', pour faire barrage à tous les fanatismes, dans un contexte d'hostilité prononcée (affaires *De l'esprit*, Palissot, Calas).
Pour cette 'épître', Voltaire semble recourir en partie aux règles
qu'il recommandait à Helvétius en matière de poésie didactique:
'Le choix d'une épître [morale] doit intéresser le cœur et éclairer

[2] Emile Lizé, *Voltaire et la 'Correspondance littéraire'*, *SVEC* 180 (1979), p.52-64,
et Ulla Kölving et Jeanne Carriat, *Inventaire de la Correspondance littéraire III*,
SVEC 227 (1984), p.386-89 (lettres de Voltaire à divers correspondants).

[3] Emmanuel Boussuge et Françoise Launay, 'L'ami D'Amilaville', *Recherches sur
Diderot et l'Encyclopédie* 49 (2014), p.179-95.

[4] François Bessire, '"*Orate fratres*. Ecr l'inf": quand Voltaire écrivait à ses disci-
ples', dans *Poétique de la pensée. Etudes sur l'âge classique et le siècle philosophique. En
hommage à Jean Dagen*, éd. B. Guion, M. S. Seguin, S. Menant et P. Sellier (Paris,
2006), p.71-83; Christiane Mervaud, 'La logique du combat contre l'infâme. La
correspondance de Voltaire et de "frère Damilaville"', *Raison présente* 112 (1994),
p.3-25.

[5] *Correspondance littéraire*, éd. U. Kölving et autres, t.10, 1er septembre 1763, p.336.
Voir aussi Stéphanie Géhanne Gavoty et Ulla Kölving, 'Les lettres de Voltaire à
Damilaville: état des lieux', *Cahiers Voltaire* 15 (2016), p.83-119. Qu'U. Kölving soit
remerciée ici: cette édition critique doit beaucoup à ses connaissances et à ses
recherches.

l'esprit. Une vérité qui n'est pas un lieu commun, qui touche au bonheur des hommes, qui fournit des images propres à émouvoir, est le meilleur choix qu'on puisse faire.'[6] Voltaire énonce une vérité qui engage le bonheur des sages dans lesquels il veut voir des frères de combat: il faut venger la vérité en éclairant les hommes. Il tente de forcer leur adhésion en les impliquant personnellement comme 'victimes' et en les campant en combattants de l'ombre pour la lumière. Conformément à la deuxième règle des *Conseils*, les idées sont ordonnées 'dans l'ordre le plus naturel, de façon qu'elles se succèdent sans effort, et qu'une pensée serve toujours à développer l'autre'.[7] L'idée occupe ainsi les deux premiers paragraphes, sa mise en œuvre et les effets de cette action les deux derniers. Enfin, Voltaire associe énoncé verbal et pratique concrète: le *Testament de Jean Meslier* ou *Extrait des sentiments de Jean Meslier* et le *Catéchisme* en témoignent.

Cette brève épître concentre en quatre paragraphes maints propos de Voltaire qui émaillent sa correspondance, en particulier celle avec les 'frères' parisiens, Helvétius, Damilaville et D'Alembert si bien qu'on a pu la tenir pour écrite à l'un d'eux. Ainsi la première phrase de l'*Epître* déploie-t-elle un lexique similaire à celui employé dans une lettre au fermier général du 4 octobre 1763 (D11444):

Je vous exhorte à les relire [le décret de la Sorbonne, et le réquisitoire d'Omer Joly de Fleury: l'interdiction du 23 janvier 1759, suivie de la condamnation du 6 février qui frappe *De l'esprit* d'Helvétius] pour vous exciter à la vengeance, en regardant votre ennemi. Je ne crois pas qu'on ait entassé jamais plus d'absurdités et plus d'insolence [...]. Le comble de la douleur, à mon gré, est d'être terrassé par des ennemis absurdes. Comment n'employez-vous pas tous les moments de votre vie à venger le genre humain en vous vengeant? Vous vous trahissez vous-même en n'employant pas votre loisir à faire connaître la vérité.

---

[6] *Conseils de Voltaire à Helvétius sur la composition et sur le choix du sujet d'une épître morale* (*OCV*, t.18c, p.79).
[7] *OCV*, t.18c, p.79.

Et de lui suggérer un ouvrage à écrire! Pour André Magnan, 'l'humiliation d'Helvétius, sa rétractation actée et placardée aux murs de la ville, et la condamnation ostensible de l'*Encyclopédie*, [...] sont les premiers événements décisifs d'une histoire politique des Lumières'.[8] De même, la butée de la seconde phrase, 'Il est à désirer que ceux qui sont riches' (ligne 4), formule une injonction proche de celle qui figure dans une autre lettre à Helvétius du 1er mai [1763] (D11183):

Puisque vous avez eu la bonté de rester parmi les singes tâchez donc d'en faire des hommes. [...] vous pouvez plus que personne écraser l'erreur sans montrer la main qui la frappe. Un bon petit catéchisme imprimé à vos frais par un inconnu dans un pays inconnu, donné à quelques amis qui le donnent à d'autres, avec cette précaution on fait du bien et on ne craint point de se faire du mal, et on se moque des Christophes, des Omer, etc. etc. etc. etc.

L'idée se précise dans une lettre ultérieure au même destinataire (D11208, vers le 15 mai 1763):

Qui les empêcherait d'avoir chez eux une petite imprimerie, et de donner des ouvrages utiles et courts dont leurs amis seraient les seuls dépositaires? [...] vous et vos amis vous pourriez faire de meilleurs ouvrages avec la plus grande facilité, et les faire débiter sans vous compromettre. Quelle plus belle vengeance à prendre de la sottise et de la persécution que de les éclairer?

A lire ces lignes, on comprend mieux que cette lettre ait pu être pensée comme adressée à Helvétius pour l'inviter à prendre à sa charge les frais d'une édition parisienne du *Catéchisme de l'honnête homme*, tout fraîchement sorti des presses de Cramer.[9] Silence ou refus de sa part, Voltaire changea de stratégie et appela plus collectivement à la réaction, en employant le truchement de Damilaville.

---

[8] A. Magnan, 'Arrêts de condamnation du Parlement', Philippe Martin, 'Assemblées du clergé' et Christian Albertan, 'Censure ecclésiastique', dans *Dictionnaire des anti-Lumières et des antiphilosophes (France, 1715-1815)*, éd. D. Masseau, 2 vol. (Paris, 2017), t.1, p.131-41, 142-45, 326-31.

[9] *Correspondance littéraire*, éd. U. Kölving et autres, t.10, p.295.

Des précisions matérielles sont en effet apportées dans la lettre qu'il lui adresse le 26 juillet 1763: 'Ne pourrait-on pas trouver quelque Merlin [libraire] [...] qui gagnerait quelque argent à distribuer le pain aux fidèles? et comme il faut que les bonnes œuvres soient ignorées, on pourrait lui envoyer les paquets, sans qu'il sût quelle main charitable les lui donne' (D11319).

Ce premier paragraphe s'achève sur des considérations plus générales qui rappellent d'une part des passages de la correspondance: 'La vérité est bonne, mais il ne faut pas qu'elle ruine', comme l'énonçait sentencieusement Voltaire dans la lettre du 28 septembre 1763 adressée à Jean Ribote-Charron (D11436); d'autre part cette remarque sarcastique du Caloyer: 'Il semble que vous choisissiez une religion comme on achète des étoffes chez les marchands: vous allez chez celui qui vend le moins cher'.[10] Puisque le lecteur se détermine en fonction de la modicité du prix, la gratuité est le moyen le plus efficace pour diffuser et imposer une nouvelle religion, celle des honnêtes hommes. Voltaire avait déjà éprouvé cette méthode, si l'on en croit la lettre qu'il adresse à Helvétius le 25 août 1763: 'Ces petits livrets se succèdent rapidement les uns aux autres. On ne les vend point, on les donne à des personnes affidées, qui les distribuent à des jeunes gens et à des femmes. Tantôt c'est le *Sermon des cinquante* [...], tantôt c'est un extrait du testament de ce malheureux curé Jean Mêlier [...]; tantôt c'est je ne sais quel catéchisme de l'honnête homme' (D11383).

Le second paragraphe de l'épître, comme le précédent, précise l'idée de Voltaire: que des sages fassent du bien 'sans bruit et sans danger' (lignes 10-11) en publiant des livres commodes – car courts – et aisés à comprendre. Ce plan d'attaque – car c'en est un – reformule la pensée exprimée par Voltaire dans la lettre à Helvétius écrite vers le 15 mai 1763 à propos du *Testament de Jean Meslier*: 'C'est à peu près dans ce goût simple que je voudrais qu'on écrivît. Il est à la portée de tous les esprits. L'auteur ne cherche point à se faire valoir, il n'envie point la réputation, il est

[10] *Catéchisme de l'honnête homme* (*OCV*, t.57A, p.184).

bien loin de cette faiblesse. Il n'en a qu'une, c'est l'amour extrême de la vérité' (D11208). Et de l'exhorter à produire cet ouvrage: 'Vous êtes l'homme, mais je suis bien loin de vous prier de courir le moindre risque. Je suis idolâtre du vrai, mais je ne veux pas que vous hasardiez d'en être la victime. Tâchez de rendre service au genre humain sans vous faire le moindre tort.'

De manière concomitante, Voltaire presse D'Alembert. Ainsi, le 28 septembre [1763] écrit-il: 'Que vous coûterait-il de l'écraser [ce 'monstre qu'il faut abhorrer et détruire'] en quatre pages, en ayant la modestie de lui laisser ignorer qu'il meurt de votre main?' (D11433); d'autres appels du même acabit émaillent la correspondance échangée en 1764 (D12137, D12149, D12185). D'Alembert donnera satisfaction au maître en publiant en 1765 l'ouvrage attendu, *Sur la destruction des jésuites en France. Par un auteur désintéressé.*

L'*Épître aux fidèles* prend ainsi place dans la campagne voltairienne de vulgarisation philosophique: les hommes éclairés peuvent emporter l'adhésion par la force de l'évidence – ce qui figure explicitement dans la lettre du 4 octobre 1763 à Damilaville: 'Les faits évidents, les choses simples et claires, sont à la portée de tout le monde et font un effet immanquable' (D11445). Cependant, tous ne sont pas prêts ou aptes à entendre les voix de la tolérance, 'premier article' du 'catéchisme' de Voltaire (lettre à Philippe Debrus, négociant genevois impliqué dans l'affaire Calas, D10870). Sera donc employé le ridicule, 'la plus forte des armes' (Voltaire à D'Alembert, 26 juin 1766, D13374), pour abattre les superstitions et les chimères de la métaphysique, autre leitmotiv du combat philosophique de Voltaire: les *Lettres philosophiques* dénonçaient le 'roman de l'âme' (lettre 13); en 1759, la conclusion de *Candide* était dirigée contre les chimères de la métaphysique dont une philosophie obscure et désuète empoisonne et emprisonne l'esprit des hommes. Voltaire, dans la lettre à Damilaville du 4 octobre 1763, réitère son principe de lisibilité – car simplicité rime avec efficacité: 'Les ouvrages métaphysiques sont lus de peu de personnes, et trouvent toujours des contradicteurs' (D11445).

Lorsqu'est envisagée la mise en œuvre du projet, à partir du troisième paragraphe, le propos se crypte au moyen d'une longue périphrase. Pouvaient s'y reconnaître Diderot, dont les *Pensées philosophiques* avaient été condamnées à être brûlées par le parlement de Paris le 7 juillet 1746 (voir la lettre de Voltaire à Damilaville du 21 septembre 1763, D11426) mais aussi Helvétius, qui sera nommé le 4 octobre suivant dans la même correspondance (D11445):

Je voudrais que votre ami [Diderot] eût assez de temps pour travailler à rendre ce service; mais il a un ami [Helvétius] qui est actuellement à sa terre, et qui a tout ce qu'il faut pour venger la vertu et la probité, si longtemps outragées; il a du loisir, de la science et des richesses; qu'il écrive quelque chose de net, de convaincant, qu'il le fasse imprimer à ses dépens, on le distribuera sans le compromettre. Je m'en chargerai; il n'aura qu'à m'envoyer le manuscrit, cet ouvrage sera débité comme les précédents que vous connaissez, sans éclat et sans danger. Voilà ce que votre ami devrait lui représenter.

Au terme de cette épître à destinataires multiples, Voltaire, convaincu de la nécessité d'une riposte coordonnée, appelle à l'union les philosophes dispersés. Le motif, scie de sa correspondance, trouve une ferme expression dans la lettre adressée à Damilaville le 16 avril 1764 (D11831):

Les philosophes ne peuvent opposer la force à la force, leurs armes sont le silence, la patience, l'amitié entre les frères. Plût à Dieu que je fusse avec vous à Paris et que nous pussions parvenir à les réunir tous! Plus on cherche à les écraser plus ils doivent être unis ensemble. Je le répète, rien n'est plus honteux pour la nature humaine que de voir le fanatisme rassembler dans tous les temps sous ses drapeaux, faire marcher sous les mêmes lois, des sots et des furieux, tandis que le petit nombre des sages est toujours dispersé et désuni, sans protection, sans ralliement, exposé sans cesse aux traits des méchants, et à la haine des imbéciles.

Pour enrayer cette dispersion qu'il déplore, Voltaire envisage que les philosophes forment un 'corps respectable' (ligne 31). Le terme, fortement codifié sous l'Ancien Régime, supposait une réunion d'individus qui acceptaient une loi et une organisation commune, le plus souvent sous la protection, tacite ou explicite, du roi, avec, de ce fait, un statut officiel. Voltaire milite ainsi en faveur d'une autorité de principe accordée aux philosophes, liée à un préjugé de respectabilité, qui donne voix au chapitre. La pratique de la vertu sera le critère d'élection, d'après la lettre adressée à Helvétius le 15 septembre 1763: 'Notre morale est meilleure que la leur, notre conduite plus respectable. Ils parlent de vertu et nous la pratiquons' (D11418). N'est-ce pas là la marque du vrai philosophe dont la sagesse rassemble les hommes au lieu de les désunir?

Cet appel aux armes s'achève sur un constat pessimiste – le règne de la superstition – pour mieux suggérer la nécessité d'agir en philosophes. Loin d'instruire les hommes à la lumière de la vérité divine, Voltaire entend les éclairer en dissipant les ténèbres du passé et les idées reçues sans examen, en leur apprenant à penser librement en usant de leur raison contre les préjugés de la tradition. Comme chez Bayle, les 'lumières évidentes de la raison' doivent servir de référence morale et de certitude intellectuelle.[11] Voltaire en fait une mission, comme l'indiquent maintes lettres, telle celle adressée à D'Alembert l'année précédente pour l'inviter à participer à la diffusion du *Sermon des cinquante* et du *Testament de Jean Meslier*: 'Tâchez de votre côté d'éclairer la jeunesse autant que vous le pourrez' (15 septembre 1762, D10705), ou cette autre au marquis d'Argence, frère angoumoisin: 'J'embrasse tendrement mon cher frère, je m'intéresse à tous ses plaisirs, mais le plus grand de tous, et en même temps le plus grand service est d'éclairer les hommes' (11 octobre 1763, D11453). La revendication avait déjà pris un tour collectif dans une lettre du 10 octobre 1762, par l'entremise de Damilaville: 'Mes chers frères, continuez à éclairer le monde que vous devez tant mépriser. Que de biens on ferait si on s'entendait' (D10755). Diderot, malgré l'article 'Autorité' de l'*Encyclopédie* où la raison est 'un flambeau allumé par la nature,

[11] Michel Delon, 'Lumières (représentations des)', dans *Dictionnaire européen des Lumières*, éd. M. Delon (Paris, 1997-), p.659.

et destiné à nous éclairer',[12] s'avère plus réservé dans la *Promenade du sceptique* quant à la possibilité même pour le philosophe d'éclairer le genre humain.[13] Voltaire, jusqu'à la fin de sa vie, a cru qu'il était possible de rendre plus sages 'ceux que Dieu daigne nourrir de pain'.[14]

2. *Publication*

L'histoire éditoriale de ce morceau est complexe, les éditions successives reproduisant un texte amputé de sa comparaison anticléricale (lignes 7-8), dont la destination et la date sont sujettes à variation: en 1818 Miger donna la lettre comme adressée à Helvétius et datée du 2 juillet 1763;[15] cette option sera suivie par de nombreux éditeurs, de Renouard à Moland en passant par Beuchot.[16] Il est vrai que l'épître présente des similitudes avec d'autres lettres adressées à Helvétius en 1763 (voir ci-dessus, 'Présentation'). Pourtant, en 1821, la lettre a été présentée comme écrite à Diderot,[17] option qu'ont reconduite ses éditeurs qui la datent du 2 juillet 1763.[18] Caussy inverse le rapport et inventorie le fragment comme de Diderot à Voltaire, approximativement daté de mai 1760;[19] cette nouvelle adresse a été reconduite par Besterman qui,

[12] Tome 1, p.920.

[13] Voir par exemple, Diderot, *Œuvres complètes*, éd. H. Dieckmann, J. Fabre, J. Proust, J. Varloot et autres (Paris, 1975-), t.2, p.79-80.

[14] *Traité sur la tolérance*, ch.20 (*OCV*, t.56C, p.242).

[15] *Œuvres complètes de Voltaire. Nouvelle édition*, 42 vol. (Paris, Lefèvre et Deterville, 1818), t.35 (*Correspondance générale*, t.5), p.46-47.

[16] *Œuvres complètes de Voltaire*, 66 vol. (Paris, Antoine-Augustin Renouard, 1821), t.7, p.149-51; *Œuvres de Voltaire avec préfaces, avertissements, notes, etc. par M. Beuchot*, 72 vol. (Paris, Firmin Didot frères; Werdet et Lequien fils; [puis] Beuchot, 1829-1840), t.61 (*Correspondance*, t.11, 1832), p.82-83; *M*, t.10, p.513-14.

[17] *Lettres inédites de Voltaire, de Mme Denys et de Colini* (Paris, P. Mongie aîné, 1821), p.229-31.

[18] Diderot, *Correspondance*, éd. Georges Roth et Jean Varloot, 16 vol. (Paris, 1958), t.4, p.252-53.

[19] Fernand Caussy, *Inventaire des manuscrits de la bibliothèque de Voltaire conservée à la Bibliothèque impériale publique de Saint-Pétersbourg* (Paris, 1913), p.88.

en 1971, date l'épître des alentours du 10 mai 1760, [20] ayant opté par ailleurs pour juillet 1763 et une destination ouverte. [21] En 2004, elle est exclue de la *Correspondance générale d'Helvétius*. [22] La première publication non amputée de la comparaison anticléricale est le fait d'Ira O. Wade. [23] Le texte complet figure dans une publication de Larissa Albina et Henri Duranton [24] et l'édition de la *Correspondance littéraire* sous la direction d'Ulla Kölving. [25] Il est vraisemblable que l'écrit, pensé comme de destination collective, a été transmis à Grimm par Damilaville.

3. *Manuscrits*

MS1

Epître aux fidèles, par le grand apôtre des Délices.

Correspondance littéraire (1er août 1763): Voir U. Kölving et J. Carriat, *Inventaire de la Correspondance littéraire I*, *SVEC* 225 (1984), p.127 (63:177).

Gotha, Forschungsbibliothek: 1138 A-Z, t.5, f.125r.

MS2

Epître aux fidèles, par le grand apôtre des Délices.

Voir ci-dessus, MS1.

Stockholm, Kungliga Biblioteket: KB HS Vu:29: 4, p.219.

---

[20] D8902. Besterman reprend Best. 8163 (*Voltaire's correspondence*, 1959, t.42). N'est donné que le début de la lettre, attribuée à Diderot et datée de mai 1760 (d'après Caussy): 'La seule vengeance qu'on puisse prendre de l'absurde insolence...'.

[21] D.app.233 (*OCV*, t.110, p.443-44).

[22] *Correspondance générale d'Helvétius*, éd. D. Smith et autres, 5 vol. (Toronto et Buffalo, NY, 2004), t.5, p.94-95 (d'après MS2).

[23] Ira O. Wade, *The Search for a new Voltaire. Transactions of the American philosophical Society* 48:4 (1958), p.71 (transcription d'après MS5).

[24] Larissa L. Albina et Henri Duranton, 'Un fragment inédit de Voltaire', *RHLF* 82:1 (1982), p.88-90 (d'après MS3).

[25] *Correspondance littéraire*, éd. U. Kölving et autres, t.10, p.291-92 (d'après MS1).

MS3

[*Sans titre*].
Saint-Pétersbourg, GpbV: 4-251, f.78*v*-79*v*.

MS4

Autre.
Darmstadt, Universität und Landesbibliothek: MS2322, f.476-78.

MS5

[*Sans titre*].
Paris, BnF: n.a.fr.4822, f.68 (copié d'après MS3).

4. *Principes de cette édition*

Le texte de base retenu est celui de MS1. Les variantes ont été relevées à partir de MS1, MS2, MS3, MS4 et MS5.

Traitement du texte de base

La leçon de MS1 nous a semblé la plus complète, notamment pour la ponctuation. Celle-ci a été conservée, mais parfois suppléée. L'emploi des majuscules a été normalisé. Ainsi la majuscule a été rétablie pour les noms propres et après un point.
Ont ainsi été ajoutés:

– le point et la majuscule dans 'qui les combattent il est à désirer';
– la majuscule dans 'armes aux ennemis. il est à la fois'; dans 'cordonnier. on n'est parvenu en angleterre'; dans 'en pieces. il est honteux'.

ÉPÎTRE AUX FIDÈLES,
PAR LE GRAND APÔTRE DES DÉLICES [1]

La seule vengeance qu'on puisse prendre de l'absurde insolence
avec laquelle on a condamné tant de vérités en divers temps, est
de publier souvent ces mêmes vérités, pour rendre service à ceux
mêmes qui les combattent. Il est à désirer que ceux qui sont riches,
veuillent bien consacrer quelque argent à faire imprimer des choses   5
utiles; des libraires ne doivent point les débiter; la vérité ne doit
point être vendue comme les prêtres vendent le baptême et les
enterrements.

a-b   MS3, MS5: [*titre absent*]
       MS4: Autre

---

[1] Cet intitulé pourrait bien être le fait de Grimm qui aura perçu la récurrence de la
métaphore biblique et saisi l'admonestation dans cette lettre ostensible à destination
plurielle. En effet, Voltaire, d'après sa correspondance, ne se désigne pas ainsi. Il
adresse plutôt le terme aux amis du cercle parisien, comme dans cette lettre à Damilaville du 16 décembre 1763 ('je vous ai adressé ce livre théologique [le *Traité sur la
tolérance*] comme à un de nos saints apôtres', D11568) ou à D'Alembert, avec cette
clausule (25 avril 1760, D8872): 'Je m'unis à vous en Socrate, en Confucius, en
Lucrèce, en Cicéron et en tous les autres apôtres; et j'embrasse vos frères, s'il y
en a, et si vous vivez avec eux'. En revanche, Grimm, qui alimente régulièrement
ses feuilles de productions en provenance 'des Délices', ne manque pas de périphrases pour évoquer le 'grand patriarche des Délices' ou le 'grand prieur' du même
lieu (Friedrich Melchior Grimm, *Correspondance littéraire*, éd. U. Kölving et autres,
Ferney-Voltaire, 2006- , t.11, éd. M. Caron, 2018, 15 mai et 1er août 1764, p.195, 296).
Toutefois, ces périphrases s'imposent véritablement en 1764 et l'*Epître aux fidèles* les
inaugure. Ainsi, dans une livraison suivante (1er septembre 1763), Grimm reprendra
la première littéralement: 'Vous ne serez pas fâché peut-être de lire la suite du commerce épistolaire du grand apôtre des Délices avec l'un des fidèles. Ses plus petits
chiffons peuvent toujours contribuer à l'édification commune' (*Correspondance littéraire*, éd. U. Kölving et autres, t.10, p.336).

10   Deux ou trois cent exemplaires distribués à propos entre les mains des sages,[2] peuvent faire beaucoup de bien sans bruit et sans danger. Il paraît convenable de n'écrire que des choses simples, courtes, intelligibles aux esprits les plus grossiers; que le vrai seul et non l'envie de briller, caractérise ces ouvrages; qu'ils confondent le mensonge et la superstition,[3] et qu'ils apprennent aux hommes à

15   être justes et tolérants. Il est à souhaiter qu'on ne se jette point dans la métaphysique que peu de personnes entendent, et qui fournit toujours des armes aux ennemis. Il est à la fois plus sûr et plus agréable de jeter du ridicule et de l'horreur sur les disputes théologiques; de faire sentir aux hommes, combien la morale est belle,

20   et les dogmes impertinents, et de pouvoir éclairer à la fois le chancelier et le cordonnier.[4] On n'est parvenu en Angleterre à déraciner la superstition que par cette voie.[5]

---

[2] Graham Gargett et Antonio Gurrado affirment, à propos du *Catéchisme de l'honnête homme*, que 'Voltaire souhaite [...] diffuser, autant que possible, [ses valeurs] parmi des hommes (et des femmes) qu'il considère comme "honnêtes", et qui ont donc un certain niveau social doublé d'une éducation propre à leur permettre de comprendre son discours et d'être en mesure d'en ressentir la force et la justesse'; l'honnête homme, sociable, mesuré et surtout raisonnable, est un sage (*OCV*, t.57A, p.100-103).

[3] Leitmotiv de la correspondance de Voltaire lorsqu'il lance cette première phase de campagne contre l'Infâme. Voir ses lettres à Damilaville du 9 septembre 1763 (D11403): 'Tant mieux si l'ouvrage inspire la vertu et la haine de la superstition'; au marquis d'Argence, un autre frère, à Angoulême (11 octobre 1763, D11453): 'Je l'exhorte à détruire autant qu'il pourra, la superstition la plus infâme qui ait jamais abruti les hommes, et désolé la terre'.

[4] Voltaire paraît avoir rabattu quelque peu ses ambitions comme semble l'indiquer la lettre adressée à Helvétius le 15 septembre 1763 (D11418): 'Qu'importe encore une fois que notre tailleur et notre sellier soient gouvernés par frère Croust et par frère Bertier? Le grand point est que ceux avec qui vous vivez soient éclairés, et que le janséniste et le moliniste soient forcés de baisser les yeux devant le philosophe.'

[5] Aux yeux de Voltaire, l'Angleterre, en favorisant la pluralité des cultes, malgré l'Eglise anglicane officielle, garantit la tolérance et la paix civile. Elle est même, selon lui, le berceau intellectuel du déisme. Comme souvent chez Voltaire, la liberté religieuse anglaise sert de contrepoint à la dénonciation des excès du catholicisme. Pour des échos dans la correspondance, voir la lettre à Helvétius du 15 septembre 1763 (D11418), et celle à D'Alembert du 26 juin [1766] (D13374).

Ceux qui ont été quelquefois les victimes de la vérité, en laissant débiter par des libraires, des ouvrages condamnés par l'ignorance et par la mauvaise foi, ont un intérêt sensible à prendre le parti qu'on propose; ils doivent sentir qu'on les a rendus odieux aux superstitieux et que les méchants[6] se sont joints à ces superstitieux pour décréditer ceux qui rendaient service au genre humain.[7]

Il paraît donc absolument nécessaire que les sages se défendent, et ils ne peuvent se justifier qu'en éclairant les hommes. Ils peuvent former un corps respectable, au lieu d'être des membres désunis que les fanatiques et les sots hâchent en pièces. Il est honteux que la philosophie ne puisse faire chez nous ce qu'elle faisait chez les anciens;[8] elle rassemblait les hommes, et la superstition a seule chez nous ce privilège.

[6] Voltaire clarifie l'acception du terme dans l'article 'Méchant' du *Dictionnaire philosophique*: 'Il ne restera donc de vrais méchants que quelques politiques, soit séculiers, soit réguliers qui veulent toujours troubler le monde, et quelques milliers de vagabonds qui louent leurs services à ces politiques' (*OCV*, t.36, p.348).

[7] Cette dimension altruiste est régulièrement revendiquée par Voltaire: 'Tâchez de rendre service au genre humain sans vous faire le moindre tort', écrit-il à Helvétius vers le 15 mai 1763 (D11208); Damilaville, l'ami de confiance, 'est fait pour rendre service au genre humain' (D11426), etc. Voltaire invite à une philosophie de l'action concrète au service des hommes.

[8] Si Voltaire a manifesté maintes fois un certain dédain à l'égard des philosophes de l'antiquité, il n'en reste pas moins que c'est à l'antiquité gréco-latine que Voltaire philosophe 'emprunte le plus grand nombre des "sages" de son panthéon, de Socrate à Cicéron, d'Epicure à Marc-Aurèle' (Patrick Brasart, 'Anciens', dans *Inventaire Voltaire*, éd. J. Goulemot, A. Magnan et D. Masseau, Paris, 1995, p.59). Une lettre à Damilaville du 4 mai 1764 est plus explicite (D11857): 'Les Stoïciens, les académiciens, les Epicuriens, formaient des sociétés considérables'.

[*Fragment sur les assurances maritimes*]

Edition critique

par

John Renwick

TABLE DES MATIÈRES

INTRODUCTION

Le document holographe suivant, qui se trouve dans une collection particulière à Berne, fut transcrit et publié pour la première fois par Andrew Brown.[1] La date de composition de ce fragment est plus que problématique car elle pourrait remonter à l'époque où Voltaire rassemblait ses matériaux sur les 'Campagnes de Louis XV' (1751-1752), futur *Précis du siècle de Louis XV*.[2] Elle pourrait aussi s'expliquer dans le contexte du 'Supplément au Siècle de Louis XIV' (le tome 8 de l'*Essai sur l'histoire générale*, dans l'édition de 1756). Quoi qu'il en soit de ces possibilités, il semblerait toutefois plus raisonnable (comme A. Brown le croyait) de la situer dans le contexte du *Précis du siècle de Louis XV* (1768), où le chapitre 28 est intitulé 'Louisbourg. Combats de mer: prises immenses que font les Anglais'.[3] Comme nous le verrons dans les notes ci-dessous, ce fut en 1747-1748 (vers la fin de la guerre de la Succession d'Autriche, 1740-1748) que le parlement britannique redoubla d'efforts dans sa guerre commerciale contre la France. Voltaire en était conscient. Dans les premières éditions du *Précis*, publiées en 1768 et 1769 par Cramer, on trouve un développement qui eût pu, au stade de l'élaboration primitive, inviter Voltaire à se documenter le plus largement possible. Ce développement est ainsi conçu:

Cependant il arrivait souvent que les officiers habiles qui escortaient les flottes marchandes françaises, savaient les conduire en sûreté, malgré les nombreuses flottes ennemies.

On en vit un exemple heureux dans les manœuvres de M. du Bois de la Motte, alors capitaine de vaisseau, qui conduisant un convoi d'environ

---

[1] 'Calendar', p.93.

[2] Voir à ce propos Côme-Alexandre Collini, *Mon séjour auprès de Voltaire* (Paris, 1807), p.30.

[3] *OCV*, t.29B, ch.28, plus spécialement, lignes 60-142.

quatre-vingt voiles aux îles françaises de l'Amérique, attaqué par une escadre entière, sut en attirant sur lui tout le feu des ennemis, leur dérober le convoi, le rejoindre et le conduire au Fort-Royal à Saint-Domingue, combattre encore et ramener plus de soixante voiles en France; mais il fallait bien qu'à la longue la marine anglaise anéantît celle de France, et ruinât son commerce.[4]

Pourquoi Voltaire aurait-il renoncé à utiliser ce fragment? Si rien ne permet de trancher définitivement, il ne faut pas en faire un drame. Car on peut ajouter que les travaux préparatoires de Voltaire, en vue précisément de ses études historiques, que ce soient le *Siècle de Louis XIV*, les *Annales de l'Empire*, l'*Essai sur les mœurs*, ou l'*Histoire du parlement de Paris*, ne furent pas religieusement respectés. Nous n'en voulons pour preuve que les traces (parfois volumineuses) de recherches qui ne furent que partiellement exploitées – voir les différents carnets de Voltaire, et les pense-bêtes catalogués par Fernand Caussy.[5]

Principes de cette édition

Le manuscrit étant dans une collection particulière (Berne), nous imprimons le texte tel qu'il a été reproduit par A. Brown dans 'Calendar', p.93.

[4] *OCV*, t.29B, ch.28, variante aux lignes 97-101.
[5] *Inventaire des manuscrits de la bibliothèque de Voltaire* (Paris, 1913; rééd. Slatkine Reprints, 1970).

[FRAGMENT SUR LES ASSURANCES MARITIMES]

La plus part des vaisseaux qui partoient pour les îles de l'Amerique, ceux de Cadix qui alloient à la Vera Crux, à Buenos Aires, au Perou, prenoient ces précautions, et la prime qu'on payoit alloit jusqu'à trente cinq, et en dernier lieu jusqu'à quarante pour cent.
Il fut longtemps débatu dans le parlement si cette méthode étoit avantageuse ou non à la nation. [1] Il est certain qu'elle l'étoit aux Français et aux Espagnols, triste et humiliant avantage de transiger avec ses propres ennemis en leur cédant par avance une partie d'un bien qu'on n'espéroit pas deffendre contre eux. Enfin le parlement proscrivit les assurances sur les vaisseaux de leurs ennemis. [2] Et ce

mars 1748

1-2 β: l'Amerique, <étoient ainsi assurez>, ceux <même> de
7 β: [*Voltaire a commencé à faire une correction ici, peut-être à 'à 'l'Espagne'*] aux Espagnols, <et cette considération détermina les deux chambres à deffendre> [*en marge*>: <mars 1748>] triste
7-8 β: de <recevoir de> ^{V↑}transiger avec⁺ ses
9-10 β: parlement <ne souffrit> proscrivit <ce commerce> les assurances

[1] Pendant de longs mois (1747-1748) les avantages et les désavantages de l'anéantissement du commerce maritime français furent débattus par les parlementaires et le public britanniques. Tout tournait autour de la question: fallait-il oui ou non, pour des raisons de pure rentabilité ou d'intérêt national, assurer les bâtiments français? On peut se faire une idée de l'importance des enjeux en consultant, par exemple, John Carteret, 2e Earl Granville, *The State of the nation for the year 1747* (Londres, 1747, p.1-68), *The London magazine, or, gentleman's monthly intelligencer* (dans la section 'Journal of the proceedings and debates of the Political Club'), mars 1748, p.105-12; avril 1748, p.153-61, ou encore Corbyn Morris, 'An essay towards deciding the important question, whether it be a national advantage to Britain to insure ships of her enemies', dans *The London magazine*, décembre 1747, p.518-21.

[2] Ce fut au mois de décembre 1747 que le parlement britannique entama la discussion de ce qui allait être dénommé l''Act to prohibit assurance on ships'. Nous ne savons d'où exactement Voltaire tira ses informations, mais tout suggère les comptes rendus ventilés par les périodiques. On arrive, par exemple, à suivre le déroulement des discussions au sein du parlement en consultant le *Mercure de France*, janvier

fut en effet un coup fatal porté à la France et à l'Espagne dans un temps où ces puissances presque sans de vaissaux de guerre n'avoient de ressource pour leurs vaissaux marchans que l'espérance d'échaper aux escadres anglaises et à leurs corsaires dont les mers étoient couvertes.[3]

15

12-13 β: où <n'ayant plus de> $^{V\uparrow}$ces$^+$ puissances <n'ayant presque plus de flottes> $^{V\uparrow}$presque sans$^+$ de vaissaux de guerre n'avoient <plus> de ressource

---

1748, p.176; mars 1748, p.165-66, 168; avril 1748, p.142-43. La date 'mars 1748' (voir la manchette) provient de même d'un périodique. Nous pensons qu'il convient d'expliquer de la même manière la référence que l'on trouve dans les variantes dans un ajout non retenu: 'et cette considération détermina les deux chambres à deffendre' (ligne 7, variante). Car si nous n'avons pu trouver dans les périodiques de langue française la mention des Communes et des Pairs agissant ensemble, nous savons que tel fut le cas: le 25 mars 1748, 'A message [came] from His Majesty, by the Honourable Mr Bullenden, Gentleman Usher of the Black Rod. [...] The King commands this Honourable House to attend His Majesty, immediately, in the House of Peers [...] where His Majesty was pleased to give the Royal Assent to the several public and private bills following, viz [...] An act to prohibit assurance on ships belonging to France, and on merchandises or effects laden thereon, during the present war with France' (*Journals of the House of Commons*, t.25, [Londres], 1803, p.601).

[3] Voltaire était douloureusement conscient du sérieux déséquilibre entre les forces navales en présence. Comme il le dit, à titre d'exemple, dans le *Précis du siècle de Louis XV*: 'Il ne restait plus aux Français sur ces mers, que sept vaisseaux de guerre pour escorter les flottes marchandes aux îles de l'Amérique [...]. [*avec manchette*: 14 octobre 1747.] Ils furent rencontrés par quatorze vaisseaux anglais. On se battit comme à Finisterre, avec le même courage et la même fortune. Le nombre l'emporta, et l'amiral Hawkes amena dans la Tamise six vaisseaux des sept qu'il avait combattus. / La France n'avait plus alors qu'un seul vaisseau de guerre' (*OCV*, t.29B, ch.28, lignes 135-42).

Action

Critical edition

by

David Williams

CONTENTS

INTRODUCTION

This manuscript, written in Voltaire's hand, is listed in Section 43 (*Dictionnaire philosophique*) of the 'Calendar of Voltaire manuscripts other than correspondence', and described by Andrew Brown as an 'unpublished article intended for the *Dictionnaire*'. [1] The manuscript's location was unconfirmed at the time. An undated and unsigned cover note, written in what appears to be a nineteenth-century hand, has been pasted on to the first recto page under the heading 'Voltaire'. The note reads: 'Cet article sur le mot *Action* était destiné à entrer dans le Dictionnaire Philosophique. il n'a pas été publié, ce qui donne beaucoup d'importance à ce Manuscrit'.

Action has never appeared in print, and the manuscript must have been unknown to the Kehl editors, as well as to subsequent editors of Voltaire's collective works, including Beuchot and Moland. It first came to public attention when it passed through auction sales in Paris in 1897 and again in 1900, when it was purchased by the Pierpont Morgan Library in New York, [2] but has not caught the attention of scholars since then.

The text is clearly an unpolished draft of an entry on the theatrical sense of the word 'action', sketchily composed for eventual inclusion in an alphabetical work. Some parts of the text are indecipherable. There are a number of corrections, with the original wording crossed out, and there is occasional thematic incoherence, the text being reduced at times from relatively seamless discourse to a series of abrupt statements presented in *quasi* note form. After a brief comment on the absence of any article in the *Encyclopédie* dealing with the subject of 'action', other than in a commercial

[1] 'Calendar', p.19, no.43D.
[2] The Morgan Library and Museum. The Voltaire Foundation is grateful to the Library for granting access.

context (lines 1-3), Voltaire reminds the reader of the historical roots of 'action' in the *acta* of ancient Roman theatre, and the problems arising from modern mistranslations of the term (lines 8-14), He then addresses one of the main criticisms levelled 'dans leurope' against French tragedy, namely the predominance of 'conversations amoureuses' at the expense of 'véritable action' (lines 15-30).[3]

The remaining thirty-three lines of *Action* focus on this issue, and are in effect a recapitulation of Voltaire's views on Corneille and Racine made, for example, in the 1761 *Appel à toutes les nations de l'Europe*[4] and in his monumental edition of Corneille's plays, published in 1764 as the *Théâtre de Pierre Corneille, avec des commentaires.*[5] Reference to 'le grand Racine' (line 58), the supreme exponent of 'véritable action' in Voltaire's view,[6] is sporadic, and is confined to brief allusions focused almost entirely on Corneille.

In the *Commentaires sur Corneille* Voltaire had been concerned not to allow his defence of Corneille's theatrical reputation to deflect attention from the flaws in Cornelian tragedy, and to ensure that his objectivity was not compromised. Praise of the revered Corneille must be tempered by truth, and not be an unqualified panegyric 'à la Dacier',[7] of little use to the reader: 'je critique avec sévérité, et je loue avec transport; je crois que l'ouvrage sera utile parce que je ne cherche jamais que la vérité' (D10466).[8] Voltaire's observations in *Action* on Corneille's merits and deficiencies reflect

[3] See below, p.127, n.2.

[4] *OCV*, vol.51B, p.55-100.

[5] *OCV*, vol.54-55.

[6] See, for example, the comparison made between Corneille and Racine in the commentary on *Bérénice* in the *Commentaires* (*OCV*, vol.55, p.938-61), and the introduction to the *Commentaires* (*OCV*, vol.53, p.308-14). See also D. Williams, 'Voltaire et le tragique racinien', in *La Réception de Racine à l'âge classique: de la scène au monument*, ed. N. Cronk and A. Viala, *SVEC* 2005:08, p.121-32.

[7] In *Le Temple du goût*, Dacier was castigated as one of the 'commentateurs [...] qui compilaient de gros volumes à propos d'un mot qu'ils n'entendaient pas' (*OCV*, vol.9, p.125).

[8] For a more detailed account of the critical principles adopted in the *Commentaires*, see the introduction to the *Commentaires* (*OCV*, vol.53, p.194-205).

on a much smaller scale the same policy adopted in the *Commentaires*, namely to achieve a balance between paying homage to 'véritable action' in 'quelques morceaux de Corneille' (line 67) on the one hand, and objective, constructive recognition of Corneille's weaknesses on the other.[9] From the standpoint of concision, attention to the definition of terms, sobriety of language and objectivity of judgement, *Action* exemplifies the new style of entry intended for alphabetical works which Voltaire had proposed in an exchange of letters with D'Alembert in 1755-1756.[10] Writing to Panckoucke in October or November 1768, he warned again of the dangers of repeating in the 'nouvelle Encyclopédie' the 'puérilités' contained in the first volume of Diderot and D'Alembert's edition (D15280).

Composition

The exact date of composition is not known, and Voltaire's intentions regarding the publication of *Action* can only be inferred. He himself was silent on the matter. The assumption that the entry was destined for inclusion in what is described in the cover note as the 'Dictionnaire philosophique' should be treated with caution.[11] Voltaire's nineteenth-century editors followed the Kehl policy of conflating his entries, including those intended for the *Questions*

[9] On Voltaire's determination to tell the unvarnished truth about the weaknesses of Cornelian theatre, 'l'encensoir à la main' (D10024), see the introduction to the *Commentaires* (*OCV*, vol.53, p.199-203); D. Williams, 'Of diamonds and dunghills: Voltaire's defence of the French classical canon', *Comparative criticism* 1 (1979), p.73-90.

[10] In, for example, D6655, D7018, D7093; see Ch. Mervaud's introduction to the *Questions sur l'Encyclopédie* (*OCV*, vol.37, p.10-11 and n.21-22).

[11] On the bibliographical ambiguities and confusions arising from the use of this generic term by Voltaire, his contemporaries and his editors, see *OCV*, vol.37, p.4-5.

sur l'Encyclopédie, and printing them in a single amorphous sequence under the title of 'Dictionnaire philosophique'.[12]

Rather than situate *Action* in the early to mid-1760s, a more plausible hypothesis would be to locate its composition in the months of intense 'alphabetical' work between September 1769, after Voltaire's agreement to contribute to 'la partie littéraire' of Charles-Joseph Panckoucke's *Supplément* to the *Encyclopédie*,[13] and the early months of 1770 when the *Questions sur l'Encyclopédie* were emerging from 'le terreau d'ouvrages alphabétiques avec lesquels elles rompent en s'en nourrissant'.[14] In the letter to Panckoucke of 29 September 1769 (D15929), in which he promised to start work 'dans deux ou trois mois' on the new project, Voltaire offered the publisher seventeen entries, mostly adaptations of those already in print.[15] He also promised to send Panckoucke another letter concerning '[d']autres matières sur lesquelles je pourrai travailler'. Unfortunately, this second letter has not survived.

On 3 November 1769 Jean-Louis Dupan reported that Voltaire was assembling material for 'un supplément pour le Dictionnaire encyclopédique [...]. On nous dit hier qu'il recherche tous les livres qui peuvent lui fournir quelque chose de singulier que les

---

[12] 'Avertissement des éditeurs', in *Œuvres complètes de Voltaire*, 70 vol. ([Kehl,] Société littéraire-typographique, 1784-1789), vol.37, p.2.

[13] On 28 October 1769 Voltaire wrote to D'Alembert: 'Vous savez peut-être que Panckoucke m'a proposé de travailler à la partie littéraire du supplément de l'*Encyclopédie*. Je m'en chargerai avec grand plaisir' (D15976). On Panckoucke's proposal see D15929, n.1.

[14] Ch. Mervaud, introduction to the *Questions* (*OCV*, vol.35, p.9). See also D15929, D16087, D16167, D16173. On the circumstances surrounding Voltaire's participation in Panckoucke's proposed 'entreprise de la nouvelle Encyclopédie', soon to take the form of a less ambitious project to issue a *Supplément* to the *Encyclopédie*, see *OCV*, vol.37, p.10-23 and n.18. Voltaire sent his approval of the project on 29 September 1769 (D15942), and informed Mme Denis of his decision to contribute on 6 October (D15942).

[15] With the exception of four, namely 'Eglogue', 'Elégie', 'Epopée' and 'Fable', Mervaud notes that very few of the entries proposed to Panckoucke in D15929 concerned 'les belles-lettres' (*OCV*, vol.37, p.25). For a full account of the history of publication of these entries, see p.24-27.

encyclopédistes aient omis'.[16] A few days later Mme Denis told Mme d'Argental that her uncle was working fifteen hours a day: 'Il fait un ouvrage actuellement qui me plaît fort, c'est un diction-naire de belles-lettres, histoire, poésie, physique, métaphysique [...]. Je vous prie en grâce Monsieur et Madame de ne point parler de cela parce qu'il ne veut point qu'on sache ce qu'il fait' (D15994).[17] On 6 December Voltaire informed Panckoucke that he had already revised and extended more than a hundred entries for the *Supplément*.[18] However, he made no specific reference to proposals for, or to work in progress on, new subject-matter: 'J'ai fait servir tous les articles que j'avais déjà insérés dans le grand dictionnaire; je les ai étendus et fortifiés autant qu'il était en moi; j'ai actuellement plus de cent articles de prêts' (D16025).

By the end of December 1769 Voltaire's commitment to Panc-koucke's *Supplément* was fading[19] in favour of a new project, namely the *Questions sur l'Encyclopédie*.[20] Christiane Mervaud has identified eighty-eight of the hundred or more entries to which Voltaire alludes in D16025.[21] There is no trace of *Action* as a proposed, or already drafted, entry in Voltaire's correspondence. Ch. Mervaud notes the existence of our manuscript: 'un manuscrit [Action] qui peut être en rapport avec le projet des *QE*'.[22] That Voltaire had entries on the theatre in mind, in addition to 'Art dramatique', is suggested by his insertion of the word 'comédie'

[16] See the commentary to D15988.

[17] In the commentary to D15994 (n.2) Besterman identifies the 'ouvrage' to which Mme Denis alludes as the *Questions*.

[18] According to Mervaud's calculation (*OCV*, vol.37, p.28). See also *Œuvres alphabétiques* I (*OCV*, vol.33, p.11-13).

[19] D16025, D16026, D16043, D16167, D16173, D16087, D16123.

[20] Published by Cramer between 1770 and 1772. See *VST*, vol.2, p.336-37, and D16150, D16167, D16483.

[21] 'Mais c'est prendre au pied de la lettre la déclaration de Voltaire, pourtant peu vraisemblable, d'une reprise de toutes ses contributions à l'*Encyclopédie*. Ce chiffre signifie-t-il quelque chose? D'autres textes du fonds de Kehl devraient-ils entrer dans ce compte? Voltaire pensait-il à d'autres textes qu'il avait en chantier, ceux aux-quels il avait travaillé ou qu'il avait prévus ce dernier mois?' (*OCV*, vol.37, p.30-31).

[22] *OCV*, vol.37, p.493 and 187, n.39.

between the articles 'Colimaçons' and 'Concile' in the annotated Ferney copy of the *encadrée* edition of the *Questions*. [23]

In her exhaustive analysis of the evidence surrounding the genesis of entries intended for the *Questions*, Ch. Mervaud found no definitive evidence relating to the composition of *Action*: 'Voltaire a prévu un certain nombre de textes qui, finalement, n'ont point été rédigés. En revanche, dans plusieurs articles, il annonce des textes qu'il intégrera à leur place alphabétique, ce qui laisse supposer l'existence d'une éventuelle liste de titres en attente.' [24] In the absence of evidence to the contrary, it is not unreasonable to surmise that *Action* might well have been one of the entries on that list, drafted for eventual inclusion in the *Questions*, possibly for the 1772 *Supplément*, or as one of the additional entries that appeared in 1774, but one that was ultimately discarded.

Manuscript

Action.

Autograph manuscript, 3 pages. Bound in *Collection of letters and manuscripts: France, Switzerland, Germany, etc., to various recipients*, it bears the nineteenth-century note: 'Voltaire. / Cet article sur le mot *Action* était destiné à entrer dans le Dictionnaire Philosophique. il n'a pas été publié, ce qui donne beaucoup d'importance à ce Manuscrit'. It should be noted that, while everything points to the late 1760s or early 1770s as a composition date, there are some instances of imperfects ending in *-oit* (lines 17, 21, 36, 37), which are curious in any text by Voltaire written after 1751. [25]

New York, Morgan Library and Museum: MA 638.93.

[23] See S. Taylor, 'The definitive text of Voltaire's works: the Leningrad *encadrée*', *SVEC* 124 (1974), p.120; 'et sans doute l'article "Action"' (Ch. Mervaud, *OCV*, vol.37, p.196).

[24] *OCV*, vol.37, p.196.

[25] I am grateful to Gillian Pink for her comments on the manuscript. See also n.3 and n.14 below (p.127 and 131).

Principles of this edition

The present edition gives a diplomatic transcription of the manuscript, as one in Voltaire's own hand. Some full stops have been supplied in square brackets, and any corrections appear as variants.

6. *Action*, New York, The Morgan Library & Museum, MA 638.93, p.1. Purchased by Pierpont Morgan, 1900.

ACTION

[p.1] dans l'enciclopédie on a parlé de toutes sortes d'actions et surtout de celles de la compagnie des indes[.][1] on a omis l'action theatrale[.] elle ne doit pas etre indiferante aux gens de lettres.

tout ouvrage de theatre est une action, soit simple, soit com-
5 pliquee, bien ou mal amenee, bien ou mal conduite.[2] les romains etaient si persuadez de cette verite que vous voyez a la tete des pieces de Plaute et de Terence acta[3] .... Roscius egit

3   β: elle <nest pas indiferante> ne
4   β: action, ^{V↑}soit⁺ simple,
7-8 β: egit <tragediam> comediam,

[1] There are five substantial entries on *action* or *actions* in the context of the Compagnie des Indes in the *Encyclopédie*, of which four were written by the abbé Edme-François Mallet ('Action de compagnie', vol.1, p.123); 'Coupon' (vol.4, p.354); 'Discrédit' (vol.4, p.1034); 'Fondre des actions, des billets' (vol.7, p.80); and one by Louis Jaucourt, 'Indes, Compagnie française des' (vol.8, p.662). 'Quant à votre entreprise de la nouvelle Encyclopédie, gardez-vous bien encore une fois de retrancher tous les articles de M. le chevalier de Jaucourt' (D15280, to Panckcoucke, October/November 1768). In a variant to the text of *Le Russe à Paris*, Jaucourt is described as '[un] auteur de cent excellents articles qui enrichissent le dictionnaire encyclopédique' (*OCV*, vol.51A, p.162), and as '[un] homme au-dessus des philosophes de toute l'antiquité' in the *QE* article 'Figure' (*OCV*, vol.41, p.399). He is ranked with Diderot and D'Alembert in the *Lettres à Son Altesse Monseigneur le prince de *** sur Rabelais, et sur d'autres auteurs* (*OCV*, vol.63B, p.465). See also *Les Honnêtetés littéraires* (*OCV*, vol.63B, p.92); R. N. Schwab, 'The extent of the chevalier de Jaucourt's contribution to the *Encyclopédie*' (*Modern language notes*, 1957, p.507-508). On Mallet's contributions to the *Encyclopédie*, see the *DP* article 'Enfer' (*OCV*, vol.36, p.51-52); and, in *QE*, 'Figure' (*OCV*, vol.41, p.399, n.6).
[2] 'Tout doit être action dans une tragédie; non que chaque scène doive être un événement, mais chaque scène doit servir à nouer ou à dénouer l'intrigue; chaque discours doit être préparation ou obstacle' (*Commentaires sur Corneille*, *OCV*, vol.54, p.268). See also the *QE* article 'Art dramatique' (*OCV*, vol.39, p.79).
[3] The word 'acta' is followed by two dotted lines (see illustration, p.126). It appears that the sentence in Latin is written over the second of these, perhaps filling a gap that Voltaire had initially left in the manuscript to return to later.

comediam,[4] Esopus tragediam[.][5] nous avons substitué au mot agir dont les Romains se servaient celui de jouer qui est beaucoup plus impropre, et qui accuse un peu la stérilité de notre langue. il y a   10 meme entre les mots jouer, et tragédie une incompatibilite evidente. ce qui est douloureux et terrible n'est point un jeu. nous nous raprochons plus du mot propre en appelant les personages des acteurs[.]

on a reproché dans leurope a plusieurs de nos tragedies detre   15 plustot des conversations amoureuses que des actions tragiques.[6] celui qui fesait les roles damoureux et celle qui etoit lamoureuse de profession adressaient et recevaient des déclarations confiaient leurs passions a d'autres acteurs uniquement chargez de l'emploi

8   β: substitué<r> au
18-19   β: confiaient ^{V↑}leurs passions+ a

[4] Quintus Roscius Gallus (126-62 BC). Roscius was widely regarded as a model of dramatic excellence in the late seventeenth and early eighteenth centuries; see K. Mantzius, *A History of theatrical art in ancient and modern times* (London, 1903), p.229-30. In the *Notebooks* Voltaire commented on Roscius's wealth, but not on his acting ability (*OCV*, vol.81, p.189; vol.82, p.537).

[5] Aesopus Clodius (first century BC). Tragic actor and contemporary of Roscius; see Horace, *Epistles*, 2.1.82. 'Pendant l'exil de Cicéron le comédien Aesopus le désignait quelquefois sur le théâtre en changeant quelques paroles à son rôle. Rome applaudissait. C'est à lui qu'il faut applaudir aujourd'hui' (*Notebooks, OCV*, vol.82, p.450); see also *OCV*, vol.81, p.189, and vol.82, p.450.

[6] 'Il est vrai qu'on nous reproche, avec raison, que notre théâtre était une école continuelle d'une galanterie, et d'une coquetterie qui n'a rien de tragique. On a justement condamné Corneille pour avoir fait parler d'amour Thésée et Dircé au milieu de la peste' (*Appel à toutes les nations de l'Europe, OCV*, vol.51B, p.94). See also the commentary on *Œdipe* (I.iii) in the *Commentaires sur Corneille* (*OCV*, vol.55, p.803); the *Epître dédicatoire* printed with *L'Ecossaise* (*OCV*, vol.50, p.344); and the *Dissertation sur la tragédie ancienne et moderne* prefacing *Sémiramis* (*OCV*, vol.30A, p.155-56). In the *Appel à toutes les nations*, Voltaire attributes the dominance of conversation over action in the French theatre to the presence of spectators on the stage: 'Que pouvait-on faire sur une vingtaine de planches chargées de spectateurs, quelle pompe, quel appareil pouvait parler aux yeux? quelle grande action théâtrale pouvait être exécutée? quelle liberté pouvait avoir l'imagination du poète? Les pièces devaient être composées de longs récits: c'étaient de belles conversations, plutôt qu'une action' (*OCV*, vol.51B, p.97-98).

20 de confidents. il y avait des soupçons des jalousies des plaintes des
ruptures des racomodements et au cinquieme acte on repandoit du
sang pour la [p.2] la [*sic*] bienseance theatrale[.]

le recit du combat des horaces et des curiaces est une veritable
action, et par la maniere dont cette nouvelle est amenee racontée et
25 recue, cest un des plus beaux tableaux changeants quon ait jamais
vus[.][7] il nen est pas ainsi du meurtre de camille sur le theatre. je
nexamine point si cette action est veritable. il suffit pour nous
quelle ne soit point vraisemblable dans nos mœurs quelle ne tienne
point a l'intrigue, quelle forme une piece nouvelle et quelle soit
30 dune atrocité qui nous revolte[.][8] l'action de la derniere scene de
Rodogune serait le chef dœuvre de l'esprit humain si elle etait bien
preparée si la douce rodogune navait pas absolument changé de
caractere dans le cours de la piece. s'il eut eté possible dailleurs que
cette jeune femme quon allait marier eut quitté sa toilette, toutte sa
35 cour, et lambassadeur de son pere, pour aller en plein jour assas-
siner son amant Seleucus dont elle navoit point a se plaindre;[9]
si cette accusation postiche avoit pu etre motivee. enfin sil etait
naturel qu'Antiochus put hesiter un moment entre Rodogune et

23   β: l<'act [?]>e recit
26   β: ainsi <de la mort> ᵛᵗdu meurtre⁺ de camille
30   β: revolte <la> ᵛᵗl'action de la⁺ derniere
36   β: amant ᵛᵗSeleucus⁺ dont
37-38   β: avoit <eu la moindre vraisemblance> ᵛᵗpu etre motivee.⁺ enfin sil
etait naturel qu<e>'Antiochus

[7] *Horace* (III.v). 'Comme l'arrivée du vieil Horace rend la vie au théâtre qui
languissait! Quel moment et quelle noble simplicité!' (*Commentaires sur Corneille*,
OCV, vol.54, p.270). In his commentary on scene 6, Voltaire reserved particular
praise for the dramatic exchange between Julie and the old Horace: 'Tout l'auditoire
fut si transporté [...]. Que de beautés' (*OCV*, vol.54, p.272).

[8] *Horace* (IV.v). According to the stage direction, Camille's death takes place
'derrière le théâtre'.

[9] *Rodogune* (V.iv). 'L'action qui termine cette scène fait frémir, c'est le tragique
porté au comble' (*Commentaires sur Corneille*, *OCV*, vol.54, p.558; see also vol.53,
p.252-54).

Cleopatre. rien de tout cela sans doute n'est vraisemblable; et tant de défauts accumulez révoltent un esprit bien fait, qui examine les choses avec attention. mais on examine rarement au spectacle. on se laisse entrainer au moment de l'illusion. la situation d'antiochus entre sa mere et sa femme qui s'accusent lune lautre davoir tué son frere linstant ou sa mere lui presente une coupe empoisonee [p.3] et s'empoisonne elle meme, tout cet appareil tout cet amas dhorreurs a quelque chose de si tragique et dun pathetique si terrible qu'on est emu jusquau fonds de l'ame. [10]

il y a plusieurs actions au theatre qui ont produit ou qui produisent encor un grand effet sans etre le fruit dune grande imagination ni meme de ce grand art de faire valoir les situations par une diction pure et harmonieuse, merite que le seul racine a seul toujours connu parmi ses contemp[o]rains[.] [11] tel est par exemple le spectacle des enfans d'ines et de sa mere mourante, [12] tel est encor lentousiasme des citoyens de calais qui se dévouent pour la patrie

40

45

50

---

39 β: Cleopatre. <mais la situat> rien
   β: vraisemblable; <mo> et tant
45 β: tout <ce> cet amas
46 β: de si <grand> ᵛ↑tragique⁺ et de <si terri> et dun
48 β: ont <fait> produit

---

[10] 'Vive le cinquième acte de *Rodogune*. N'est-il pas vrai que c'est là le comble de l'art: les 4 premiers actes ont beau être très mauvais, cela n'y fait rien. Le cinquième est la vraie tragédie' (D9910; see also D9470, D11891). In the *Discours sur la tragédie* (preface to *Brutus*) Voltaire was a little more cautious: 'Des coups aussi terribles ne doivent pas être prodigués, et il n'appartient à tout le monde d'oser les frapper. Ces nouveautés demandent une grande circonspection, et une exécution de maître' (*OCV*, vol.5, p.174).

[11] 'Je vous confie qu'en commentant Corneille, je deviens idolâtre de Racine' (D11041). In the *Commentaires sur Corneille* Voltaire included, in his commentary on Corneille's *Tite et Bérénice*, a comparison with Racine's *Bérénice* (*OCV*, vol.55, p.938-61).

[12] Antoine Houdar de La Motte, *Inès de Castro* (V.vi). In *Le Siècle de Louis XIV* ('Catalogue des écrivains') La Motte's 1723 tragedy is praised as being 'l'une des plus intéressantes qui soient restées au théâtre' (*OCV*, vol.12, p.142).

55 quoyque la piece il faut l'avouer ne soit quune declamation mal
faitte écrite[.] [13]

on a demandé quelquefois pourquoi l'ingenieux la motte a fait
paraitre sur la scene les deux enfans d'ines et que le grand Racine
sest bien donné de garder de montrer lenfant astianax le fils
60 dandromaque. cest quandromaque voulait toucher un amant, et
qu'inès voulait attendrir un pere. un amant et tel que pirrus aurait
eté bien plus sensible aux complaisances d'une jeune veuve quaux
lamentations dun petit garcon. et vieux pere de famille se laisse
flechir par les larmes des enfans de sa fille[.]

65 mais la prodigieuse difference entre Racine et tous ses rivaux
sait [14] quil sait parler et que les autres ne le savent pas. jexcepte sans
doute quelques morceaux de corneille[.]

61 β: voulait <toucher> ᵛ↑attendrir un⁺ <un> pere.

[13] The allusion is to Pierre-Laurent Buirette [or Dormont] de Belloy's widely
acclaimed tragedy *Le Siège de Calais*, first performed in 1765. Favourable reports
from Paris of the reception of Belloy's play (e.g. D12414) did not prevent Voltaire
from alluding to the play in somewhat condescending tones in chapter 75 of the
Essai sur les mœurs (*OCV*, vol.24, p.146).

[14] Voltaire seems, in a moment of inattention, to have written 'sait' for its
homonym 'c'est'.

[*La Henriade: 'Avis des libraires'* et *'Préface du roi de Prusse'*]

Edition critique

par

David Adams

TABLE DES MATIÈRES

INTRODUCTION

La nouvelle édition de *La Henriade* en deux volumes qui vit le jour à Paris en 1770[1] ne devait jamais être, aux yeux de Voltaire, une simple réimpression de l'ouvrage qui, dès sa parution en 1723, avait valu à son auteur une célébrité européenne. D'une part, elle fut imprimée sur un papier de qualité; de plus, le tome premier fut embelli de dix vignettes et dix figures originales dessinées par Charles Eisen (1720-1778) et gravées par Joseph de Longueil (1730-1792), l'un et l'autre reconnus depuis longtemps pour leur maîtrise des arts graphiques.[2] Et nous savons que Voltaire s'attachait beaucoup aux dessins d'Eisen, à qui il écrit le 17 août 1767 (D14362):[3]

Je commence à croire, monsieur, que la *Henriade*, passera à la postérité, en voyant les estampes dont vous l'embellissez. L'idée et l'exécution doivent vous faire également honneur. Je suis sûr que l'édition où elles se trouveront sera la plus recherchée. Personne ne s'intéresse plus que moi aux progrès des arts; et plus mon âge et mes maladies m'empêchent de les cultiver, plus je les aime dans ceux qui les font fleurir.

De plus, pour assurer la qualité de l'impression, la nouvelle édition fut confiée à Joseph-Gérard Barbou (1723-1790?), membre d'une famille illustre d'imprimeurs, dont les productions ne laissaient rien à désirer sur le plan matériel.[4] L'édition de 1770 ne fut pourtant pas destinée uniquement aux amateurs de livres de luxe, mais

---

[1] En deux volumes in-octavo (Paris, Duchesne, Saillant, Desaint, Panckoucke et Nyon; Bengesco 384; BnC 1721).

[2] Sur l'œuvre d'Eisen, on consultera Roger Portalis et Henri Beraldi, *Les Graveurs du XVIIIᵉ siècle*, 3 vol. (Paris, 1880); sur Longueil, voir Félix Panhard, *Joseph de Longueil, sa vie, son œuvre* (Paris, 1880).

[3] La lettre fut imprimée à la p.[ii] de l'édition de 1770.

[4] Sur la famille Barbou, l'étude indispensable est celle de Paul Ducourtieux: *Les Barbou imprimeurs Lyon-Limoges-Paris (1524-1820)* (Limoges, 1896).

aux lecteurs sérieux aussi. Le tome premier renferme, en plus des gravures, les variantes et les notes textuelles qui, depuis 1741, faisaient partie de nombreuses éditions du poème. [5] Le second volume était consacré à plusieurs textes critiques et poétiques de Voltaire, notamment les *Discours en vers sur l'homme*, *Le Temple du goût* et *Le Poème de Fontenoy*, réunis tels quels pour la première fois dans une édition de *La Henriade*. La publication fut également en mains sûres, car les éditeurs qui se réunirent pour la mettre au monde comprenaient des personnalités de taille dans le monde du livre parisien: la veuve Duchesne, Saillant, Desaint, Panckoucke et Nyon.

N'empêche que, malgré son nom, l'*Avis des libraires* qui figure en tête de *La Henriade* (p.[i-ii]) fut composé par Voltaire luimême, évidemment à l'usage de son éditeur et de l'imprimeur, comme on le voit dans le texte reproduit ci-dessous. A ce qu'il semble, l'*Avis* ne suscita aucune réaction de la part des contemporains, et ne fut pas réimprimé dans les éditions ultérieures du poème.

Manuscrit

La henriade. nouvelle édition, La Seule complette qui ait encore parue.

Une feuille recto-verso de la main de Wagnière. Le manuscrit est signalé par O. R. Taylor (*OCV*, t.2, p.248).

Paris, BnF: n.a.fr.24342, f.271.

Principes de cette édition

Nous transcrivons ici le texte du manuscrit sans modernisation. On trouvera aussi parmi les variantes les corrections apportées au manuscrit même.

---

[5] Pour le détail des éditions précédentes du texte, voir Bengesco, p.99-110.

LA HENRIADE. NOUVELLE ÉDITION,
LA SEULE COMPLÈTE QUI AIT ENCORE PARU.

Avis des Libraires.

Nous n'abusons pas nos lecteurs en annonçant cette édition comme la seule complète, puisqu'on y trouve dès le premier chant à commencer au 250.e vers un passage qui n'est point ailleurs,[1] et qu'il y a plus de cinquante vers nouveaux répandus dans le corps de l'ouvrage.

Nous avons eu soin de rassembler toutes les préfaces, toutes les notes et toutes les variantes des éditions qui ont précédé celle-ci; ainsi nôtre édition a l'avantage de réunir ce qu'on trouve épars dans toutes les autres. Nous ajoutons que nous n'avons rien négligé pour qu'elle fût très correcte; Deux hommes de Lettres[2] ont bien voulu se charger d'en relire les epreuves avec la plus scrupuleuse attention.[3]

---

4 β: vers nouv^W↑e$^+$aux répandus
6-7 β: préfaces, <et> toutes les notes ^{W}↑et toutes les variantes$^+$ des éditions <précédentes, et toutes les variantes> ^{W}↑qui ont précédé celle-ci$^+$

[1] Les vers en question sont les suivants: '[Dieu] est toujours stable; et tandis que la terre / Voit de sectes sans nombre une implacable guerre, / La Vérité repose aux pieds de l'Eternel. / Rarement elle éclaire un orgueilleux mortel. / Qui la cherche du cœur, un jour peut la connaître' (chant 1, vers 249-53, *OCV*, t.2, p.378-79; *La Henriade*, 2 vol., Paris, Duchesne et autres, 1770, t.1, p.12).

[2] Marmontel et Lenglet Du Fresnoy.

[3] Cette dernière phrase, en plus petits caractères que le reste, fut évidemment ajoutée ultérieurement; le texte imprimé en 1770 finit ici.

La henriade.
nouvelle édition,
La seule complette qui ait encore paru.

———

Avis des Libraires.

Nous n'abusons pas nos lecteurs en annonçant cette édition comme la seule complette, puisqu'on y trouve dès le premier chant à commencer au 250.e vers un passage qui n'est point ailleurs, et qu'il y a plus de cinquante vers nouveaux répandus dans le corps de l'ouvrage.

Nous avons eu soin de rassembler toutes les préfaces, et toutes les variantes précédé celle-ci qui ont et toutes les notes des éditions precedentes; et toutes les variantes; ainsi nôtre édition a l'avantage de réunir ce qu'on trouve épars dans toutes les autres. Nous ajoutons que nous n'avons rien négligé pour qu'elle fût très correcte; deux hommes de lettres ont bien voulu se charger d'en relire les épreuves avec la plus scrupuleuse attention.

Après cet avis, on mettra la préface du Roi de Prusse, telle qu'on la trouve dans les ———

7. L''Avis des libraires', de la main de Wagnière, Paris,
BnF: n.a.fr.24342, f.271r.

Après cet avis, on mettra la préface du Roi de Prusse, telle qu'on la trouve dans les [f.271*v*] éditions des frères Cramer à Geneve 1756.
15   1757. 1761 et 1764.[4] On l'imprimera sous ce tître[5]

Préface du Roi de Prusse,
écrite en 1740.

Ensuitte il faut placer la préface de Mr Marmontel de L'académie française,[6] en retranchant ce qu'il a cité du discours du Roi de Prusse, marqué avec des guillemets page 227. parce que cette citation ne fait qu'un double emploi.[7]
20   Après la préface de M. Marmontel, celle de M. L'Anglet.[8]
Le reste, comme dans Les éditions des frères Cramer.

Madame Du Chêne se propose sans doute d'être secondée par quelque homme de Lettres qui veuille bien revoir et corriger les feuilles avec éxactitude.

---

[4] Elle y est intitulée 'Avant-propos', et le nom du roi n'y figure pas. Le texte est reproduit dans *OCV*, t.2, p.352-63.

[5] En fait, dans l'édition de 1770 comme dans les précédentes, la préface est toujours un 'Avant-propos' anonyme.

[6] Cette préface, qui fut souvent réimprimée, parut pour la première fois dans l'édition donnée à Paris en 1746 par Prault (Bengesco 375; BnC 1705). Voir *OCV*, t.2, p.327-38.

[7] Voltaire renvoie au tome premier de l'édition Cramer de 1756.

[8] C'est-à-dire Nicolas Lenglet Du Fresnoy (1674-1755); sur le rôle qu'il a joué dans la genèse de *La Henriade*, voir *OCV*, t.2, p.87-89, et deux études de Geraldine Sheridan: *Nicolas Lenglet-Dufresnoy and the literary underground of the Ancien Régime*, *SVEC* 262 (1989), et 'Voltaire's *Henriade*: a history of the "subscriber" edition, 1728-1741', *SVEC* 215 (1982), p.77-90.

[*Procuration*]

Edition critique

par

John Renwick

TABLE DES MATIÈRES

INTRODUCTION

Ce document, qui a servi d'épigraphe à Fernand Caussy dans son *Voltaire seigneur de village*[1] et qui a été publié depuis par Andrew Brown,[2] se trouve dans une collection rassemblée par Nicolas Ruault entre 1790 et 1795.[3] En haut à gauche du document, qui est numéroté '141', on trouve l'annotation 'de Voltaire'. En bas, d'une autre main, on lit: 'Voy. mon analyse de la Coll[ection] de Ruault'. Ces deux exemples d'écriture ne sont, ni dans l'un ni dans l'autre cas, à attribuer à Louis Cayrol, acquéreur de cette collection, et collaborateur intime d'Adrien Beuchot dans ses *Œuvres de Voltaire* (1829-1834).

Cette 'procuration illimitée', pur jeu d'esprit, s'explique sans doute aisément. Il suffit de se reporter, par exemple, aux divers documents notariés générés par les acquisitions foncières que sont Tourney et Ferney,[4] et la nature extrêmement compliquée de ces documents, qui sont par ailleurs rédigés dans le langage horriblement alambiqué des juristes. Même une simple procuration, comme celles signées par Voltaire à la même époque,[5] n'était toutefois pas à l'abri du même genre de style ampoulé qui — même pour des

---

[1] Paris, 1912, p.xii.

[2] Sous le titre 'An unlimited power of attorney', dans 'Calendar', p.89.

[3] Nicolas Ruault (1742?-1828) exerça divers petits emplois dans le monde de la librairie avant de coéditer, entre 1773 et 1785, de nombreux périodiques. Proche de Beaumarchais, dont il partagea le domicile dès 1780, il est associé à ce dernier dans la grande entreprise des *Œuvres de Voltaire* de Kehl. Peu satisfait de la décision prise par Condorcet de ne publier que des lettres choisies de Voltaire (t.52-63 de l'édition de Kehl), il se fit un devoir de rassembler tout ce qu'il pouvait déterrer en vue d'une édition plus complète (voir à ce propos N. Ruault, *Gazette d'un Parisien sous la Révolution: lettres à son frère, 1783-1796*, Paris, 1976).

[4] Voir par exemple les commentaires de Voltaire sur la question du centième, *OCV*, t.145, p.15-21, 313-25.

[5] D.app.167, 24 novembre 1758 (*OCV*, t.103, p.436-37); D.app.179, 18 septembre 1759 (*OCV*, t.104, p.509-10).

futilités – situait le tout dans le domaine du dernier sérieux. En rédigeant cette 'procuration', c'est comme si Voltaire tournait son dos (ne fût-ce que fugitivement) aux nombreuses responsabilités onéreuses qu'il ne connaissait que trop bien, et – savourant un moment de liberté inaccoutumée doublé d'un rêve de simplicité – confiait ces responsabilités globalement à un autre.

Manuscrit

[*Sans titre*].

Manuscrit autographe, relié dans le sixième volume des *Manuscrits de Voltaire* formant partie du *Recueil de lettres de Voltaire: années 1722 à 1778*.

Paris, BnF: ms.fr.12937, f.228.

Principes de cette édition

Nous transcrivons ici le texte du manuscrit sans modernisation.

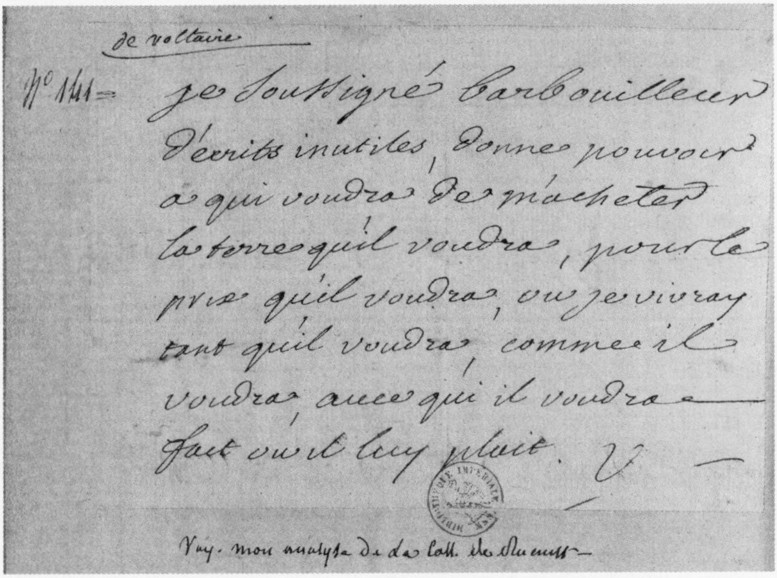
de voltaire

N° 141 = je soussigné barbouilleur
d'écrits inutiles, donne pouvoir
a qui voudra de m'acheter
la terre quil voudra, pour le
prix quil voudra, ou je vivray
tant quil voudra, comme il
voudra, avec qui il voudra —
fait ou il luy plait. V —

Voy. mon analyse de la coll. de [illegible] —

8. [*Procuration*], Paris, BnF: ms.fr.12937, p.228.

[PROCURATION]

je soussigné barbouilleur d'ecrits inutiles, donne pouvoir a qui
voudra de m'acheter la terre qu'il voudra, pour le prix qu'il voudra,
ou je vivray tant qu'il voudra, avec qui il voudra, fait ou il luy plait.
V. [1]

---

[1] Ce document non daté se trouve, dans le recueil de Ruault disposé selon un
ordre chronologique rigoureux, entre une lettre du 21 juin 1766 (f.227) et une autre
du 12 juillet 1766 (f.229). Sa position s'explique-t-elle par le même critère ou les
mêmes soucis? Ruault savait-il que cette procuration fictive datait de 1766? Nous
l'ignorons. Même une étude comparative de l'écriture de Voltaire ne permet pas
de situer ce document dans le temps.

Avis des éditeurs

Edition critique

par

Myrtille Méricam-Bourdet

TABLE DES MATIÈRES

INTRODUCTION

Cet 'Avis' a été rédigé par Voltaire dans le cadre de la nouvelle édition projetée de ses œuvres en collaboration avec Panckoucke, sur la base d'une révision de l'édition encadrée de 1775 publiée par Cramer. Initié à la fin de l'année 1777, le projet ne put évidemment être mené à son terme sous la direction de Voltaire, mais ce dernier eut néanmoins le temps de corriger tout le volet de ses œuvres historiques.[1] A la suite du désistement de Panckoucke devant les difficultés de cette nouvelle édition, le manuscrit qui nous est parvenu, et qui fournit le texte de base de notre édition, a été utilisé par Beaumarchais et Condorcet pour réaliser l'édition de Kehl, dans laquelle l''Avis des éditeurs' est imprimé en tête de l'*Essai sur les mœurs*, dont *La Philosophie de l'histoire* constitue l'introduction.

Le texte reprend le leitmotiv du désaveu des éditions fautives précédentes, tout à la fois commercial vis-à-vis du public et tactique vis-à-vis des autorités, et fait ici valoir le caractère 'original' de l'édition au sens où elle serait autorisée par l'auteur lui-même sur la foi d'un manuscrit de sa propre main.

Voltaire fait ensuite saillir le caractère philosophique et polémique de l'histoire telle qu'il l'écrit, tant en réaction contre ce qu'ont fait ses prédécesseurs – le motif de la fable renvoyant notamment aux coups de boutoir portés contre l'histoire ancienne d'un Rollin, attaqué dès les années 1740 dans les *Remarques* et *Nouvelles Considérations sur l'histoire* –, qu'en réaction aux réactions suscitées par son œuvre, avec l'attaque contre le *Supplément à la Philosophie de l'histoire* publié par Pierre-Henri Larcher en 1767, auquel Voltaire avait déjà répondu dans *La Défense de mon oncle*. Mais Larcher avait riposté par une brochure de soixante-quatre pages, *Réponse à La Défense de mon oncle, précédée de la Relation*

---

[1] Sur cette édition projetée, voir Samuel Taylor, 'The definitive text of Voltaire's work: the Leningrad *encadrée*', *SVEC* 124 (1974), p.7-127.

de la mort de l'abbé Bazin (Amsterdam, Changuion, 1767), et Voltaire avait continué de ferrailler par la raillerie, des *Questions sur l'Encyclopédie*[2] à *Un chrétien contre six juifs*.[3] Voltaire ne se prive pas d'une ultime saillie, sous couvert de rétablir des liens entre des textes que le plan raisonné soumis à Voltaire par Panckoucke et Decroix (voir ci-dessous, n.7), classant les textes par genre, avait séparés. Surtout, l'"Avis" atteste les changements intervenus précocement sous l'impulsion même de Voltaire dans l'architecture des dernières œuvres complètes auxquelles il aura collaboré.

Manuscrit et édition

MS

Feuille autographe insérée entre le texte de *La Philosophie de l'histoire* et celui de l'*Essai sur les mœurs* dans un exemplaire de l'édition encadrée, t.14, entre les pages 204 et 205. Voir Taylor, 'The definitive text of Voltaire's work', p.67-68.

Le texte de base.

BV3472, 'Ferney C'.

Saint-Pétersbourg, GpbV: 11-10.

K84

Œuvres complètes de Voltaire. [Kehl,] Société littéraire-typographique, 1784-1789. 70 vol. (seul le t.70 porte la date de 1789). in-8.

Tome 16: [1-2] Avis des éditeurs.

Bengesco 2142. Trapnell K. BnC 167-69, 175.

Genève, BGE (MV): A 1784/1 (t.1-70). Oxford, VF (t.1-10, 12, 13, 15-17, 20-43, 46-70). Paris, BnF: Rés. p. Z 2209 (t.1-70).

---

[2] Voir les articles 'Amour socratique' (*OCV*, t.38, p.260, n.*a*) et 'De Diodore de Sicile, et d'Hérodote' (*OCV*, t.40, p.463-75).

[3] *OCV*, t.79B, p.152, 234, 236.

Principes de cette édition

Le texte de base est MS, que nous reproduisons tel quel, étant donné que c'est un manuscrit autographe de l'auteur. Les variantes ont été relevées à partir de K84.

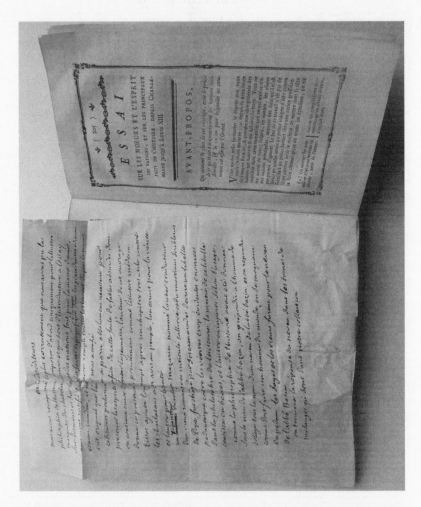

9. L'"Avis des éditeurs", feuille manuscrite de Voltaire collée à la p.204 de l'édition encadrée. Saint-Pétersbourg, GpbV: 11-10.

AVIS DES ÉDITEURS

nous avons reimprimé le plus correctement que nous avons pu
la philosophie de l'histoire composee d'abord uniquement pour
lillustre marquise du chatelet-loraine et qui sert d'introduction a
l'essay sur les mœurs et sur lesprit des nations[1] fait pour la meme
dame.[2] nous avons rectifié toutes les fautes tipografiques énormes
dont les precédentes editions etaient inondées. et nous avons
rempli touttes les lacunes d'apres le manuscrit original que l'auteur
nous a confié[.][3]

a   K84: ÉDITEURS [*avec note*: Cet avis est de M. de Voltaire lui-même, qui
s'occupait d'une nouvelle édition de ses ouvrages peu de temps avant sa mort.]
5-6   β: tipografiques $^{V\uparrow}$énormes$^+$ dont

[1] Parue de façon indépendante en 1765, *La Philosophie de l'histoire* avait ensuite
été intégrée en tant que 'Discours préliminaire' à la nouvelle édition de l'*Essai sur les
mœurs* au sein de la *Collection complète des œuvres de M. de Voltaire* (w68), dont les
volumes correspondants avaient paru en 1769 (voir *OCV*, t.21, p.305). Le texte avait
retrouvé son titre original dans l'édition encadrée en 1775 (*OCV*, t.21, p.311), avant
que l'édition de Kehl, où est imprimé pour la première fois le présent avis, ne le
rebaptise 'Introduction'.

[2] L'argument d'une rédaction de l'*Essai sur les mœurs* pour Mme Du Châtelet était
apparu dans l'"Avant-propos' inséré dans l'édition de 1756 (voir *OCV*, t.22, p.1-3 et
n.2), et avait été repris plusieurs fois par la suite (voir les *Remarques pour servir de
supplément à l'Essai sur les mœurs*, 1re remarque, *OCV*, t.27, p.15-22). Le premier
chapitre de *La Philosophie de l'histoire* s'ouvre lui aussi sur ce pronom 'vous', censé
se référer à Mme Du Châtelet. Néanmoins, celle-ci étant disparue en 1749, l'argument
est quelque peu fallacieux – au moins pour la *Philosophie* composée en 1764-1765 – et
sert surtout à conférer une dignité symbolique à l'entreprise philosophique et critique
qui guide Voltaire historien. Dans des notes qui renvoient à l'édition de Kehl (sur ces
manuscrits, voir *OCV*, t.27, p.405), Wagnière avait d'ailleurs annoté cette phrase
ainsi: 'NB: M. de Voltaire ne composa point *La Philosophie de l'histoire*, en 1765, pour
Mme du Châtelet qui était morte depuis quinze ans, ni pour être mise d'abord à la tête
de l'essai sur l'histoire et y servir d'introduction' (Saint-Pétersbourg, GpbV: 4-247:
voir le commentaire se rapportant à Kehl, t.16, p.1, ligne 6).

[3] Le présent 'Avis' rédigé par Voltaire pour une réimpression de ses textes fait
donc comme s'il n'en était pas l'auteur. Il ne sera de fait imprimé qu'après la mort
de Voltaire, dans l'édition de Kehl, puis dans l'édition Moland.

ce discours preliminaire a paru absolument necessaire pour preserver les esprits bien faits de cette foule de fables absurdes dont on continue encor dinfecter la jeunesse.[4] l'auteur de cet ouvrage donna ce preservatif, precisément comme l'illustre médecin tissot ajouta longtemps apres un chapitre tres utile contre les charlatans a son avis au peuple.[5] lun ecrivit pour la vérite et l'autre pour la santé[.]

un répetiteur du college mazarin nommé larcher traducteur dun vieux roman grec intitulé calliroé, et du martinus scriblerus de Pope, fut chargé par ses camarades decrire un libelle pedantesque contre les vérites trop évidentes enoncees dans la philosophie de lhistoire.[6] la moitié de ce libelle consista en bévues, et l'autre en injures selon l'usage. comme la philosophie de lhistoire avait eté

11-12   K84: ouvrage a donné ce
13-14   K84: après, à son avis au peuple, un chapitre très utile contre les charlatans. L'un
14   K84: vérité, l'autre
16   β: un <homme> ᵛ↑répetiteur+ du
20   K84: libelle consiste en bévues,

[4] L'idée du nécessaire travail d'éveil des esprits, ici reformulé par la métaphore médicale du 'préservatif', beaucoup utilisée par Voltaire dans ses polémiques, apparaissait dès les premiers textes légitimant le travail de discernement de l'historien entre fables ou contes, et histoire; voir par exemple *Conseils à un journaliste* (1738-1739), *OCV*, t.20A, p.481-82; *Remarques sur l'histoire* (1742), *OCV*, t.28B, p.143-64.

[5] Dès sa première édition, l'*Avis au peuple sur sa santé* (Lausanne, Grasset, 1761) du médecin suisse Samuel Tissot comportait un chapitre 'Des charlatans et des maîges' mettant en garde le peuple contre les faux médecins et apothicaires. Voltaire a annoté une réédition lyonnaise (Lyon, Bruyset, 1723, BV3306, *CN*, t.9A, p.146).

[6] Poussé par les jésuites, l'helléniste Pierre-Henri Larcher avait publié en mars 1767 un *Supplément à La Philosophie de l'histoire de feu M. l'abbé Bazin, nécessaire à ceux qui veulent lire cet ouvrage avec fruit* (Amsterdam, Changion), auquel Voltaire avait répondu par *La Défense de mon oncle*. Sa traduction du roman de Chariton d'Aphrodisias, *Histoire des amours de Chéréas et de Callirhoé* (Paris, Ganeau, 1763, 2 vol.), comportait par ailleurs une attaque contre l'emploi que Voltaire faisait du mot 'despotes' (t.2, p.191). Larcher avait également traduit anonymement l'*Histoire de Martinus Scriblérus, de ses ouvrages et de ses découvertes; traduite de l'anglais de monsieur Pope* (Londres, Knapton, se trouve à Paris, Ganeau, 1755).

donnee sous le nom de l'abbé bazin, on répondit a l'homme de college sous le nom dun neveu de labbé bazin. et on repondit comme doit faire un homme du monde, en se moquant du pedant 25 les sages et les rieurs furent pour le neveu de l'abbé Bazin.

on trouvera la réponse du neveu dans les tomes de melanges qui sont dans notre collection[.] [7]

22 β: on <y> répondit
    κ84: bazin, et l'on répondit,
26-27 κ84: dans la partie historique de cette édition. //

[7] Cette annonce finale permettant au lecteur de retrouver *La Défense de mon oncle* dans la collection renvoie au nouveau plan de l'édition, dont une version initiale avait été présentée par Panckoucke et Decroix lors de leur visite à Ferney en octobre 1777 (voir A. Brown et A. Magnan, 'Aux origines de l'édition de Kehl. Le *Plan* Decroix-Panckoucke de 1777', *Cahiers Voltaire* 4, 2005, p.83-124). Nulle part n'y figurait le terme de 'mélanges' dont l'intitulé avait pourtant jusque-là été beaucoup utilisé par les éditeurs de Voltaire. Afin de mieux ordonner le corpus, Panckoucke et Decroix avaient choisi d'intituler 'Littérature' une vaste partie dont le contenu rassemblait néanmoins de fait un certain nombre de textes relevant de cette caté-gorie des 'mélanges', et où la *Défense* devait figurer dans une sous-section intitulée 'Critique': 'On rangerait sous ce titre les dissertations polémiques sur différents objets et les réponses à quelques critiques' ('Aux origines de l'édition de Kehl', p.96). Dans l'édition de Kehl de 1784, la *Défense* figure finalement dans un volume titré 'Mélanges historiques' (t.27), à la fin de la grande section dévolue à l'histoire, et le texte de l'"Avis' a été modifié en conséquence (voir la variante). Les éditeurs sem-blent donc avoir repris l'appellation usuelle de 'mélanges' employée ici par Voltaire, tout en ayant revu l'architecture d'ensemble en faisant le choix de regrouper les textes de nature historique au sein de tomes consécutifs.

Fragments de carnets

Edition critique

par

Gillian Pink

et

John Renwick

avec la participation d'Andrew Brown

TABLE DES MATIÈRES

COLLABORATEURS

Andrew BROWN: fonds Ruault.

Gillian PINK: Introduction; fragments 4a, 11b, 12b, 13a, 13b, 13c, 29a, 34a, 37a, 46a, 46b, 55a, 55b.

John RENWICK: fragments 11a, 12a, 12c, 16a, 31a, 48a.

INTRODUCTION

Une grande variété de textes tombe sous la catégorie des carnets, ou des *notebooks*, de Voltaire: notes de lecture, notes de travail, pense-bêtes, informations, bons mots ou pensées, et documents hybrides présentant plusieurs de ces caractéristiques en même temps.[1] Ils témoignent de la façon dont Voltaire lisait, travaillait et pensait. Un certain chaos y règne: bien que certaines pages portent des titres ou des espèces de 'manchettes' manuscrites pour indiquer un thème ou un sujet, il arrive souvent qu'on s'en éloigne rapidement pour aborder d'autres idées. L'examen de plusieurs carnets ou feuilles autographes renforce cette impression de désordre et de complexité, avec encres et tailles d'écriture différentes, marges variables, notations insérées ici et là sur la page, croix ou traits en marge, petits traits entre certaines entrées...

L'on sait que Wagnière inscrivit en tête des 'Leningrad notebooks' le titre de 'Sottisier'.[2] Il est au moins plausible d'imaginer que c'est le mot que Voltaire employait lui-même pour parler de ses carnets. Selon l'*Encyclopédie*, un sottisier est un 'recueil de pièces ordurières';[3] le *Dictionnaire de l'Académie française* est plus expansif: 'Recueil de sottises. On appelle ainsi particulièrement un recueil de vaudevilles et d'autres vers libres. [...] Il n'est que du discours familier'.[4] Si Voltaire n'utilise jamais, semblerait-il, ce terme dans ses œuvres publiées, on le retrouve dans trois lettres

---

[1] Le fragment 31a (ci-dessous), peut-être rangé à tort parmi ces 'fragments', est en fait une espèce de petit conte en prose. La présence de certains textes publiés sous le titre de *Notebooks* publiés par Besterman peut surprendre, notamment une version de l'article 'Maître' des *Questions sur l'Encyclopédie* (*OCV*, t.82, p.570-71; voir t.42B, p.128-30).

[2] F. Caussy, *Inventaire des manuscrits de la bibliothèque de Voltaire* (Paris, 1913), p.22; *OCV*, t.81, p.28.

[3] Tome 15, p.384.

[4] 4e éd., 2 vol. (Paris, 1762), t.2, p.744.

de moments différents de sa vie. La première, une lettre en vers et en prose, a été datée par Besterman de l'été 1716, et s'adresse à Philippe, prince de Vendôme (D37):

> Petits soupers, jolis festins!
> Ce fut parmi vous que naquirent
> Mille vaudevilles malins
> Que les amours à rire enclins
> Dans leur sottisier recueillirent,
> Et que j'ai vus entre leurs mains.

Presque trente ans plus tard, le matin du 14 octobre 1743, de nouveau dans une lettre en vers et en prose, Voltaire décrit, à Dietrich von Keyserlingk, un accident apparemment survenu sur la route près de Magdebourg: 'Pour comble d'horreur, mon cher ami, deux bouteilles de vin de Hongrie se cassent, et personne n'en boit; la liqueur jaunâtre inonde mes pieds: mais ce n'est pas du pissat d'âne de Lognier, c'est du nectar répandu sur mon sottisier' (D2864). Enfin, le 18 avril 1772, il envoie au duc de Richelieu son conte en vers, *La Bégueule*: 'Mon héros m'a reproché [...] de ne lui envoyer jamais les petits ouvrages de province qui pouvaient me tomber sous la main. Voici un sermon de carême qui m'a paru n'être pas indigne d'entrer dans le sottisier de monseigneur' (D17701).

Voltaire semble employer le terme 'sottisier' dans le sens habituel, pour parler de recueils de vers et chansons libertins. Et en effet, ses premiers carnets, le 'Small Leningrad notebook' et le 'Cambridge notebook', regorgent de vers grivois, même si d'autres éléments s'y mêlent. [5] Au fil des ans, cette sorte d'extraits est de moins en moins présente parmi les notes de Voltaire. Il semblerait donc qu'il y ait eu un glissement sémantique, et que l'auteur aurait continué à parler de son 'sottisier' pour désigner le carnet matériel même si le contenu avait sensiblement changé. C'est peut-être pour cette raison qu'on lit ensuite sur la page de titre des 'Leningrad notebooks', toujours de la main de Wagnière: 'recueil

[5] *OCV*, t.81, p.51-69, 70-111.

de vers et prose, / et remarques historiques, / en différentes langues. Sans suitte. / fort curieux'.[6] C'est une excellente description de ce que nous avons tendance à appeler aujourd'hui les 'carnets' de Voltaire.

Sont édités ici, en guise de supplément aux tomes 81-82 des *Œuvres complètes*, douze des treize documents publiés par Besterman en 1976,[7] avec quelques corrections apportées au niveau du texte, notamment pour le fragment 31a, où la version publiée précédemment fond deux manuscrits en un seul. Sont inclus en outre des notes publiées en 1925 par Gustave L. van Roosbroeck[8] (notre fragment 12c), deux courtes séries de notes couchées sur les pages de ce que nous appelons le 'Chapitre des arts'[9] (nos fragments 16a et 37a), un minuscule bout de papier avec une note inédite au sujet d'une femme brûlée comme sorcière (notre fragment 34a), une autre courte note inédite au sujet des colonies américaines, sans doute en rapport avec le *Précis du siècle de Louis XV* (notre fragment 46a), et une série de notes, toujours inédites, émanant des manuscrits de Voltaire à Saint-Pétersbourg, et portant sur le personnage de La Bourdonnais (notre fragment 46b). Enfin, sous le titre de 'fonds Ruault', nous éditons les fragments publiés en 2009 après la découverte d'un recueil manuscrit dans une collection particulière.[10] Le corpus des ajouts aux textes publiés dans les tomes 81-82 en 1968 est donc passé de treize à vingt. Chaque fragment reproduit ci-dessous est introduit par une note liminaire qui en

[6] Saint-Pétersbourg, GpbV: Manuscrits, t.5, page de titre. 'Sans suitte' a peut-être constitué un ajout, car l'écriture est plus petite, et les mots ne sont pas centrés sur la largeur de la page comme le reste.

[7] 'Voltaire's notebooks (Voltaire 81-82): thirteen new fragments', *SVEC* 148 (1976), p.7-35. Nous avons retiré le 'fragment 48b', qui prend sa place dans l'appareil de classement (voir ci-dessous, p.301, 323-24, 'fragment d'Oxford').

[8] 'Notes inédites de Voltaire', *Revue de littérature comparée* 5 (janvier 1925), p.306-308. Malheureusement nous n'avons pas pu consulter ce manuscrit. A ce propos, voir le fragment 13c et n.*.

[9] *OCV*, t.27, p.306-307, 312-13.

[10] A. Brown, 'Des notes inédites de Voltaire: vers une nouvelle édition de ses carnets', *Cahiers Voltaire* 8 (2009), p.61-80.

dégage les enjeux et en évoque les caractéristiques les plus importantes. Aussi ce qui suit se limite-t-il à des remarques d'ensemble.

La collection formée par ce qui a survécu, et en particulier par ce qui a été découvert depuis la publication initiale, est forcément hétéroclite. Chaque nouveau document qui s'ajoute au corpus, cependant, même s'il est composé de tout ou partie de notations connues, apporte un nouvel élément au grand puzzle des méthodes de travail de Voltaire. Par exemple, le fragment 11a constitue un manuscrit autographe d'un segment du texte des 'Piccini notebooks', dont la plus grande partie nous est connue grâce à un imprimé, les *Pensées, remarques et observations de Voltaire. Ouvrage posthume* (Paris, an X [1802]).[11] On ignore jusqu'à quel point les 'Piccini notebooks' sont un texte composite, ou l'édition plus ou moins fidèle d'un carnet perdu ou bien de feuilles disparates de Voltaire, mais le témoignage de Nicolas Ruault laisse penser qu'il s'agit d'un amalgame. Il écrit dans un 'Avis' inscrit en tête de sa copie partielle: 'Ces pensées, ces remarques étaient écrites toutes de la main de Voltaire, sur de petits carnets et des feuillets détachés. On les a réunies ici sans autre ordre qu'il n'y avait mis lui-même' – ce qui n'est pas l'ordre du recueil imprimé:[12] Andrew Brown, qui a pu comparer les deux textes, affirme que 'l'ordre des notes dans les deux recueils n'est pas le même et ils comportent l'un et l'autre des notes propres qui font défaut dans l'autre'.[13] La dernière page des *Pensées*, au moins, donne le texte des 'Résolutions 1' que Voltaire présenta à l'Académie française peu de temps avant sa mort.[14] Notre fragment 55b jette un autre éclairage sur cette question, car il réunit des 'pensées détachées' dont la plupart se trouvent à la fois dans les 'Piccini' et les 'Leningrad notebooks'. Besterman semble

[11] Sur cette publication, voir l'introduction de Th. Besterman, *OCV*, t.81, p.30-39; A. Brown, 'Des notes inédites de Voltaire', p.61-67; et Voltaire, *Pensées, remarques et observations*, éd. N. Cronk (Paris, 2018).

[12] Cité d'après A. Brown, 'Des notes inédites de Voltaire', p.63. Sur le caractère incomplet de la copie de Ruault, voir la citation de la lettre à son frère, p.62.

[13] 'Des notes inédites de Voltaire', p.62.

[14] *OCV*, t.82, p.582; t.80c, p.421-22.

avoir raison de dire que ce fragment est 'l'une des sources de Piccini',[15] mais l'ordre des éléments qui le composent comparé à celui des deux recueils connus ne nous éclaire pas beaucoup sur le lien de parenté qui existe entre ces trois collections, peut-être à cause d'une réorganisation de la matière avant l'impression par les éditeurs des *Pensées, remarques et observations*, qui ont pu choisir d'omettre certaines entrées jugées d'un registre bas ou bien insuffisamment intéressantes ou spirituelles, tout comme ils ont pris la décision d'y ajouter d'autres éléments. L'ordre des éléments du manuscrit de Ruault, quant à lui, correspond plus souvent à celui des fragments autographes.[16] Notons qu'il n'est pas exclu que les sources de Ruault aient pu comprendre des manuscrits tout à fait authentiques dont le contenu était similaire à ceux que nous connaissons, mais dont l'ordre était différent.

La publication des treize textes en 1976 par Besterman évoque des 'fragments', comme c'est le cas des soixante et un 'fragments' déjà publiés dans les *Œuvres complètes*.[17] Or, s'il s'agit dans quelques cas de véritables 'fragments' (vestiges ou documents incomplets), plusieurs seraient vraisemblablement plutôt des feuilles volantes qui jouaient un rôle similaire à celui des carnets proprement dits, mais à destinée indépendante. Le petit corpus ici présent contient des exemples de fragments (notamment le 11a), mais aussi des manuscrits qui sont courts, tout en étant complets (par exemple le 46b). La façon dont certains carnets furent dépecés et livrés aux aléas du monde des ventes a certes contribué au caractère fragmentaire de quelques documents,[18] mais il n'est guère surprenant que Voltaire s'appuie dans ses projets d'écriture sur des feuilles volantes ou des bifoliums: le 13b et le 29a, par exemple, au moment

---

[15] 'Thirteen new fragments': 'one of the sources of Piccini' (p.33).

[16] Nous remercions Andrew Brown de cette information. Selon son analyse, le manuscrit Ruault suit l'ordre des fragments 1, 3, 7, 14, 29, 37, 43, 47, 55, 55b, 56 et 58, mais pas celui des fragments 2, 5, 6, 9, 12, 26, 27, 33, 50, 54 ou 55a.

[17] *OCV*, t.82, p.584-714.

[18] Les fragments 13b, 13c et 15 faisaient manifestement partie d'un même carnet autrefois, et il en est de même pour les fragments 48 et 48a.

de rédiger *La Philosophie de l'histoire*. Ailleurs il fait consigner sur les pages d'un cahier déjà utilisé pour un autre projet de rédaction des notes de lecture apparemment étrangères au premier projet (le 16a et le 37a).

Voltaire se sert de feuilles volantes également pour (re)produire des ensembles de notes dont certaines semblent être tirées de carnets déjà constitués: sont particulièrement concernés les fragments 12c, 48a, 55a et 55b. Le phénomène de la répétition entre les carnets reliés et les feuilles plus éphémères révèle une activité de recopiage, des extraits d'extraits en quelque sorte, même si nous ne pouvons pas toujours être certains de l'ordre chronologique des documents. S'il fallait proposer une hypothèse, toutefois, nous dirions que les 'Leningrad notebooks' représentent le dépôt le plus ancien, car on voit à la consultation que les entrées n'ont manifestement pas été notées en même temps, alors que l'écriture des feuilles éparses est plus uniforme. Tout suggère donc que les notes sur les feuilles volantes auraient été produites à partir des carnets à proprement parler. L'ordre des entrées, qui varie d'un endroit à l'autre, fait penser que la production d'extraits a constitué non seulement un tri, mais également une réorganisation de la matière. Il est tentant d'interpréter les croix et les traits en marge de certains documents comme autant de traces d'une sélection de phrases et de paragraphes destinés à la copie. Il n'a cependant pas encore été possible d'identifier de cas où les traces en marge des 'Leningrad notebooks' correspondraient à une opération de triage dont l'une des feuilles connues aurait été l'aboutissement. Mais il existe aussi des répétitions au sein d'un même document: le fragment 48a, sans l'ombre d'un doute, a autrefois fait partie du même document que le fragment 48, et on y trouve non seulement un renvoi interne, f.8*v*, 'voyez la marque [M] a l'autre feuillet' (ligne 166), marque que l'on trouve précisément f.10*r*,[19] mais aussi des reprises des mêmes bribes textuelles.[20] Parfois Voltaire reconnaissait qu'il y

[19] *OCV*, t.82, p.685.
[20] Voir ci-dessous, p.264, 267, n.82 et 92, et *OCV*, t.82, p.686-87.

avait une répétition: dans le fragment 55b, une entrée a été biffée, avec le mot 'double' inscrit en marge (variante aux lignes 4-6), et effectivement le même texte se trouve plus loin, lignes 50-51.

Un même document peut témoigner de plusieurs couches de lecture ou de travail, comme par exemple les notes sur La Bourdonnais (fragment 46b), disposées en deux colonnes. Le fragment 46a, resté à un état primitif, était peut-être conçu sur le même modèle. On voit les notes du fragment 48a s'agrémenter d'ajouts issus de lectures ultérieures, comme par exemple l'ajout sur les tourelles sur la route entre Agra et Lahore (lignes 52-52) et la note en marge de la ligne 54, qui proviennent sans doute d'une seule et même lecture des *Voyages* de Jean de Thévenot. Outre la lumière jetée sur le mode d'emploi des notes de travail, les carnets illustrent, en complétant le tableau brossé par les marginalia, la façon dont Voltaire travaille lors de ses lectures. Quand il lit en prenant des notes, il ne s'agit jamais de recopiage mot à mot. Il abrège et apporte des changements stylistiques. Il ajoute ses propres observations à ses notes de lecture: citons le parallèle qu'il a remarqué entre les pratiques alimentaires des prosélytes banians et celles du prophète Ezéchiel (fragment 11b, lignes 3-5), ou la conclusion 'preuve que tamerlan netoit point un barbare' concernant l'algébriste bactrien et la position qu'il occupait parmi les savants tatars (fragment 48a, lignes 7-8), ou encore la digression sur les mœurs de différentes cultures dans les notes sur La Bourdonnais, où Voltaire notait qu'on avertissait celui-ci qu'il n'était pas permis d'attaquer l'Empire moghol: 'cest le comble de la faiblesse asiatique de le soufrir et de L'audace Europeane de le tenter', écrit Voltaire (fragment 46b, lignes 82-85). Il y a toutefois une distinction importante à faire entre la prise de notes, ou le redéploiement de détails glanés de sources livresques, d'une part, et les pensées ou aphorismes originaux de l'autre, dont le fragment 55b est ici le plus remarquable exemple – mais même là, deux 'pensées' dérivent plus ou moins de *La Manière de bien penser dans les ouvrages d'esprit* de Dominique Bouhours, ouvrage que Voltaire possède dans sa bibliothèque (BV500).

La plupart des feuilles éditées ici sont autographes, mais les mains de secrétaires sont présentes aussi. Il y a des manuscrits où l'on voit que Wagnière recopiait des notes de Voltaire (fragments 13a et 29a), auxquels le maître a encore ajouté des éléments. Mais les deux séries de notes introduites parmi les pages du 'Chapitre des arts' (fragments 16a et 37a) sont vraisemblablement des exemples de notes prises sur le vif par des secrétaires, probablement sous la dictée de Voltaire,[21] ou dans le cas du 37a, peut-être des notes de lecture produites d'après des instructions, et revues par Voltaire après coup.

Si on peut identifier des liens entre les documents édités ici et des ouvrages publiés de Voltaire, là où certaines notes ont manifestement servi à tel ou tel projet d'écriture, un nombre impressionnant d'entre elles semblent être sans suite. Un des plaisirs livrés par les notes de travail de Voltaire est qu'elles nous permettent d'imaginer de nouveaux textes qui n'ont cependant jamais vu le jour sous sa plume.

Manuscrits et édition

4a

morale.

Feuille volante avec notes autographes. Le fragment 4 (*OCV*, t.82, p.592) constitue le recto, dont le texte édité ici est le verso.

Genève, Bodmer Lab: V-21.3.

11a

[*Sans titre*].

Fragment autographe portant la mention 'Copié' d'une main inconnue.

Genève, BGE (MV): MS 43.6.

---

[21] Voir, par exemple, le fragment 16a, n.2, 7, 8.

11b

[*Sans titre*].

Manuscrit autographe, auquel le fragment 12b est collé par un point de cire.

Saint-Pétersbourg, GpbV: Manuscrits, t.9, f.72.

12a

[*Sans titre*].

Manuscrit autographe.

Paris, BnF: n.a.fr.24342, f.102*r*.

12b

[*Sans titre*].

Manuscrit autographe collé au fragment 11b par un point de cire.

Saint-Pétersbourg, GpbV: Manuscrits, t.9, f.72.

12c

Superstit.

Notes apparemment autographes éditées par Gustave L. van Roosbroeck en 1925 (voir ci-dessus, n.8). Selon van Roosbroeck, le document est censé figurer dans les fonds de la 'bibliothèque de l'Université de New York', mais il n'a pas précisé de cote. Le manuscrit est introuvable à New York University, ainsi qu'à d'autres universités newyorkaises que nous avons contactées.

New York.

13a

fragments.

Manuscrit de la main de Wagnière, relié dans *Copies de lettres de Voltaire et pièces concernant Voltaire et sa famille*.

Paris, BnF: n.a.fr.2778, f.95.

13b

[*Sans titre*].

Bifolium avec notes autographes. Des traces laissées par l'acidité de l'encre montrent que ce document était autrefois précédé du fragment 13c, et suivi du fragment 15 (*OCV*, t.82, p.615-16).

Oxford, VF: MS18.

13c

notes.

Bifolium avec deux pages de notes autographes. Des traces laissées par l'acidité de l'encre montrent que ce document était autrefois suivi du fragment 13b et du fragment 15 (*OCV*, t.82, p.615-16).

Oxford, VF: MS19.

16a

Eglise.

Notes d'une main inconnue. Elles se trouvent sur une feuille du cahier autrement consacré au 'Chapitre des arts'.

Saint-Pétersbourg, GpbV: Manuscrits, t.8, f.54*r*.

29a

[*Sans titre*].

Manuscrit en partie autographe, le reste étant de la main de Wagnière.

Paris, BnF: n.a.fr.24342, f.181.

31a

lesprit / des loix.

Bifolium dont les deux premières pages portent le texte sur 'lesprit des loix', de la main de Voltaire, et où on lit, f.2*v*, toujours de sa main, 'a M Zanotti / a monsieur littleton / au card[inal] querini'.

Genève, Bodmer Lab: V-21.2.

34a

[*Sans titre*].

Petit bout de papier coupé, portant quelques lignes autographes. Autrefois dans une collection particulière, un cliché a été envoyé à la Voltaire Foundation.

Lieu de conservation inconnu.

37a

Fromentau.

Notes d'une main inconnue, avec une correction de la main de Voltaire. Elles se trouvent sur une feuille du cahier autrement consacré au 'Chapitre des arts'.

Saint-Pétersbourg, GpbV: Manuscrits, t.8, f.57*v*.

46a

[*Sans titre*].

Feuille volante portant quelques lignes autographes. [22]

Ithaca, NY, Cornell University Library: Maurepas collection 4614, carton 1, dossier 49.

46b

[*Sans titre*].

Cinq pages autographes (avec trois pages blanches après la première page).

Saint-Pétersbourg, GpbV: Manuscrits, t.8, f.173*r*-176*v*.

48a

histoire orientale.

Trois feuillets in-folio, foliotés 7-9, avec notes autographes, et dont la suite se trouve à la BnF, n.a.fr.24342, f.278, avec une foliotation primitive de 10 (le fragment 48, *OCV*, t.82, p.684-87).

Oxford, VF: MS20.

[22] Nous remercions Evan Fay Earle et Eisha Neely d'avoir attiré notre attention sur ce fragment et des renseignements fournis.

55a

pensees, anecdotes / etc.

Une feuille avec notes autographes.

Oxford, VF: MS22.

55b

pensées.

Manuscrit autographe, sur lequel on lit 'Copié' en haut à gauche, d'une autre main.

Paris, BnF: n.a.fr.24910, f.350r-351v. [23]

Fonds Ruault

Pensées, Remarques et Observations De Voltaire. / A Paris, / 1789.

Manuscrit de la main de Nicolas Ruault, fait selon lui à partir de documents autographes. Voir A. Brown, 'Des notes inédites de Voltaire', p.63.

Collection particulière.

Principes de cette édition

Comme c'est le cas pour la plupart des marginalia, Voltaire n'avait pas l'intention de publier ces notes. Aussi jugeons-nous que le texte gagne à être présenté en transcription diplomatique, ce qui place le lecteur devant l'étrangeté de ces manuscrits, dont les caractéristiques de mise en page ou de ponctuation participent parfois au sens (seule exception à la règle, la transcription du texte du fonds Ruault reprend celle d'Andrew Brown dans 'Des notes inédites de Voltaire', p.68-80). Les corrections et repentirs de Voltaire sont indiqués en variante. A cette mise en page parfois déroutante, nous ajoutons les traits, croix, mains stylisées et autres symboles qui montrent le traitement que Voltaire a fait subir à ses manuscrits.

[23] A noter qu'il y a une coquille dans la cote rapportée par Besterman ('Thirteen new fragments', p.33).

Nous adoptons le principe de classement par ordre thématique de Th. Besterman pour la simple raison que l'édition actuelle contient déjà un grand nombre de documents similaires,[24] et aussi parce que plusieurs parmi les manuscrits ici édités ont déjà été numérotés suivant le système de Besterman. Il faut reconnaître les aléas et les limites de cet ordre prétendument thématique, car la matière de la plupart des fragments est variée et mélangée. Un ordre chronologique aurait été souhaitable, même si force est de reconnaître qu'il est parfois difficile d'établir une datation précise, ou même relative. Notons qu'Andrew Brown a proposé un nouvel ordre pour un certain nombre de fragments (ceux qui présentent des recoupements avec les 'Piccini notebooks') qui se fonde sur l'ordre des éléments recopiés dans le recueil Ruault, et sans doute préférable à l'état actuel des choses, si tout était à recommencer.[25]

[24] *OCV*, t.82, p.584-714.
[25] 'Des notes inédites de Voltaire', p.67, n.14.

FRAGMENT 4a

Soit que nous ayons une ame eternelle ou quelle soit formee avec
notre corps, ou apres la formation du corps ce qui est egalement
incertain, soit quil ny ait point dame, et que letre eternel agisse
en nous, ce qui nest pas aussi sans incertitude nous sommes faits
5 pour vivre ensemble par nos besoins
raisonons donc sur la maniere de vivre
mais qu'importe de raisonner si tout est necessaire
si les choses iront toujours comme elles sont allees par les loix
éternelles
10 ce sont ces loix eternelles memes qui nous forcent a raisoner icy
un docteur de ces reverendes petites maisons appelees ecoles de
theologie, un magistrat ignorant devenu juge a prix d'or seront
necessitez a nous condanner si nos raisonements quils nentendront
pas tombent entre leurs mains et nous sommes necessitez a
15 chercher la verite qui eclairera necessairement quelques esprits et
laissera les yeux du reste du genre humain fermez p^r jamais[.]

1 β: formee <apr> avec
3 β: que <Dieu> letre

* Ce texte apparaît au verso du fragment 4 publié par Besterman (*OCV*, t.82,
p.592). Dans sa publication de 1976, Besterman s'est trompé en le publiant comme
s'il faisait partie du fragment 31a ('Voltaire's notebooks [...] thirteen new fragments',
SVEC 148, 1976, p.7-35, p.29-30). Dans la continuité du fragment 4, donc, intitulé
'morale' et portant sur les forces qui nous poussent à vivre en société, Voltaire
médite ici sur la question du fatalisme. A en juger par son écriture, il a probablement
jeté ces pensées sur papier au cours des années 1760 ou 1770.

FRAGMENT 11a

de lesprit de lecole

+ quel est le fléau de la terre le plus funeste? est ce la guerre la peste la
famine ou la vérole? cest l'esprit de l'école sans contredit.[1]
une dispute seleve sur une diphtongue dans alexandrie, cette
diphtongue est l'hélene pour la quelle les achiles et les hectors
5 de la theologie vont combatre. jesu est il omouzios o[u] omoou-
zios? personne nen sait rien; mais en voila pour trois cent ans de

4-5 β: les <grecs> ^{v↑}achiles+ et les <troye> hectors <vont combatre> de la theologie

---

* Ce fragment autographe, en plus de la croix qui en précède la première phrase, porte la mention: 'copié'. Le texte figure (p.88-89) parmi les *Pensées, remarques et observations de Voltaire*, publiées par Joseph Piccini (Paris, an X [1802]), lesquelles furent republiées par Theodore Besterman ('Piccini notebooks', *OCV*, t.82, p.499-567) où le texte qui correspond à celui de notre fragment occupe les p.534-35. Quant à la date de composition, Besterman se prononce de façon prudente: 'It is clear, for instance, from actual dates and references occurring in [les 'Piccini notebooks'], that the larger part, if not the whole, of the material dates from about 1750 to 1755' (*OCV*, t.81, p.33). Le fragment 11a pourrait évidemment se situer dans une telle fourchette, mais – comme on le verra – la teneur même des différentes observations qu'il véhicule nous invite à l'exclure de cette 'larger part': son contenu, et l'usage qu'en fit Voltaire, nous oriente infailliblement vers la grande campagne contre l'Infâme des années 1760.

[1] Au cours de sa longue carrière philosophique et dans des écrits trop nombreux pour les citer ici, Voltaire a classé la guerre, la peste, la famine et la vérole comme étant 'le fléau de la terre le plus funeste', suivant les besoins pressants du moment et de ses propres humeurs. C'est au début des années 1760 (voir, par exemple, la section XVI des *Remarques pour servir de supplément à l'Essai sur les mœurs*, *OCV*, t.27, p.56-58) que Voltaire commence toutefois à dénoncer de manière inlassable l'esprit de l'Ecole et ses sous-produits (la superstition et la persécution, l'intolérance et l'Inquisition) qu'il présente comme le véritable fléau de l'humanité car sévissant sans discontinuer depuis l'époque de la fameuse querelle des arianistes (318-325).

guerres.[2] constantin a beau ecrire aux docteurs vous vous querellez lâ sur un minse sujet, fy! navez vous pas de honte de mettre le
trouble partout pour des choses que vous nentendez pas! il a beau
leur envoier[3] cette lettre par le prudent eveque ozius; les docteurs   10
nen démordent pas.[4] constantin imagine de faire décider la question par le plus grand nombre. la vanité de presider a un concile
avec une robe de pourpre brodee de perles, et un diademe et des
souliers tout couverts de pierres precieuses tournent la tete de cet
empereur: et ce fut la le signal de quatorze cent ans de querelles[5]   15

13   β: perles, $^{\text{V}\uparrow}$et$^+$ un

[2] C'est sous l'impulsion des affaires Calas et La Barre que Voltaire, révolté par
une institution responsable d'une multitude de crimes, commence à exprimer sa
colère (exactement dans les mêmes termes que ceux de ce fragment). C'est dans
L'Examen important de milord Bolingbroke (1766) que l'on trouve (au ch. 31) un écho
indisputable de ce fragment: 'Il s'ouvrait dans le même temps une scène de *trois cents
ans de carnage* pour la querelle d'Alexandre et d'Arius, d'Athanase et d'Eusèbe, pour
savoir si Jésus était précisément de la même substance que Dieu ou d'une substance
semblable à Dieu' (*OCV*, t.62, p.314 et n.300; c'est nous qui soulignons). Dans
Le Dîner du comte de Boulainvilliers (octobre 1767), on trouve une référence à la
'diphtongue': 'les athanasiens et les ariens remplissant l'empire romain de carnage
pour une diphtongue' (*OCV*, t.63A, p.382, et n.68).
[3] Dans les 'Piccini notebooks': 'il a beau envoyer' (*OCV*, t.82, p.535).
[4] Au chapitre 32 de *L'Examen*, intitulé 'Arianisme et athanasianisme', les termes
de la lettre de Constantin ne sont pas exactement ceux du fragment: '*Ces questions*,
dit-il, *ne viennent que de votre oisiveté curieuse; vous êtes divisés pour un sujet bien mince.
Cette conduite est basse et puérile, indigne d'hommes sensés*' (*OCV*, t.62, p.316). Mais un
an plus tard (1767), dans l'article 'Arius' du *DP*, son texte s'en rapproche toutefois un
peu plus: 'Quand il vit la guerre civile des cervelles scolastiques allumée, il envoya le
célèbre évêque Ozius avec des lettres déhortatoires aux deux parties belligérantes.
*Vous êtes de grands fous, (leur dit-il expressément dans sa lettre) de vous quereller pour
des choses que vous n'entendez pas. Il est indigne de la gravité de vos ministères, de faire
tant de bruit sur un sujet si mince*' (*OCV*, t.35, p.371-72, variante à la ligne 44 et n.11).
Les formules 'mince sujet' et 'sujet fort mince' se trouvent répétées aux p.372 et 373.
Dans l'article 'Conciles' du *DP* (également de 1767), on trouve: 'Il [le concile de
Nicée] fut assemblé en 325 de l'ère vulgaire, après que Constantin eut écrit et
envoyé par Ozius cette belle lettre au clergé un peu brouillon d'Alexandrie: *Vous
vous querellez pour un sujet bien mince. Ces subtilités sont indignes de gens raisonnables*'
(*OCV*, t.35, p.615-16, et n.8).
[5] Dans les 'Piccini notebooks': 'guerres' (*OCV*, t.82, p.535).

interminables dont dieu soit béni.[6] il n'y eut guere de phraze et de mot sur lesquels on ne dipustat[7] merveilleusement depuis ce temps la[.][8]

[6] La description de la magnificence vestimentaire de Constantin à Nicée (qui ne se trouve nulle part ailleurs chez Voltaire) ne paraît correspondre à aucune source imprimée, mais semble reproduire les descriptions courantes des empereurs romains en public à partir de Maximien Galère. Fleury, par exemple, se contente de dire: 'il [Constantin] parut au milieu de l'assemblée, vêtu de pourpre et orné d'or et de pierreries, qui jetaient un éclat merveilleux' (*Histoire ecclésiastique*, livre XI, année 325, §10; 37 vol., Paris, 1722-1738, t.3, p.126, BV1350). Pons Augustin Alletz (*Dictionnaire portatif des conciles*, Paris, 1758, BV53) est encore plus sobre: 'Cependant l'empereur Constantin étant arrivé à Nicée le 3 juillet, les évêques s'assemblèrent dès le lendemain dans une salle de son palais, qu'il avait fait préparer pour le concile. Il s'y rendit lui-même et entra revêtu de sa pourpre, mais sans gardes' (article 'Nicée', p.333). La durée de ces 'querelles interminables' (dont Voltaire, suivant son habitude, arrondit ici le calcul) est indiquée dans *Le Dîner du comte de Boulainvilliers:* 'J'ose vous assurer que depuis le concile de Nicée jusqu'à la sédition des Cévennes, il ne s'est pas écoulé une seule année où le christianisme n'ait versé le sang' (*OCV*, 63A, p.381). Le temps écoulé entre le premier concile de Nicée (325) et le début de la révolte des camisards (1702) est très exactement de 1377 ans.

[7] Lire 'disputât'.

[8] La conclusion du fragment rappelle le mot de la fin de l'article 'Arius' du *DP* (dont le propos est souvent répété dans d'autres textes de Voltaire): 'On assembla le concile de Nicée, et il y eut une guerre civile dans l'empire romain [pour une seule voyelle]. Cette guerre en amena d'autres, et de siècle en siècle on s'est persécuté mutuellement jusqu'à nos jours' (*OCV*, t.35, p.374). Dans les 'Piccini notebooks', on trouve d'autres exemples de ce thème récurrent (cf. *OCV*, t.82, p.527-28).

10. Fragments 11b et 12b, collés l'un à l'autre, Saint-Pétersbourg, GpbV: Manuscrits, t.9, f.72.

FRAGMENT 11b

relligion comme lastronomie, longtemps chargée d'erreurs.
la philosofie lépure
les proselites des banians obligez de meler de la fiente de vache a
leurs alimens pendant six mois.[1] Ezechiel en fit autant cetait donc
5 une penitence connue en orient[2]
la monogamie chez les grecs et chez les romains, adoptée chez tous
les cretiens. Le l. de h. navait proprement quune femme, epargnant
seulement lafront du divorce a l'autre[3]

---

* Les notes de cette feuille ont pu être prises en 1756 ou plus tôt. Dans l'œuvre de
Voltaire, les 550 incarnations de Sammonocodom sont évoquées pour la première
fois dans l'*EM*, au ch.143 (*OCV*, t.26A, p.178). Cependant, il ne mentionnera Xaca
qu'en 1764, dans les articles 'Dogmes', 'Foi' et 'Préjugés' du *DP*, ainsi que dans
l'*Aventure indienne*, et ce de manière très superficielle. Ce fragment 11b comporte
des notes de lecture, prises à partir du tome 6 d'Antoine Banier, *Histoire générale
des cérémonies, mœurs et coutumes religieuses*, 7 vol. (Paris, 1741), auxquelles sont
incorporés des ajouts de Voltaire lui-même. Cet ouvrage ne figure pas dans sa bibliothèque. La feuille, dont la partie inférieure a apparemment été déchirée, probablement du vivant de l'auteur, est augmentée d'un autre bout de papier, qui lui est
collé à la cire. C'est le fragment 12b (voir ci-dessous). Voir l'illustration, p.178.

[1] Banier, *Histoire générale des cérémonies*, t.6, p.340: 'Disons un mot de la manière
dont les prosélytes des Banians sont obligés de vivre les six premiers mois de leur
conversion. Les bramines leur ordonnent de mêler de la fiente de vache dans tout
ce qu'ils mangent, pendant ce temps de régénération.'

[2] Ezéchiel 4:14-15. Détail récurrent dans les œuvres de Voltaire, depuis le *Sermon
des cinquante* (rédigé vers 1750). Il ne semble cependant jamais évoquer le parallèle
avec les Banians comme il le fait ici.

[3] Cette notation semble être une observation de Voltaire, qui lui est peut-être
venue à l'esprit à la lecture de Banier, mais qui n'est pas directement issue de cette
lecture. La seconde phrase pourrait être une référence à Philippe, landgrave de
Hesse, qui cherche à épouser une seconde femme. Voir l'*EM*, ch.130 (*OCV*, t.26A,
p.7-8). Voltaire semble tenir ses informations de Bossuet, *Histoire des variations des
Eglises protestantes* (Paris, 1752, BV484). Voir aussi le fragment 48a ci-dessous
(lignes 142-44).

Sommonacodum (a Siam) incarne 550 fois[4]
Xaca chez les peuples de laos descendant du 16eme monde sur la   10
terre.[5]

[4] Besterman transcrit 'incarné' par le mot 'marié', ce qui est manifestement faux. On lit chez Banier: 'Depuis que Sommona-Codom avait commencé d'aspirer à devenir Dieu, il était revenu cinq cent cinquante fois au monde sous différentes figures, et à chaque fois toujours le premier, ou le plus excellent de l'espèce dont il prenait la forme' (*Histoire générale des cérémonies*, t.6, p.370).

[5] Banier, *Histoire générale des cérémonies*, t.6, p.405: 'Dix huit mille ans avant Xaca ou Xe-quia, la Terre fut dissoute entièrement et réduite en eau. Un mandarin d'espèce divine, du moins plus excellent que les autres hommes, descendit du plus haut des seize mondes'.

FRAGMENT 12a

⫫ jamais de republiques en asie depuis la chutte de tir.[1] il y en a de guerrieres en afrique comme tripoli tunis alger.[2] ce n'est quen europe quon en a vu de tout temps, et quon en voit encor de civiles. cest la le génie european. baucoup de royaumes sont
5   meme encor des republiques sous des rois, la pologne est une republique de nobles, lallemagne de princes, langleterre et la suede

2   β: comme ᵛ↑tripoli⁺ tunis alger <tr>. ce
4   β: cest ᵛ↑la⁺ le

* Note autographe, sur une petite feuille in-octavo. Le texte, qui date vraisemblablement des années 1760, fut écrit d'un seul jet. Ira O. Wade en publia une transcription légèrement différente (*The Search for a new Voltaire*, dans *Transactions of the American Philosophical Society* 48, part 4, 1958, p.181). Le texte est précédé d'un symbole (qui ressemble à une lettre 'H') qui indique que Voltaire entendait créer un lien entre le passage et un autre texte (sans doute dans le cadre de l'*EM* ou du *DP*; voir les notes 2 et 3, ci-dessous). Ce fragment, difficile à dater, traite du gouvernement, thème auquel Voltaire s'est intéressé avant et pendant la composition de l'*Abrégé de l'histoire universelle* (1740-1752).

[1] Voltaire répète ici une des scies socio-politiques les plus connues du dix-huitième siècle qu'il avait sans doute pu trouver chez Chardin (*Voyages en Perse et autres lieux de l'Orient*, 3 vol., Amsterdam, 1711; voir par exemple t.3, p.212-13; t.5, p.255), ou Montesquieu (*Lettres persanes*, 2 vol., Cologne, 1721, t.2, lettre CXV, p.229). Lui-même, dans l'*EM* (ch.197, 'Résumé de toute cette histoire'), dira: 'L'auteur de l'*Esprit des lois* [c'est-à-dire: des *Lettres persanes*] dit qu'il n'y a point de républiques en Asie' (*OCV*, t.26c, p.325). Voltaire, qui évoque souvent le royaume de Tyr ou le roi de Tyr, ne qualifie Tyr de *république* que deux fois: aux chapitres 187 et 197 de l'*EM* (*OCV*, t.26c, p.195, 325-26). Par deux fois il est indécis, car on trouve chez lui: 'le pays de Tyr et de Sidon était-il alors une république ou une monarchie?' (*Le Pyrrhonisme de l'histoire*, ch.4, *OCV*, t.67, p.270, repris dans l'article 'De l'histoire' des *QE*, *OCV*, t.42A, p.219). La chute de Tyr est évoquée dans Ezéchiel 26-28.

[2] Dans le *DP*, article 'Patrie', Voltaire dira: 'On voit encore aujourd'hui des républiques en Afrique. Tripoli, Tunis, Alger, vers notre septentrion, sont des républiques de brigands' (*OCV*, t.36, p.413), jugement renouvelé dans les *QE*, article 'Démocratie': 'Tripoli, Tunis, Alger sont des républiques de soldats et de pirates' (*OCV*, t.40, p.375).

une republique composee de toute la nation et la france depuis hugues capet jusqu'a louis onze une republique de seigneurs feodaux sous un souverain, la castille larragon se gouvernent long-temps sur ce plan. [3] tout pays d'etats est un reste de cet ancien esprit et de cet usage.

10

[3] La définition que donne Voltaire des pays européens, y compris la Castille et l'Aragon, rappelle la façon dont il les présente dans l'*EM*. Evidemment, la définition donnée ici pour la France cesse d'être pertinente à partir de la mort de Louis XI car c'est la Guerre folle (1485-1488), remportée par Charles VIII, qui marqua le glisse-ment vers la centralisation et l'absolutisme.

FRAGMENT 12b

Superstition est a la fripon[ner]ie ce que lesclavage est a la tirannie[1]
deux choses gouvernent le monde lopinion et largent[.][2] les pretres ont regné par lune et par lautre. largent donne les soldats, et les
5 soldats largent. les loix sont des regles du jeu que jouent les hommes. le plus grand nombre doit faire les regles.

---

* Ce fragment est collé au fragment 11b avec de la cire (voir ci-dessus). On s'interroge sur ce qui reliait ces deux séries de notes dans l'esprit de Voltaire (si tant est qu'il soit à l'origine de cette application de cire), avec les notes de lecture sur Banier d'une part, et quelques pensées sur la superstition, la civilisation et le rôle de l'écriture de l'autre. L'aspect de l'écriture de Voltaire donne à penser que ce fragment a été composé en deux temps: d'abord la première phrase, et ultérieurement toute la suite. L'écriture et les thèmes abordés suggèrent une rédaction au cours des années 1760 ou au début des années 1770. La première phrase au moins aurait vraisemblablement précédé la rédaction de la seconde partie de l'article 'Superstition' du *DP* en 1765. Voir l'illustration ci-dessus, p.178.

[1] Cet aphorisme est très proche de la phrase sur laquelle s'ouvre la section 2 de l'article 'Superstition' du *DP*: 'Le superstitieux est au fripon ce que l'esclave est au tyran' (*OCV*, t.36, p.539).

[2] Voltaire écrit souvent que l'opinion gouverne le monde, et ce dès *De Cromwell* (1747): 'C'était connaître les hommes, que l'opinion gouverne' (*OCV*, t.30C, p.84), en passant par l'*EM*, ch.8 et 13 (*OCV*, t.22, p.170, 238). Il est plus cynique ici que dans *Conformez-vous aux temps*, où il indique que 'L'opinion gouverne le monde, mais ce sont les sages qui à la longue dirigent cette opinion' (*OCV*, t.60A, p.362). On a considéré que ce dernier texte a pu être écrit en 1764; signalons que la phrase sur l'opinion revient à deux reprises dans la correspondance au moment de sa publication en janvier 1766 (D13082, D13139). L'argent vient s'ajouter à l'opinion dans l'*Histoire du parlement de Paris* (1769), où Voltaire évoque le désir d'Achille de Harlay de libérer le parlement, alors sous l'emprise de Rome. Selon l'auteur, le projet était impraticable: 'Il eût fallu changer tout d'un coup l'opinion des hommes, qui ne change qu'avec le temps, ou avoir assez de troupes et assez d'argent pour commander à l'opinion' (*OCV*, t.68, p.331).

tres peu de peuples ont eu des annales.[3] les arts se sont perpetuez sans ecriture.[4]

dix mille fois plus de hottentos que datheniens[.][5]

9 β: dix $^{V\uparrow}$mille^{+} fois

[3] 'Que de peuples ont subsisté longtemps, et subsistent encore sans annales!': Voltaire commence ainsi son article 'Annales' des *QE*, qui se poursuit dans la même veine (*OCV*, t.38, p.385).

[4] Voltaire adopte un point de vue un peu différent dans le 'Chapitre des arts': 'Il semble que tous les arts se donnent la main; car dans le temps que Dante, Pétrarque, faisaient renaître la poésie; la peinture sortait aussi du tombeau' (*OCV*, t.27, p.287). Dans le même manuscrit, il semble dédaigner tout ce qui précédait la Renaissance: 'Les arts nécessaires furent toujours grossiers. [...] La peinture n'était guère en usage que pour couvrir de quelques couleurs, des lambris épais, on chantait, et on ignorait la musique' (p.261).

[5] Ces deux peuples sont évidemment symboliques pour Voltaire, qui aurait tout aussi bien pu juxtaposer 'barbares' et 'civilisés'.

FRAGMENT 12c

Superstit.

Les peuples de la Baye d'Hudson, quand ils voyent des aurores boréales, disent que les morts se réjouissent. [1]

Les frères Moraves, Hernouters, établis par le c[omte] de Sinzendorf. Il y en a en Amérique et vers le Cap, etc. [2]

---

* Cette séquence de quatorze notes, précédée par l'intitulé 'superstit.', fut publiée pour la première fois par Gustave L. van Roosbroeck (*Revue de littérature comparée* 5, janvier 1925, p.306-308), mais nous n'avons pas pu retrouver le manuscrit à partir duquel il a travaillé, aussi reproduisons-nous le texte de 1925. Malgré son titre 'Superstit.', ce document (sauf l'usage de la citation d'Ovide, voir n.8) n'a aucun rapport avec l'article 'Superstition' du *DP* (*OCV*, t.36, p.536-44). Tous les éléments qui forment cette collection de pensées et de remarques se trouvent reproduits, mais pas dans le même ordre, dans les 'Piccini notebooks', et parfois dans les 'Leningrad notebooks', pour ne pas oublier le 'Second Paris notebook' (occurrences que nous signalons ci-dessous – voir n.3-13). Ils dévoilent *ipso facto* un Voltaire en train de recopier ou de recycler (peut-être grâce à des secrétaires) des éléments philosophiquement exploitables. On notera toutefois (lignes 29, 42) deux références à l'année 1754, dont l'une au mois de juillet (voir aussi n.13).

[1] Ce genre de détail doit figurer dans l'abondante littérature soit des voyages, soit des coutumes exotiques, mais il demeure résolument introuvable. Même la 'Religion des peuples de la Baie de Hudson' (*Cérémonies et coutumes religieuses des peuples idolâtres*, 7 vol., Amsterdam, 1723-1737, t.1, première partie, p.77-79) de Bernard Picart n'en fait aucune mention. La seule trace que nous en ayons trouvée figure, une quarantaine d'années plus tard, chez Samuel Hearne, *Voyage [...] du fort de Prince de Galles à la baie d'Hudson*, 2 vol. ([s.l.], an VII [1798]): 'L'opinion des Indiens du Sud concernant ce météore est également bizarre; mais elle présente quelque chose de touchant, en ce qu'ils croient que ce sont les esprits de leurs amis décédés qui se réjouissent dans les nuages; et lorsque l'aurore boréale est extrêmement brillante, circonstance où elle offre une plus grande variété de couleurs et de formes, ils disent que leurs amis décédés sont contents' (t.2, p.154, n.1). Malheureusement aucune indication chez Hearne d'une source livresque.

[2] 'Hernouters' (en français 'Hernute') vient de l'allemand Herrenhut, localité de la Haute-Lusace où les frères moraves commencèrent à former une colonie autour du village de Bethelsdorf appartenant à Nicholas-Louis, comte de Zinzendorf (1700-1760), fondateur de la colonie de Bethléem en Pennsylvanie. En 1737, un de leurs

Comment veut-on que la bonne philosophie regne en Italie? 5
Et en Espagne? Il y faut demander permission de penser à un
capucin.[3]

Miserable esclave d'une secte insensée et despotique, tu plains
l'Angleterre d'etre divisée en sectes libres![4]

On dit que le miracle de St. Janvier peut se faire avec de l'huile 10
d'anis et de l'huile de benzoin. La vérité est qu'il ne se fait point.[5]

---

membres, Georg Schmidt, fut envoyé comme missionnaire en Afrique de Sud,
mais – victime de l'hostilité du gouvernement du Cap – il fut obligé de partir en
1744. Voltaire (favorable à la secte, voir D9065) ne mentionnera Zinzendorf qu'une
seule fois (septembre/octobre 1771) dans l'article 'Ignace de Loyola' des *QE*
(*OCV*, t.42A, p.356).

[3] A partir d'un catalogue de vente, Theodore Besterman relève une bribe de texte
faisant partie d'un manuscrit autographe non daté: 'Tout persécuteur est ennemi de
dieu et des hommes. La persécution étouffe le génie. Il n'y en a plus en Italie depuis
que l'Inquisition est sur les livres. [...] rien parce qu'il faut demander permission de
penser à un Jacobin' (*OCV*, t.81, p.44). Une partie de l'observation qui figure dans
notre fragment se retrouve textuellement dans les 'Piccini notebooks' (que Besterman date de 1750-1755, mais qui sont en réalité probablement composites; voir
l'introduction ci-dessus, p.162-63): 'Comment veut-on que la bonne philosophie
règne en Italie et en Espagne? Il y faut demander la permission de penser à un
capucin' (*OCV*, t.82, p.532). Elle figure de nouveau dans le même ensemble, mais
dans une formulation différente: 'En Italie, il faut demander la permission de penser
à un Jacobin; en France, à son rival et à son ennemi député par M. le chancelier, ou le
féal garde des sceaux' (*OCV*, t.82, p.557, et on trouve le même texte exactement dans
le fragment 50, p.690).

[4] Même observation textuellement dans les 'Piccini notebooks', *OCV*, t.82, p.532.

[5] Saint Janvier, ou San Gennaro (272-305 après J.-C.), fut décapité sous Con-
stance et Galère. La tradition veut que sa nourrice, Eusébia, ait recueilli son sang
et en ait rempli deux fioles. La tradition veut aussi que par la suite, lors du passage
de la dépouille du saint à Antignano, on ait placé les fioles près du corps. Sur ce, son
sang desséché se serait liquéfié. Depuis lors, le miracle se reproduisait régulièrement.
La source de ce fragment (où il faudrait lire, non benzoin, mais benjoin) demeure
introuvable. Voltaire l'avait également consigné dans le 'Second Paris notebook'
(*OCV*, t.82, p.482) qui de toute évidence date des années 1740-1750. En tout cas,
la référence à saint Janvier précède une entrée à la page suivante (p.483), consacrée
à 'une comédienne nommée Bercaville', laquelle est datée de 'ce 20 juillet 1743'.
Par trois fois, Voltaire évoquera ce prétendu miracle: au chapitre 183 de l'*EM*
(*OCV*, t.26C, p.140-41), dans *Conformez-vous aux temps* (*OCV*, t.60A, p.359-60) et
dans le *Commentaire sur l'Esprit des lois* (*OCV*, t.80B, p.436).

A Cologne, les onze mille vierges et les trois rois. Aussi onze flammes et trois couronnes pour armes. [6]

Munic porte un moine pour ses armoiries, étant autrefois un monastère. Dans les siècles barbares tout appartenait à l'eglize. [7]

A faciles nimium qui tristia crimina caedis,
Fluminea tolli posse putetis aqua. [8]

Presque tous les crucifix ont parlé, à sainte Brigitte, à saint Thomas d'Aquin. Benedixisti de me Thoma. A Naples, il y en eut un qui baissa la tête pour éviter un coup de canon. [9]

[6] Dans les 'Piccini notebooks', on lit: 'A Cologne, les onze mille vierges et les trois rois. Aussi onze flammes et trois couronnes pour armes. Munich porte un moine pour ses armoiries, étant autrefois un monastère. Dans les siècles barbares tout appartenait à l'Eglise' (*OCV*, t.82, p.532). Sainte Ursule, patronne de la ville de Cologne, est à l'origine de la légende des onze mille vierges. Pour convertir son prétendant, un païen d'origine germanique, elle aurait fait un pèlerinage à Rome. En route pour Cologne, elle et ses compagnes auraient été prises par les Huns. Ayant refusé d'épouser Attila pour ne pas renier sa foi, Ursule et ses compagnes auraient été massacrées. L'expression 'onze mille vierges' serait explicable par une mauvaise interprétation de l'inscription latine commémorant leur trépas, où les chiffres XI.M.V. signifieraient onze martyres vierges, et non onze mille (XIM) vierges. Les onze flammes représentent ces onze vierges, et les couronnes les rois mages. Ce ne sera que tardivement que Voltaire se moquera de cette légende (voir *Le Dîner du comte de Boulainvilliers*, 1767; *Conseils raisonnables à M. Bergier*, 1768; *Profession de foi des théistes*, 1768, etc.).

[7] Comme nous l'avons vu, ce même passage, dans les 'Piccini notebooks' (*OCV*, t.82, p.532), n'en fait qu'un en compagnie de la remarque concernant sainte Ursule.

[8] Ovide, *Fastes*, livre 2, vers 45-46 ('Ah! hommes trop accommodants qui pensez que les forfaits déplorables du meurtre peuvent être effacés par l'eau d'un fleuve!'). Cette citation ne fut pas reproduite dans les 'Piccini notebooks'. Voltaire l'utilisera pour la première fois, en 1762, dans ses *Eclaircissements historiques* (*OCV*, t.27, p.104), et ensuite dans l'article 'Superstition' du *DP* (*OCV*, t.36, p.537), où il en fournira même une traduction: 'Vous pensez que Dieu oubliera votre homicide, si vous vous baignez dans un fleuve'. Il citera de nouveau ces vers dans les notes au *Discours de l'empereur Julien contre les chrétiens*, et dans l'article 'Baptême' des *QE*.

[9] Dans les 'Piccini notebooks', on trouve: 'Presque tous les crucifix ont parlé: à sainte Brigitte, à saint Thomas d'Aquin, etc., etc., etc., etc. A Naples, il y en eut un qui baissa la tête pour éviter un coup de canon' (*OCV*, t.82, p.532-33). Les ouvrages qui évoquent les crucifix parlants sont nombreux. Mais nous croyons pouvoir limiter les sources de cette note à deux livres que possédait Voltaire. Jugeons-en par les deux extraits suivants: 'Mais dans le papisme il n'était autrefois rien de plus

A quel saint me conseillez-vous, mon révérend pere, de m'adresser pour avoir des enfants? Mademoiselle, je ne m'adresse jamais à d'autres pour les choses que je peux faire par moy-même. [10]

Sinesius, avant de consentir à être eveque de Ptolemaide, écrit: Je veux bien accepter le sacerdoce à condition que dans ma maison je serai philosophe et en public conteur de fables. Qu'ont de commun le peuple et la philosophie? Le peuple a besoin d'imposture. [11]

Commencement du ve siècle.

25

---

commun que ces images parlantes; les exemples en sont en grand nombre, un crucifix a parlé à saint Thomas, et lui a dit, tu as bien écrit de moi ô Thomas! Quelle récompense en recevras-tu? Un autre a parlé à sainte Brigitte, un autre crucifix a répondu à la messe d'un prêtre qui n'avait point de clerc' (Pierre Jurieu, *Suite de l'accomplissement des prophéties*, Rotterdam, 1686, BV1763, p.247). L'autre source (voir le 'benedixisti de me Thoma') est Maximilien Misson: 'A S. Dominique Maj. [à Naples] on voit le crucifix qui dit un jour à Thomas d'Aq. *Bene scripsisti de me, Thoma quam ergo mercedem accipies?* et auquel Thomas répondit, *Non aliam nisi te ipsum.* [...]. Un autre crucifix qui est dans l'église [...] de S. Marie des Carmes, baissa la tête à la vue d'un boulet de canon qui la lui allait emporter: ce fut l'an 1439 lorsque D. Pedro d'Arragon tenait Naples assiégée' (*Nouveau Voyage d'Italie*, 3e éd., 3 vol., La Haye, 1698, BV2471, t.2, p.34). Il convient de noter que cette entrée n'en fait qu'une avec la mention de saint Janvier (voir plus haut n.5).

[10] Ce fragment se trouve par deux fois dans les 'Leningrad notebooks', que Theodore Besterman situe *grosso modo* dans la période 1735-1750: 'Un dominicain demandait une grâce au roi d'Espagne. Le roi lui dit, j'en parlerai à mon conseil. Sire, reprit le moine, une dame me demandait hier à confesse à quel saint il fallait se vouer pour avoir des enfants. Madame, lui dis-je, je ne m'adresse jamais à d'autres pour les choses que je puis faire par moi-même' (*OCV*, t.81, p.462). 'Une femme demande à un moine à quel saint il faut s'adresser pour avoir des enfants, mad[am]e je ne m'adresse jamais à d'autres pour les affaires que je peux faire par moi-même' (*OCV*, t.82, p.454).

[11] Cet extrait reproduit presque mot pour mot une partie de la recension faite par Desfontaines de l'*Histoire du christianisme d'Ethiopie et d'Arménie* de Mathurin Veyssière de Lacroze (La Haye, 1739) dans *Observations sur les écrits modernes* (t.19, Paris, 1739): 'Synesius dit dans un endroit. Le peuple se moquera toujours des choses faciles à comprendre; il a besoin d'imposture. Le mensonge, dit-il ailleurs, est utile au peuple. Je pourrai bien embrasser le sacerdoce, à condition que dans ma maison je serai philosophe, et au-dehors conteur de fables. Ainsi pensait Synesius avant d'être évêque' (p.309-10). La question finale indique toutefois que Voltaire cite d'après le texte même de Veyssière de Lacroze: 'Si les lois sacerdotales permettent une semblable conduite, je pourrai bien embrasser le sacerdoce, à condition que dans ma maison

Au mois de juillet 1754, le roy d'Espagne rend un édit par lequel
30 il est deffendu aux moines de recevoir de dix ans aucun novice. Il
n'est permis de se faire moine qu'à vingt huit ans passez. Deffense
aux moines d'entrer dans les maisons des citoyens. Deffense d'acquérir de nouveaux biens.

C'est l'Esprit Saint qui m'a fait cet enfant, répondit une jeune
35 fille. Nous n'y serons pas attrapez deux fois, dit le pretre. Il s'appelait Vautier. A Genève. [12]

Le controleur general Machaud obligé de se démettre pour avoir
voulu obliger les pretres à payer le vingtième. Le marquis de la
Ensenada en prison pour avoir engagé le roy à reformer les moines
40 et à diminuer leur nombre en ne permettant le noviciat qu'a vingt
huit ans, et le roy demandant pardon par une lettre circulaire.
Ferdinand. 1754. [13]

---

je serai philosophe, et au dehors conteur de fables... Qu'ont entre eux de commun le
peuple et la philosophie?' (Mathurin Veyssière de Lacroze, *Histoire du christianisme
d'Ethiopie et d'Arménie*, La Haye, 1739, p.12; BV3436; aucune trace de lecture à la
p.12 – *CN*, t.9, p.239). Voir aussi le même texte dans les 'Piccini notebooks'
(*OCV*, t.82, p.532). Ce renseignement ne devait toutefois être que peu exploité.
Voltaire en donnera une version dans son *Avis au public sur les parricides* (1766) et
s'exprimera ainsi dans une lettre du 28 mars [1768] à Jacob Vernes: 'Je voudrais que
vous fussiez philosophe syndic, et que vous cessassiez d'être un petit Sinésius qui
prêchait des bêtises dont il se moquait' (D14889).

[12] Ce fragment se retrouve dans les 'Piccini notebooks' (*OCV*, t.82, p.539) sous la
forme suivante: 'La fille d'un ministre de l'évangile, nommé Vautier, s'était laissée
engrosser: le père s'en aperçut. "C'est l'esprit-saint qui m'a fait cet enfant", lui dit la
jeune fille. "Oh! oh! nous n'y serons pas attrapés deux fois", répondit le prêtre.'

[13] Le développement concernant Ensenada, Machaud et Ferdinand VI, scindé ici
en deux par l'anecdote concernant Vautier, se retrouve dans les 'Piccini notebooks'
sous la forme suivante: 'Au mois de juillet 1754 le roi d'Espagne rend un édit, par
lequel il est défendu aux moines de recevoir de dix ans aucun novice, d'entrer dans
les maisons des citoyens, d'acquérir de nouveaux biens, de se faire moine avant l'âge
de vingt-huit ans accomplis. La superstition le rend inutile. Le marquis de La Ensenada est mis en prison pour l'avoir suggéré; et le roi demande pardon par une lettre
circulaire. C'est ainsi que le contrôleur général Machault, en France, fut forcé de se
démettre pour avoir voulu obliger les prêtres à payer le vingtième' (*OCV*, t.82,
p.532). On notera, dans ces deux développements résolument dénués de nuance, une
perspective tout aussi résolument philosophique (qui prend une partie pour le tout):

ces deux serviteurs éclairés de leur monarques respectifs ne servent qu'à démontrer que les tenants du progrès sont constamment en butte à l'immobilisme des partisans du *statu quo*. Jean-Baptiste Machault d'Arnouville (1701-1794) fut contrôleur général des finances de 1745 à 1754. Les quatre années de la guerre de la Succession d'Autriche ayant vidé les caisses de l'Etat, Machault tenta, en 1749, une réforme des impôts directs pour les généraliser à tous, en abolissant le dixième, auquel échappaient le clergé et la plus grande partie de la noblesse, et en le remplaçant par un nouvel impôt, le vingtième, qui devait s'appliquer à tous, sans exception. Mais ce projet suscita un tollé chez les privilégiés et l'exemption obtenue par le clergé conduisit le contrôleur général à abandonner sa réforme en décembre 1751. Or, il ne devait être renvoyé que le 28 juillet 1754. La relation de cause à effet que feint d'y trouver Voltaire est un raccourci douteux. Même constat pour ce qui concerne Zenón de Somodevilla, marquis de La Ensenada (1702-1781), principal ministre de Ferdinand VI en 1748. Cet administrateur éclairé fut effectivement arrêté dans la nuit du 20 au 21 juillet 1754. Le 1er octobre 1754 Grimm mentionne la disgrâce de ce 'philosophe' et ne tarit pas d'éloges à son égard (*CLT*, t.2, p.411-14). Il est cependant tout à fait improbable que cette ordonnance anti-monacale ait été pour quelque chose dans sa chute; d'ailleurs un pareil motif est trop frivole pour qu'on en fasse dépendre un événement si considérable. Ensenada fut en réalité renvoyé pour son opposition tenace contre l'ingérence de la Grande-Bretagne dans les affaires de l'Espagne, et contre ses vues mal déguisées sur certaines parties des possessions espagnoles en Amérique, ce qui fut traité de haute trahison. Or, aux yeux des philosophes, l'ordonnance anti-monacale (*CLT*, t.2, p.412-14) qui avait frappé le personnage qui l'avait suggérée suffisait à faire de lui un grand homme. Voltaire suit le mouvement.

FRAGMENT 13a

fragments

Il a fallu[1] toute la fermeté de la philosophie pour guérir les hommes de ces erreurs, et pour arrêter ceux qui avaient intérêt de les Eterniser. Ils combattaient avec des armes que leur fournissaient les livres des hébreux, les évangiles. ils montraient dans les uns les sorciers de pharaon operant autant de prodiges que moyse,[2] et dans les autres des légions de Démons qui entraient dans le corps des hommes.[3] On a scu conserver à la fois le plus profond respect pour l'arsenal dont ils tiraient ces armes, et démontrer en même temps qu'ils ne devaient pas s'en servir.

2 β: pour <empêcher> ᵂ↑arrêter⁺ ceux

* Le titre de 'fragments', de la main de Wagnière, omis par Besterman, est révélateur, et suggère que le secrétaire a recopié des notes disparates sur la sorcellerie, soit sous la direction de Voltaire, soit (moins probable) de sa propre initiative. Le premier paragraphe ressemble à une rédaction de Voltaire, mais presque tout le reste semble être en rapport avec *De la démonomanie* de Jean Bodin (Paris, 1582, BV431), dont l'exemplaire de Voltaire est sans traces de lecture. L'ordre des notes ne correspond pas à celui du volume, ce qui renforce l'hypothèse d'un rassemblement ultérieur au(x) moment(s) de la lecture. Voltaire ne semble pas avoir exploité ces notes sur Bodin. Nous ne savons pas à quelle époque il a acquis son exemplaire de ce livre. Il a publié le court texte *De la magie* dans les *Mélanges* de 1756 (*OCV*, t.45B, p.346-49), mais il s'agit de réflexions générales, sans source évidente. Le chapitre 35 de *La Philosophie de l'histoire* (1764) traite de la magie et des sorciers, et c'est le cas aussi de plusieurs articles des *Questions sur l'Encyclopédie* ('Béker', 'Bouc', 'Démoniaques', 'Enchantement', 'Incubes'...). Voltaire mentionne Bodin dans l'article 'Incubes', ainsi que dans le *Prix de la justice et de l'humanité*, article 9 (1777). Il est cité aussi dans les 'Piccini notebooks' (*OCV*, t.82, p.552).

[1] Les trois premiers mots semblent avoir été ajoutés en marge.

[2] Exode 7:10-8:7. Bodin mentionne cet épisode dans des termes similaires à ceux de Voltaire: 'les sorciers de Pharaon faisaient les choses que faisait Moyse' (f.103r). Voltaire évoque ces prodiges pour la première fois dans le *Sermon des cinquante* (*OCV*, t.49A, p.103-104).

[3] Marc 5:1-9, Luc 8:26-31. Voir aussi Matthieu 8:28.

Bodin dit que le nommé Trois échelles condamné comme 10
sorcier, avoua qu'il y avait trente mille magiciens en france[4]

En 1318. la Sorbonne donne un fameux décrêt contre les
sorciers[5]

Voiez S[t]. augustin, livre 18 de la cité de Dieu où [f.95ν] il dit,
que vers les alpes et le mont Jura on changeait les hommes en anes 15
en leur faisant manger du fromage de gruiére.[6]

Si les livres avaient été communs du temps de Virgile, et si les
hommes, par conséquent, avaient été plus philosophes, Virgile
n'aurait pas dit

       Is ego saepè lupum fieri et secondere silvis[7] etc[a]. 20

Bodin chap: 2[d] du 1er livre dit que de son temps il y avait un Roy
qui avait été changé en loup, et que celà est fort ordinaire. il

---

12   β: 1318. <donne> la

[4] Bodin, *De la démonomanie*: 'Le roi Charles 9 après dîner commanda qu'on lui
amenât Trois-Echelles, auquel il avait donné sa grâce pour accuser ses complices'
(f.151r); 'Trois-eschelles [dit] au roi Charles IX qu'il y en avait [de sorciers] plus
de trois cent mille en ce royaume' (f.211v). Il est possible que Wagnière recopiât
un manuscrit où Voltaire avait écrit en chiffres arabes le nombre de sorciers, en
introduisant une erreur.

[5] Bodin mentionne 'la détermination de la Sorbonne contre les sorciers, faite l'an
mil trois cent nonante huit' (f.164v). Nouvelle erreur de transcription par Voltaire
ou Wagnière?

[6] '[M]ême saint Augustin aux livres de la Cité de Dieu récite la même histoire,
encore que cela lui semble étrange, et allègue aussi l'histoire des Arcades: et dit qu'il
était commun de son temps ès Alpes, qu'il y avait des femmes sorcières, lesquelles en
faisant manger certain fromage aux passants, changeaient en bêtes pour porter les
fardeaux, puis après les rechangeaient en hommes' (*De la démonomanie*, f.99v-
100r). Dans sa manchette, Bodin renvoie effectivement au livre 18 de la *Cité de Dieu*.
Voltaire ajoute de la saveur locale avec la référence précise au gruyère.

[7] Virgile, églogue 8, vers 97 ('j'ai vu ce magicien se transformer en loup, et
s'enfoncer dans les bois', *Les Œuvres de Virgile*, trad. Pierre-François Guyot Desfontaines, 2 vol., Amsterdam, s.d. [après 1743], t.1, p.55). Ce vers est cité dans *De la
démonomanie*, f.99r. L'orthographe de Voltaire n'est pas identique à celle de Bodin
('Is' pour 'His' et 'secondere' pour 'se condere'). Voltaire cite ce passage de Virgile
dans *La Philosophie de l'histoire* (ch.35), ainsi que dans les articles 'Ane' et 'Enchantement' des *QE*.

écrivait sous henry 3.[8] il est vrai qu'alors on commençait à imprimer, mais non pas à penser.

25   Les sorciers en dansant avec les diables chantaient la chanson hAr har sabbath.[9]

    En 1578 un Savoyard promit à henry 3 de faire multiplier tous les bleds de france à cent pour un, à condition qu'il partagerait la dixme avec le Roy, et Lettres patentes lui furent accordées, le

30 parlement ne voulut pas les enregistrer.[10]

---

[8] La référence est fausse: il s'agit du livre 2, ch.6: 'de notre âge il s'est trouvé un roi qui était ainsi changé, et [...] cela est encore ordinaire partout' (*De la démonomanie*, f.99v). Bodin avait parlé de ce roi précédemment: 'Et se trouvent plusieurs livres publiés en Alemagne, que l'un des plus grands rois de la Chrétienté, qui est mort n'a pas longtemps, souvent était mué en loup, et qui était en réputation d'être l'un des plus grands sorciers du monde' (f.97v).

[9] 'Et de fait j'ai vu quelque procès où les sorciers déposaient qu'ils s'assemblaient la nuit [...] où les sorciers confessèrent qu'en dansant avec les diables, levant en haut leurs ramons disaient, Har, Har Sabath Sabath' (Bodin, *De la démonomanie*, f.126v).

[10] Bodin signale cette anecdote, 'de fraîche mémoire', qu'il date de janvier 1577 (et non 1578, comme le note Voltaire): 'Il se trouva un signalé sorcier à Blois [...], qui était de Sauoye, et se faisait nommer le comte, et néanmoins il n'avait ni serviteur ni chambrière. Il présenta requête au roi [...] par laquelle il promettait de faire multiplier les fruits à cent pour un: [...] à la charge que le roi lui donnerait la dîme, et l'autre dîme demeurerait au roi [...]. [L]a requête fut entérinée par le privé Conseil, et lettres patentes expédiées aux parlements pour être publiées et enregistrées. J'en ai apporté la copie à Laon, que j'ai communiquée à plusieurs. La Cour de parlement de Paris n'en fit conte non plus que les autres parlements' (*De la démonomanie*, f.137v).

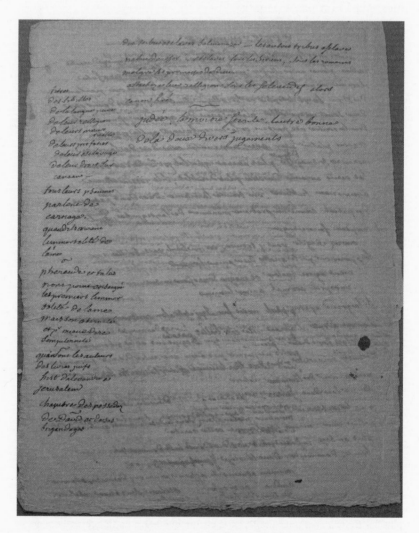

11. Fragment 13b. Oxford, VF: MS18, verso.

FRAGMENT 13b

juifs ignorez des grecs avant alexandre –[1]
nulle mention dalexandre dans les livres juifs
joseph seul dit quon luy montra je ne scai quelle profetie faitte
apres coup. il pretend qualexandre vingt [sic] a jerusalem, comme
on se vante dans un village davoir vu passer le roy. comment aurait
il lu le nom de jeova ou hiaho sur le bonnet du g^r pretre. il avait vu
ce gr pretre en songe[2] quelle pitié! comment aller en 7 jours a pelusium[?][3] quinte curce arrien diodore nen disent rien[4]

5 (en marge ligne 5)

---

* Ce manuscrit autographe, une feuille recto-verso, comporte des idées de
Voltaire couchées sur papier au moment où il se préparait à rédiger *La Philosophie
de l'histoire* en 1764. Dans cette mesure il date de la même époque que le 'Third Paris
notebook' (voir ci-dessous, n.25). S'il est vrai que Voltaire est très critique à l'égard
de Flavius Josèphe (même chose dans plusieurs de ses notes marginales – voir *CN*,
t.4, p.591-607) il ne s'agit pas de notes de lecture, mais d'un véritable avant-texte de
La Philosophie de l'histoire dont certains éléments sont passés également dans le *DP*,
texte de la même année. Il y a un lien de parenté avec un autre manuscrit qui porte
une liste de chapitres pour *La Philosophie de l'histoire* (voir ci-dessous, n.22). Le
fragment 13b garde l'empreinte d'une autre feuille portant des notes de la main
de Voltaire qui devait le suivre antérieurement: les mots lisibles montrent qu'il s'agit
du fragment 15 (*OCV*, t.82, p.615-16): l'examen du manuscrit (Genève, BGE (MV):
43:11) montre bien que les deux feuilles étaient conservées ensemble autrefois.
D'autres traces correspondent au fragment 13c (voir ci-dessous) dont le texte devait
précéder celui-ci. Voltaire se reprend à la ligne 11 où il semble avoir fait une erreur
de copie en sautant une ligne. Il s'ensuit que le présent document est probablement
au moins en partie une mise au net d'un texte préexistant.

[1] Cette idée apparaît en filigrane dans *La Philosophie de l'histoire*, ch.49 (*OCV*,
t.59, p.261-62).

[2] Flavius Josèphe, *Histoire des Juifs* (*Antiquités judaïques*), livre 11, ch.8. Dans
l'exemplaire de Voltaire, 5 vol. (Paris, 1735-1738, BV1743), t.2, p.263-64.

[3] Le 'e' de 'pelusium' est ajouté au-dessus de la ligne. Ce détail ne se trouve pas chez
Josèphe, mais Voltaire a pu le lire chez Rollin, *Histoire ancienne* (BV3008, BV3009),
ou Humphrey Prideaux, *Histoire des Juifs et des peuples voisins* (7 vol., Paris, 1726,
BV2811). Celui-ci renvoie à Arrien, Quinte Curce et Diodore de Sicile (t.3, p.288).

[4] Ces lignes semblent avoir préparé le ch.46 de *La Philosophie de l'histoire* (*OCV*,
t.59, p.247-48). Voltaire écrit avec raison que Diodore n'évoque pas un voyage de

qui ne voit dans ce juif esclave et traitre a sa patrie le desir de la faire valoir aux yeux des vainque[u]rs[5] toutte son histoire nest quun tissu de fables degoutantes. est ce ainsi quun homme detat devait ecrire. nous respectons les saints livres des juifs aprouvez par la s[te] eglise, mais comme elle na point aprouvé flav jozeph il nous est permis de dire que les romans les plus extravagants naprochent

[Y]comment 48 villes pour les levites, quand nulle ville? devoir des rois lors que nuls rois[13]

pas de son extrava[ga]nte hist des antiquitez judaiq:[6]   paul

orose[7]

profetes juifs,[8] cruautez juives[9] ignorance juive[10] relligion juive. quelle? livres de moyse de qui.[Y][11]

jeova le meme nom que les egiptiens et les pheniciens[12]

10

15

---

11   β: degoutantes <nous re> est

---

sept jours pour atteindre Péluse (*Histoire universelle*, 7 vol., Paris, 1758, livre 17, t.5, p.93-94, BV1041). On trouve cependant cette information chez Quinte-Curce, livre 4, ch.3 (Amsterdam, 1696, p.237).

[5] 'On voit à tout moment qu'il [Josèphe] est honteux d'être Juif, lors même qu'il s'efforce de rendre sa nation recommandable à ses vainqueurs', *La Philosophie de l'histoire*, ch.45, *OCV*, t.59, p.246).

[6] Le chapitre 45 de *La Philosophie de l'histoire* s'achève sur l'opposition entre 'les fables absurdes de Josèphe et les sublimes vérités que la sainte Ecriture nous annonce' (*OCV*, t.59, p.247). Au chapitre 46, on lit également que 'ce conte absurde [d'Alexandre et du grand prêtre juif] ne devait pas [...] être copié par Rollin, comme s'il était attesté par un écrivain sacré' (*OCV*, t.59, p.248). On reconnaît une certaine part de mauvaise foi chez Voltaire, pour qui l'attestation par les livres saints ne rendait pas plus croyables les faits rapportés. Le blanc dans le texte montre que 'paul orose' est probablement un ajout.

[7] Le nom d'Orose est également cité au ch.46 de *La Philosophie de l'histoire*.

[8] Le chapitre 43 de *La Philosophie de l'histoire* est consacré aux prophètes juifs.

[9] Le thème de la violence chez les Juifs revient au chapitre 44 de *La Philosophie de l'histoire*.

[10] L'idée de l'ignorance des Juifs figure, entre autres, aux chapitres 13 et 49 de *La Philosophie de l'histoire* (*OCV*, t.59, p.136, 260-62).

[11] Sur la religion des Juifs et la paternité des livres de Moïse, voir le ch.40 de *La Philosophie de l'histoire*, ainsi que dans l'article 'Moïse' du *DP* (*OCV*, t.36, p.385-87).

[12] Voltaire a développé cette idée au chapitre 13 de *La Philosophie de l'histoire* (*OCV*, t.59, p.134) et à l'article 'Abraham' du *DP* (*OCV*, t.35, p.296-97).

[13] On ne trouve aucune allusion à ces villes dans *La Philosophie de l'histoire*, mais l'article 'Moïse' du *DP* pose les mêmes questions sur les quarante-huit villes et les rois des Juifs (*OCV*, t.36, p.390).

20 jethro ne parait pas avoir une autre divinité que moyse.
jacob navait fait aucune difficulté depouser les deux filles de laban
idolatre[14]
balaam ne parait pas dune relligion differente[15]
melchisedec encor moins
25 remphan moloc adorez dans le desert ainsi que veau d'or[16]
idole de micas[17]
les israelites sous leurs juges sallient aux pheniciens et adorent leurs
dieux | juges chap 2, 3,[18]
comment etaient ils asservis a un roy de mesopotamie vendus et a
30 eglon? esclaves sous thoa, esclaves du temps de samson, jusqua
Saul[19]
   [*verso*] dix tribus esclaves Salmanazar – les autres tribus esclaves
nabucodonosor. esclaves sous les Siriens, sous les romains malgré
les promesses de dieu[20]

---

[14] On retrouve cette idée en termes très similaires dans *La Philosophie de l'histoire*, ch.5: 'Jacob, petit-fils d'Abraham, ne fit nulle difficulté d'épouser deux sœurs qui étaient ce que nous appelons idolâtres et filles d'un père idolâtre' (*OCV*, t.59, p.103).

[15] On lit dans *La Philosophie de l'histoire* que 'Balaam était le prophète d'un autre dieu, et cependant il n'est point dit qu'il fût un faux prophète' (ch.43, *OCV*, t.59, p.236).

[16] *La Philosophie de l'histoire* présente un scénario plus complexe: 'Jérémie, Amos et saint Etienne, nous assurent que, dans le désert, pendant quarante années, les Juifs ne reconnurent que Moloch, Remphan et Kium [...]. Il est vrai que le Pentateuque ne parle que du veau d'or, dont aucun prophète ne fait mention; mais ce n'est pas ici le lieu d'éclaircir cette grande difficulté: il suffit de révérer également Moïse, Jérémie, Amos, et saint Etienne, qui semblent se contredire et que l'on concilie' (*OCV*, t.59, p.102).

[17] Juges 17. Cet épisode fait partie des références de Voltaire depuis le *Traité sur la tolérance* (1762), ch.12.

[18] On trouve des affirmations semblables au chapitre 13 de *La Philosophie de l'histoire* (*OCV*, t.59, p.134-35). La référence biblique est exacte.

[19] Le catalogue des esclavages des Juifs figure au chapitre 41 de *La Philosophie de l'histoire* (*OCV*, t.59, p.229).

[20] Ces notes ont été beaucoup développées par Voltaire au chapitre 42 de *La Philosophie de l'histoire* (*OCV*, t.59, p.231-34).

titres
des sibilles
de la langue
juive
de leur relligion
de leurs mœurs
cruelles
de leurs pro-
feties
de leur escla-
vage
de leur droit sur
canaan —[22]
tous leurs
psaumes parlent
de carnage.[23]
quand ils cru-
rent limmorta-
lité de l'ame[24]
~

attachez a leur relligion sous les seleucides alors canon fixé.   35
~

judée; la moitie sterile, lautre bonne[21]
de la deux divers jugements [.]

[21] Dans ses textes publiés, Voltaire insiste davantage sur la partie stérile de la Terre Sainte que sur ses régions plus fertiles: voir le *Siècle de Louis XIV*, ch.10 (*OCV*, t.13A, p.153), *Saül*, acte 3, scène 1, réplique d'Abiézer (*OCV*, t.56A, p.502-503), l'article 'Dénombrement' des *QE* (*OCV*, t.40, p.389-90). Dans *La Philosophie de l'histoire*, il écrit que Moïse 'veut aller au pays des Cananéens à l'occident du Jourdain, dans la contrée de Jéricho, qui est en effet le seul bon terroir de cette province; et au lieu de prendre cette route il tourne à l'orient entre Esiongaber et la mer Morte, pays sauvage, stérile, hérissé de montagnes sur lesquelles il ne croît pas un arbuste, sans aucun ruisseau, sans sources, excepté quelques petits puits d'eau salée' (*OCV*, t.59, p.223-24).

[22] Voltaire semble réfléchir aux titres des chapitres de *La Philosophie de l'histoire*, dans une certaine mesure une reprise des lignes 17-18, 29-31 ci-dessus. En effet, le ch.32 est intitulé 'Des sibylles chez les Grecs, et de leur influence sur les autres nations'; Voltaire discute de la langue du peuple hébreu au ch.13 ('Des Phéniciens et de Sanchoniathon'); il évoque assez rapidement la prise de Canaan au ch.41 ('Des Juifs après Moïse jusqu'à Saül', *OCV*, t.59, p.228-29). Cette liste peut être mise en rapport avec une autre, plus développée, conservée parmi les manuscrits de Voltaire (Saint-Pétersbourg, GbpV: Manuscrits, t.4, f.42r). J. H. Brumfitt évoque cette liste primitive du contenu de *La Philosophie de l'histoire* (*OCV*, t.59, p.20-21).

[23] A ce sujet, voir le ch.44 de *La Philosophie de l'histoire*: 'on s'apercevra aisément que les Juifs étaient un peuple charnel et sanguinaire. Ils paraissent, dans leurs psaumes, souhaiter la mort du pécheur plutôt que sa conversion' (*OCV*, t.59, p.242).

[24] Leitmotiv dans les œuvres de Voltaire; dans *La Philosophie de l'histoire*, il évoque cette question aux chapitres 11, 25, 40, 48 (*OCV*, t.59, p.127-28, 177-78, 225, 258-59).

pherecide et
tales nont point
enseigné les
premiers limmortalité de
lame mais son
eternité et p^r
mieux dire sempiternité [25]

~

qui sont les
auteurs des
livres juifs [26]
hist d'alexandre
a jerusalem [27]
chapitre des
possedez [28]

~

de David et
de ses
brigandages [29]

[25] Voltaire ne semble pas avoir exploité ce détail dans *La Philosophie de l'histoire*, mais mentionne Phérécide dans ce contexte dans *De l'antiquité du dogme de l'immortalité de l'âme* des *Nouveaux Mélanges* (*OCV*, t.60A, p.118). On sait que ces informations lui viennent de William Warburton, *The Divine legation of Moses* (2 vol., Londres, 1755, BV3826), dont il existe des notes de lecture dans le 'Third Paris notebook' (*OCV*, t.82, p.486-89). Sur ces notes et le lien qu'elles entretiennent avec *La Philosophie de l'histoire*, voir G. Pink, *Voltaire à l'ouvrage* (Paris, 2018), p.166-79. Une note en particulier concerne la pensée de Phérécide sur le caractère éternel de l'âme (*OCV*, t.82, p.488; *Voltaire à l'ouvrage*, p.172), information trouvée t.2, p.224-25 chez Warburton (avec signet annoté 'ame / pherécid', *CN*, t.9, p.301). L'ajout de Thalès ici vient également de Warburton, *The Divine legation*, t.2, p.227 (avec signet annoté 'eternal / soul', *CN*, t.9, p.301).

[26] Cette idée et celle concernant les livres de Moïse (ci-dessus, ligne 18) se recoupent. Au même chapitre 40 de *La Philosophie de l'histoire*, Voltaire soulève la question du livre de Josué et du Pentateuque en général (*OCV*, t.59, p.226-27).

[27] Voir ci-dessus, lignes 4-8.

[28] La fin du chapitre 47 de *La Philosophie de l'histoire* évoque les possédés (*OCV*, t.59, p.252-53).

[29] Des meurtres de David sont évoqués en début du chapitre 42 de *La Philosophie de l'histoire* (*OCV*, t.59, p.231).

FRAGMENT 13c

notes par quelle fatalité tous les peuples livrez a de fausses relligions se
rendent ils recommandables par linvention des arts par des con-
quetes? et les juifs éclairez de dieu conduits par Dieu sont des
brutes presque toujours esclaves[1]

5 quelle langue parlaient ils au sortir de legipte? est ce un arabe corrompu.[2] ils sont etonnez dentendre une langue nouvelle vers
madian et cependant moyse avait epouse une madianite[.][3] quelle
langue les moabites? quelle en phenicie le phenicien sans doute
aprirent ils a lire et a ecrire chez les pheniciens.[4] cela est difficile a

10 une horde errante, qui nest pas un moment sans guerre et qui est
presque toujours dans lesclavage?

5 β: legipte? ᵛ↑est ce⁺ un arabe
9 β: pheniciens. <la> cela

* Un bifolium, dont les deux premières pages comportent des notes autographes,
datant probablement de 1764. Besterman indique la présence sur cette feuille de
traces d'un autre manuscrit qui était en contact avec elle ('Thirteen new fragments',
p.14, n.1). Il s'agit, comme nous le disons ailleurs, du fragment 15 (*OCV*, t.82,
p.615-16): aussi ne reproduisons-nous pas ses tentatives de reproduction du texte
à partir de l'empreinte. Ces deux feuilles semblent avoir été conservées ensemble,
avec le fragment 13b également, et ce peut-être dès la rédaction par Voltaire. Les
idées et les épisodes dont il est question ici reviennent souvent sous sa plume, mais
ce fragment 13c présente néanmoins des similitudes avec le 13b, dont il partage
certains liens thématiques avec *La Philosophie de l'histoire*. Il est possible que ces
notes aient servi également pour l'article 'Moïse' du *DP*.

[1] Depuis 1756, Voltaire insiste sur le statut des Juifs 'toujours malheureux, toujours esclaves' (*Des Juifs*, t.45B, p.127). On le lit de nouveau dans *La Philosophie
de l'histoire* (ch.42, *OCV*, t.59, p.233), entre autres. Ce sera le refrain de cet ensemble
de notes.

[2] On lit dans le 'Third Paris notebook', plus ou moins contemporain de notre
fragment, 'Probabilités que les Juifs n'ont jamais demeuré en Egipte mais qu'ils
étaient une colonie arabe asservie [...]. Du temps de Moÿse ils ne parlaient qu'égyptien' (*OCV*, t.82, p.494).

[3] Exode 2:15-21.

[4] 'On doit présumer [...] que la nation ne commença à lire et à écrire que lorsqu'elle eut quelque commerce avec les Phéniciens': ainsi écrit Voltaire dans l'article

aujourdui   le jargon dune province est a peine entendu de la voisine[.] le
venitien devine le morlaque, qui nentend guere le dolmatien[5] absolument etranger aux hongrois[.] quelques termes ressemblan[ts]
pour exprimer les choses de premiere necessite suffisent. les signes   15
aident. un peuple fait la moisson d'un autre. ainsi les limousins et
les auvergnats en espagne. les savoiards sur la frontiere de france[.]
il en est de meme dans toutte la terre.

tout ce quon sait cest que les juifs quand ils furent esclaves a babi-
lone prirent les caracteres de la langue de leurs vainqueurs.[6] lheb-   20
reu fut toujours un jargon sterile composé de siriaque, et darabe[7]
il

[*verso*] moyse consideré simplement comme legislateur est un
fou.[8]

14-15   β: termes [V↑]ressemblan[ts][+] pour
21   β: siriaque, [V↑]et[+] darabe
23   β: \<barbares des\> / moyse

'Moïse' du fonds de Kehl, article qui date vraisemblablement, au moins en partie, de
1752 (*OCV*, t.34, p.347 et p.339, n.*). Voir aussi *La Philosophie de l'histoire*, ch.13
(*OCV*, t.59, p.134-35). Dans des textes plus tardifs, Voltaire changera d'avis et
considérera que cet apprentissage était dû plutôt aux Chaldéens (17e entretien de
L'A, B, C, OCV, t.65A, p.335; article 'Horloge' des *QE, OCV*, t.42A, p.291).

[5] Par 'dolmatien', Voltaire entendait probablement le dalmate. Cette langue, disparue au dix-neuvième siècle, appartenait à la branche illyro-romane des langues
romanes. Besterman fait remarquer que les Morlaques de Dalmatie n'avaient pas
leur propre langue ('Thirteen new fragments', p.14, n.5). Si ceux-ci devaient effectivement parler le dalmate au dix-huitième siècle, d'autres Valaques (exonyme qui
englobe les Morlaques) parlaient le slavon et le roumain (Ileana Mihaila, 'Frontières
politiques, frontières linguistiques: les pays roumains au XVIIIe siècle', *Revue
internationale d'études du dix-huitième siècle* 1, 2007, p.121-32, ici p.131). Voir aussi
Jean-François Gossiaux, 'Il n'existe pas de pauvres chez nous: de la supériorité des
nomades sur les sédentaires', *L'Homme* 189 (2009), p.115-38 (ici p.117-18).

[6] Voltaire écrivait déjà la même chose en 1756 dans *Des Juifs* (*OCV*, t.45B, p.137).

[7] Le même adjectif est employé dans le 'Third Paris notebook', où Voltaire écrit,
dans le contexte des Juifs et des Egyptiens, que 'tous les langages devaient être
stériles et obscurs' (*OCV*, t.82, p.494).

[8] Cette ligne et les trois paragraphes qui suivent (jusqu'à la ligne 36) semblent
avoir servi à la rédaction du chapitre 40 de *La Philosophie de l'histoire*.

25 a quatrevingt ans il se mele de juger du matin au soir aulieu de
pourvoir a la subsistance de sa horde[.] il conduit deux milions
dhommes dans un desert qui ne fournit pas de quoy nourir cent
personnes huit jours[.]⁹ il est gendre dun madianite, et il fait
mourir 24m de son peuple par ce quun dentre eux a eté assassiné
30 avec sa madianite par phinee quil devait punir.¹⁰ il fait perir 23m
hommes, et il est dit quil etait fort doux¹¹
il erre quarante ans sans pourvoir ny au vetement ny aux aliments
des siens
sil avait six cent trente mille soldats,¹² il devait conquerir la sirie en
35 six mois, sil netait que la tete dune petite trouppe dans des deserts,
il devait menager les voisins[.] lhistoire des 32 mille puccelles
devait revolter contre luy¹³
les juifs immediatement avant jephte adorerent baal astaroth, et
tous les dieux de phenicie
40 depuis jephté jusqua samson esclaves 40 ans
sous samson ils sont encor esclaves.¹⁴

il a epousé une madianite et fait egorger 24 mil. hoçs par ce quon a trouvé un juif avec une madianite.

rellig ion

---

⁹ 'Il ne conduit ses suivants que dans des solitudes affreuses pendant quarante années. [...] Il est à la tête de six cent mille combattants, et il ne pourvoit ni au vêtement ni à la subsistance de ses troupes' (*La Philosophie de l'histoire*, ch.40, *OCV*, t.59, p.223).

¹⁰ Nombres 25:1-9. Voltaire critique le rôle joué par Moïse dans *La Philosophie de l'histoire*, ch.36 (*OCV*, t.59, p.214).

¹¹ 'Moïse avait épousé une Madianite, fille de Jéthro grand-prêtre de Madian, [...] Moïse aurait-il pu immoler vingt-quatre mille hommes de sa nation, sous prétexte qu'on a trouvé un Juif couché avec une Madianite? Et comment peut-on dire, après ces étonnantes boucheries, que Moïse était le plus doux de tous les hommes?' (*OCV*, t.59, p.224-25). On lit aussi, à l'article 'Moïse' du *DP*: 'vous ordonnez à vos lévites d'égorger vingt-trois mille hommes de votre peuple [...] vous avez fait encore massacrer vingt-quatre mille de vos pauvres suivants, parce que l'un d'eux avait couché avec une Madianite; tandis que vous-même avez épousé une Madianite; et vous ajoutez que vous êtes le plus doux de tous les hommes. Encore quelques actions de cette douceur, et il ne serait plus resté personne' (*OCV*, t.36, p.392-93).

¹² Voir ci-dessus, n.9. Le texte de l'Exode (12:37) porte 600 000, chiffre qu'on trouve ailleurs chez Voltaire, par exemple dans le *Sermon des cinquante* (*OCV*, t.49A, p.81) ou dans *La Philosophie de l'histoire* (*OCV*, t.59, p.223) ou encore à l'article 'Moïse' du *DP* (*OCV*, t.36, p.391).

¹³ Nombres 31:1-47.

¹⁴ A comparer au fragment 13b, lignes 29-31.

ils sont encor idolatres du temps de mica[15]

🐲 ils ont des guerres civiles celles de sichimites,[16] celle contre les benjamites[17] (et en ce temps il ny avait point de Roy en israel[18]) donc écrit sous les rois) puis guerre contre amalec.[19] mais comment ces amalecites les avaient ils laissé passer, auparavant? 45

---

[15] Voir le fragment 13b, ligne 26.

[16] Genèse 34. Voltaire avait déjà évoqué ce massacre dans le *Sermon des cinquante* (*OCV*, t.49A, p.76-77). Le croquis en marge semble être une main, même si elle ne ressemble pas à celles que Voltaire dessine ailleurs (voir par exemple le fragment 48a ci-dessous, p.236, 237, etc.).

[17] Juges 21:1-14. Voir le *Sermon des cinquante* (*OCV*, t.49A, p.86-87) et *La Philosophie de l'histoire*, ch.41 (*OCV*, t.59, p.229-30).

[18] Juges 21:24. Voltaire cite presque mot à mot.

[19] 1 Samuel 30 (1 Rois dans la traduction de Lemaître de Sacy). Voir l'article 'David' du *DP* (*OCV*, t.36, p.4-5 et n.11). Voltaire avait évidemment écrit *Saül* en 1762.

FRAGMENT 16a

Eglise

Metropolitain chez les payens. [1] a Litarka – antioche pouvant depo-
ser les pretres. [2] So
Jérusalem ne fut point d'abord metropolitaine la ville etant trop
petite[.] [3]

souverain pontif
Laïc

patriarche crée
en 1381 [4]

* Ces notes manuscrites, d'une écriture que nous ne reconnaissons pas, se trouvent insérées dans le document du 'Chapitre des arts' de la bibliothèque de Voltaire
(voir *OCV*, t.27, p.306-307). Comme le titre 'Eglise' l'indique, il s'agit d'une série de
huit notes consacrées essentiellement au christianisme primitif dans le contexte
d'Alexandrie. Nous avons affaire ici à ce qu'on appelle la 'phase rédactionnelle'
d'une enquête entreprise vraisemblablement dans le contexte du futur *Essai sur
les mœurs*, et qui donna des résultats qui ne furent, à notre connaissance, jamais
exploités. Par contre, aucune incertitude quant à la source qui est ici mise à contribution. Des similitudes textuelles frappantes au niveau de la note 8 démontrent que
nous nous trouvons en présence de Jacques Basnage de Beauval et de son *Histoire de
l'Eglise depuis Jésus-Christ jusqu'à présent* (4 vol., Rotterdam, 1699), et tout particulièrement du t.1.

[1] Sans que la certitude soit possible, il semblerait que l'attention de Voltaire ou de
son secrétaire fût attirée par la première mention faite par Basnage de la présence de
saint Marc envoyé par saint Pierre auprès des païens d'Egypte (t.1, p.52).

[2] La graphie 'a Litarka' pourrait résulter soit d'une lecture fautive du manuscrit,
soit d'une erreur de la part du lecteur originel. Ou bien pourrait-il s'agir des aléas
de la dicteé, car il se trouve que la forme turque d'Antioch est Antakya. Ici on
semble prendre note d'une des décisions du concile d'Antioch de 341, mentionnée
par Basnage, concernant non la déposition des prêtres mais celle des évêques (t.1,
p.131-32).

[3] Basnage estime que 'Jérusalem méritait d'être patriarchale dès la naissance du
christianisme' (t.1, p.44). Notre lecteur semble interpréter le passage suivant: 'on
fonde les métropoles et les patriarchats sur la grandeur des villes; car ces dignités
s'établissant dans un temps où Jérusalem qui avait été ruinée se trouvait peu considérable, elle n'eut part aux honneurs qu'à proportion qu'elle se releva de dessous
ses ruines' (t.1, p.44).

[4] Basnage ne semble pas faire mention de la nomination d'un patriarche en 1381.
Mais c'est à ce moment précis que le pape Urbain VI fit nommer le cardinal Philippe
d'Alençon (1339-1397) comme patriarche d'Aquilée.

patriarche de
rome et
dalexandrie sont
apellé pape [5]
patriarches
d'alexandrie
dabord conside-
rables et dange-
reux a cause de
la quantité des
moines [6] gre-
goire le grand
ecrit a L'em-
pereur maurice
quil doit etre
soumis a celuy
qui a le pouvoir
de me comman-
der. ja'y envoyé
votre Loy au
peuple [7] et jay
remontré a vous
quelle ne
sacorde pas
avec le service
de Dieu ja'y fait
mon devoir en
vous obeissant
et en vous
faisant des
remontrances [8]

β: [*manchette*] dangereux <an> a cause

[5] Il est question, chez Basnage, de la rivalité, dans le cadre du christianisme primitif, entre Rome et Alexandrie dans ce qui sera par la suite la pentarchie (c'est-à-dire les cinq Eglises patriarchales: Rome, Alexandrie, Constantinople, Antioche et Jérusalem). Quoique Basnage ne fasse pas mention explicitement de l'usage du titre de pape et à Rome et à Alexandrie, le t.1, p.98, démontre néanmoins que tel était le cas.

[6] Ce passage semble être une interprétation assez libre du chapitre que Basnage (t.1, p.97-98) consacre à Théophile d'Alexandrie aux environs de l'an 385 et aux violences qu'il exerça contre les moines de Nitria, où il y avait un grand nombre de monastères.

[7] Sans doute un lapsus pour 'pape', ou aléa de la dicteé.

[8] Nous nous trouvons confrontés ici à un procédé typiquement voltairien qui consiste à réécrire un passage dans le but de le rendre plus dramatique. Le fait que

on accuse
foscius d'etre
sorcié, et
d'avoir donné
un breuvage a
Lempereur pour
le faire changer
de patriarche[.] [9]
Laïc

---

ce document ne soit pas de la main de Voltaire nous rappelle que l'auteur dictait des résumés de ses lectures à un secrétaire. Chez Basnage, on trouve un développement consacré à la loi de l'empereur byzantin Maurice (539-602) qui, peinant à remplir ses légions, avait interdit (an 593) aux soldats de se retirer dans un monastère, la même interdiction frappant aussi ses fonctionnaires qui convoitaient par là de riches bénéfices. Grégoire le Grand (540-604), qui 'avait été tout épouvanté quand il avait lu cette loi' obtempéra néanmoins, et, parlant de sa 'remontrance', 'n'avait pas laissé d'envoyer le texte de cette loi dans la plupart des lieux du monde', ajoutant toutefois: 'Je dois être soumis à celui qui a le pouvoir de me commander; j'ai envoyé la loi, et j'ai remontré à mes seigneurs qu'elle ne s'accordait pas avec le service de Dieu, ainsi je me suis acquitté de mon devoir, en ce que d'une part j'ai rendu à l'empereur l'obéissance que je lui dois, et que de l'autre je lui ai représenté ce qui était du service de Dieu' (t.1, p.388).

[9] La graphie 'Foscius' suggère que le secrétaire de Voltaire était moins érudit que son maître et qu'il écrivait ce qu'il entendait, car il ne peut s'agir que de Photius 1er (vers 820-891), patriarche de Constantinople de 858 à 867, et qui le fut de nouveau (877-886), aux dépens du patriarche Ignace, grâce à l'intervention de l'empereur Basile 1er, dit le Macédonien. Chez Basnage (livre 10, ch.10, section 1: 'Magie et artifices de Photius pour se rétablir'), on lit: 'La disgrâce de Photius ne dura que six ou sept ans. Ses ennemis écrivent qu'il rentra dans la faveur de l'empereur Basile par deux voies fâcheuses. Stylianus évêque de Neocesarée assure qu'il y employa la magie, et qu'il se servit d'un abbé de ses amis nommé Santabarenus, fils d'un fameux sorcier, lequel donna des breuvages à l'empereur, par lesquels ce prince commença à haïr Ignace, et à aimer Photius' (t.1, p.584). Photius figure de nombreuses fois dans les écrits de Voltaire dès le début des années 1750, essentiellement au chapitre 31 de l'*EM* (*OCV*, t.22, p.441-58) et vingt ans plus tard dans l'article 'Eglise' des *QE* (*OCV*, t.41, p.38-40). Mais nulle mention de ce prétendu recours à la magie.

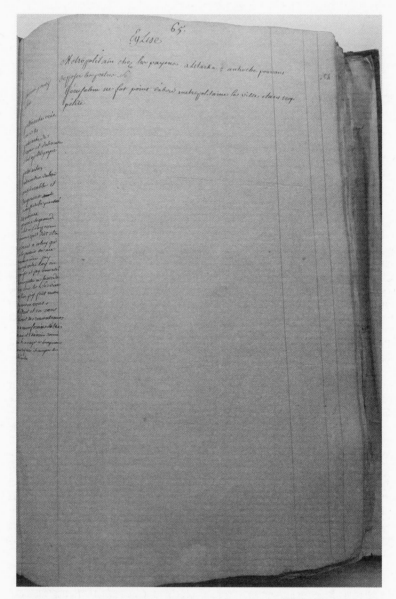

12. Fragment 16a. Saint-Pétersbourg, GpbV: Manuscrits, t.8, f.54r.

FRAGMENT 29a

⊬ ajouter dans l'article des Egyptiens[1]

Qu'il est faux qu'ils adorassent des ognons Juvenal seul en a parlé. autre chose est une offrande, autre chose est un Dieu. il peut y avoir eu un ognon sacré sur l'autel, comme nous y avons du pain et du vin sacres.[2]

    Ciceron dit que les hommes ne sont point parvenus encor à la démence de manger leurs dieux, qu'il ne leur manque que cette absurdité.[3]

Ajoutez à la Chine[4]

Que le gouvernement ne pensa pas comme hobbes, et qu'il permit le Culte du Dieu fo.[5] celui [de] Lao Kium est avant Confucius.

---

   * Le début de cette séquence de notes semble précéder de peu la publication de *La Philosophie de l'histoire* (1765), car deux lignes signalent des éléments à ajouter à des chapitres de cet ouvrage. Mais tout le contenu de cette feuille, à l'exception de deux paragraphes et un ajout dans l'interligne, est de la main de Wagnière. Il est donc difficile de savoir ce qui fut écrit à des moments différents. Il est probable que Wagnière a recopié, à une date inconnue, des notes de 1764 ou 1765, puis que d'autres notes, qui dateraient plus vraisemblablement de 1775 (voir l'intercalation, variante à la ligne 36), ont été ajoutées par la suite, d'abord par Voltaire, puis par Wagnière. A partir de l'ajout de Voltaire, les notes prennent un caractère de projet, avec des pense-bêtes: 'un flamand na til pas pretendu', 'Savoir si', 'Parler des'.

   [1] *La Philosophie de l'histoire*, ch.22.

   [2] 'Juvenal a dit que les Egyptiens adoraient des oignons: mais aucun historien ne l'avait dit. Il y a bien de la différence entre un oignon sacré et un oignon dieu; on n'adore pas tout ce qu'on place, tout ce que l'on consacre sur un autel' (*OCV*, t.59, p.168).

   [3] 'Nous lisons dans Cicéron que les hommes, qui ont épuisé toutes les superstitions, ne sont point parvenus encore à celle de manger leurs dieux, et que c'est la seule absurdité qui leur manque' (*OCV*, t.59, p.168-69).

   [4] *La Philosophie de l'histoire*, ch.18.

   [5] Besterman signale avec justesse la référence à Hobbes dans le 'Third Paris notebook': 'Hobbes dit que celui qui veut introduire une religion dans un pays soumis

Il est faux qu'ils adorassent des ognons. Juvenal seul
en a parlé. autre chose est une offrande; autre chose
est un Dieu. il peut y avoir eu un ognon sacré sur
l'autel. comme nous y avons du pain et du vin sacrés.

Ciceron dit que les hommes ne sont point parvenus encor
à la Démence de manger leurs dieux, qu'il ne leur manque que
cette absurdité.

     Ajoutez à la Chine

Que le gouvernement de Yamsa pas comme hobbes, et qu'il
permit le culte de Dieu   que celui Lao kium est avant
Confucius; ça est beaucoup plus moderne; il n'est que 66 ans
avant l'Ere vulgaire.

Sanconiathon vivait longtemps avant la guerre de Troye.
les noms qu'il donne aux premiers hommes étant traduits
en grec; on peut juger par la signification grec de la
phénicienne.

Berose était caldéen. il dit que sous un prince nommé
Xixoutron il y eut une grande inondation, dont ce
roi fut même averti par un songe. il est vraisemblable
que le Tigre et l'Euphrate inondèrent tout le pais.

Point de déluge en phénicie qui est un pais sec et aride
on peut démeler dans les fables de Sanconiathon, que Tyr
était bâti dans les temps les plus reculés.

13. Fragment 29a. Paris, BnF: n.a.fr.24342, f.181r.

fo est beaucoup plus moderne, il n'est que 60 ans avant l'Ere vulgaire.

Sanconiathon vivait longtemps avant la guerre de Troye. les noms qu'il donne aux premiers hommes étant traduits en grec, on peut juger par la signification grec de la phénicienne.[6]

Bérose était caldéen il dit que sous un prince nommé Xuxoutrou il y eüt une grande inondation, dont ce roi fut même averti par un Songe. il est vraisemblable que le Tigre et l'Euphrate inondérent tout le païs.[7]

Point de déluge en phenicie qui est un païs Sec et aride, On peut démêler dans les fables de Sanconiathon, que Tyr était bâti dans les temps les plus reculés.[8]

---

aux lois, est coupable du crime de lèse-majesté, parce qu'il introduit un pouvoir supérieur aux lois' (*OCV*, t.82, p.486). Voltaire n'a pas ajouté de référence au philosophe anglais à *La Philosophie de l'histoire*, mais il retient cette idée: '[L]es lettrés chinois adorateurs d'un seul Dieu, abandonnèrent le peuple aux superstitions des bonzes. Ils reçurent la secte de Laokium et celle de Fo et plusieurs autres[.] Les magistrats sentirent que le peuple pouvait avoir des religions différentes de celles de l'Etat' (*OCV*, t.59, p.157).

[6] Dans la même série de notes du 'Third Paris notebook', Voltaire écrit: 'Sanconiathon donne aux premiers hommes des noms qui signifient, le premier, l'existant (page 170, Tome 1er Warb.)' (*OCV*, t.82, p.487). Ailleurs, nous avons estimé que cette série de notes datait des années 1760: voir G. Pink, *Voltaire à l'ouvrage* (Paris, 2018), p.174. Dans *Il faut prendre un parti* (1772), on lit aussi que 'Les Phéniciens descendaient d'un autre homme qui se nommait Origine, selon Sanchoniathon' (*OCV*, t.74B, p.54).

[7] 'D'anciens auteurs, cités dans George le Syncelle, disent que, du temps d'un roi chaldéen nommé Xixoutrou, il y eut une terrible inondation. Le Tigre et l'Euphrate se débordèrent apparemment plus qu'à l'ordinaire' (*La Philosophie de l'histoire*, ch.10, *OCV*, t.59, p.120). Voltaire évoque ce roi, dont le nom varie sous sa plume, dans plusieurs textes. Voir l'article 'Ararat' des *QE* (*OCV*, t.38, p.560-62, et notes).

[8] Voir le chapitre 13 de *La Philosophie de l'histoire*: 'Les Phéniciens sont probablement rassemblés en corps de peuple aussi anciennement que les autres habitants de la Syrie. Ils peuvent être moins anciens que les Chaldéens, parce que leur pays est moins fertile. Sidon, Tyr, Joppé, Berith, Ascalon, sont des terrains ingrats [...]. On voit, par les fragments de ce monument si antique, que Tyr existait depuis très longtemps' (*OCV*, t.59, p.132-34). Mais sur Tyr, voir aussi ci-dessous, lignes 31-36 et n.17-18.

[f.181v] La langue Egyptienne était très dure. Knef Dieu,
25 phtha,[9] Vulcain.[10]

hérodote raporte les Sottises qu'on lui a dites et les vérités qu'il a
vues.[11]

[12]en egipte les rois pasteurs hics[13]

bochard, huet veulent tout faire venir de lidee quils adoptent.[14]
30 un flamand na til pas pretendu que la langue flamande etait la
premiere de lunivers[15]

[9] Besterman n'a pas déchiffré ce nom, difficile à lire parce que Wagnière avait
écrit 'ftha' avant de corriger le 'f' en 'ph'. La divinité égyptienne Ptah a en effet été
assimilée à Vulcain: voir Huet, *Demonstratio evangelica* (Paris, 1690, BV1690), p.85.

[10] Voltaire évoque brièvement la langue égyptienne au chapitre 20 de *La Philosophie de l'histoire*, mais sans porter de jugement esthétique, ni sans citer ces deux
exemples. Le mot de 'knef' pour désigner 'l'unité de la nature divine' figure au
chapitre 22 (*OCV*, t.59, p.167). Dans *Dieu et les hommes* (1769), cependant, l'égyptien est une 'langue barbare' (*OCV*, t.69, p.383).

[11] Voltaire se méfie depuis longtemps dés écrits d'Hérodote, qu'il appelle dans les
Eléments de la philosophie de Newton (1736) 'le père de l'histoire et du mensonge'
(*OCV*, t.15, p.480).

[12] Les deux paragraphes qui suivent sont de la main de Voltaire.

[13] Voltaire s'intéresse aux rois pasteurs depuis 1733 au moins, car il en a fait le
sujet d'un livret d'opéra qui ne vit le jour que de manière posthume. Un avertissement suggère qu'un passage de Strabon (*Geographica*, livre 17, section 2) a pu être à
l'origine de *Tanis et Zélide, ou les rois pasteurs* (*OCV*, t.18C, p.127), mais Hérodote
parle de ce peuple aussi (livre 2, ch.128): voir notre introduction, *OCV*, t.18C, p.106-
107. Voltaire demande un exemplaire de Strabon à Moultou vers le mois de juin 1764
(D11924). Les rois pasteurs s'appelaient 'Hicsos', nom que Voltaire a pu apprendre
par exemple dans le *Dictionnaire de la Bible* de Dom Calmet (4 vol., Paris, 1730,
BV615), t.3, p.134. Une autre note fragmentaire suggère qu'il a lu le nom chez
Flavius Josèphe (fragment 24, *OCV*, t.82, p.631), mais il a pu trouver la référence
de Josèphe chez Calmet également. Les rois pasteurs sont mentionnés dans *La Bible
enfin expliquée*, notes *eu* et *ev* (1776; *OCV*, t.79A, p.192, 193).

[14] Voltaire, qui a demandé des exemplaires de ces deux auteurs à Cramer vers le
7 ou 8 juin 1764 (D11912), raille souvent leurs écrits. Pour un exemple concret de
l'approche dont il les accuse ici, voir le chapitre 28 de *La Philosophie de l'histoire*:
'Il n'est pas étonnant [...] que plusieurs savants hommes, et surtout Bochart et Huet
dans nos derniers temps, aient prétendu que Bacchus est une copie de Moïse et de
Josué. [...] Entre ces deux histoires, qui paraissent semblables en tant de points, il
n'est pas douteux que celle de Moïse ne soit la vérité, et que celle de Bacchus ne soit
la fable. Mais il paraît que cette fable était connue des nations longtemps avant que
l'histoire de Moïse fût parvenue jusqu'à elles' (*OCV*, t.59, p.184).

[15] Il s'agit de Johannes Goropius (1519-1773), médecin néerlandais et auteur des

Le Temple d'hercule à Tyr, bâti 2300 ans avant hérodote. hérodote fit le voiage pour s'en informer,[16] il déclare aux grecs que ce
temple est plus ancien que toutes leurs villes; l'histoire d'hérodote
finit 480 ans avant nôtre Ere, ainsi le temple d'hercule à Tyr   35
prècède nôtre Ere de 2780 ans, et prècède de 500 ans le déluge
d'Ogigès, et de 1300 le temple de Salomon[17]
  La thèbe d'Egypte s'appellait No-ammon.[18]
  Savoir si noé n'est pas un nom Egyptien.[19]
  Parler des Sibiles. chercher l'ètimologie du mot. les premiers   40
chretiens grands forgeurs de mauvais vers attribués aux Sibilles[20]
  Persepolis batie par Cambise après son expedition d'Egypte,
selon Diodore.[21] en ce cas elle ne serait pas fort ancienne[.]

36 β: Ere de 2780 $^{\downarrow V}$1775 $^{V\downarrow}$4555^{+} ans,

---

Origines Antwerpianae. Voltaire a pu découvrir cette idée grâce au poème *Hudibras*
de Samuel Butler, pour lequel il avait beaucoup d'estime. On lit aux vers 179-80:
'Whether the Devil tempted her [Eve] / By a *High-Dutch* interpreter' (*Hudibras*,
Londres, 1720, p.7). Une note dans cette édition, que possédait Voltaire, explique:
'Goropius Becanus endeavours to prove, that *High-Dutch* was the language that
Adam and Eve spoke in Paradise' (p.362). Sur la découverte de l'exemplaire, voir
Larissa L. Albina, 'Découverte de nouveaux livres de la bibliothèque de Voltaire'
dans *Le Siècle de Voltaire*, éd. Ch. Mervaud et S. Menant, 2 vol. (Oxford, 1987),
t.1, p.1-14 (ici p.9).
[16] Ces informations sont déployées dans *La Philosophie de l'histoire*, ch.34 (*OCV*,
t.59, p.204-205).
[17] Dans *La Philosophie de l'histoire*, Voltaire signale l'antériorité de ce temple sur
celui des Juifs (*OCV*, t.59, p.204).
[18] Huet, *Demonstratio evangelica*, p.89, avec signet annoté de Voltaire: 'thebes no
ammon diospol etc quatre temples' (*CN*, t.4, p.542).
[19] Voltaire a sans doute remarqué la ressemblance phonétique avec 'No-ammon'.
Si dans l'article 'Samotrace' des *Questions sur l'Encyclopédie* il vise surtout un effet
polémique, il écrit tout de même: 'Avez-vous jamais lu quelque vieux livre grec,
toscan, arabe, égyptien [...] où le nom de Noé se soit trouvé?' (*OCV*, t.43, p.226-27).
[20] A priori ce paragraphe semblerait indiquer l'article 'Sibylle' des ajouts posthumes au '*Dictionnaire philosophique*' de l'édition de Kehl (*OCV*, t.34, p.408-14).
L'article est cependant en grande partie une compilation de Voltaire, qu'il n'a jamais
publiée.
[21] *Histoire universelle*, 7 vol. (Paris, 1758, BV1041), t.1, p.102.

FRAGMENT 31a

lesprit
des loix[1]

[f.1r] mon meunier vendit du bled a un chanoine, le chanoine ne le paya point, il mourut, le meunier en fit autant. ils laisserent tous deux des enfans mineurs.[2] le bled se gata et de tout cela resulta un grand procez.[3] je pris en main la cause de la famille du meunier.

b-1   β: loix <je demand> / mon meunier $^{V\uparrow}$<a>$^+$ vend<u>it du
2-3   β: laisserent $^{V\uparrow}$tous deux$^+$ des

* Ce fragment autographe, d'une seule feuille, fait partie d'un manuscrit autographe de quatre pages qui regroupe deux commentaires apparentés mais différents. En le publiant ('Thirteen new fragments', p.29-30), Theodore Besterman – sans proposer d'explication – intercala dans le présent texte (entre l'avant-dernier et le dernier paragraphe) les cinq paragraphes d'un autre fragment conservé dans la même collection et que nous publions ci-dessus sous le titre fragment 4a (p.173). La date de composition pourrait se situer dans la période 1740-1752 (voir la note liminaire du fragment 12a, ci-dessus, p.181, et la note 1, ci-dessous). La référence à Jean Bacquet (ligne 5 et voir n.4) pourrait-elle indiquer une date de composition postérieure à 1744? Le début du texte est encerclé au crayon.

[1] Pour éviter toute équivoque, signalons que cet en-tête n'a rien à voir avec Montesquieu, mais représente – sans doute de façon délibérément espiègle – la position que va adopter ici celui qui, pendant de longues années, s'interrogea sur le meilleur moyen de gouverner les hommes, selon la loi et de façon uniforme. D'où, par exemple, dans l'*Abrégé de l'histoire universelle* (qui deviendra par la suite l'*Essai sur les mœurs*), sa dénonciation inlassable de tout système de lois se résumant à un salmigondis de conventions, de pratiques et d'interdictions glanées un peu partout à travers l'histoire, surtout chez les Juifs et les Romains, et sa volonté d'y opposer discrètement un droit naturel (et donc, pour la France, un système de législation) fondé sur la raison et perfectionné par elle.

[2] Voltaire a intercalé ici une remarque qui souligne la scandaleuse discordance qu'il constatait si souvent entre l'estime pour la continence parfaite que proclame l'Eglise catholique et la pratique moins édifiante de son clergé.

[3] Voltaire n'était que trop conscient de la même sorte de discordance qui existait entre la simplicité d'une cause à plaider et les complications ahurissantes que les

javois un excellent avocat. ce savant homme me dit dabord, baquet   5
decide en votre faveur[.][4] quel est ce baquet luy di-je esce quelque
ancien legislateur qui avec les etats du royaume ait donné des loix a
la france, esce notre Solon, notre numa.[5] point du tout cest un
homme particulier qui a ecrit ce qu'il pensoit sur des procez qui ont
quelque raport au votre mais aussi vous avez loizel contre vous.[6] et   10
les juges sont bien embarassez entre de tels grands hommes.
vous vous moquez luy di-je nos juges ont sans doute des loix
claires et precises suivant les quelles ils jugent. il nest pas possible

---

5-6   β: dit <un jour> ᵛ↑dabord⁺, baquet <est pour> decide
6-7   β: quelque <chanc[e]llier> ᵛ↑ancien legislateur⁺ qui
9   β: homme ᵛ↑particulier⁺ qui
10   β: avez <loué> loizel
12   β: di-je[,] <L>nos juges

---

avocats des parties adverses, très inventifs en l'absence de directives claires et
précises, arrivaient à y introduire (voir à ce sujet ses réactions face aux méandres
de l'affaire Morangiés au début des années 1770, dans l'*Essai sur les probabilités en
fait de justice* et les *Nouvelles Probabilités en fait de justice*, *OCV*, t.74A, p.243-414,
et dans les textes regroupés sous le titre 'Voltaire et l'affaire Morangiés 1773', *OCV*,
t.75A, p.123-323).

[4] Voltaire ne nomme jamais dans ses écrits ou dans sa correspondance Jean
Bacquet (mort en 1597), spécialiste touche-à-tout, avocat du roi à la Chambre du
trésor et en la Chambre du domaine. Ses *Œuvres* furent publiées en deux volumes
à Lyon, en 1744.

[5] Il s'agit ici des deux législateurs auxquels Voltaire vouait une admiration incon-
ditionnelle. Les références admiratives concernant l'apport bénéfique de Solon et de
Numa se comptent par dizaines dans les écrits de Voltaire, depuis *Brutus* (1732;
OCV, t.5, p.185, 192) jusqu'à la *Seconde Lettre à Messieurs de la noblesse du Gévaudan*
(1773; *OCV*, t.75A, p.280) et au *Commentaire sur l'Esprit des lois* (1777; *OCV*, t.80B,
p.418).

[6] Antoine Loysel (1536-1617) était connu de ses contemporains pour avoir col-
lecté les principes généraux de l'ancien droit coutumier français. Tout comme
Bacquet, il ne semble jamais avoir mérité l'attention de Voltaire dans ses écrits.
Or, le mépris de Voltaire pour ce dernier est évident dans une seule lettre du 22 janvier 1775, au comte d'Argental: 'Ne croyez, ne consultez aucun bavard d'avocat, qui
vous cite Papon et Loisel, comme si Papon et Loisel avaient été des rois législateurs.
Ne consultez, mon cher ange, que votre raison et votre cœur' (D19303).

quun grand royaume puisse subsister sans des loix uniformes faites
15 pour tout le monde[7]
[f.1ν] que vous etes ignorant avec vos loix uniformes[.][8]

[7] Nous avons affaire ici à un grief que Voltaire fait constamment sien; voir, à titre d'exemple, les *Annales de l'Empire* (année 1491): 'L'empereur prétendait que le Tyrol ne pouvait pas s'aliéner: tout l'empire était partagé sur cette question, preuve indubitable qu'il n'y avait point de lois claires; et c'est en effet ce qui manque le plus aux hommes' (*OCV*, t.44B, p.503), et les *Remarques pour servir de supplément à l'Essai sur les mœurs*: 'Ce qui rend les lois variables, fautives, inconséquentes, c'est qu'elles ont été presque toutes établies sur des besoins passagers, comme des remèdes appliqués au hasard, qui ont guéri un malade, et qui en ont tué d'autres' (*OCV*, t.27, p.64). Voir aussi plus spécialement l'article 'Des lois' du *DP* (*OCV*, t.36, p.302-19).

[8] En faisant prendre à son interlocuteur, et de façon si évidemment péremptoire, le contre-pied d'une opinion bien fondée que Voltaire défend bec et ongles depuis toujours, ce dernier ne fait que souligner la bêtise indéfendable des partisans du *statu quo*.

14. Fragment 34a. Oxford, VF: photographie
(lieu de conservation inconnu).

FRAGMENT 34a

Savoir s'il est vrai quon ait brulé en 1749 ou 1750, une fille comme sorciere, et si cetait une relligieuse, fille de qualité[.]

* Ce petit pense-bête nous montre un Voltaire soucieux de vérifier l'exactitude des faits qu'il souhaite citer. Il évoque cet épisode pour la première fois en 1766 dans le *Commentaire sur le livre Des délits et des peines*: 'En 1749 on brûla une femme dans l'évêché de Vurtzbourg, convaincue d'être sorcière' (*OCV*, t.61A, p.112). Il reprend le fait, en le datant de 1750, dans les *QE*, aux articles 'Arrêts notables' et 'Béker'. Sous-prieure du couvent d'Unterzel, situé non loin de Würzburg, Maria Renata Singer avait soixante-dix ans: voir les notes de Christiane Mervaud, *OCV*, t.39, p.347-48, n.18 et 19. Voltaire citera de nouveau ce cas dans l'article 9 du *Prix de la justice et de l'humanité* (1777; *OCV*, t.80B, p.97). Le lieu du manuscrit, autrefois dans une collection privée, est actuellement inconnu.

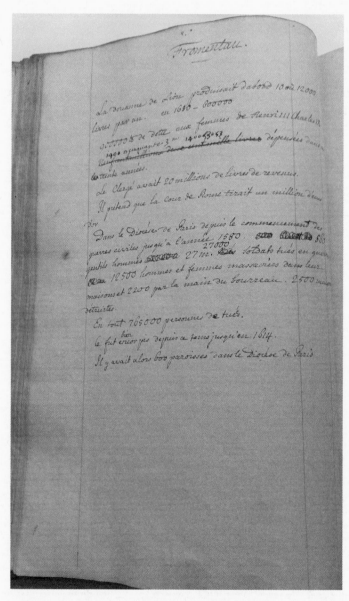

15. Fragment 37a. Saint-Pétersbourg, GpbV: Manuscrits, t.8, f.57v.

FRAGMENT 37a

Fromentau

La douane de Lion produisait d'abord 10 ou 12 000 livres par an.
En 1680 – 600 000.[1]

900 000 lt de dote aux femmes de Henri III Charles IX[2]

1400 cinquante 3 m 140053053[3] dépensées dans ces [?] trente
5   années.

Le clergé avait 20 millions de livres de revenus.[4]

3-4   β: Charles IX / <Neuf cent millions deux cent mille livres> ^{v?↑}1400 cinquante 3 m 140053053[+] dépensées

* Les notes ci-présentes sont des notes de lecture faites à partir de Nicolas Frou-menteau, *Le Secret des finances de France* (s.l., 1581), probablement pour l'*Essai sur les mœurs*. Il s'agirait vraisemblablement d'un pseudonyme de l'auteur protestant Nicolas Barnaud: voir Barbier, *Dictionnaire des ouvrages anonymes et pseudonymes*, 4 vol. (Paris, 1806-1809), t.I, p.73, n° 589 (sur cet ouvrage en général, voir Mack P. Holt, *The French wars of religion, 1562-1629*, Cambridge, 1995, p.195-96). Voltaire exploite cet ouvrage aux chapitres 114 et 138 de l'*EM* (*OCV*, t.25, p.152-55; t.26A, p.78). Les notes ont été couchées sur une feuille du carnet qui contient le 'Chapitre des arts' (voir *OCV*, t.27, p.312-13, lignes 780a-c: 'Fromentari [*sic*]'). On constate qu'elles sont placées au milieu d'informations absolument sans rapport avec elles. Il est cependant plus que probable que les notes sur Froumenteau datent de la même époque que le 'Chapitre des arts', donc vraisemblablement avant 1755, selon Nicholas Cronk (*OCV*, t.27, p.244-45). L'écriture est majoritairement celle d'un secrétaire, avec une correction qui semble être de la main de Voltaire. Le texte comporte des ratures qui sont difficiles à lire.

[1] *Le Secret des finances*, sig.***3r (section non paginée). La date '1680', très lisible sur le manuscrit, est une erreur: lire '1580', l'année qui précède la publication de l'ouvrage.

[2] *Le Secret des finances*, Ire partie, p.21.

[3] Erreur sans doute pour la recette indiquée de 1 453 000 000 de livres (*Le Secret des finances*, Ire partie, p.142).

[4] Dans l'*'Epître au lecteur'* on lit, 'Et vous, monsieur le chanoine, eussiez-vous bien voulu croire que le revenu de votre clergé eût valu par an, toutes charges payées, les prélats et autres bénéficiers entretenus, environ vingt millions de livres tournois?' (*Le Secret des finances*, Ire partie, p.8).

Il prétend que la cour de Rome tirait un million d'écus d'or[5]

Dans le diocèse de Paris depuis le commencement des guerres civiles jusqu'à l'année 1580. 560 gentils hommes[6] 27 m. 27 000 soldats tués en guerre.[7] 12 500 hommes et femmes massacrées dans leurs maisons et 2200 par la main du bourreau.[8] 2500 maisons détruites.[9]

En tout 765 000 personnes de tuées.[10]

Ce fut encor bien pis depuis ce temps jusqu'en 1614.

Il y avait alors 600 paroisses dans le diocèse de Paris.[11]

10

15

9-10 β: 1580. <[*trois mots illisibles*]> 560 gentils hommes 27 m. ↑27 000⁺ <[*illisible*]> soldats tués en guerre. <[*illisible*]> 12 500

14 β: encor ↑bien⁺ pis

[5] *Le Secret des finances*: 'il se transporte à Rome tous les ans des deniers du clergé de France plus d'un million d'or' (1re partie, p.146).

[6] On a fait l'addition des 300 gentilshommes catholiques et des 260 'gentilshommes de la religion' (*Le Secret des finances*, 1re partie, p.97).

[7] Selon l'auteur, 15 000 soldats catholiques et 21 000 soldats protestants sont morts (*Le Secret des finances*, 1re partie, p.97), ce qui fait 36 000 en tout.

[8] Ces deux chiffres ('hommes et femmes massacrés' et 'exécutés par justice') sont rangés sous la même rubrique des 'massacrés' (*Le Secret des finances*, 1re partie, p.97).

[9] *Le Secret des finances*, 1re partie, p.97.

[10] On saute des centaines de pages pour trouver ce bilan (*Le Secret des finances*, 3e partie, p.378).

[11] *Le Secret des finances*, 1re partie, p.103.

FRAGMENT 46a

un petit detail de Letat
florissant des colonies,
des relations des combats
de mer depuis 1741

~

5   détail sur louisbourg[.]

* Ce pense-bête semble se rapporter au chapitre 28 du *Précis du siècle de Louis XV*. Voltaire ouvre ce chapitre en évoquant la Nouvelle-Angleterre, 'Cette colonie, l'une des plus florissantes de la nation anglaise' (*OCV*, t.29B, ch.28, ligne 6). Il parle cependant aussi de tout ce que cette colonie apportait à la France, notamment la pêche de la morue et le commerce des pelleteries. Suit alors le récit des conflits maritimes qui ont réduit la flotte française du côté atlantique à un seul vaisseau (*OCV*, t.29B, ch.28, ligne 142). Voir aussi le [*Fragment sur les assurances maritimes*], ci-dessus, p.120, n.3. Ce manuscrit est entièrement autographe, et les cinq lignes qu'il présente forment le début d'une colonne sur la moitié gauche de la page.

FRAGMENT 46b

nB quand M de la bourd
fut presenté au prince de
[*G*]ales‿
madame voyla cet homme
qui nous a fait tant de mal /   5
je vais etre icy regardé avec
horreur
ne le craignez pas. vous
serez honoré comme un
hoē qui a bien servi   10
son roy et qui en a agi   /
en ennemy genereux[1]   /

nB
M Dupleix fait fortifier
madras   15

* Voltaire prend des notes à partir du livre de Bertrand-François Mahé de La Bourdonnais, *Mémoire pour le sieur de La Bourdonnais avec les pièces justificatives* (Paris, 1750, BV2399). Il s'intéresse aux voyages de celui-ci, et particulièrement à sa prise de Madras en 1746 et ses démêlés avec le général Joseph-François Dupleix. Voltaire a évoqué ces événements dans le *Précis du siècle de Louis XV* (ch.29, *OCV*, t.29B, ch.29, lignes 135-252) et dans les *Fragments sur l'Inde*, première partie, article 3 (*OCV*, t.75B, p.67-77). Il est intéressant de noter la disposition en deux colonnes du texte, qui semble indiquer deux lectures, où la colonne de droite comprend des détails ou observations ajoutés dans un deuxième temps. Les notes de la première page ne correspondent pas au *Mémoire*, et la double page blanche qui les sépare des suivantes renforce l'impression d'une source différente, possiblement orale, même si les deux séquences de notes traitent de La Bourdonnais.

[1] Le *Mémoire* évoque cette rencontre, mais sans citer les paroles du prince: 'c'est le prince de Galles lui-même, qui le reçoi[t] et le compliment[e] comme un ennemi, à qui ils ne peuvent refuser leur estime' (p.279).

fait la guerre aux
maures
soutient le siege de
Ponticheri. la compagnie
brillante et ruinée   20

    avant lexpedition de madras
m de la b jouissoit de 2250000^{ll}
m^e de la bourdonaye na eu
que p^r environ 10000^{ll} de
diamants pour les epingles   25
de madrass

[f.113v-114v: *en blanc*]

[f.115r]

                     m^r de la Bourdonaye

M de la bourdonnaye
commandant a lile de
bourbon et a lile de   30
france (maurice)
les provisions au nom du
roy, mais il gere au nom
de la compagnie qui en est
en effet souveraine.   35
il rend ces iles florissantes[2]

il part avec cinq vaissaux   1741
de la compagnie arivez   en cas que la guerre se déclare
en guerre.[3] pour aller

31-32 β: france (<madagascar> ^{V}↑maurice$^+$) les

[2] La Bourdonnais est nommé gouverneur général de ces îles en 1734 selon le *Mémoire* (p.9). Le texte décrit tous les projets qu'il y entreprit (p.9-16).

[3] Le *Mémoire* explique qu'il a quitté la France le 5 avril 1741. Des sept vaisseaux d'abord prévus, deux furent retenus en France (p.27).

16. Fragment 46b. Saint-Pétersbourg, GpbV: Manuscrits,
t.8, f.115r.

croiser dans l'inde, ses 40
soldats et matelots peu[4][?]

il deffend mahé Comptoir   cote malabar
de la compagnie contre les   (qui sont ces droles la?)[5]
marattes naïrs, les repousse
met mahé en sureté.[6]   45

on le nomme gouverneur   nB
de pondicher a la place de dupleix
en cas que m^r dupleix
mourut[7]

la compagnie le fait desarmer   1743[8]   50
sur lidée de la neutralité[9]
aussitot on aprend que   il laprend en 7$^{emb.}$ 1744[10]
la guerre est declarée

46-47 β: gouverneur $^{v↓}$de pondicher$^+$) a
48   β: cas qu<'il>e m^r
50   β: 174<4>3

[4] Phrase inacheveé? L'équipage et les soldats étaient peu expérimentés. On lit dans le *Mémoire*: 'Il trouva que les trois quarts des matelots n'avaient jamais été en mer, et que presque tous, jusqu'aux soldats, ignoraient ce que c'était qu'un canon et un fusil' (p.27).

[5] Voltaire n'avait peut-être pas encore lu *De l'esprit des lois* de Montesquieu. En 1771, il renverra au livre 16, ch.5 de cet ouvrage quand il écrira que 'L'auteur de l'*Esprit des lois* prétend que sur la côte de Malabar, dans la caste des Naires, les hommes ne peuvent avoir qu'une femme, et qu'une femme au contraire peut avoir plusieurs maris' (article 'Femme' des *QE*, *OCV*, t.41, p.355-56).

[6] Cet épisode est décrit dans le *Mémoire*, p.29-31.

[7] La Bourdonnais n'est pas nommé gouverneur. Le *Mémoire* cite une lettre dans laquelle le ministre lui demande de rester en Inde, en ajoutant, 'D'ailleurs la bonne opinion que j'ai de vous, m'ayant déterminé à vous destiner le premier poste de l'Inde, s'il arrivait quelque chose à M. Dupleix, m'engage à vous considérer comme un homme non seulement utile, mais nécessaire' (p.34).

[8] La date n'est pas précisée dans le texte.

[9] *Mémoire*, p.34-35

[10] Le 11 septembre 1744, selon le *Mémoire*, p.35.

les anglais en profitent
prennent nos vaissaux[11]   55
L'amiral barnet leur
disoit nous executons
contre vous, ce que la
bourdonnaye avoit projettez
contre nous[12]   60

il sort de lile de Bourbon   baye dantongil
avec 9 vaissaux 3342 hoes
dequipage
dont 720 noirs.[13] il les a tous
disciplinez   65
et formez. il a fait des noirs
de bons canoniers[14]

[f.115ʸ]
il rencontre lescadre anglaise   6 juillet 1746[15]
(Barnet mort) payton comman,[16]
six vaissaux[17]   70
il les disperse[18]

68   β: 174<5>6

[11] Voir le *Mémoire*, p.37. Un bateau, celui du frère de La Bourdonnais, échappa
aux Anglais.

[12] Barnet est décrit comme commandant dans le texte. Voltaire cite très exactement le discours rapporté, en omettant toutefois le titre et la particule dans
'M. de La Bourdonnais' (*Mémoire*, p.37-38).

[13] Ces chiffres sont fournis dans le *Mémoire*, p.49.

[14] Le *Mémoire* décrit la formation militaire que reçurent toutes les nouvelles
recrues (p.44-45).

[15] Dans le *Mémoire*, on précise effectivement qu'il aperçut les vaisseaux anglais le
6 juillet (p.49).

[16] Ni Barnet ni Peyton ne sont mentionnés à cet endroit du texte. Peyton com-
mandait en effet six vaisseaux.

[17] Cinq navires et une frégate (*Mémoire*, p.49).

[18] Le texte dit que les Anglais se retirèrent plutôt qu'ils furent dispersés (*Mémoire*,
p.50).

il débarque devant madras   14 septembre [19]
avec 1100 europeans 400 caffres
quatre cent cipayes soldats
indiens. [20]   75

Barnaval anglais, gendre de
M[r] du pleix vient demander
un passeport pour les dames [21]

des deputez viennent representer
quil nest pas permis d'attaquer   80
les terres du grand mogol [22] (ils   demander au
ont raison) cest le comble de   māl de richel[ieu]
la faiblesse asiatique de le   s'il a dit au cons[ul?]
soufrir et de L'audace Europeane   si vous recompen[sez]
de le tenter [23]   ceux qui ont deff[endu]   85
                                             les villes, vous tr[aitez?]
                                             bien mal ceux
                                             qui ont pris cel[les]
                                             des ennemis [24]

ils demandent a negotier, et a   il y avoit 300 canons   90
racheter etc   la flotte de payton

---

[19] Voltaire lit trop vite. C'est le 15 septembre qu'a lieu le débarquement principal des troupes dont Voltaire dresse la liste (*Mémoire*, p.69).

[20] Les chiffres sont exacts, mais Voltaire cite à chaque fois le plus haut chiffre mentionné: 'mille ou onze cent Européens [...] et 3 ou 400 cafres des îles' (*Mémoire*, p.70).

[21] *Mémoire*, p.70. Seules la femme du gouverneur et celle de Barnavall eurent la permission de partir, mais elles décidèrent de ne point exercer ce privilège.

[22] Le 20 septembre, deux hommes firent une représentation de la sorte à La Bourdonnais, mais celui-ci répondit qu'il ne faisait que réagir aux hostilités anglaises (*Mémoire*, p.71-72).

[23] Cette observation semble être un commentaire de Voltaire.

[24] Si Voltaire posa cette question à son correspondant, la lettre a été perdue.

je ne vends point l'honneur   les maures pouvoient
le pavillon de mon roy sera   secourir la ville [25]
arboré sur madrass ou je mouray
au pied de ses murs. [26] a legard   95
de la rancon _.
il tire bombes —canons—. [27]

le ministre luy avoit donné
pour instruction
il est expressement deffendu au   100
s^r de la bourdonaye de s'emparer
d'aucun etablissement ou
comptoir des ennemis pour
les conserver [28]

le conseil superieur de ponticheri   105
luy mande quil est suffisament
autorisé a traitter comme il
voudra [29]

[f.116r]

                                     capitulation
les anglais avoient   onze cent mille pagodes [30] —   110
mis leurs effets   9^{ll} la pagode touttes les
a couvert dans   marchandises apartenantes

---

[25] Il semblerait qu'il s'agisse encore d'un commentaire de Voltaire. A moins qu'il n'ait pensé aux Maures en lisant le passage suivant: 'D'un autre côté le bruit commençait à se répandre, que les assiégés sollicitaient le nabab d'Arcate de venir à leur secours. Ce prince survenant avec 15 ou 20 mille hommes, pouvait, quoique ses troupes ne fussent pas excellentes, harceler cette poignée de Français qui étaient devant Madras' (*Mémoire*, p.73).

[26] *Mémoire*, p.72. Manque seulement le mot 'messieurs' à la citation.

[27] Voir les termes de la capitulation (*Mémoire*, p.76).

[28] Voltaire recopie à l'identique ce qu'il a lu p.59 du *Mémoire*.

[29] Voltaire semble ne plus prendre ses notes dans l'ordre, car cette observation est selon toute apparence tirée de la p.105 ou de la p.176 du *Mémoire*.

[30] Ce chiffre se trouve en effet dans le *Mémoire*, p.86.

l'interieur des
terres[31]

a la compagn angl_ evaluez a
5 m^ons transportees en effet a
pondicheri[32]   115

~

pour sureté des pagodes otages
les 2 fils enfans du gouverneur
moors[33] deux conseillers et leurs
femmes plusieurs negociants et
leurs femmes moyennant quoy   120
on rend la ville aux anglais[34]

_____

Le nabab veut venir guerroier.
nB. madras est dans ses terres
vide sa lettre[35]

Disputes pour le commandement   125
m^r dupleix veut faire casser
la capitulation[36]
Le conseil de ponticheri p^r
dupleix[37]

117   β: fils ^V↑enfans^+ du

[31] Voltaire tire peut-être cette conclusion du texte de la capitulation, où il est écrit que les Anglais 's'engageront de livrer de bonne foi aux Français [... les] autres effets quelconques renfermées [sic] dans la ville, le fort, et les faubourgs' (*Mémoire*, p.76).

[32] Voltaire avait peut-être consulté la pièce justificative LXVIII du *Mémoire*, une lettre de La Bourdonnais au Conseil de Pondichéry du 27 septembre 1746 (p.109, seconde pagination).

[33] Il s'agit de Nicholas Morse, mort en 1772.

[34] Lettre de La Bourdonnais à Dupleix du 26 septembre, pièce justificative LX (*Mémoire*, p.97, seconde pagination).

[35] La lettre est imprimée dans le *Mémoire*, p.85.

[36] Les échanges entre La Bourdonnais et Dupleix à ce sujet forment une partie importante du récit des *Mémoires*: voir p.83 et suivantes.

[37] Le *Mémoire* raconte la réaction de ce conseil, p.88.

Le conseil de guerre de la B.   130
signe que capitulation ne peut
etre violée [38]
envoyez de ponticheri a
madras [39]
Le major de linde vient signifier   135
les arrets. [40] la B le fait arreter
luy et ses conseillers. [41]

[f.116v]

il repasse vers leurope essuye une   avec cinq vaiss [42]
tempete au cap de bonne
esperance qui est aussi celui des   2 vaissaux separez [43]   140
tourmentes, [44] recoit ordre a la
cote de guinee daller a la
martinique avec ses 3 vaissaux, ny
trouve ny vivres ny hommes, [45] y
laisse ses vaissaux va a st eustache   145
sembarque sur un vaissau
hollandais. [46] relache en
angleterre prisonier en angl. [47]

---

[38] *Mémoire*, p.96.

[39] Selon le *Mémoire*, les députés de Pondichéry, le major de Bury, M. de Paradis et M. Bruyeres sont arrivés, avec d'autres, à Madras le 2 octobre 1746 (p.93).

[40] Le major de l'Inde est le major de Bury. Le texte de l'arrêt est imprimé p.98-99 du *Mémoire*.

[41] Ayant entendu lire cet arrêt, La Bourdonnais aurait répondu, 'C'est moi, Messieurs, [...] qui vous arrête' (*Mémoire*, p.99).

[42] Le texte indique la présence de six vaisseaux. L'un d'entre eux n'a pas rejoint les autres après la dispersion due à l'orage (*Mémoire*, p.150).

[43] 'Au passage du Cap de Bonne-Espérance, il essuya une tempête qui dispersa ses six vaisseaux, et il se vit au moment de périr avec toute sa famile' (*Mémoire*, p.150).

[44] *Mémoire*, p.150.

[45] Voltaire a lu l'épisode de la Martinique, dans le *Mémoire*, p.151.

[46] Selon le *Mémoire*, il resta 45 jours à Saint-Eustache (p.152).

[47] *Mémoire*, p.153.

B
cependant les maures viennent 150
attaquer les francais a madras
et sont repoussez[48]

————————

A   7 n^{bre} 1746
interim
le consul de pondicheri rompt la 155
capitulation de madras
mais au lieu de onze cent mille
pagodes – les frais lemportent
sur ce qu'on trouve dans la ville[49]
on envoye le pauvre mors et son 160
consul prisonier a pondicheri.[50]
Du pleix le recoit avec un faste
asiatique. entouré dElephants
etc[.][51]

[48] Dans ces dernières lignes des notes, Voltaire s'appuie sur la pièce justificative CCXXX, une lettre du frère de La Bourdonnais, Jacques César Mahé, sieur
de La Villebague, où il décrit les événements survenus après le départ de son frère.
La guerre contre les 'Maures' est décrite p.27-33, quatrième pagination.
[49] *Mémoire*, p.53, quatrième pagination.
[50] M. de La Villebague évoque dans sa lettre la façon dont le gouverneur Morse
fut obligé d'aller à Pondichéry (*Mémoire*, p.54-55, quatrième pagination).
[51] *Mémoire*, p.56-57, quatrième pagination.

FRAGMENT 48a

histoire orientale

[f.7r] en perse, la philosophie comence comme celle d'aristote initium sapientiae incredulitas [1]

* Ce document autographe est constitué de trois feuilles in-folio extraites d'un livre de comptes, utilisées recto-verso, numérotées de 7 à 9. Le contenu de celles-ci indique que nous avons affaire à l'une des sources du 'First Paris notebook' (*OCV*, t.82, p.467-71). Les feuilles en question se divisent *grosso modo* selon deux centres d'intérêt: histoire orientale, avec une sous-section intitulée 'Orientale', et France. Les éléments les composant sont très souvent une succession d'entrées remontant pour l'essentiel à un seul auteur – par exemple à Jean Chardin (f.7r), à François Bernier et Dimitrie Cantimir (f.7v), à Dimitrie Cantimir (f.8r) et Nicolas de La Mare (f.8v-f.9v), ainsi qu'à Henri Sauval (f.9v) – qui sont probablement le fruit de lectures continues. Toutefois, nous nous trouvons parfois confrontés à une succession d'entrées discontinues qui sont sans doute le signe de recherches en cours sur le long terme, car impliquant divers auteurs. Les entrées en tant que telles sont un mélange de résumés d'auteurs parfaitement identifiables et de réflexions que ceux-ci avaient inspirées à Voltaire. Lesdits résumés et réflexions semblent se situer dans le contexte de l'*Abrégé de l'histoire universelle*. En effet, par deux fois, Voltaire donne l'impression qu'il rédigeait ces notes dans le contexte de l'année 1740 (voir les lignes 151, 180). Or, il est évident, à la lumière des notations inscrites pour la plupart en marge de ces feuilles (autant de pense-bêtes ou de rappels) que l'auteur revenait périodiquement sur les détails engrangés pour les passer en revue, pour les étoffer, ou tout simplement pour se rafraîchir la mémoire (voir les ajouts présentés sous forme de manchettes). Il convient de faire remarquer que les lignes 149-239 furent retranscrites, dans le même ordre, par Wagnière dans le 'First Paris notebook'. Nous reproduisons des mains stylisées et autres signes dessinés en marge.

[1] Dans cette section intitulée 'histoire orientale', la source la plus constamment exploitée est Jean Chardin, *Voyages de monsieur le chevalier Chardin, en Perse et autres lieux de l'Orient* (3 vol., Amsterdam, 1711, BV712). Pour l'usage que faisait Voltaire de cet écrit célèbre, voir Myrtille Méricam-Bourdet, 'Sélection polémique et citations despotiques: l'utilisation de Chardin dans les chapitres persans de l'*Essai sur les mœurs*', dans *Copier/coller: écriture et réécriture chez Voltaire* (Pise, 2007), p.71-80. Ici Voltaire note très fugitivement sa réaction devant tout un passage qui traite de la science chez les Persans (t.2, section 'La description des sciences et des arts libéraux des Persans'). On trouve dans l'exemplaire de Voltaire un papillon collé

les perses (qui sont les anciens partes,) maudissent omar
les chias et les osmanlis, se haïssent comme les papistes et les
huguenots[2]

5

σ coie nessir algebriste grand philosophe dans Lacademie fondée par
tamerlan[.] il étoit de la bactriane, (preuve que tamerlan netoit
point un barbare) il vivoit sous haloucou can, que je crois fils de
voyez chardin. tamerlan.[3]

6   β: nessir ˯algebriste⁺ grand

(*CN*, t.2, p.495) sur ce passage: 'Ils ont là-dessus ce mot notable: le doute est le commencement de la science; qui ne doute de rien n'examine rien, qui n'examine rien ne
découvre rien, qui ne découvre rien est aveugle et demeure aveugle' (*Voyages*, t.2,
p.95). C'est Voltaire qui traduit en latin et qui, en même temps, avec raison, évoque
Aristote. Inutile de préciser que cette pensée sous-tend toute la philosophie de
Voltaire. La version biblique bien connue (Psaumes 111:10) est: 'initium sapientiae
timor Domini'.

[2] Voltaire résume ici tout un développement chez Chardin, qui se trouve dans
le chapitre intitulé 'Le premier voyage de l'auteur d'Ispahan à Bander-Abassi'
(*Voyages*, t.3, p.169-71). La fin du passage qui nous intéresse se termine comme suit:
'Il ne faut pas manquer d'observer que les noms de Sunni et de Chia, tout innocents
qu'ils sont en leur signification, ne laissent pas d'être réputés injurieux parmi les
Mahométans, comme ceux de papistes, et de huguenots' (p.171). En haut d'un signet
endommagé (p.170/171), Voltaire nota: '[su]nnis / [ch]ias / papistes / huguenots'
(*CN*, t.2, p.503). On trouve une autre mention de l'animosité qui régnait entre ces
deux sectes (Persans chiites, Turcs sunnites) dans la partie intitulée 'Description de
la religion' (*Voyages*, t.2, p.312). Quoique ces deux sectes ennemies figurent dans
divers écrits de Voltaire (cf. *EM*, ch.6, *OCV*, t.22, p.133), le seul passage qui ait
un lointain rapport avec cette note semble se trouver dans les *Remarques pour servir
de supplément à l'Essai sur les mœurs*: 'L'opinion n'a guère causé de guerres civiles
que chez les chrétiens, car le schisme des Osmanlis et des Persans n'a jamais été
qu'une affaire de politique. Ces guerres intestines de religion qui ont désolé une
grande partie de l'Europe, sont plus exécrables que les autres, parce qu'elles sont
nées du principe même qui devait prévenir toute guerre' (*OCV*, t.27, p.31); 'Osmanlis' est ici synonyme de 'Turcs'.

[3] Encore une fois Voltaire exploite, chez Chardin, le chapitre 1 de la section 'La
description des sciences et des arts libéraux des Persans', intitulé 'Des sciences en
général'. C'est là qu'on lit: 'Le plus célèbre des auteurs des derniers siècles, et le plus
suivi, est Cojé Nessir de Thus, très fameux, et très estimé parmi les savants de l'Asie,
qui vivait il y a environ quatre cent cinquante ans. C'était un homme de naissance et

10   houlou beg petit fils de tamerlan fait dresser les ephemerides[.] ces
persans ou tartares etoient de bons astronomes, mais mauvais phisiciens comme nous l'etions. ils admettoient des cieux solides et de
plus lastrologie gatait lastronomie[4]
tous les philosophes etoient de la bactriane, avicenne qui est de
15   l'onzieme siecle estait de bochora la capitale[5]
⌐ la langue arabe est la plus ancienne de la petite asie, la raison en est
que larabie n'a jamais eté subjugée[6]

---

de grands biens, célèbre pour sa sagesse, et pour sa science, qui fut durant plusieurs
années le président ou le chef de toutes les académies de l'empire des Tartares, alors
fort étendu. Ce fameux auteur était natif de Metched, ville capitale de la Province de
Corasson, qui est la Bactriane des Anciens, et le pays qui a produit les plus savants
hommes de l'Orient, dans les derniers siècles' (*Voyages*, t.2, p.95-96). Les détails
supplémentaires de cette note se trouvent également éparpillés aux p.95-96.

[4] Chez Chardin on trouve: 'Mirza Ouloukbec est mis ensuite entre leurs plus
fameux auteurs de la théorie des planètes: il était fils de Temur Charouc fils de
Temurleng, qui est le grand Tamerlan. Il a dressé des tables de moyens mouvements
qui portent son nom, desquelles les Persans se servent pour le calcul des éphémé-
rides' (*Voyages*, t.2, p.96). Le commentaire sur les 'mauvais phisiciens' est un résumé
des passages précédents (p.96) alors que la remarque sur l'astronomie et l'astrologie
est à situer dans le contexte du chapitre 9 intitulé 'De l'astronomie et de l'astrologie'
(*Voyages*, t.2, p.116-17). La mention des 'cieux solides' se trouve toutefois au chapitre 2 de la partie 'Description de la religion', intitulé 'Du second article du symbole
des Persans': 'lorsqu'on les presse sur la contradiction naturelle de ces termes, ils
répondent qu'il s'agit d'un effet surnaturel. Que nous tenons aussi, par exemple, les
cieux être de leur nature solides et impénétrables, et que cependant nous croyons que
les corps les pénètrent' (*Voyages*, t.2, p.336).

[5] Cette note est un simple résumé de détails épars chez Chardin (*Voyages*, t.2,
p.96-97). Voltaire fait des remarques semblables dans le 'Chapitre des arts', dont
la première ébauche est contemporaine de ces fragments (*OCV*, t.27, p.263, 265).

[6] Il s'agit ici d'une réaction de Voltaire face au chapitre 3, 'Des langues dont les
Persans se servent, et particulièrement de la langue persane et de la langue arabe'
(*Voyages*, t.2, p.101-107) où l'on trouve: 'Je finirai ce discours de la langue arabesque
par deux observations: la première, qui est fort certaine, et nullement contestée, c'est
que cette langue qui est la langue matrice, ou une des premières matrices, a un
privilège au-dessus de toutes les autres langues du monde lequel consiste en ce qu'il
n'y en a point, qui se soit conservée si longtemps pure et sans changement. Elle est
encore aujourd'hui la langue vulgaire de plusieurs vastes pays où l'on n'en parle
point d'autre; et il n'y en a point qui soit cultivée en tant de régions, et par des
peuples plus studieux, et plus amateurs des sciences. La raison qu'on en peut

feu gregeois connu des arabes[.] il tenoit de l'ether inflammable anglais que fait grosse. il ne seteint qu'avec de l'urine.[10]

lalcoran est tres purement écrit |comment peut on imaginer que Mahomet ne savoit pas lire. la baute de son langage contribue baucoup a le rendre respectable[7]

l'ancien persan parait entierement perdu, et different de la langue des guebres[8]

σ se souvenir de mahmoud qui etendit l'ismamisme dans les indes[9] les persans ecrivent avec des rosaux, et de lencre semblable a celuy de notre imprimerie

20

25

rapporter, c'est que les Arabes n'ont jamais été subjugués, et qu'ils n'ont point été mêlés avec d'autres peuples; mais qu'ils se sont toujours conservés sans mélange' (p.104-105).

[7] Il s'agit de brefs résumés impressionnistes de divers passages de ce même chapitre 3: 'L'Alcoran par exemple, est aujourd'hui comme il y a mille ans, le modèle de la plus pure, plus courte, et plus éloquente diction' (*Voyages*, t.2, p.103); 'La seconde observation est, que les Mahométans mettent la perfection de cette langue dans le livre de l'Alcoran, qu'ils croient être composé sans la moindre faute de grammaire, et de propriété de termes, et devoir faire le modèle le plus parfait de cette langue' (p.105). Ce ne sera que plus tard que Voltaire tranchera de nouveau aussi catégoriquement la question de savoir si Mahomet savait lire et écrire: voir sa 'Lettre civile et honnête' (février 1760), section IX (*OCV*, t.27, p.362-63), et 'Conclusion, et examen de ce tableau historique' (octobre-novembre 1762), section 6 (p.389).

[8] Cette note résume le passage suivant chez Chardin: 'Quant à l'ancien Persan, c'est une langue perdue, on n'en trouve ni livres ni rudiments. Les Guèbres, qui sont les restes des Perses ou Ignicoles, qui se perpétuent de père en fils depuis la destruction de leur monarchie, ont un idiome particulier; mais on le croit plutôt un jargon que leur ancienne langue' (*Voyages*, t.2, p.105).

[9] Il s'agit ici de Mahmud de Ghazni, dit le Ghaznévide (971-1030), sultan de Perse et premier empereur musulman de l'Inde, qui soumit le continent en quatorze expéditions entreprises entre 1001 et 1028. Si Chardin le mentionne comme celui qui 'etendit l'is[l]amisme dans les indes', nous ne sommes pas parvenus à localiser l'occurrence.

[10] Cette notule, en marge, qui est selon toute probabilité un ajout tardif, ne semble pas être tirée de Chardin. L'usage de l'urine pour éteindre le feu grégeois fit son apparition lors de la prise de Saint-Jean-d'Acre en 1191, et fut mentionné dans deux quatrains répercutés par Du Cange (*Glossarium*, article 'Ignis greacus'). Nous ne savons dans quelle source Voltaire trouva ce détail, mais à l'époque où il écrivait il était très largement connu (voir, par exemple, Furetière, *Dictionnaire*, article 'Feu d'artifice'; *Le Solide Trésor des merveilleux secrets de la magie naturelle et cabalistique*

ils ecrivent de droite a gauche comme les arabes. les chinois de haut
en bas, les mexicains de bas en haut[11]
il en coute six francs pour faire transcrire mille vers[12]

σ le mot arabe cipher dont nous avons fait chifre est indien dorigine.

30 les perses qui comptent par dixaines l'apellent le chifre indien, mais
est il possible quils ignorent la regle de trois. on est surpris quils
sachent tant et si peu[13]

---

du Petit Albert, Genève, 1704, p.89, et une réédition: *Secrets merveilleux de la magie naturelle et cabalistique du Petit Albert*, Lyon, 1752, p.117).

[11] Ces deux notes remontent jusqu'à Chardin, dans la partie 'Description des sciences', chapitre 4, 'De l'écriture': 'Leur encre est fort noire faite de noix de gale, de charbon pilé et de noir de fumée. Elle est grasse et épaisse comme notre encre d'imprimerie. [...] Leurs plumes sont des roseaux, ou petites canes dures de la grosseur des plus grosses plumes de cygne' (*Voyages*, t.2, p.108). 'Ils n'écrivent pas comme nous, de la main gauche à la main droite, mais tout au rebours de la main droite à la main gauche, de même que les Arabes et les autres peuples de l'Asie anciens et modernes jusqu'au fleuve Indus' (p.109). C'est Voltaire qui ajoute les compléments d'information concernant les Chinois et les Mexicains, lesquels étaient largement connus à l'époque grâce aux récits de voyage. Voltaire ne semble avoir fait une telle comparaison qu'une seule fois, à savoir dans l'article 'ABC, ou alphabet' des *QE*: 'Joignez à cette prodigieuse différence, qu'ils [les Chinois] écrivent de haut en bas, et que les Tyriens et les Chaldéens écrivaient de droite à gauche; les Grecs et nous de gauche à droite' (*OCV*, t.38, p.26).

[12] Dans ce même chapitre 'De l'écriture' (voir ci-dessus, n.11), Chardin détaille les tarifs des copistes: 'On fait le compte par mille vers, qui sont des vers doubles que nous appelons distiques. Cinquante lettres font un distique, et ainsi mille vers font cinquante mille lettres d'alphabet. La plus belle écriture est de quatre abassis pour mille vers: c'est quelque trois livres dix sols de notre monnaie' (*Voyages*, t.2, p.109). Comme d'habitude, confronté à un texte vieux déjà de quelque quatre-vingts ans, Voltaire réactualise la valeur des sommes.

[13] Les deux premières phrases de cette note sont un résumé de Chardin (partie 'Description des sciences', chapitre 6, 'De l'arithmétique'): 'on appelle aussi ce compte *asab indi*, comptes, ou chiffre des Indes, parce qu'il paraît tout à fait semblable au chiffre ordinaire des Indiens [...] sur quoi on peut observer que le mot arabe, *syfer*, d'où est venu notre mot de chiffre, est indien d'origine, ce qui donne lieu de croire que les Arabes qui ont les premiers supputé avec les chiffres [...] apprirent cette manière des Indiens. Les Persans prétendent que le mot *syfer* est persan d'origine, et veut dire voyage, progression, avancement, parce que c'est la voie des progressions numéraires; mais ils conviennent que les Indiens le leur ont donné. Cela se trouve ainsi dans leurs anciens auteurs, et fort communément ils appellent ces figures *haẓab*

⟋ leur poesie ne consiste guere qu'en mots empoulez et en images
incoherentes comme toutes celles des hebreux en metaphores sans
justesse [14]   35

chanson celuy qui tient mon cœur ma dit pourquoy etes vous morne et
defait, quelles douces levres vous ont subjugué [?] lagrement de
votre teint, est lambre qui attire la paille[.] pourquoy vos yeux
brulent ils ce que vos graces attirent [?] maudit soit mon amour qui
se pame si vite[.] aportez des fleurs odoriferantes pour ranimer le   40
maitre de mon cœur. [15]

   37   β: la <langueur> ᵛ↑grement⁺ de

---

ell ind, arithmétique du peuple indien' (*Voyages*, t.2, p.111). La troisième phrase est
de même un résumé de Chardin: 'La méthode de supputer des Persans est fort
longue et fort pénible, et ils ne connaissent point nos règles courtes et faciles comme
sont la règle de trois, et la règle de compagnie' (p.112). Le commentaire conclusif est
de Voltaire.

[14] Du fait que Chardin émet des opinions admiratives sur la poésie persane
(chapitre 14, 'De la poésie'), nous ne croyons pas que Voltaire transcrive ici les jugements de ce dernier mais plutôt les siens propres qui prennent leur point de départ
dans l'observation suivante: 'Cette poésie prend souvent un vol si haut, qu'on la
perd de vue, pour ainsi dire, à moins qu'on n'ait beaucoup de science et une imagination vive, tant ses pointes sont fines, ses allusions délicates, et ses figures hyper-
boliques' (*Voyages*, t.2, p.188). C'est sans doute à la lecture des différents exemples
de cette poésie (p.189-96) que Voltaire formula son propre jugement dépréciatif. Le
premier se trouve dans l'*Abrégé de l'histoire universelle*: 'Parmi les déclamations extravagantes incohérentes, dont ce livre [l'*Alcoran*] est rempli, selon le goût oriental'
(*OCV*, t.22, p.124 variante). Dans l'*EM*, ce texte se trouve reproduit dans le chapitre
suivant (ch.7, 'De l'Alcoran et de la loi musulmane', p.152). Concernant les Hébreux
et leurs métaphores, on trouve dans le *Discours de l'empereur Julien contre les chrétiens*
une dénonciation tout aussi acerbe: 'Lorsqu'on donne des lois, on ne se sert point de
métaphores si recherchées. On emploie le mot propre, on ne trompe point par des
équivoques ceux à qui l'on parle. Toutefois il faut avouer que la langue hébraïque
était si pauvre, si confuse, si mal ordonnée, qu'il n'y a presque pas un passage important dans les livres juifs qui ne soit susceptible de trois ou quatre sens différents'
(*OCV*, t.71B, p.316).

[15] Voltaire copie quelque peu cavalièrement la chanson que Chardin cite pour
que le lecteur puisse juger de 'la nature de leurs petits airs': 'Celle qui tient mon cœur
m'a dit languissamment, pourquoi êtes-vous morne et défait? Quelles lèvres de
sucre vous ont mis dans leurs chaînes? J'ai pris un miroir, je le lui ai présenté, en

$\boxed{\text{isa jesus}}$. [16]

Poeme pour le tombau d'abas
invocation a mahomet

45   je te salue creature glorieuse dont le soleil est l'ombre chef dœuvre du maitre des humains, ciel de majesté et de puissance, astre de la justice [17]

chard

---

disant, qui est cette beauté qui resplendit dans ce miroir? La langueur de votre teint est l'ambre qui tire la paille. Pourquoi vos yeux brûlent-ils ce que vos appas attirent? Maudit soit ce compagnon qui se pâme si vite. Apportez des fleurs odoriférantes, pour faire revenir le cœur à mon roi' (*Voyages*, t.2, chapitre 7, 'De la musique', p.114).

[16] Voltaire encadra cette notule, 'isa jesus', pour la faire ressortir. Cette brève annotation, dont on devine mal la raison d'être ici, se trouve chez Chardin (partie 'Description des sciences', chapitre 11, 'De la philosophie'), dans un long développement consacré aux 'Sentences persanes': 'Isa (Jesus-Christ) vit le monde en vision sous la figure d'une vieille, il lui demanda: Où est ton mari? Je n'en ai point, répondit-elle. Combien en as-tu eu? reprit Isa. Sept, dit-elle. Sont-ils tous morts, ou quelqu'un t'a-t-il répudiée? Non, répondit-elle, je les ai tous mis en terre; mais je suis sur le point de me remarier. C'est une chose étonnante, dit Isa, qu'il y ait encore des gens si fous, que sans considérer comment tu traites tes maris, ils deviennent amoureux de toi, et cherchent à t'avoir' (*Voyages*, t.2, p.163).

[17] Il s'agit ici d'Abbas II, chah de Perse de 1642 à 1666. C'est dans la section 'De Paris à Ispahan' que Chardin décrit 'la galerie du tombeau d'Abbas [qui] a une frise qui règne tout autour partagée en cartouches d'azur, où est écrit, en gros caractères d'or, l'éloge fameux de Haly, le grand saint, la grande idole des Persans, fait par le docte Hasan-Cazy. [...] La pièce est en sept chants par distiques. Le premier est tout sur Mahomet, les six autres sur Ali' (*Voyages*, t.1, p.207). La transcription qu'en fait Voltaire n'est pas tout à fait fidèle: 'Chant premier. Je te salue, créature glorieuse, dont le soleil est l'ombre. Chef-d'œuvre du seigneur des humains. Ciel de majesté et de puissance. Grand astre de la justice et de la religion' (p.207). Réagissant à ce texte (p.207-11), Voltaire écrivit sur un signet, entre les pages 208-209: 'poesie empoulée' (*CN*, t.2, p.493). Si on ne trouve aucune mention de ce poème dans les écrits de Voltaire, on y relève quand même des jugements mitigés sur la poésie perse. Dans le 'Chapitre des arts' (qui date des années 1740), on trouve, par exemple, à propos du poète Sa'di: 'On sent dans cette version assez littérale un esprit hardi et poétique pénétré de la grandeur de son sujet et qui communique à l'âme du lecteur les élancements de son imagination. Mais si on lit le reste on sent aussi l'irrégularité

[f.7v] les danois ont penetré a tranquebar, aucun peuple d'orient chez nous [18]
coco arbre, aliment boisson, maison, toile, eguille tasse — [19]   50
Le grand mogol selon bernier son medecin a plus de revenu que le sha de perse, et le sultan turc [20]

---

de cent figures incohérentes entassées pêle-mêle' (*OCV*, t.27, p.265). Même genre de réaction dans sa *Lettre de M. de V*** à M. de ****, *professeur en histoire*, rédigée vers la fin du mois de décembre 1753: 'J'avais traduit des morceaux de quelques anciens poètes orientaux. Je me souviens encore d'un passage du Persan Sadi sur la puissance de l'Etre suprême. On y voit ce même génie qui anima les écrivains arabes et hébreux, et tous ceux de l'Orient. Plus d'imagination que de choix; plus d'enflure que de grandeur. Ils peignent avec la parole; mais ce sont souvent des figures mal assemblées. Les élancements de leur imagination n'ont jamais admis d'idée fine et approfondie' (*Annales de l'Empire*, appendice 2, *OCV*, t.44C, p.477).

[18] Tranquebar (mod. Tharamgambadi) était le premier des comptoirs danois en Inde, fondé en 1620. Voltaire possédait l'ouvrage de Johan Lucas Niecamp, *Histoire de la mission danoise dans les Indes orientales* (Genève, 1745, BV2575) dont les trois volumes mentionnent constamment Tranquebar.

[19] La source contemporaine (années 1740) de cette référence détaillant les différents usages auxquels le coco se prête demeure insaisissable. Mais on trouve partout de nombreuses références à sa polyvalence. Dans le *Dictionnaire raisonné universel de l'histoire naturelle* (Lausanne, 1776), on trouve: 'Le coco est un fruit des plus précieux par sa grande utilité, ainsi que les arbres qui le produisent. Il y a de ces espèces d'arbres qui fournissent seuls à un petit ménage, l'aliment, la boisson, les meubles, la toile et un grand nombre d'ustensiles' (t.2, p.562).

[20] François Bernier (1620-1688) fut pendant un certain temps médecin personnel de Dara Shikoh (mort en 1659), fils aîné de l'empereur mogol Shah Jahan, et resta à la cour de ce dernier une douzaine d'années. Ce commentaire est un simple résumé d'un passage contenu dans sa 'Lettre à Monseigneur Colbert de l'étendue de l'Hindoustan' (*Evénements particuliers* [...] *dans les Etats du Grand Mogol*, 2 vol., Paris, 1671, t.2, p.170): 'Pour moi je sais bien qu'on ne saurait nier qu'il n'ait de très grands revenus et je crois qu'il en a plus lui tout seul que le grand seigneur et le roi de Perse ensemble'. Dans son 'Mémoire oublié [...] pour [...] savoir les revenus du Grand Mogol', Bernier détaille, dans vingt entrées, les sommes énormes rendues tous les ans par les villes et territoires sous le contrôle du Mogol (*Suite des mémoires du S. Bernier, sur l'empire du Grand Mogol*, Paris, 1671, p.286-93, BV373; notons que la *Suite des mémoires* comprend deux volumes non numérotés, l'un de 294 pages en pagination continue, l'autre — celui contenant les lettres à La Mothe Le Vayer et à Chapelain — étant divisé en trois paginations différentes).

chajean a fait planter 150 lieues de pays <u>avec</u> des tourelles de 1500
pas en 1500 pas[21]

55 le trone d'aurengzeb, valoit 120 milions de n^{tre} monoye[22]   40 milions selon
vue de paris du pont neuf preferable a toutes les bautez artificielles   tevenot
des autres villes du monde[23]

53-54   β: pays ^{V}avec des tourelles / de 1500 pas en 1500 pas$^+$

[21] Cette observation sera partiellement reproduite dans l'*EM* (ch.157, 'Du
Mogol'): 'Mais il [Akbar] fit dans l'Inde plus de bien qu'Alexandre n'eut le temps d'en
faire. Ses fondations sont immenses; et on admire toujours le grand chemin bordé
d'arbres l'espace de cent cinquante lieues, depuis Agra jusqu'à Lahor; célèbre ouvrage
de ce conquérant, embelli encore par son fils Geanguir' (*OCV*, t.26A, p.329-30). On
pourrait être tenté d'attribuer (p.330, n.18) cette observation, reproduite telle quelle, à
François Catrou (*Histoire générale de l'empire du Mogol*, Paris, 1705, p.83). Cependant,
c'est la référence ici même aux tourelles qui nous oriente vers Jean de Thévenot: 'La
route qui conduit de l'une à l'autre de ces deux villes est fort agréable. C'est cette
fameuse allée de cent cinquante lieues de long, que le roi Gehanguir a fait planter
d'arbres, et qui conduit non seulement d'Agra à Dehly, mais jusqu'à Lahors même.
Toutes les demi-lieues y sont marquées par des manières de tourelles' (*Troisième
Partie des voyages de M. de Thévenot aux Indes orientales*, Paris, 1684, p.123-24).

[22] D'après la présentation, on dirait que Voltaire croise deux sources. Le point de
départ serait Bernier. Chez ce dernier, on trouve: 'tout le trône est prisé quatre
kouroures de roupies, [...] j'ai déjà dit ailleurs qu'une roupie vaut environ trente sols,
qu'une lecque sont cent mille roupies, et qu'un kourour sont cent lecques, ainsi le
trône serait estimé quarante millions de roupies, qui valent soixante millions de
livres ou environ' ('Lettre à M. de La Mothe Le Vayer', dans la *Suite des mémoires
du S. Bernier*, p.94, première pagination). La mention de 'notre monnaie' indique
que, comme d'habitude, Voltaire réactualise les anciennes sommes. La mention
de Thévenot en marge indique qu'à une date ultérieure Voltaire est revenu sur l'observation de Bernier pour la bonne raison que Thévenot, évoquant ce trône d'or,
cite Bernier comme sa source: 'Enfin il faudrait marquer en détail le reste du palais,
sans oublier ce superbe trône d'or massif avec son paon, dont on parle tant dans les
Indes, et que les Mogols disent avoir été commencé par Tamerlan. Comme l'on y
voit en pierreries les dépouilles des rois patans et autres souverains des Indes, que
les rois mogols ont vaincus; on dit qu'il vaut plus de vingt millions d'or' (*Troisième
partie des voyages de M. de Thévenot*, p.123-24). Comme on le voit, même la somme
chez Thévenot est réactualisée.

[23] Puisqu'il s'agit dans ces feuilles (f.7r-7v) d'un ensemble de notes sur l'Orient, il
n'est pas impossible que Voltaire ait trouvé sa référence au Pont Neuf chez Bernier
('Lettre à M. de La Mothe Le Vayer'): 'Il n'est pas néanmoins nécessaire que vous

Superst indiens qui se font rouer par dévotion sous le char de l'idole
ïagana[24]

femmes qui se brulent sur les cotes de coromandel et de malabar[25] 60

les bramins parmy plusieurs sottises croyent trois etres parfaits
dont lun qui est le second sest incarné neuf fois[26]

turcs faquirs, nuds, pauvres, et penitens[27]

---

sortiez hors de Paris pour trouver la plus belle et la plus magnifique vue qui soit au
monde; promenez-vous seulement sur votre Pont-Neuf considérant attentivement
pendant le jour tout ce qui est à l'entour de vous avec cet incroyable et admirable
embarras' (*Suite des mémoires du S. Bernier*, p.143-44, première pagination). La référence aux 'beautés artificielles' est-elle de Voltaire, ou aurait-il trouvé une autre
source similaire? Voir par exemple Germain Brice (*Nouvelle Description de la ville
de Paris, et de tout ce qu'elle contient de plus remarquable*, 4 vol., Paris, 1725): 'On doit
compter entre les grandes beautés du Pont Neuf, la vue incomparable qui s'y
découvre, qui passe pour une des plus magnifiques du monde, si on en veut croire
ceux qui ont vu toute l'Europe, et les pays les plus éloignés' (t.4, p.176).

[24] Voltaire ne semble pas avoir fait usage de cette note (dont la source est Bernier,
'Lettre à M. Chapelain', publiée dans la *Suite des mémoires du S. Bernier*, avec pagination séparée) avant 1756, dans le chapitre 157, 'Du Mogol', de l'*EM*: 'Il semble
que dans les climats méridionaux la chaleur du climat dispose plus les hommes à
la superstition et à l'enthousiasme qu'ailleurs. On a vu souvent des Indiens dévots
se précipiter à l'envi sous les roues du char qui portait l'idole Jaganat, et se faire
briser les os par piété' (*OCV*, t.26A, p.334 et n.37).

[25] Cette réflexion (dont la source est Bernier, 'Lettre à M. Chapelain') fut incor-
porée dans le même développement au chapitre 151 de l'*EM*: 'de l'autre côté on
conduisait au bûcher des jeunes veuves, qui se jetaient en chantant et en dansant
dans les flammes sur les corps de leurs maris' (*OCV*, t.26A, p.335 et n.39).

[26] Voici le passage que Voltaire résuma chez Bernier ('Lettre à M. Chapelain'):
'De plus j'ai vu le révérend père Roa jésuite, Allemand de nation, saint missionnaire
en Agra, qui s'était appliqué au Hanscrit [...] qui soutenait que non seulement il était
porté dans les livres des Gentils qu'il y avait un dieu en trois personnes, mais même
que la seconde personne de leur Trinité s'était incarnée neuf fois et afin qu'on ne
croie pas que je me veuille attribuer des écrits des autres, je m'en vais vous rapporter
mot pour mot ce qu'en attrapa par adresse un père carme de Chiras lorsque ce père
Roa passait par là pour venir à Rome. Les Gentils, dit-il, tiennent que la seconde
personne de la Trinité s'est incarnée par neuf fois' (*Suite des mémoires du S. Bernier*,
p.84-85, deuxième pagination).

[27] Quoique le résumé soit des plus lapidaires, cet ensemble de notes nous oriente
encore une fois vers Bernier. Dans sa 'Lettre à M. Chapelain', on trouve: 'Entre une

trouppe aussi indisciplinable que courageuse, veulent avoir du pain   janissaires
65 blanc tous les jours, beure et ris mouton jusqu'a ce quils soient en
pays ennemy[.] ils se choisissent une espece de maitre dhotel
chargé de leur fournir des provisions payé par le teftedar, ils font
des galettes d'orge [28]
furent attaquez d'abord par Le duc de Lorraine [29]   siege de vienne
70 les turcs donnent la moldavie et la valachie greculis esurientibus
Cantacuzene, qui fut fait prince de moldavie sous mahomet 4 se
disoit de la famille imperiale mais il avoit été orfevre, et n'eut cette

65 β: jours, $^{V\uparrow}$beure et ris mouton$^+$ jusqu'a

---

infinité et diversité très grande de fakirs ou comme on voudra dire, de pauvres der-
viches, religieux des Indes, il y en a grand nombre qui ont comme une espèce de
convents [sic], où [...] ils font une sorte de vœu de chasteté, pauvreté et obéissance
et qui mènent une vie si étrange que je ne sais si vous le pourrez le croire. [...] On en
voit quantité de tout nus assis ou couchés les jours et les nuits sur les cendres'
(Suite des mémoires du S. Bernier, p.47-48, deuxième pagination). Sous cette entrée,
Voltaire tira un trait horizontal sur la largeur de la page.

[28] Le seul usage approchant de cette note se trouve au ch.91 de l'EM ('De la prise
de Constantinople par les Turcs'): 'Ce sont de tous les soldats de la terre ceux qui ont
toujours été le mieux nourris. Chaque oda de janissaires avait et a encore un pour-
voyeur, qui leur fournit du mouton, du riz, du beurre, des légumes, et du pain en
abondance' (OCV, t.24, p.415-16). Les sources historiques traitant des janissaires
sont légion, mais pour tout ce qui concerne les Ottomans l'auteur de l'EM privilégie
Rycaut (Histoire de l'état présent de l'empire ottoman, Amsterdam, 1670, BV3054; voir
livre 3, ch.7, 'Des janissaires', p.445-57) et Cantimir (Histoire de l'empire ottoman,
4 vol., Paris, 1743, t.1, p.126-27, note t sur les janissaires). L'ajout supra-linéaire
('beure et ris mouton') pourrait provenir de Rycaut ou de Cantimir: 'La fourniture
journalière allouée à chaque nouveau venu dans cet ordre de milice, est trois aspres
ou un sol et demi, deux pains, deux cents drachmes de mouton, cent de riz, et trente
de beurre' (Cantimir, Histoire de l'empire ottoman, t.1, p.126-27).

[29] Ce renseignement étant de nature trop générale, il est impossible d'en identifier
une source avec certitude. Quant à son usage, c'est au chapitre 48 des Annales de
l'Empire que Voltaire montre le duc de Lorraine à la tête des Impériaux, en compagnie du roi de Pologne, fonçant sur Vienne assiégée (OCV, t.44C, p.410-16). Dans sa
Vie de Charles V duc de Lorraine et de Bar (Amsterdam, 1691), Jean de La Brune lui
donne ce beau rôle (p.228-29).

principauté que pour avoir fait present au sultan d'une belle fontaine d'argent. [30]
mylord paget est peutetre le seul ambassadeur a la porte qui ait   75
apris le turc et le grec vulgaire [31]
‡ dans les rejouissances publiques a constantinople pour des victoires
signalées on permet de boire du vin [32]
le prince Cantimir dans larticle de mahomet 4 dit quil y a 4 cent
mille maisons a constantinople, sans compter les fauxbourgs, les   80

75   β: est ^{V↑}peutetre⁺ le seul

[30] Chez Cantimir, Voltaire trouva le passage suivant: 'Demetrius Cantacuzène,
fils de Michel, de la famille des Cantacuzènes de Constantinople. Il fut fait tout
jeune, maître de la garde-robe du prince de Valaquie; je ne sais ce qui lui fit perdre
cette charge; après en avoir été dépouillé, il fit le métier de joaillier à Constantinople;
enfin ayant fait présent à Sultan Mahomet, à la cérémonie de la circoncision de ses
fils, d'un schadirvan ou fontaine d'argent qui pouvait couler pendant vingt-quatre
heures sans discontinuer, il en fut récompensé par la principauté de Moldavie'
(*Histoire de l'empire ottoman*, t.3, p.473-74, n.15). Dans le contexte de la Moldavie
ou de la Valachie, la mention 'greculis esurientibus' (qui est le 'graeculus esuriens',
c'est-à-dire le 'parasite affamé', de Juvénal, *Satires*, III.78) remonte à une source que
nous n'arrivons pas à identifier.

[31] Chez Cantimir, on lit au sujet de Paget: 'Il était né d'une famille noble d'Angleterre, et fut ambassadeur de ce royaume à la Porte. Il s'est acquis une très grande
réputation parmi les Turcs, non seulement à cause de sa rare capacité, et de la
connaissance qu'il avait des langues grecque et turque, et de la belle littérature, mais
encore pour sa merveilleuse prudence: il possédait surtout l'art d'amener les Turcs
à son but, et d'en obtenir tout ce qu'il voulait' (*Histoire de l'empire ottoman*, t.4,
p.184, n.*l*). Voltaire revint quelque peu sur son jugement à propos de Paget dans son
ajout supra-linéaire ('peut-être') car il dut se rendre compte que son résumé originel
n'était pas très fidèle.

[32] Ce passage est un résumé de Cantimir: 'On donne ce nom parmi les Turcs aux
réjouissances publiques qui se font après le gain d'une bataille, ou pour la prise d'une
ville forte. Toutes les fois qu'on les ordonne, les marchands sont obligés de tenir
leurs boutiques ouvertes jour et nuit, illuminées et ornées de tout ce qu'ils ont de
plus riche. Il n'y a sorte de jeux, divertissements ou spectacles, qui ne soient alors
permis. On ne fait point alors un crime au simple peuple de boire publiquement
du vin; et on peut être ivre impunément, sans crainte d'être ensuite inquiété pour
cet excès' (*Histoire de l'empire ottoman*, t.4, p.185, n.*p*).

boutiques et les bains, ce qui ferait a 5 personnes par maison deux
milions dhommes,[33]   serrez, serrez [34]

~

portrait de
mahomet

85

les turcs peuvent visiter leurs parents, aulieu de visiter la meque.
haut en couleur, visage long, nez etroit, yeux bleu poitrine large,
taille deliée, jambes gréles, pieds large mains rondes,[35]
mahomet 4 fit peindre plusieurs apartements, mais hors un seul peintures
kiosk tout est effacé [36]
les rois sedentaires, dordinaire superstitieux [37]

[33] Cantimir, ayant évoqué une taxe de Mahomet IV 'sur les *jamis*, les *mosquées*, et
même sur chaque maison' (*Histoire de l'empire ottoman*, t.3, p.355-56), ajoute en note:
'Il est certain que le trésor en devait regorger, puisqu'il n'y eut aucune maison, soit
turque, soit chrétienne qui en fût exempte; et chaque propriétaire paya à proportion
de son bien et de la grandeur de sa maison depuis dix léonins jusqu'à cinq cents. Et il
semble que rien n'était plus aisé que de parvenir à un exact calcul, ou du moins en
approcher de bien près, en suivant le nombre des maisons de Constantinople, qui est
au-delà de quatre cent mille, non compris les faubourgs de Pera, Chrysopolis, Ejub,
Bektach, et les autres villages contigus; outre les marchés, les hôtelleries, les boutiques et les bains' (t.3, p.497-98).
[34] La boutade 'serrez, serrez' fut ajoutée après coup.
[35] Voltaire copie (et parfois réécrit) le texte de Cantimir, qui rapporte une description de Mahomet: 'il avait le teint hâlé, ou brûlé, le visage long, le nez droit, les yeux
bleus, la barbe noire, et longue de huit pouces, la poitrine large, la taille mince, les
mains rondes ou potelées, les doigts longs, les jambes menues, les pieds larges, les
orteils un peu longs, etc.' (*Histoire de l'empire ottoman*, t.2, p.255).
[36] Dans le même développement chez Cantimir, on trouve: 'Parmi les empereurs
turcs, il n'y a eu que Mahomet IV, sultan fort adonné au vin, et qui prit Babylone,
(Bagdat) qui fit couvrir les murailles de sa chambre de peintures; mais ses successeurs
les ont fait effacer. Il reste encore de ce même empereur une petite maison sur le
Bosphore, près du village Beicosi, où l'on voit plusieurs peintures faites par son
ordre, de chasseurs tirant sur le loup et le cerf, et aussi de gens à table buvant et
mangeant ensemble' (*Histoire de l'empire ottoman*, t.2, p.256).
[37] La notion d'un lien entre sédentarité et superstition est courante parmi les
ethnologues modernes. Si nous avons cherché en vain des preuves d'une telle
croyance à l'époque de Voltaire (la première indication d'une telle thèse que nous
ayons trouvée se trouve chez J.-C. Poncelin de La Roche-Tilhac, *Superstitions de tous
les peuples du monde, ou tableau philosophique des erreurs et des faiblesses dans lesquelles
les superstitions [...] ont précipité les hommes de la plupart des nations de la terre*, 4 vol.,

[f.8r]

orientales

plusieurs filles aux grandes indes acouchent a 8 ou 9 ans   90
la sœur de homberg[38]
fruit elastique qui saute au toucher a malabar[39]
la relligion des anciens perses etablie jusqu'en lituanie et russie
jusquau temps de jagellon. architecture gotique venue des
perses[40]   95

Amsterdam, 1783, t.4, p.93), il importe toutefois de signaler que lui-même devait
noter dans ses *Fragments sur l'Inde et sur le général Lalli* à propos des prêtres
égyptiens: 'Leurs intrigues et leurs propres superstitions occupaient toute leur vie
sédentaire' (*OCV*, t.75B, p.189).

[38] L'âge auquel les femmes deviennent nubiles en Orient est fréquemment mentionné dans tout un éventail de sources à la disposition de Voltaire, par exemple
Thévenot, *Troisième Partie des voyages de M. de Thévenot*: 'A l'extrémité de cette
province, les filles sont nubiles de très bonne heure, et elles sont de même en plusieurs autres endroits des Indes, où la plupart souffrent l'homme dès l'âge de huit
à neuf ans' (p.149). Même observation chez Montesquieu, *De l'esprit des lois*, livre
XVI, chapitre 2. La mention de Homberg nous oriente toutefois vers Jacques Saurin.
Dans ses *Discours historiques, critiques, théologiques, et moraux*, on trouve: 'il n'est pas
sans exemple, comme il le prouve, que des jeunes gens de douze ans aient eu des
enfants, surtout dans les pays orientaux. Busbèque assure que dans la Colchide
on voit plusieurs mères à l'âge de dix ans. Saint Jérôme rapporte l'exemple d'une
femme qui eut un enfant d'un jeune homme de dix ans. M. de Fontenelle dans l'Histoire de l'Académie royale des sciences rapporte que la sœur du célèbre académicien
Guillaume Homberg, née à Batavia, fut mariée à l'âge de huit ans, et qu'elle fût mère
à neuf' (11 vol., t.6, La Haye, 1720-1739, p.377-78).

[39] Il s'agit ici de la sensitive du Malabar, plante dont le pétiole se renverse sur la
tige sous l'impulsion du plus léger contact. La source de cette note demeure introuvable. Le 'a malabar' semble être un ajout, d'une écriture plus grande.

[40] Le détail concernant le zoroastrisme en Russie n'est pas inconnu car c'est près
de Bakou que se trouvait le sanctuaire du feu, Artech-gah, qui portait le nom de l'un
des plus célèbres sectateurs de Zoroastre. Nous n'avons pas trouvé de source pour la
brève notation sur l'architecture, mais dans l'*EM*, ch.5, 'De la Perse, au temps de
Mahomet le prophète', on trouve, dans le contexte de Persépolis: 'Les chapiteaux
surchargés d'ornements grossiers ont presque autant de hauteur que le fût même des
colonnes. Toutes les figures sont aussi lourdes et aussi sèches que celles dont nos
églises gothiques sont encore malheureusement ornées' (*OCV*, t.22, p.100-101).

☞ leon grand mathematicien de constantinople, en vain apellé par le
calife almamon – sous lempereur teophile preuve que les grecs
quoy que dechus etoient pourtant au dessus des arabes[41]
il y a grande aparence que les termes d'astronomie comme astro-
100 labe, viennent plutot du grec que de l'arabe[42]
☞ albatagene al fragan.[43] ———————— ——————

96-97 β: par <Aaron> ^{V↑}le calife[+] almamon

[41] La source de la conclusion concernant la supériorité des Grecs en matière de
mathématiques est André Félibien: 'On peut encore remarquer que ce prince [Alma-
mon] s'appliqua beaucoup à étudier la géométrie, l'arithmétique, et diverses autres
parties des mathématiques, et que pour s'en instruire plus particulièrement il tâcha de
faire venir de Constantinople un mathématicien nommé Léon, dont le savoir avait
été longtemps inconnu dans son pays à cause de l'ignorance qui régnait alors parmi
les Grecs, mais qui devint depuis très célèbre par l'empressement qu'Almamon eut
de l'attirer auprès de lui. Ce calife lui écrivit d'abord une lettre remplie de marques
d'amitié et d'estime; et comme il ne put rien obtenir par ce moyen, et que l'empereur
Théophile qui fut averti des qualités extraordinaires de Léon retint ce savant homme
à son service, Almamon résolut d'envoyer un ambassadeur à Théophile, et de lui
offrir un présent de cent livres d'or, afin qu'il permît à Léon de faire le voyage
d'Egypte, promettant de le renvoyer peu de temps après. Mais tous ces efforts furent
inutiles' (*Entretiens sur les vies et sur les ouvrages des plus excellents peintres anciens et
modernes avec la vie des architectes*, 6 vol., Trévoux, 1725, t.5, p.127-28, BV1314).

[42] La source de cette note est Chardin, que Voltaire semble lire de travers: 'Ces
termes à les considérer originairement sont presque tous ou arabes ou persans, ce qui
est une des raisons qu'on a de croire que l'astronomie est née en Chaldée, pays qui
a toujours été possédé par les Arabes ou par les Persans, ou tout ensemble, ou
alternativement, et que c'est d'eux que les Phrygiens et les Egyptiens l'ont apprise,
lesquels ensuite l'ont enseignée aux Grecs, de même que les autres sciences. On
pourrait, comme je dis en être persuadé par les termes seuls de cette science astro-
nomique, que les Grecs ont adoptée; car d'ordinaire on reçoit les noms des choses
avec les choses même. [...] Je viens à l'astrolabe, et je dirai d'abord que ce nom vient
d'asterleb, terme persan, qui veut dire lèvres des étoiles; parce que c'est par cet
instrument que les étoiles se font entendre' (*Voyages*, t.2, 'Description des sciences',
ch.9, 'De l'astronomie et de l'astrologie', p.121). Il y a un signet annoté 'asterlaben'
par Voltaire ici dans son exemplaire (*CN*, t.2, p.496).

[43] Albatagene doit désigner Albategne, prince et astronome arabe, qui vivait au
neuvième siècle, et qui a écrit des observations touchant le soleil, la lune et les étoiles
fixes, et la figure oblique du zodiaque. Alfragan (ou Alpherganus), qui vivait vers la
fin du neuvième siècle, était un géographe arabe (*Muhamedis Alfragani arabis
chronologica et astronomica elementa*, Francfort, 1590). Chardin mentionne ce dernier
fugitivement (*Voyages*, t.3, p.139).

⌒ S^t louis meurt avec la pieté d'un relligieux et la fermeté d'un heros. [44]
Le respect pour les inventions des anciens a retardé le progres des
arts a la chine comme le respect pour aristote a perpetué l'ignorance en europe   105

+ Sultans. dans une medaille ce nom est donne a coshrou ou cosroes.
de la les turcs prirent ce titre [45]
glover la batte et baucoup dautres ont vu des hommes marins,

---

turcs le sultan na guere que quarante milions de revenu en argent le reste turcs
en denrées. ces 40 en font actuellement 80   110
⌒ les matematiciens turcs savent bien que mahomet n'a pas pu mettre
la moité de la lune dans sa manche, mais cest un mistere. [46]

108   β: marins, \<sur>

[44] Voltaire, auteur d'un *Panégyrique de saint Louis* (1750, *OCV*, t.31B, p.495-519),
était conscient de tout un éventail de sources historiques traitant de saint Louis, mais
nous n'avons pas identifié celle qui inspira cette réflexion. Il devait toutefois la
renouveler, dans un contexte légèrement différent, au chapitre 58 de l'*EM*, dès l'état
manuscrit: 'Il joignit à la piété d'un religieux la fermeté éclairée d'un roi, en répri-
mant les entreprises de la cour de Rome' (*OCV*, t.23, p.384).

[45] La source que cite Voltaire n'est pas évidente. Notons toutefois que dans la
'Dissertation XVI' de Du Cange (publiée dans sa réédition de Joinville, *Histoire
de saint Louis IX du nom*, Paris, 1668), intitulée 'Du nom et de la dignité de Sultan,
ou de Souldan', on trouve exactement la teneur de cette note: 'les rois de Perse, qui
florissaient sous les premiers empereurs de Constantinople, affectaient d'en prendre
le titre [de sultan]; ce que nous apprenons de cette rare médaille d'argent de
Chosroès, fils de Cabades, roi de Perse, dont l'empreinte nous a été communiquée
par M. de S. Amant en ses doctes *Commentaires historiques*, et que j'ai jugé à propos
de représenter encore une fois en cet endroit pour autoriser davantage ce que
j'avance [*le texte est accompagné d'une gravure de cette médaille, avers et revers*]. Cette
médaille porte en l'un de ses revers cette inscription en caractères arabes, qui sont ces
mots écrits en caractères communs: D'herb nichin maher assoltan aladham yyath
addonia valdin Kaikosro Kay Kabad. C'est à dire en latin, Impressio notarum sigillis
Sultani maximi sive monarchae, refugii mundi et religionis, Kaikofroae, filii Kabadis'
(p.238-39, seconde pagination).

[46] Les premières mentions de cet épisode chez Voltaire se trouvent dans l'article
'Esprit faux' du *DP* (1765): 'Encore don Quichote était plus excusable que le

jami grand temple, point de jami, de gr^e moschée sans ecoles[47]
Les grecs du temps des empereurs sapelloient ρομαιου [?] de la
115 Roumelie, rumelie[48]
chagatean pres de la mer caspienne, a lorient non loin du tibet
ancienne patrie des turcs[49]

Siamois qui croit que Sammonocodom est venu plusieurs fois sur la terre, et que le
Turc qui est persuadé que Mahomet a mis la moitié de la lune dans sa manche. [...]
[D]e quelle supposition peut partir un homme sensé pour se persuader que la
moitié de la lune est entrée dans une manche, et qu'un Sammonocodom est descendu
du ciel pour venir jouer au cerf-volant à Siam, couper une forêt, et faire des tours
de passe-passe?' (*OCV*, t.36, p.62-63). Il y reviendra (1765) dans l'article 'Sens
commun' du *DP* (*OCV*, t.36, p.526), puis dans le *Pot-pourri* (section X, *OCV*,
t.52, p.555), l'*Epître écrite de Constantinople aux frères* (*OCV*, t.67, p.6), et *Il faut prendre un parti* (*OCV*, t.74B, p.58-59). L'éditeur de l'article 'Sens commun' estime (*OCV*,
t.36, p.526, n.4) que Voltaire a pu trouver la réflexion chez J. Gagnier, *La Vie de
Mahomet* (Amsterdam, 1748, BV1411), mais, étant donné la référence au mathématicien, il conviendrait plutôt de designer Cantimir: 'Je pris la liberté de lui demander
un jour, comment il se pouvait faire qu'un grand mathématicien comme lui, et versé
dans les principes de Démocrite, pût croire que Mahomet eût rompu une constella-
tion telle que la lune, et en eût reçu dans sa manche une moitié qui tomba du ciel'
(*Histoire de l'empire ottoman*, t.1, p.89).

[47] Cette note semble résumer le contenu des notes *i* et *k* chez Cantimir (*Histoire
de l'empire ottoman*, t.1, p.90-91) consacrées à 'Jami' et 'Medrese' ('espèces d'académies, ou grandes écoles').

[48] La Roumélie est le terme utilisé à partir du quinzième siècle pour désigner la
partie de la péninsule balkanique sous domination ottomane. Elle comprenait la
Roumanie, la Bosnie, la Bulgarie, la Serbie et la Grèce. Le vocable 'ρομαιου [?]'
(transcription erronée de Besterman dans 'Thirteen new fragments', p.23) est une
approximation du grec 'Ρωμαῖοι'. Si nous avons cherché en vain chez Cantimir,
source principale de cette longue série de notes, une telle précision concernant ce
qu'il appelle lui-même la Romelie, nous pouvons néanmoins ajouter que l'affirma-
tion est bien fondée. Par exemple l'abbé Nicolle de Lacroix, dans sa *Géographie
moderne* (2 vol., Paris, 1752), parlant de la Roumanie, souligne 'l'affectation des
derniers Grecs à s'appeler Romains' (t.2, p.96).

[49] 'Chagatean' semble être une transcription explicable par la dictée. Le Daghestan se trouve à l'ouest de la mer Caspienne. Le second membre de phrase, qui fut
ajouté à une date plus tardive, doit être un souvenir erroné. La mention 'ancienne
patrie des turcs' (également un ajout tardif) ne peut que se rapporter au Daghestan.

⟨— jem nom qui dans l'orient signifie en abregé, le cachet de Salomon, et que nous nommons Zizim, frere de bazajet 2 les cretiens disent quAlexandre six pape lempoisonna; les turcs disent qu'un barbier 120 nommé mustapha gagné par bazajet luy coupa la gorge a naples. ainsi les cretiens acusent le pape les turcs le sultan, et tous se trompent peutetre[50]

⟨— un circassien ou une circassienne est vendu a constantinople mil ecus, un russe 400, un allemand ou allemande au dessous de 250[51] 125

118   β: l'orient <est> ᵛsignifie⁺ en
120   β: quAlexandre six ᵛↄpape⁺ lempoisonna;
121-22 β: gorge ᵛↄa naples⁺. ainsi
125   β: ecus, un <allemand> russe

[50] Comme nous l'apprenons chez Cantimir, Jem, ou plutôt Djem, était Zizim ou Zemes, frère de Bajazet (*Histoire de l'empire ottoman*, t.2, p.81) qui se révolta contre son frère. La note *e* consacrée à Jem est ainsi conçue: 'En langage commun ce mot signifie une sorte de grappes plus délicieuses que les ordinaires: mais si on ajoute un *tesdid* arabe, c'est-à-dire, si on double l'*m* par un trait, —; *jemm* devient un terme magique, et sert à exprimer le nom fabuleux et mystérieux de Salomon ou d'Alexandre le Grand: comme *Chatemi jemm*, le sceau ou anneau de Salomon' (t.2, p.118). Aux pages 84-89, dont Voltaire fait ici un résumé des plus rapides, Cantimir raconte comment Jem prit la fuite et alla se réfugier en Italie où il fut égorgé par son barbier. La note *l* de Cantimir retint l'attention de Voltaire: 'Alexandre VI est à tort accusé par les chrétiens du crime [de l'assassinat de Jem] que je viens de lui reprocher après eux' (t.2, p.121). Voltaire fit usage de ces détails pour la première fois au ch.107 de l'*EM* en 1754: 'Le prince Demetrius Cantemir dit que selon les annales turques, le barbier de Zizim lui coupa la gorge, et que ce barbier fut grand vizir pour récompense. Il n'est pas probable qu'on ait fait ministre et général un barbier. Si Zizim avait été ainsi assassiné, le roi Charles VIII qui renvoya son corps à son frère, aurait su ce genre de mort; les contemporains en auraient parlé. Le prince Cantemir, et ceux qui accusent Alexandre VI, peuvent se tromper également. La haine qu'on portait à ce pontife lui imputa tous les crimes qu'il pouvait commettre' (*OCV*, t.25, p.57). Guichardin, par exemple, prétend que Zizim fut empoisonné à l'instigation d'Alexandre VI pour 300 000 ducats qu'il reçut de Bajazet. Giovanni Sagredo, *Memorie istoriche de' monarchi ottomani* (Venise, 1673), p.97, et Alexander Gordon, *La Vie du pape Alexandre VI*, 2 vol. (Amsterdam, 1732), t.2, p.444, répètent la même accusation.

[51] C'est Cantimir qui évoque les valeurs respectives des prisonniers vendus comme esclaves: 'Ainsi dans un marché où on amènera des esclaves à vendre, de

Sophi, de perse, De Sufi, Sufi de σοφος [52]

[f.8*v*] il ny a rien dans L'orient qui ressemble a notre noblesse [53]   turcs

~

on garde une robe de mahomet avec la quelle on fait de leau benite   Superstition
en la trempant, et une dent du prophete cest tout comme icy. [54]   *x*

---

même âge, même force, et même beauté, vous verrez ce qui vient de Circassie, de l'un et de l'autre sexe acheté pour mille écus impériaux, on en donnera six cents des Polonais; cinq cents des Abazàs; d'un Moscovite ou Cosaque quatre cents; trois cents d'un Géorgien: pour un Mingrélien on ne donnera que deux cent cinquante, et bien au-dessous de ce prix pour un Allemand ou un Franc' (*Histoire de l'empire ottoman*, t.2, p.142).

[52] Bref résumé de la note *tt* chez Cantimir sur 'Ismael Schah': Roi de Perse, contemporain de Bajazet II. Ce fut un redoutable et perpétuel ennemi de la race ottomane et son génie supérieur lui a donné rang parmi les plus habiles princes, et peut-être est-ce par allusion à sa sagesse qu'on l'appela Sophi, qui est venu du grec σοφος, sage' (*Histoire de l'empire ottoman*, t.2, p.161).

[53] A première vue, il est difficile d'interpréter cette remarque. Est-ce Voltaire qui parle de la noblesse occidentale par rapport à ce qu'on trouve en Orient? Ou s'agit-il d'un Turc parlant de la noblesse ottomane? Cependant, le mot 'turcs' en marge aurait tendance à nous orienter (étant donné la source que Voltaire est en train de consulter vers la remarque *cc* chez Cantimir, où ce dernier s'exprime ainsi: 'Or il faut savoir que les Turcs n'attachent point la noblesse à une longue suite d'ancêtres illustres, car ils se croient tous également nobles; et les honneurs ne leur paraissent point devoir être l'apanage d'une naissance distinguée, mais la récompense du mérite; la vraie noblesse chez eux est celle de l'âme, en qui brille la prudence, et qui par l'expérience et la pratique des vertus a acquis de quoi se distinguer par-dessus les autres' (*Histoire de l'empire ottoman*, t.1, p.133-34). Notons toutefois que, dans un autre contexte, Voltaire s'en prend en termes semblables à Montesquieu: au chapitre 197 de l'*EM*, 'Résumé de toute cette histoire', composé pour l'édition de 1756, on lit: 'Il n'est rien dans l'Asie qui ressemble à la noblesse d'Europe; [...] on ne voit ni en Turquie, ni en Perse, ni aux Indes, ni à la Chine, rien qui donne l'idée de ces corps de nobles qui forment une partie essentielle de chaque monarchie européenne' (*OCV*, t.26c, p.325). Montesquieu ayant noté dans *De l'esprit des lois*, ch.4: 'Le pouvoir intermédiaire subordonné le plus naturel est celui de la noblesse' (2 vol., Leyde, 1749, t.1, p.17), Voltaire écrivit en face: 'il ny a point de noblesse en turquie il y a un monarque despote affecté à la servie, a la valachie – etc' (*CN*, t.5, p.727).

[54] Cette remarque acerbe sur les reliques ('c'est tout comme ici') réagit au texte de Cantimir: 'Le livre intitulé *Muhammedyé*, qui contient la vie de Mahomet, raconte

le Sheik de la meque, apelle le grand seigneur, lempereur de perse,   130
et celuy des indes ses vices gerents[55]

arts antiquite dans la mosquée de Selim il y a deux colonnes de porphire qui
furent aportées de la troade[56]

aux avenements des grands seigneurs chaque janissaire a 20 ecus,
chaque spahi 25 écus, et il y a 40 mille janissaires, et quinze mille   135
spahis. ces 20 ecus produisent bien des revolutions. Lempire turc
est lempire des janissaires[57]

134 β: <a chaque> aux

"Que l'archange Gabriel fut un jour fort effrayé dans la crainte de la colère de Dieu,
parce que dans un combat, un ennemi avait de sa masse fait sauter une dent de
devant de la bouche du prophète: ce que voyant l'archange, il descendit du ciel
au plus vite avant que la dent tombât par terre, et la recevant dans sa main, il la rendit
au prophète, mais ne la remit pas cependant à sa place." Les sultans gardent dans leur
trésor parmi leurs plus précieuses raretés une dent humaine, qu'ils croient être la
dent de Mahomet. On garde aussi avec grand soin dans le trésor une robe, qu'on
prétend lui avoir servi. Le mufti, après quelques prières, trempe le bord de cette robe
dans l'eau chaque année, trois jours avant le Ramazan, qui est le mois de jeûne des
Turcs. Cette robe communique sa sainteté à l'eau, qui devient, à ce qu'on croit,
incorruptible, et on lui donne en conséquence le nom de *abi hyr cai scerif*, eau de
la sainte robe' (*Histoire de l'empire ottoman*, t.1, p.295).

[55] Si Cantimir évoque en effet l'importance que le sheik (ou schérif) de la Mecque
s'attribuait, Voltaire le lit trop vite: 'quand il [le sultan] écrit à l'empereur, après les
titres pompeux que l'usage a déféré à sa couronne, il le traite de *Vekilimuz*, c'est-à-
dire de vicaire du prophète, et le sien dans l'empire du monde. Il écrit, dit-on, du
même style à l'empereur de l'Inde, ou Mogol' (*Histoire de l'empire ottoman*, t.2,
p.263). Le complément d'information concernant les 'vice gerents' se trouve dans
la section 'Explications des noms turcs': '*Vekil* ou *Vekilimuz*, signifie vicaire. Le
scheik de la Mèque se dit le *Vekili* du prophète Mahomet; et lui-même appelle le
sultan son *Bizum Vekil* ou vicegérent' (*Histoire de l'empire ottoman*, t.1, p.cxl).

[56] La Sulemaniè (ou Selimiye) fut construite entre 1568 et 1575 par Soliman (ou
Selim) II avec des matériaux récupérés en Asie Mineure. Voltaire trouva ces deux
mentions éparses chez Cantimir: 'Le portique qui forme la grande porte est orné
de deux larges colonnes de porphyre [...] ces morceaux précieux étaient apportés
de la Troade, qui fournissait aux Turcs des matériaux en abondance pour leurs bâtiments' (*Histoire de l'empire ottoman*, t.2, p.355).

[57] Cantimir définit le bakchich: 'Largesse, dont on gratifie ordinairement la milice
à l'accession d'un nouvel empereur à la couronne. Chaque janissaire, et il y en a

⚡les sorts de lalcoran en usage comme ceux du pseautier[58]
les turcs ne donnent le titre de pasdisha quau roy de france mais ils
140 ont fait aux ambassadeurs des empereurs de germanie des honneurs qu'ils ne font point au notres, (le caftan brodé)[59]
Sous mahomet 4 Gregoire fait prince de Valachie par les turcs ⚡
obtient du pape la permission d'avoir une seconde femme du

141-42 β: brodé) / <Kiuproli, ou Kuperli qui prit candie, visir, fils dun visir[60]> /
Sous

---

quarante mille, reçoit vingt richdales, et chacun des quinze mille spahis en touche
vingt-cinq' (*Histoire de l'empire ottoman*, t.3, p.21-22, n.*d*). Les deux dernières
remarques proviennent toutefois du tome 4 où l'on trouve une deuxième note sur
le bakkich: 'l'expérience n'a que trop fait voir que l'avidité du soldat le porte
naturellement à souhaiter le changement de maître, dans l'attente d'une nouvelle
largesse: et les ennemis d'un sultan savent trop bien saisir cette disposition générale
de la milice, pour l'inciter à la sédition. Combien de sultans ont été déposés pour
cette seule cause, que les janissaires leurrés par l'espérance d'un bakkich ont franchi
toutes les bornes, se révoltant contre leur souverain' (t.4, p.63-64).
[58] Pour 'sorts' il faut évidemment lire 'sourates'. Bien que les points communs
entre psaumes et sourates (similitude des structures, des motifs et des images) soient
connus depuis longtemps, nous n'avons pas pu identifier de source particulière ici.
Nulle trace dans ses écrits d'un tel parallélisme.
[59] Cantimir: 'Padischah ou padischahi, empereur. Les Turcs donnent ce titre au
roi de France, par préférence' (*Histoire de l'empire ottoman*, t.1, section 'Explications
des noms turcs', p.cxxxi). Le *kaftan* (ou *khilat*) était un vêtement d'honneur accordé
par les sultans aux grands dignitaires de l'empire lors de leur nomination ou aux
étrangers de marque. Nous ignorons la source que cite Voltaire à propos des 'ambassadeurs des empereurs de Germanie'.
[60] Cantimir explique que Kuperli Ogli est le 'Fils du précédent Kioprili Mehemed
Pacha [...]. Il fut grand vizir pendant dix-sept ans; son savoir, sa prudence, sa
fermeté, et toutes les autres qualités de l'âme qu'il possédait l'ont rendu respectable
aux Turcs. C'est à lui qu'ils attribuent la conquête de Candie' (*Histoire de l'empire
ottoman*, t.3, p.147-48, n.*c*).

✓idem le comte vivant de la premiere qui etoit retenue chez les turcs✗[61]
de la lippe la sultanne mere a mille bourses, quinze cent mil ecus de revenu [62]   145
le lundy, le mercredy, le vandredy et le samedy, le visir rend la
justice, ainsi, il est a la fois juge ministre et general. [63]

[61] Voltaire fait ici un très bref résumé d'un long développement chez Cantimir
concernant Grégoire I Ghiga, prince de Valachie: 'Grégoire ayant reçu cette lettre
fut demander permission à l'empereur de s'en retourner; ne pouvant l'obtenir, il
feignit d'avoir dessein de passer le reste de ses jours en Allemagne, et d'embrasser
la religion romaine, pourvu que le pape voulût bien lui accorder dispense pour
épouser une autre femme. L'empereur fort satisfait des dispositions de Grégoire, lui
donne un sauf-conduit, et outre cela des lettres de recommandation auprès du pape.
Muni de ces pièces favorables, il vient à Rome, va baiser les pieds du pape, et lui
expose son état: il dit, qu'il avait laissé sa femme entre les mains des Turcs, mais que
se sentant incapable de garder la continence tant qu'il était séparé d'elle, il demandait dispense pour en épouser une autre du vivant de la première; que s'il obtenait
cette grâce, il la reconnaîtrait en faisant profession publique de la foi de l'Eglise de
Rome. Le pape qui ne s'attendait pas à une telle supplique jugea à propos d'en consulter avec les cardinaux: il s'agissait ou de tenir la main à la loi de l'Evangile qui
défend la polygamie ou de se relâcher de sa rigueur en faveur d'un schismatique,
et qui plus est d'un prince illustre, qui par cette indulgence serait amené au sein
de l'Eglise catholique. L'affaire ayant été bien débattue, le dernier parti l'emporta;
et ainsi on accorda au prince Grégoire la dispense de se remarier du vivant de sa
première femme; et pour prix de cette grâce il se déclara ouvertement catholique'
(*Histoire de l'empire ottoman*, t.3, p.405-406). L'ajout tardif concernant le comte de
la Lippe, qui aurait eu deux femmes, demeure mystérieux, mais Voltaire fait allusion
ailleurs à un scénario similaire en évoquant Philippe, landgrave de Hesse (voir ci-
dessus, fragment 11b, lignes 7-8).
[62] Cantimir: 'Les appointements de la mère du sultan montent à plus de mille
bourses, qui lui sont fournies des revenus des provinces de l'empire' (*Histoire de
l'empire ottoman*, t.3, p.452). C'est Voltaire qui traduit en écus.
[63] Cantimir décrit le tribunal du Divanchane: 'Il y a quatre jours de la semaine,
savoir le vendredi, le samedi, le lundi, et le mercredi, auxquels le grand vizir est
obligé de tenir audience au Divan, et administrer la justice au peuple' (*Histoire de
l'empire ottoman*, t.4, p.65-66, n.*c*). C'est Voltaire, semble-t-il, qui ajoute (à juste
titre) que le grand vizir est à la fois ministre et général.

les bostangi servoient autrefois de milice[64]

---

la livre etoit de douze onces. le sol dargent valoit 13^{ll} 10s.[65]

150 un rochet doublé de marthe etoit taxe a 30 sous, donc il valoit 50 ecus de notre monoye en 1740, et cest baucoup,[66]

luxe
Charlemagne
luxe

---

une livre et demi 50 ecus de 3^{ll} mais la livre etoit de douze onzes

151-53 β: baucoup, / <les capitulaires parlent des comtes et barons de 6000 de rente cest 6000 par 72 = 432 000.> comtes et barons de 6000^{ll} de rente. $^V\uparrow$Si$^+$ la livre en valoit <douze> $^V\uparrow$10$^+$ des notres,

[64] Cantimir: 'Les premiers empereurs turcs attentifs à former des soldats endurcis au métier de la guerre, et capables d'en supporter les fatigues, instituèrent le corps des bostanjis: ils crurent que des travaux pénibles d'un jardin, où ils sont exposés au froid et au chaud, et à toutes les injures de l'air, ils passeraient comme naturellement à ceux de la milice. Les bostanjis furent longtemps la pépinière des meilleurs soldats. D'abord on tira d'entre eux les Azaplis ou furieux, qui à la vérité étaient tout ce qu'il y avait de plus bas parmi les Turcs; mais parmi ceux-ci on triait ce qu'il y avait de plus vigoureux pour en former les janissaires: l'un servait de degré à l'autre. Aujourd'hui que le corps des janissaires est aisé à remplir, soit des enfants des morts, soit de ceux qui s'enrôlent volontairement; on a renoncé aux bostanjis, qui demeurent attachés à la garde des palais du sultan' (*Histoire de l'empire ottoman*, t.4, p.316, n.*l*). Après cette dernière entrée, Voltaire tira un trait sur la largeur de la page.

[65] A partir d'ici et jusqu'à la fin du document les entrées formeront le contenu du 'First Paris notebook' (*OCV*, t.82, p.467-71) qui daterait des années 1740-1750 (voir *OCV*, t.81, p.290). Cette entrée ('First Paris notebook', *OCV*, t.82, p.467) fut utilisée en partie au ch.19 de l'*EM* dès l'état manuscrit: 'La livre numéraire du temps de Charlemagne, était réputée le poids d'une livre d'argent de douze onces' (*OCV*, t.22, p.300; même observation au ch.84: 'Sous Charlemagne elle avait été réellement le poids d'une livre de douze onces', *OCV*, t.24, p.307-308). Voltaire aurait utilisé François Le Blanc, *Traité historique des monnaies de France* [...] *depuis le commencement de la monarchie jusqu'à présent* (Amsterdam, 1692), p.95.

[66] Nous avons affaire ici à une ordonnance de Charlemagne de l'an 808, la première des lois somptuaires occasionnées par l'essor du luxe. Dans le 'First Paris notebook': 'Un rochet doublé de martre était taxé à trente sous, donc il valait une livre et demi, cinquante écus de trois livres (mais la livre était de douze onces), cinquante écus de notre monnaie en 1740, et c'est beaucoup' (*OCV*, t.82, p.467). Les

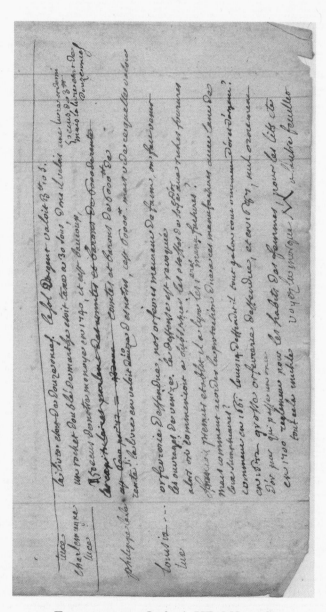

17. Fragment 48a. Oxford, VF: MS20, f.8v.

comtes et barons de 6000^{ll} de rente. Si la livre en valoit 10 des   philippe le be[l]
notres, cest 60 000^{ll}. mais vide ce quelle valoit[67]
orfevrerie deffendue, nos orfevres meurent de faim, on fait venir   louis i2, lux[e]
155   les ouvrages de venize. la deffense est revoquée[68]
alors on commencoit a substituer les etoffes de soye et d'or aux
riches fourures
françois premier etablit il a lyon les 1^{eres} manufactures?
mais comment acorder la protection due a ces manufactures avec
160   tant de loix sumptuaires?[69]

156   β: soye $^{V\uparrow}$et d'or$^+$ aux

---

sources contenant ce détail étant nombreuses, nous ne savons où Voltaire le trouva. Mais il semble avoir lu trop distraitement car cette ordonnance 'fait défenses à toutes personnes de vendre ou d'acheter le meilleur sayon double plus cher que 20 s[,] le simple 10 s[,] et les autres à proportion: le meilleur rochet fourré de martre ou de loutre, plus cher que 30 s' (Nicolas de La Mare, *Traité de la police*, 4 vol., Paris, 1722-1738, 'Police de la France touchant le luxe', t.1, p.418; ce texte est repris par l'abbé de Vertot dans les *Mémoires de littérature tirés des registres de l'Académie royale des inscriptions et belles-lettres*, t.6 (1729): 'Dissertation de l'établissement des lois somptuaires parmi les Français', p.732).

[67] Il s'agit ici de l'ordonnance de Philippe le Bel de 1294, qui cherchait à enrayer les dépenses superflues. Voltaire note tout simplement les revenus dont disposaient les comtes et barons (la version corrigée, sans la rature, se trouve dans le 'First Paris notebook', *OCV*, t.82, p.467). Dans La Mare, *Traité de la police*, on lit: 'Les ducs, les comtes, les barons de 6000 liv. de rente, pourront avoir quatre robes, et non plus par an, et leurs femmes autant' (t.1, p.418).

[68] Même texte dans le 'First Paris notebook', *OCV*, t.82, p.467. Voltaire s'en est servi en composant le chapitre 121 de l'*EM*, dès l'état manuscrit: 'On commençait dès le temps de Louis XII à substituer aux fourrures précieuses les étoffes d'or et d'argent qui se fabriquaient en Italie. Il n'y en avait point encore à Lyon. L'orfèvrerie était grossière. Louis XII l'ayant défendue dans son royaume par une loi somptuaire indiscrète, les Français firent venir leur argenterie de Venise. Les orfèvres de France furent réduits à la pauvreté, et Louis XII révoqua sagement la loi' (*OCV*, t.25, p.288). La Mare, dans le *Traité de la police* ('Police de la France touchant le luxe', t.1, p.419) nous apprend que Louis XII interdit l'orfèvrerie le 22 novembre 1506, et qu'il fut obligé de la permettre de nouveau le 7 février 1510, vu les problèmes économiques qui en découlèrent.

[69] Voltaire s'inspira de ces deux notes (qui n'en font qu'une seule dans le 'First Paris notebook', *OCV*, t.82, p.467) au chapitre 121 de l'*EM* dès l'état manuscrit: (voir ci-dessus, n.68). En 1754, Voltaire ajouta: 'François Ier, devenu économe sur

comment en 166i louis 14 deffendit il tout galon tout ornement d'or et d'argent? [70]

en 1672 grosse orfevrerie deffendue, et en 1687, nul ornement d'or pur qui passe un[e] once [71]

en 1700 reglement pour les habits des femmes, pour les lits etc.   165

---

la fin de sa vie, défendit les étoffes d'or et de soie. Henri III renouvela cette défense. Mais si ces lois avaient été observées, les manufactures de Lyon étaient perdues' (*OCV*, t.25, p.288-89). La réflexion concernant les lois somptuaires ne fut pas utilisée telle quelle dans l'*EM* mais semble avoir inspiré la remarque ajoutée en 1754. Un peu plus loin, Voltaire se contenta d'observer: 'Toutes ces lois somptuaires ne prouvent autre chose sinon que le gouvernement n'avait pas toujours de grandes vues, et qu'il parut plus aisé aux ministres de proscrire l'industrie que de l'encourager' (p.289). On trouve toutefois dans le fragment 48 (qui constituait autrefois la suite du présent document): 'Comment accorder ces lois avec la protection des manufactures? Colbert fit venir des dentelles à Paris' (*OCV*, t.82, p.686).

[70] Même texte dans le 'First Paris notebook', *OCV*, t.82, p.467. Il s'agit de la déclaration du 27 mai 1661, qui interprète celle du 27 novembre 1660, laquelle avait promulgué une telle interdiction. C'est cette déclaration-là (et non celle de 1661) qui évoque (*Traité de la police*, chapitre VI, 'Ordonnances de Louis le Grand contre le luxe') 'aucunes étoffes d'or ou d'argent fin ou faux' (article I, t.1, p.435), et 'dentelles et autres ouvrages de fil' (article IV, t.1, p.436). La déclaration du 27 mai 1661 (p.436-37), qui interprète celle de 1660, et qui cherche à protéger les artisans de France, interdit de tels articles s'ils avaient été *fabriqués à l'étranger*. Dans le fragment 48, évoquant les différentes lois somptuaires depuis Henri III, Voltaire note: '1634 et 5/ idem presque tous les ans./ Sous Louis 14 idem, même sous [C]olbert en 1672 et 13' (*OCV*, t.82, p.685; pour '13' lire '73').

[71] La déclaration du 26 avril 1672, qui cherchait à enrayer la 'consommation excessive [d']ouvrages inutiles' avait fait 'très expresses inhibitions et défenses à tous orfèvres et ouvriers de fabriquer et exposer, ni vendre aucune vaisselle d'or servant à l'usage de la table, de quelque poids que ce puisse être; et pareillement de fabriquer, exposer, ni vendre aucuns bassins d'argent excédant le poids de douze marcs, ni des plats excédant le poids de huit marcs'. Mais Voltaire paraît cibler ici les 'chenets, feux d'argent, braziers, chandeliers à branches, girandoles, plaques à miroirs, miroirs, cabinets, tables, guéridons, paniers, [et] corbeilles' (La Mare, *Traité de la police*, t.1, p.441). La déclaration du 10 février 1687, qui réitère de telles interdictions (p.445-48) ne fait aucune mention de poids dépassant une once. La situation pour le Trésor allant en empirant, c'est celle du 14 décembre 1689 qui déclare: 'en conséquence faisons défenses à tous orfèvres et autres ouvriers travaillant, tant en or qu'en argent, dans notre bonne ville de Paris et autres villes et lieux de notre royaume, de fabriquer, exposer ou vendre aucune vaisselle, ou aucun autre ouvrage d'or excédant le poids d'une once' (*Traité de la police*, t.1, p.448). Même texte dans le 'First Paris notebook', *OCV*, t.82, p.467.

tout cela inutile [72]   voyez la marque ⋏⋏ a l'autre feuillet [73]
[f.9r] sous charles 7 environ 9^ll font un marc. aujourduy 50^ll donc
plus de 5 fois autant d'argent en france que du temps de ch 7 [74]
pourquoy le pere de la batte (tome 8) dit il que la facade du Louvre,   france
170 de St Germ de Laux est de Bernini; [75]   france

168 β: ch<9> ^V7^+
170-71 β: Bernini; / <les papes ont perdu l'angleterre pour avoir eu trop de
droits S'ils n'avoient pas eu celuy de prononcer un divorce, les anglais seroient
catoliq:> [76] / Le roy ne peut il pas nommer ^V↑toujours^+ a

[72] Même texte dans le 'First Paris notebook', *OCV*, t.82, p.467. Par son édit du
mois de mars (pas de quantième indiqué) Louis le Grand donna la dernière forme
à toutes ses lois somptuaires datant depuis 1661 (La Mare, *Traité de la police*, t.1,
p.451-55). Voltaire semble ici se contenter de la manchette: 'Edit du roi pour le
retranchement du luxe des meubles, habits [de femmes, p.453], vaisselle équipages
et bâtiments' (p.451). Le commentaire concernant l'inutilité de tels édits est évidemment de Voltaire.

[73] Cette référence à 'l'autre feuillet' semble renvoyer au fragment 48: 'M / Voyez
aussi Melon, et Lamarre' (*OCV*, t.82, p.685). Jean-François Melon, auteur de l'*Essai
politique sur le commerce* (1734), était bien connu de Voltaire pour ses idées sur les lois
somptuaires. 'Lamarre' est évidemment La Mare.

[74] La source de cette information (déformée par Voltaire) est Le Blanc (*Traité
historique des monnaies*): 'Dans cette extrême nécessité l'affaiblissement des monnaies
était un des plus prompts et des plus assurés moyens pour avoir de l'argent, c'est
pourquoi il n'y avait guère de mois qu'il ne les affaiblit [...] de sorte que le marc
d'argent qui valait [...], le 3 mai 1418, 9 livres, en valut 90 au mois de juillet 1422'
(p.246). Cette remarque ne fut pas répercutée telle quelle, mais au chapitre 94 de
l'*EM*, dès l'état manuscrit, Voltaire fait des calculs semblables mais non identiques
(*OCV*, t.24, p.463).

[75] Même texte dans le 'First Paris notebook', *OCV*, t.82, p.468, où l'on lit, non
Delabatte, mais Labat. Jean-Baptiste Labat (1663-1728) est l'auteur des *Voyages du
P. Labat de l'ordre des FF. prêcheurs en Espagne et en Italie* (8 vol., Paris, 1730,
BV790). Sur Gian Lorenzo Bernini, Labat écrit: 'un homme qui s'était acquis une
juste réputation par les beaux ouvrages qui sont sortis de ses mains, et entre autres
par le dessin de la façade du Louvre du côté de S. Germain de l'Auxerrois' (t.8, p.13).
Dès l'époque du *Temple du goût* (1733), Voltaire s'était élevé contre une telle asser-
tion: 'Sur l'autel du dieu, on voit le plan de cette belle façade du Louvre, dont on
n'est point redevable au cavalier Bernin qu'on fit venir inutilement en France avec
tant de frais, et qui fut construite par Louis le Vau' (*OCV*, t.9, p.169). On trouve le
même constat au chapitre 29 du *Siècle de Louis XIV* (*OCV*, t.13c, p.116).

[76] Cette remarque, qui fut rayée par Voltaire, ne figure pas dans le 'First Paris
notebook'. Evidemment elle est à situer dans le contexte de Henri VIII, chapitre 135

Le roy ne peut il pas nommer toujours a des pensions deja une fois etablies sur des benefices?[77]
du temps de Charles 6 on proposait trois sujets au roy pour toutte place vacante. ainsi en espagne en allemagne, en flandre comment en angleterre?[78]

+ je crois m'estre trompé sur la proportion de largent du temps de charlemagne et du notre[79]

175

176-77   β: largent <sous> ᵛ↑du temps de⁺ charlemagne

---

de l'*EM* où Voltaire fait le même genre d'observation dès l'état manuscrit: 'Le pape Clément VII ne put alors se dispenser d'accorder à Charles-Quint outragé, et aux prérogatives du Saint-Siège, une bulle contre Henri VIII. Mais le pape par cette bulle perdit le royaume d'Angleterre' (*OCV*, t.26A, p.50).

[77] Même texte dans le 'First Paris notebook', *OCV*, t.82, p.468, avec cette différence: 'pensions déjà établies'. Le roi de France avait le droit d'assigner des pensions sur les bénéfices dont il avait la pleine collation au titre de la régale, mais tout autre cas devait être soumis à l'approbation du pape. Si nous ne trouvons nulle part dans les écrits de Voltaire une telle interrogation, elle aurait pu se situer dans le contexte du chapitre 35 du *Siècle de Louis XIV* (*OCV*, t.13D, p.54-56, manchette: 'De la régale').

[78] Cette observation se retrouve dans le 'First Paris notebook', *OCV*, t.82, p.468, avec la remarque additionnelle 'François Iᵉʳ les vendit' (addition également répercutée par le fragment 48, *OCV*, t.82, p.687, qui remplace le membre de phrase 'pour toute place vacante' par 'toute charge de judicature'). Voltaire l'incorpora, sous une forme légèrement différente, dans le chapitre 114 de l'*EM* en 1756: 'Il [Louis XII] maintint l'usage où étaient les parlements du royaume, de choisir trois sujets pour remplir une place vacante. Le roi nommait un des trois' (*OCV*, t.25, p.154; ce développement fut reproduit au chapitre 14 de l'*Histoire du parlement de Paris*, *OCV*, t.68, p.217, où Voltaire reconnaît qu'il se copie). Nous ne savons de quelle source provient la mention de Charles VI, mais on trouve une confirmation oblique de ses dires dans l'article 'Election d'un officier' de l'*Encyclopédie*, Boucher d'Argis: 'Charles V ordonna en 1355 que le chancelier, les présidents, et conseillers seraient élus par scrutin au parlement; Charles VI ordonna encore la même chose en 1400, ce qui dura jusqu'au mariage d'Henri roi d'Angleterre avec Catherine de France [1420]; [...] alors le parlement nomma trois personnes au roi qui donnait des provisions à l'un des trois' (t.5, p.459).

[79] Observation reproduite dans le 'First Paris notebook', *OCV*, t.82, p.468. Voltaire renverrait-il ici à son observation concernant la valeur du sol d'argent sous Charlemagne (voir ci-dessus, ligne 149)?

24 livres de pain pour un dernier. et ce dernier, 12eme partie d'un
sou, ou bien quarantieme partie d'un sou d'or, revenant à 7 sous de
180 notre monoye en 1740
or la livre de pain vaut environ 2 sous annee comune.
ainsi a peupres le $\frac{1}{3}$ dun denier pour une livre, de pain [?] c'est un +
denier pour 3^{ll} de pain
dans 24   3 fois huit, donc les denrées etoient huit fois seulement
185 meilleur marché
11 onces de pain valoient 2 deniers; vide que valoit le sou   en 1430
sous charles 5, le septier de froment valoit de huit sous, vide jus-   1370
qu'a vingt quatre sous, cest 16 sous, années communes[.] le septier
contient douze boissaux. le sou etoit la vingt^{eme} partie de la livre, et
190 la livre ayant changé * 7 ou huit livres numeraires faisoient le marc   +bien
le sou etoit donc la 20e partie de la 8eme de 50 francs valant apeu   davantage
+ a l'enquerre
pres 6^{ll}. Le sou valoit 6 de nos sous ainsi le septier valoit 6 fois   voyez le blanc
16 de nos sous. 96 sous, et le bled environ la moitié moins qu'ajour-
duy dans nos bonnes années
195 le prix ordinaire du bled, etoit dix sept dix huit 20 sous le boissau...   vers lan 1630
aujourduy 30 mais notre sou est le double de celuy de ce temps la[80]

182-83   β: livre, $^{V\uparrow}$de pain [?]$^+$ c'est un denier $^{V\uparrow}$pour$^+$ 3^{ll}
187   β: valoit $^{V\uparrow}$de$^+$ huit
190-91   β: livres $^{V\uparrow}$numeraires$^+$ faisoient le marc le sou etoit donc la 20e partie
de <16 sous> la 8eme
193   β: 96 sous, $^{V\uparrow}$et le bled$^+$ environ

---

[80] Tous ces développements (reproduits presque à l'identique dans le 'First Paris
notebook', *OCV*, t.82, p.469) recoupent les calculs auxquels Voltaire se livrait lors
de la rédaction du chapitre 114 de l'*EM*, consignés uniquement dans les deux manuscrits (voir *OCV*, t.25, p.155, 158-60). Voltaire y exploitait non seulement Le Blanc
(*Traité historique des monnaies*), mais aussi Charles Dutot, *Réflexions politiques sur les
finances, et le commerce* (2 vol., La Haye, 1738, BV1195; voir aussi *CN*, t.3, p.330-36).
Il pouvait en même temps se rappeler sa propre étude *Sur Messieurs Jean Law,
Melon et Dutot* (*OCV*, t.18A, p.219-55).

+ charlemagne volumus ut pondera ubique aequalia sint et justa il est certain qu'on se plaint de l'abus de tant de mesures differentes, et que si elles etoient egales on ne se plaindrait pas[81]

[f.9ᵥ] avant le regne de la Reine Elisabeth les hollandais avoient si peu de vaissaux chez eux quils en louoient de hambourg et de
+ lubek. la peche des harangs commenca leur commerce d'abord en 1347, un flamand nommé Bukelds salla le harang. les hollandois en profiterent peu a peu. de la une petite marine, et enfin leur grandeur[82]
⊢ par les registres anciens de la chambre des comptes, marguerite de provence veuve de Sᵗ louis avoit son douaire assigné sur les juifs qui luy payoient 880 livres par an. la livre je crois etoit de 5 au marc. vide[83]

200

205

207   β: provence <fe> veuve
207-208   β: juifs qui luy payoient qui lui payoient 880

[81] Même texte dans le 'First Paris notebook', *OCV*, t.82, p.469. Les mesures dont il est question ici sont des mesures de capacité, lesquelles étaient égales en France sous les premiers rois, l'uniformité étant entretenue dans toutes les provinces. Il s'agit ici du texte d'un capitulaire de Charlemagne, dont il existe deux versions. Il en existe une de 789: 'Volumus ut aequales mensuras et rectas, pondera justa et aequalia' (Etienne Baluze, *Capitularia Regum Francorum*, 2 vol., Paris, 1677, t.1, col.238), et une autre de 813, que semble privilégier Voltaire: 'Volumus ut pondera vel mensurae ubique aequalia sint et justa' (Baluze, *Capitularia*, t.1, col.503). Il se rappela ces détails en rédigeant le chapitre 94 de l'*EM*, dès l'état manuscrit du texte: 'Il [Louis XI] voulait rendre les poids et les mesures uniformes dans ses Etats, comme ils l'avaient été du temps de Charlemagne' (*OCV*, t.24, p.462).

[82] Même texte dans le 'First Paris notebook', *OCV*, t.82, p.469-70. Nous ne savons quelle source autorisa cette réflexion sur la naissance de la marine hollandaise car même l'*Histoire générale de la Marine, contenant son origine chez tous les peuples du monde* (3 vol., Paris, 1746), livre xxiii, 'De la marine des Hollandais' (t.2, p.75-143), n'en fait aucune mention. Wilhelm Beuckelz, né en 1347, inventa ou perfectionna en 1380 l'art de saler le hareng.

[83] La référence aux registres nous oriente vers Henri Sauval, *Histoire et recherches des antiquités de la ville de Paris* (3 vol., Paris, 1724). Dans le livre X, la section 'Le mépris qu'on faisait des Juifs et leur esclavage', on lit: 'dans les anciens comptes du domaine nous voyons que Marguerite de Provence veuve de saint Louis, avait son douaire assigné sur ces Juifs, qui lui devaient tous les quartiers deux cent dix-neuf

210 du temps de Phillipe 1ᵉʳ l'an 1096 baucoup de princes chasserent les
juifs qui faisoient tout le commerce[84]
ils avoient un grand quartier dans paris, leurs rues etroites et
obscures subsistent encor près des halles[85]
Louis onze n'etablit point les postes telles quelles sont, il retablit les   postes.
215 veredarii de charlemagne et de lancien empire. il parait seulement
que les particuliers pouvoient courir avec une permission du grand
maitre (par luy creé) en payant dix sous pour cheval par traitte de
4 lieues
Louis onze avoit deux cent trente quatre couriers quon nomme du
220 cabinet[86]

---

livres sept sols six deniers tournois de rente' (t.2, p.528). C'est Voltaire qui fait le
compte annuel.

[84] Bref résumé de Sauval, *Histoires et recherches*, livre X, 'Juifs persécutés par
toute l'Europe': 'En 1096, [...] ils [les Juifs] furent persécutés si cruellement en
France, en Espagne, en Angleterre, en Italie, en Bohême, en Hongrie et générale-
ment par toute l'Allemagne, que Joseph Cohen prétend que plusieurs millions de
ces malheureux furent taillés en pièces, ou se firent mourir; et qu'enfin pas un ne put
se garantir de la fureur des chrétiens que par la mort' (t.2, p.511).

[85] Encore une fois il s'agit d'un bref résumé de Sauval, livre X, 'Juiveries de
Paris': 'A l'égard des rues de cette juiverie, quelques-unes sont étroites, tortues et
obscures; d'un côté elles finissent en triangle, vers le marché aux Poirées: de l'autre
elles aboutissent à la Tonnellerie, vis-à-vis les piliers des Halles' (*Histoires et recherches*, t.2, p.530). Le contenu de cette note et de la précédente figure en filigrane au
chapitre 103 de l'*EM* (rédigé en 1761), 'De l'état des Juifs en Europe': 'Ils furent
chassés de presque toutes les villes de l'Europe chrétienne, en divers temps, mais
presque toujours rappelés; il n'y a guère que Rome qui les ait constamment gardés.
Ils furent entièrement chassés de France en 1394 par Charles VI, et jamais depuis ils
n'ont pu obtenir de séjourner dans Paris, où ils avaient occupé les Halles, et sept ou
huit rues entières' (*OCV*, t.25, p.8-9).

[86] Les lignes 213-17 (reproduites dans le 'First Paris notebook', *OCV*, t.82, p.470,
sous la rubrique 'Postes') furent incorporées dans l'*EM* (dès l'état manuscrit du
texte), car au chapitre 94: 'De lui [Louis XI] vient l'établissement des postes, non
tel qu'il est aujourd'hui en Europe; il ne fit que rétablir les *veredarii* de Charlemagne
et de l'ancien empire romain. Deux cent trente courriers à ses gages portaient ses
ordres incessamment. Les particuliers pouvaient courir avec les chevaux destinés
à ces courriers, en payant dix sous par cheval pour chaque traite de quatre lieues'
(*OCV*, t.24, p.462). La source était probablement Charles Duclos, *Histoire de
Louis XI* (3 vol., Paris, 1745, BV1124), t.3, p.269-70, 357-58. Cette innovation datait
de 1475.

M^r d'almeras etablit les postes aux lettres en 1621 telles quelles sont aujourduy. auparavant on se servoit des couriers de la cour. et on etoit mal servi. avant louis onze, les messageries etoient en usage. difficulté, longueur, et inexactitude[87]

pavé pavé de paris sous Phil auguste, mais toujours mal entretenu jus-   225
qu'a louis 14[88]

equipages du temps de philippe le bel deffense aux bourgeoises de se faire trainer en charrette[89]

du temps de francois 1er la reine, et Diane de poitiers avoient chacune une [sic] coche;[90]   230

le gr condé est le 1er qui ait eu des glaces a son carosse

[87] Même texte dans le 'First Paris notebook', OCV, t.82, p.470. Pierre d'Alméras fut contrôleur général des postes et relais dès le 28 novembre 1615. La date de 1621 qu'indique Voltaire est peut-être une erreur soit de transcription, soit de lecture, car c'est le 16 octobre 1627 que d'Alméras établit le premier tarif légal appliqué à la taxe des lettres telle que Voltaire la connaissait.

[88] Même texte dans le 'First Paris notebook', OCV, t.82, p.470. Les sources de ces deux informations sont sans doute nombreuses. Les rues de Paris ne furent en effet pavées que sous Philippe Auguste vers 1185. On trouve, par exemple, chez Henri Sauval une section intitulée 'Le pavé' où l'on trouve cette mention de Philippe Auguste (Histoire et recherches, t.1, p.185). C'est au chapitre 2 du Siècle de Louis XIV que l'on trouve: 'les rues de Paris, étroites, mal pavées, et couvertes d'immondices dégoûtantes, étaient remplies de voleurs' (OCV, t.13A, p.36; voir aussi chapitre 29, OCV, t.13C, p.113-14 concernant les efforts consentis par Louis XIV pour paver la ville).

[89] Même texte dans le 'First Paris notebook', OCV, t.82, p.470. Il s'agit ici de l'ordonnance de 1294. Au chapitre 81 de l'EM, on trouve, dès l'état manuscrit: 'Se faire traîner en charrette dans les rues de Paris mal pavées et couvertes de fange, était un luxe; et ce luxe fut défendu, par Philippe le Bel, aux bourgeoises' (OCV, t.24, p.263). Voltaire avait trouvé cette information soit dans les Ordonnances des rois de France de la troisième race (22 vol., Paris, 1723-1849): 'Premièrement: nulle bourgeoise n'aura char' (t.1, p.541), soit dans La Mare, Traité de la police: 'Nulle bourgeoise n'aura de char' (t.1, p.418).

[90] Même texte dans le 'First Paris notebook', OCV, t.82, p.471; dans le fragment 48 on trouve: 'Du temps de François 1er deux coches, celui de la reine, et de Diane. A Constantinople, il y en avait toujours pour les dames du sérail' (OCV, t.82, p.686; ce même texte se trouve aussi dans 'First Paris notebook', p.473). Au chapitre 121 de l'EM, on trouve, dès l'état manuscrit: 'Il n'y avait sous François Ier que deux coches dans Paris, l'un pour la reine, l'autre pour Diane de Poitiers' (OCV, t.25, p.286-87).

les français ont le merite davoir inventé les fiacres un nommé
Sauvage en 1657, qui demeuroit à lhotel s^t fiacre, rue s^t martin
imagina ces voitures publiques[91]

235 ┼ le Cardinal de richelieu pour avoir barrieres devant sa porte
demande permission au lieutenant civil suplie le cardinal duc de
richelieu, M^r moreau[92]

etain dangleterre engraisse les mineurs   commerce
etain d'allemagne leur donne la phtisie[.][93]

232 β: fiacres <et ce fut> une

[91] Au chapitre 29 du *Siècle de Louis XIV*, Voltaire écrit: 'Ce fut en ce temps-là
qu'on inventa la commodité magnifique de ces carrosses ornés de glaces et suspen-
dus par des ressorts; de sorte qu'un citoyen de Paris se promenait dans cette grande
ville avec plus de luxe, que les premiers triomphateurs romains n'allaient autrefois
au Capitole. Cet usage, qui a commencé dans Paris, fut bientôt reçu dans toute l'Europe' (*OCV*, t.13C, p.114-15). Nous n'arrivons pas à identifier la source concernant
Condé. Mais Voltaire dit vrai, car dans *Le Petit Nouvelliste, tant ancien que moderne*
(La Haye, 1778), on trouve: 'L'an 1644, Louis, prince de Condé en eut un [carrosse]
avec des glaces, et c'est le premier' (p.13). Tous les détails concernant Nicolas Sauvage et l'invention des fiacres se trouve, par exemple, chez Sauval (*Histoire et
recherches*, section 'Des voitures et montures usitées à Paris', t.1, p.193). Mais Voltaire
semble avoir consulté une nouvelle fois le *Traité de la police* de La Mare (la partie
consacrée aux 'Voitures de louage', section I, 'Des carrosses à l'heure, communément dits fiacres', où l'on trouve les mêmes détails, précédés de la mention: 'Un
nommé Sauvage', t.4, p.437).

[92] Même texte dans le 'First Paris notebook', *OCV*, t.82, p.471. Michel Moreau
(?-1637), conseiller du roi, était lieutenant civil de la prévôté de Paris de 1627 à
1632, et prévôt des marchands de 1632 à 1637.

[93] Ces deux courtes notes sur l'étain n'en font qu'une dans le 'First Paris notebook', *OCV*, t.82, p.471. La source de ces observations n'est pas évidente, mais différentes publications attestent leur bien-fondé. Parce que l'Angleterre était réputée
produire le meilleur étain, Voltaire imagine que les mineurs en profitaient matériellement: 'C'est en Angleterre et en Allemagne que se trouvent les meilleures mines
d'étain. [...] L'étain, de Cornouailles, qui vient d'Angleterre, est meilleur que celui
d'Allemagne' (*Dictionnaire universel français et latin* [dit *de Trévoux*], 6 vol., Nancy,
1738-1742, article 'Etain'). Une publication allemande (Johann Friedrich Henckel,
Von der Bergsucht und Hüttenkatze, Dresde, 1745) révèle, par exemple, que les
mineurs d'étain étaient sujets à la phtisie.

FRAGMENT 55a

pensees, anecdotes
etc

on peut dire de la plus part des compilateurs d'aujourduy ce que
disoit Balzac de la motte le vayer. il fait le dégast dans les bons
livres.[1]

~

que les ceremonies sont heureuses detre instituées disoit mad[e]
5 cornuel si on les établissoit aujourduy elles seroient si courtes![2]

---

* Feuille de notes entièrement de la main de Voltaire, avec des citations plus ou
moins exactes, apparemment notées sur une longue période, mais dont la plupart
semblent dater des années 1730 et peut-être des années 1740, sauf la dernière entrée,
qui serait vraisemblablement de la fin de sa vie. Besterman a raison de dire que le
titre semble avoir été ajouté après les premières entrées ('Thirteen new fragments',
p.31, n.1). Il s'agit principalement d'une collection d'anecdotes et de bons mots que
Voltaire a peut-être compilée afin de briller dans la conversation mondaine. La
plupart des citations concernent le dix-septième siècle, et il se peut qu'une partie des
notes coïncide avec les recherches entreprises pour le *Siècle de Louis XIV*. Voltaire
améliore les bons mots et anecdotes à sa guise. Pour certains, il y a de multiples
occurrences dans ses carnets, et, lorsque c'est le cas, on remarque souvent des différences dans les versions. Cinq parmi les notes de cette feuille figurent mot pour mot
dans les 'Piccini notebooks' (*OCV*, t.82, p.506), comme l'indique Besterman. Rien
sur la feuille n'indique qu'un tri ait été effectué; la composition des 'Piccini notebooks' reflète probablement un choix éditorial fait au dix-neuvième siècle (voir
l'Introduction ci-dessus, p.162-63).

[1] Voltaire a probablement trouvé cette citation dans les *Ménagiana, ou les bons
mots et remarques critiques, historiques, morales et d'érudition, de monsieur Ménage
recueillies par ses amis*, 4 vol. (Paris, 1729, BV2413), où on lit: 'Un des bons mots
qu'ait dit M. de Balzac, est celui-ci, en parlant de M. de la Mothe le Vayer [...]: *Il
fait*, disait-il, *le dégât dans les bons livres*. Si Balzac a dit cela de la Mothe le Vayer,
il ne l'a pas écrit. Il s'est contenté seulement d'en parler en ces termes dans une lettre
à Chapelain du 4 janvier 1639' (t.2, p.184-85). La même entrée se trouve textuellement dans les 'Piccini notebooks' (*OCV*, t.82, p.506).

[2] Ce bon mot est rapporté dans les *Ménagiana* également, mais n'y est pas attribué
à la salonnière Anne-Marie Bigot de Cornuel: 'on parlait de la longueur des

~

mademoiselle lenclos ninon, etoit en danger de mort a vingt ans. on la plaignoit. je ne laisse dit elle sur la terre que des mourans.[3]

~

dans les vers qui composerent la guirlande de julie il ny en a point d'aussi jolis que ceux de desmarets sur la violette

> modeste en ma couleur, modeste en mon sejour,　　　　　10
> libre d'ambition je me cache sous l'herbe,
> mais si sur votre front je puis me voir un jour
> la plus humble des fleurs sera le plus superbe.[4]

ce desmarets etoit pourtant un tres mauvais poete.[5] il est comme Rossinante qui galoppa une fois dans sa vie[6]　　　　　15

~

je voudrois bien qu'on me le mit disoit la princesse de Leon a la mesangere, et moy aussi dit il[7]

16　β: qu'on ᵛ↑me⁺ le

---

cérémonies de tout ce jour, M. G..... dit: Qu'elles sont heureuses d'être instituées en ce temps-ci! on les instituerait bien plus courtes' (t.2, p.200). La même entrée se trouve textuellement dans les 'Piccini notebooks' directement à la suite de celle qui la précède ici (*OCV*, t.82, p.506).

[3] Le manuscrit donne l'impression que ce paragraphe a été écrit en même temps que les deux précédents. L'anecdote ne se trouve cependant pas chez Ménage. Etant donné que, jeune, Voltaire fréquentait le cercle de Ninon de Lenclos, il ne l'a pas forcément lue dans un livre.

[4] Ces vers font sans doute partie de la culture littéraire de Voltaire depuis sa jeunesse. Ils sont cités dans les *Ménagiana*, où on lit cependant 'Franche d'ambition' au second vers (t.2, p.300).

[5] Voltaire ne le dit pas dans le 'Catalogue des écrivains' du *Siècle de Louis XIV*, mais ce jugement figure dans *Le Temple du goût* (*OCV*, t.9, p.166, 196).

[6] La comparaison fait allusion à *Don Quichotte*, 2ᵈᵉ partie, ch.9. Toute cette entrée sur Desmarets se trouve textuellement dans les 'Piccini notebooks' (*OCV*, t.82, p.506).

[7] Dans la transcription par Besterman des 'Leningrad notebooks', où le texte de ce discours rapporté est légèrement différent, il s'agit de Mme de Laon (*OCV*, t.81,

~

bodereau avoit ecrit sur la coutume de paris. si boderau fait, bien,
ce nest pas sa coutume.[8]

[*verso*]

20 mademoiselle dans ses memoires dit je fais plus de cas d'une fille de
france que de tous les rois du monde.[9] la reine marie terese etoit
une pauvre femme, elle craignoit les voleurs elle disoit a table
on mangera tout on ne me laissera rien,[10] allons vite à la comedie.
il ny aura plus de places messieurs savez vous que M^r de turenne a

25 encule m^r de montecuculli, dans le brisgou. eh dites donc acculé
madame.[11] enculé ou aculé qu'importe?

18-19   β: fait, $^{V\uparrow}$bien,$^+$ ce

---

p.371). Nous n'avons pas réussi à en identifier la source. La Mésangère est probablement Guillaume Scott de La Mésangère (vers 1640-1682), conseiller au parlement
de Rouen.

[8] Encore une fois, Voltaire puise dans les *Ménagiana* (t.4, p.233): 'Julien Baudereau a fait un commentaire sur la coutume du Maine, où il n'a pas trop bien réussi.
Lorsqu'on voulait le railler, on disait de lui: Si Baudereau fait bien, ce n'est pas sa
coutume'. Il s'agit de Julien Brodeau, auteur du *Commentaire sur la coutume de la
prévôté et vicomté de Paris*, et du *Nouveau Coutumier général*. Voltaire l'évoque dans
son *Dialogue entre un plaideur et un avocat* (1750; *OCV*, t.32A, p.19).

[9] Voltaire cite-t-il de mémoire? On lit dans le texte: 'je faisais plus de cas d'une
Fille de France que des reines de quelque pays qu'elles pussent être' (*Mémoires de
mademoiselle de Montpensier*, 6 vol., Amsterdam, 1730, t.6, p.167, BV2507). Voltaire
semble avoir lu ce texte en 1729, selon la date attribuée par Besterman à D348
(à Thiriot).

[10] 'La reine avait toujours dans la tête qu'on la méprisait, et cela faisait qu'elle était
jalouse de tout le monde; et surtout, quand on dînait elle ne voulait pas que l'on
mangeât, elle disait toujours, on mangera tout, on ne me laissera rien' (*Mémoires
de mademoiselle de Montpensier*, t.6, p.170).

[11] Dans les *Mémoires pour l'histoire des sciences et des beaux-arts* (juillet 1734), on
lit: 'Ce fut cette même année 1675 que le vicomte de Turenne poursuivant sa victoire
au-delà du Rhin fut tué d'un coup de canon, après avoir acculé Montecuculli dans les
montagnes du Brisgau' (article 66, 'Mémoires très fidèles et très exactes des expéditions militaires qui se sont faites en Allemagne, en Hollande et ailleurs', p.1177-1210,
ici p.1199). Nous n'avons pas trouvé de version déformée de cette anecdote.

priolo dans son histoire dit je nay point voulu imiter le stile des bons auteurs, mon grand pere mon pere etoient camus je suis camus je veux que mes enfans soient camus.[12]

ne trembles tu pas de me saigner disoit m le prince a un jeune chi- 30 rurgien, pardy Mgr cest a vous de trembler[13]

les hommes sont une trouppe d'infortunez qui se promettent reci- proquement de se rendre heureux[14]

madame cornuel dans l'antichambre de Berrier[15] avec les laquais, eh madame que faittes vous la? ah monsieur je ne les crains point 35 tant quils sont laquais[16]

35   β: que <vous> faittes

[12] La source de cette déclaration semble être *Le Journal des savants*, qui publie en 1666 un compte rendu de Benjamin Priolo, *Ab excessu Ludovici XIII de rebus gallicis historiarum libri XII* (Charleville, 1665). On lit dans ce compte rendu que Priolo 'reconnaît qu'il n'a jamais appris ce que c'est que la pureté de la langue latine. Il prétend même que la latinité de Cicéron n'est plus à la mode, et que le style enflé [...] doit être préféré à tous les autres, quoiqu'il soit le plus imparfait. [...] Car disait-il, mon grand-père était camus, mon père l'était, je le suis, et je veux que mes enfants le soient' (*Journal des savants*, 22 février 1666, p.94).

[13] Mme de Sévigné raconte cette anecdote à sa fille: 'M. le prince disait autrefois à un nouveau chirurgien; ne tremblez-vous point de me saigner? Pardi, monseigneur, c'est à vous de trembler' (lettre du 10 mai 1676, *Recueil des lettres de madame la marquise de Sévigné, à madame la comtesse de Grignan, sa fille*, 6 vol., Paris, 1754, t.4, p.56, BV3155). La même entrée se trouve textuellement dans les 'Piccini note-books' (*OCV*, t.82, p.506).

[14] Copié textuellement d'une liste de 'Réflexions et maximes' dans Pierre-Nicolas Desmolets, *Continuation des mémoires de littérature et d'histoire*, 11 vol. (Paris, 1726-1732), t.8, p.477. Grâce aux anciens registres de la Bibliothèque royale, on sait que Voltaire a emprunté des volumes de cet ouvrage le 30 mai 1736: voir *OCV*, t.11B, p.333-34.

[15] Il s'agit selon toute probabilité de Louis Berryer, conseiller secrétaire du roi jusqu'au 13 février 1683. A cette date, cependant, son fils Nicolas René Berryer lui succéda (Abraham Tessereau, *Histoire chronologique de la grande chancellerie de France*, 2 vol., Paris, 1676-1706, t.2, p.114).

[16] L'anecdote est assez différente chez Ménage: 'Un jour qu'il y avait plusieurs partisans dans la chambre de M. le contrôleur général, Madame Cornuel qui avait à lui parler, se tenait dans l'antichambre où étaient les laquais. M. le contrôleur général lui dit en l'abordant: Madame, je ne vous souffrirai point avec des laquais, entrez dans ma chambre. En vérité, dit-elle, monsieur, ils me font moins peur quand

madame de sevigné dit qu'il y a un plaisir dans la plainte, plus grand qu'on ne pense [17]

Racine dans une lettre a boylau dit cherchera t'on toujours a mettre
40 de lesprit dans les choses ou il nen faut point? [18] grand mot.

connaitre le teatre, cest conaitre le cœur humain [19]

e non ho maï fatto il peccato di bestialita che con vostra altezza [.] [20]

---

ils ont leur casaque, que quand ils l'ont retournée comme ces autres (en lui montrant les partisans qui étaient dans sa chambre). Madame, dit-il, vous ne serez ni avec les uns ni avec les autres. Il la fit entrer dans son cabinet' (*Ménagiana*, t.2, p.71). La même entrée se trouve dans les 'Piccini notebooks', où les mots 'avec les laquais' sont absents (*OCV*, t.82, p.506).

[17] *Recueil des lettres de madame la marquise de Sévigné*, t.5, 188: 'Pour moi, je comprends qu'il y a quelque sorte de plaisir dans la plainte, et que ce plaisir est plus grand qu'on ne pense' (lettre du 1er décembre 1679). Il ne reste plus qu'un tome de cette édition dans la bibliothèque de Voltaire, mais le catalogue de Ferney garde la trace de la présence des six volumes (f.14*v*).

[18] Voltaire a inversé l'auteur et le destinataire de la lettre. C'est Boileau qui écrit à Racine, 'Chercherons-nous toujours de l'esprit dans les choses qui en demandent le moins?' selon l'édition que procura Louis Racine de la correspondance de son père (*Œuvres de M. L. Racine*, 6 vol., Amsterdam, 1750, t.2, p.127).

[19] Voltaire a publié quelques phrases similaires, notamment dans les *Commentaires sur Corneille* (1761), où on lit qu'"Une pièce de théâtre est une expérience sur le cœur humain' (*OCV*, t.54, p.27) et que Corneille 'connaissait le théâtre, c'est-à-dire, le cœur humain' (*OCV*, t.55, p.789).

[20] 'Je n'ai jamais commis le péché de la bestialité, sauf avec Votre Altesse.' Cette citation figure dans *Un chrétien contre six Juifs* (1776), au ch.13, 'Qui a fait la cour à des boucs et à des chèvres?': 'Le maréchal de la Feuillade écrivit un jour au prince de Monaco, *Lasciame queste porcherie horrende. Non ho mai fatto il peccato di bestialità che con Vostra Altezza*'; Graham Gargett propose une identification avec Antoine I Grimaldi, prince de Monaco entre 1701 à 1731, et Louis d'Aubusson de La Feuillade, duc de Roannais (*OCV*, t.79B, p.152-53 et n.96). On lit plus ou moins la même chose dans les 'Leningrad notebooks': 'Lettre du duc de La Feuillade, au prince de Monaco. / Ma per le capolla, questo è una porcaria horrenda a non o mai comesso il peccato di bestialità con vostra altezza' (*OCV*, t.81, p.398). Là, cette entrée est signalée par une trace en marge faite au crayon (non indiquée par Besterman).

pensées

† les vieillards finissent par ne rien croire
et par ne rien aimer

un vieillard peut faire des choses sages
mais jamais grandes

m' de nossé (a nocards, disoit. dieu mercy
je n'ay plus d'amis

on aime la gloire et l'immortalité comme des
on aime la race qu'on ne peut voir

chaque peuple a son grand homme, d'abord cet
homme était petit, mais on fait l'age d'or
en jettant au rebut le plomb dont elle etoit
composé. ainsi homere s'est

quand les musulmans tuent un mouton, ils disent
je t'egorge au nom de dieu. d'avisa des guerres civiles

il faut dans les gouvernement des bergers
et des bouchers

en ouvrages d'esprit comme en mécaniques
le temps augmente la force.

confucius dit : jeuner, vertu du bonze ;
secourir, vertu du citoyen.

la relligion est comme la monoye. les
hommes la prennent sans la connaistre.

mon dieu, ce se flatter qu'avec des paroles
on changera tout l'univers

18. Fragment 55b. Paris, BnF: n.a.fr.24910, f.350r.

FRAGMENT 55b

pensées

H [f.350r] les vieillards finissent par ne rien croire et par ne rien aimer
un vieillard peut faire des choses sages mais jamais grandes
m^r de nossé[1] (a nocendo,[2] disoit. dieu mercy je nay plus d'amis
on aime la gloire et l'immortalité comme on aime sa race quon ne
5 peut voir[3]

4-6 β: comme <de> on aime sa race quon ne peut voir / <chaque peuple a son
grand homme, dabord cet homme etoit petit mais on fait son idole d'or en jettant au

* Constituant quatre pages de notes entièrement de la main de Voltaire, avec
quelques suppressions qui peuvent être des interventions de sa part également, ce
document daterait vraisemblablement des années 1750-1760 à en juger par l'écriture,
peut-être avec quelques corrections postérieures. Il ne semble pas qu'il s'agisse de
notes de lecture, même si deux éléments ont une source livresque, à savoir *La
Manière de bien penser dans les ouvrages d'esprit* de Dominique Bouhours. Dans
certains cas, Voltaire exploite ces pensées dans son œuvre publiée (voir ci-dessous
n.9, 17, 28, 30, 33, 34), mais ces cas sont rares. Il semble cependant en avoir recopié
bon nombre, parfois en les modifiant: Besterman a raison de faire valoir les recoupements avec les 'Piccini notebooks' ('Thirteen new fragments', p.33), mais il y a une
relation évidente avec certaines pages des 'Leningrad notebooks' également. Il semblerait que les 'Leningrad notebooks' fournissent la première version de ces aphorismes, mais l'ordre dans lequel ils sont recopiés suggère qu'il y a eu une autre étape
entre les 'Leningrad notebooks' et les feuilles qui nous intéressent. Sur le phénomène
du recopiage, voir l'introduction ci-dessus. Comme Besterman l'indique, ce document porte la mention 'Copié' en haut à gauche, ainsi qu'un symbole qui ressemble
à une lettre 'H' (reproduit ici), employé souvent par Voltaire pour signaler des ajouts.
[1] Probablement Charles de Nocé (ou Nocey) de Fontenay (1664-1739), second
mari de Mme de La Mésangère, veuve de Guillaume Scott de La Mésangère, née
Marguerite Rambouillet de La Sablière.
[2] Surnom donné à M. de Nocé par le duc de Brancas en jouant sur son nom de
famille: 'Nocé est lui-même en nuisant' (sens de l'expression latine *a nocendo*), allusion à son goût pour les médisances, selon les éditeurs des *Lettres historiques, politiques, philosophiques et particulières de Henri Saint-John, lord vicomte Bolingbroke*,
3 vol. (Paris, 1808), t.3, p.279, n.1.
[3] Ces quatre premières pensées sont présentes dans les 'Piccini notebooks', dans le
même ordre et sans interruption (*OCV*, t.82, p.517). La quatrième est répétée plus

quand les musulmans tuent un mouton, ils disent je t'egorge au
nom de dieu. devise des guerres civiles[4]
il faut dans le gouvernement des bergers et des bouchers[5]
en ouvrages desprit comme en mécanique, le temps augmente la
force.[6]

10

---

rebut le plomb dont elle etoit composée. ainsi homere etc>[7] [*en marge*: double] /
quand

---

loin dans la même collection (*OCV*, t.82, p.551), sans que l'on sache si cela est dû à
Voltaire, à un de ses secrétaires, ou à un autre compilateur du dix-neuvième siècle.
La même pensée se trouve dans les 'Leningrad notebooks', sauf qu'on lit 'ses enfants
posthumes' à la fin (*OCV*, t.81, p.407). Voir aussi ci-dessous, variante aux lignes 39-
40, où Voltaire a noté et biffé une phrase très ressemblante.

[4] On lit ce texte à l'identique dans les 'Piccini notebooks' (*OCV*, t.82, p.517), et la
même chose dans les 'Leningrad notebooks', à quelques mots près (*OCV*, t.81,
p.393). Dans ce dernier recueil, quelques entrées sur la page sont marquées de traces
au crayon en marge, mais pas celle-ci. Voir encore une autre version dans le fragment 13: 'Quand les Turcs égorgent un mouton ils disent, je te tue au nom de Dieu.
C'est la devise des guerres de relig.' (*OCV*, t.82, p.609).

[5] Cette phrase suit également celle sur les musulmans (lignes 6-7) dans les 'Piccini
notebooks' (*OCV*, t.82, p.517), et les deux phrases figurent à la même page des
'Leningrad notebooks', où aucune des deux n'est marquée d'un trait au crayon
(*OCV*, t.81, p.393). Voir ci-dessous, variante aux lignes 32-33.

[6] La même phrase est présente avec les autres dans les 'Piccini notebooks', mais
l'ordre des entrées est perturbé (*OCV*, t.82, p.517). Elle figure également dans les
'Leningrad notebooks' avec une variante ('ce que l'on perd en temps on le gagne
en force', *OCV*, t.81, p.394), où elle semble être comprise dans une espèce de parenthèse au crayon dessinée en marge.

[7] Ce paragraphe a été biffé, peut-être par Voltaire, sans doute parce qu'il se trouve
répété ci-dessous (lignes 50-51), d'où le mot 'double' inscrit en marge. Deux autres
versions de cette maxime existent, dans les 'Leningrad notebooks' ('Chaque peuple a
à la longue son grand homme en tout genre, grand homme dieu sait comment. On
fait sa statue d'or en jetant au rebut les autres métaux dont cette idole est composée,
et on croit son homme parfait. Ainsi Homère etc. passe pour être sans défauts', *OCV*,
t.81, p.407), et dans les 'Piccini notebooks' ('Chaque nation a son grand homme: on
fait sa statue d'or: on jette au rebut les autres métaux dont l'idole était composée; on
oublie ses défauts. Voilà comme on canonise les saints; on attend que les témoins de
leurs vices soient morts', *OCV*, t.82, p.552).

confucius dit: jeuner, vertu de bonze; secourir, vertu de citoyen. [8]
la relligion est comme la monoye les hommes la prennent sans la
connoitre. [9]

prier dieu, cest se flatter quavec des paroles on changera tout
15 l'univers [10]

[f.350ν] L'auteur le plus sublime doit demander conseil. moyse
malgré sa nuee et sa colomne de feu demandoit le chemin à jetro [11]
les savants entètez sont comme les juifs qui croyoient que Legipte
etoit dans les tenebres, et quil ne faisoit jour que dans le petit
20 canton de gessen. [12]

les grammairiens sont pour les auteurs ce qu'un lutier est pour un
musicien.

les bienfaits sont un feu qui n'echauffe que de pres. [13] aujourduy
reconnaissant demain ingrat

---

[8] Cette pensée et les deux suivantes se trouvent dans les 'Piccini notebooks', où
celle sur la religion (lignes 12-13) précède cependant celle-ci (*OCV*, t.82, p.517-18).
Les deux premières apparaissent également dans les 'Leningrad notebooks' groupées
avec d'autres notes sous le titre 'Confucius, sentences' (*OCV*, t.81, p.395).

[9] Voltaire a inclus une version de cette maxime dans le chapitre 45 de l'*EM*: 'Les
peuples n'avaient qu'une idée vague et obscure de la plupart des mystères: ils ont
toujours reçu leurs dogmes comme la monnaie, sans examiner le poids et le titre'
(*OCV*, t.23, p.103). Cette phrase figurait dans l'état manuscrit du texte (rédigé au
début des années 1740). Une autre version, plus courte, revient dans le même carnet
de Leningrad: 'Le peuple reçoit la religion, les lois comme la monnaie sans l'examiner' (*OCV*, t.82, p.444).

[10] Dans les 'Leningrad notebooks', 'toute la nature' remplace 'tout l'univers'
(*OCV*, t.81, p.396). C'est encore un passage avec des traits de crayon en marge, mais
cette entrée n'est pas concernée.

[11] Cette entrée figure, presque à l'identique, dans les 'Piccini notebooks' (*OCV*,
t.82, p.551).

[12] Cette pensée et celle des lignes 21-22 suivent celle des lignes 14-15 ('prier
dieul [...]') dans les 'Piccini notebooks' (*OCV*, t.82, p.518). Une version un peu
différente figure dans les 'Leningrad notebooks' ('qui croyaient que le soleil luisait
pour eux seuls quand les Egyptiens étaient dans les ténèbres'; 'écrivains' pour
'auteurs'; et 'Lully' pour 'un musicien', *OCV*, t.81, p.416).

[13] Cette première phrase se trouve dans les 'Leningrad notebooks', avec 'ne
brûle' pour 'n'échauffe' (*OCV*, t.81, p.416). Une idée similaire est exprimée plus haut
dans les mêmes carnets: 'Les bienfaits font sur le cœur, le même effet que le feu sur

les ennuyeux sont comme la torpille qui communique l'engourdis-   25
sement[14]

Les bons livres et les bons remedes guerissent quelques personnes[15]

les femmes ressemblent aux girouetes quand elles se rouillent elles
se fixent[16]   30

lesperance est l'aliment de L'âme toujours melé du poison de la
crainte,[17]

~

les loix devroient etre bien écrites, on devroit lire avec plaisir la
regle de sa conduitte. mais elles ne sont ny bien ecrittes ny bien
faittes[18]   35

32-33   β: crainte / <il faut dans un gouvernement des bergers et des bou-
chers>[19] / les

---

nos corps, ils échauffe [*sic*], et quand il est éteint, on sent encore un peu de sa chaleur
qui s'évanouit bientôt' (*OCV*, t.81, p.352). Cette pensée comporte un trait au crayon
en marge dans les 'Leningrad notebooks'.

[14] Dans les 'Leningrad notebooks' on lit: 'La torpille est l'emblème des ennuyeux'
(*OCV*, t.81, p.419); dans les 'Piccini notebooks', 'L'ennuyeux est la torpille qui
engourdit, et l'homme d'imagination est la flamme qui se communique' (*OCV*,
t.82, p.504).

[15] Pour cette maxime et les deux suivantes, on revient à la séquence des 'Piccini
notebooks', à ceci près qu'on y trouve après la première maxime: 'Un livre doit être
comme un homme sociable, utile à nos besoins' (*OCV*, t.82, p.518). On trouve la
première pensée dans les 'Leningrad notebooks' également (*OCV*, t.81, p.391), où
elle n'est pas marquée par une série de traits en marge faits au crayon. Voir aussi
ci-dessous, ligne 62.

[16] Le même texte se trouve dans les 'Leningrad notebooks' (*OCV*, t.81, p.414).

[17] Cette pensée se trouve, à l'identique pour l'essentiel, dans les 'Leningrad notebooks' (*OCV*, t.81, p.393). On lit quelque chose de similaire dans une réplique de
Zulime (1738): 'Et cessons de mêler, par trop de prévoyance, / Le poison de la
crainte à la douce espérance' (*OCV*, t.18B, p.243).

[18] Cette maxime ne semble pas figurer ailleurs dans les carnets de Voltaire.

[19] La même pensée, à quelques mots près, figure dans les 'Leningrad notebooks'
(*OCV*, t.81, p.393), et précède celle concernant les Juifs (ci-dessus, lignes 18-19).

[f.351r] Lamour propre est comme cette partie quil faut cacher et dont il faut se servir qui est agreable, necessaire, et dangereuse.[20] la cause de la decadence des lettres, cest qu'on a attient le but; ceux qui viennent apres veulent le passer[21]

40 dans lage avancé la sagesse est donnée pour cacher la decrepitude de lesprit[22]

les passions sont aux gousts ce que la faim canine est a L'appétit[23]

les etats les loix, tout est fait de pieces et de morceaux[24]

aprendre plusieurs langues cest laffaire de peu dannees, etre elo-

45 quent dans la sienne cest laffaire de toutte la vie[25]

39-40 β: passer / <on aime la gloire et l'immortalité comme des enfans qui ne sont pas encor nez[26] / les bons livres et les bons remedes guerissent quelques personnes>[27] / dans

---

[20] On lit la même chose dans les 'Piccini notebooks' (*OCV*, t.82, p.518). A comparer à 'L'amour propre est comme un con, chose agréable, nécessaire et dangereuse qu'il faut cacher, et dont il faut se servir. Les canapez doivent être comme eux, bas et larges' dans les 'Leningrad notebooks' (*OCV*, t.81, p.394). C'est à la même page que se trouvent les lignes 9-10. Le même texte suit celui sur Moïse (ci-dessus, lignes 16-17) dans les 'Piccini notebooks' (*OCV*, t.82, p.551).

[21] Voir ci-dessus, ligne 8.

[22] La même pensée se trouve avec d'autres de cette feuille dans les 'Piccini notebooks' (*OCV*, t.82, p.552), ainsi que parmi une 'Suite des contradictions' dans les 'Leningrad notebooks', avec un trait au crayon en marge (*OCV*, t.81, p.352).

[23] Même phrase, à un pluriel près, dans les 'Leningrad notebooks', avec une croix à l'encre en marge (*OCV*, t.81, p.353), et avec d'autres de la présente collection dans les 'Piccini notebooks' (*OCV*, t.82, p.518).

[24] Dans les 'Leningrad notebooks', l'ordre de cette pensée et de la précédente est le même, et on trouve une croix en marge également (*OCV*, t.81, p.353). Voltaire donne la même description de la religion chrétienne dans *L'Examen important de milord Bolingbroke* (*OCV*, t.62, p.312, n.a).

[25] On lit une pensée très similaire dans les 'Leningrad notebooks', avec une croix en marge (*OCV*, t.81, p.345), et la même à l'identique dans les 'Piccini notebooks' (*OCV*, t.82, p.551).

[26] Phrase biffée, qui reprend l'idée déjà notée lignes 4-5 ci-dessus.

[27] Phrase biffée, déjà notée lignes 27-28 ci-dessus.

le monde ne subsiste que de contradictions, et d'incompatibilitez [28]
un moyen sur pour être ecrazé est de navoir que du merite. lexcel-
lent avocat nest point president laumonier nest point fait eveque.
etc [29]

[f.351ν] chaque nation a son grand homme, on fait sa statue d'or,   50
on jette au rebut les autres métaux dont lidole etoit composée. on
oublie ses défauts. voyla comme on canonise les saints. on attend
que les témoins de leurs vices soient morts. [30]
le pere bouhours compare s^t ignace a cesar et s^t xavier à alexandre. [31] rien nest plus juste assurément. mais aussi corneille compare   55
montauron a auguste [32]

[28] C'est apparemment la seule fois où Voltaire note cette pensée dans ses carnets,
mais il dit presque la même chose dans plusieurs textes publiés: dans l'article 'Contradictions' des *QE* (*OCV*, t.40, p.236), dans *Le Taureau blanc*, ch.5 (*OCV*, t.74A,
p.106), dans les *Lettres chinoises, indiennes et tartares* (*OCV*, t.77B, p.198), et dans
le *Commentaire sur l'Esprit des lois* (*OCV*, t.80B, p.442).

[29] Dans les 'Leningrad notebooks', cette pensée est présente, mais avec un développement entre les deux phrases et plusieurs variantes (*OCV*, t.81, p.407).

[30] Voir ci-dessus, variante aux lignes 4-6.

[31] Le personnage de Philanthe, dans Dominique Bouhours, *La Manière de bien
penser dans les ouvrages d'esprit. Dialogues* (Paris, 1689, BV500), cite 'un grand
prince', sans doute le Grand Condé: 'Saint Ignace [...], c'est César qui ne fait jamais
rien que pour de bonnes raisons: saint Xavier, c'est Alexandre que son courage
emporte quelquefois' (p.160). Cette première phrase, avec une inversion de l'ordre
des comparaisons, se trouve dans les 'Leningrad notebooks' (*OCV*, t.81, p.407).
Voltaire se sert de ces comparaisons dans un ajout de 1756 au 'Catalogue des écrivains' du *Siècle de Louis XIV* (*OCV*, t.12, p.67), dans une note (ajoutée en 1762) de
La Pucelle (*OCV*, t.7, p.323, n.5), ainsi que, une dizaine d'années plus tard, dans
l'article 'François Xavier' des *QE* (*OCV*, t.41, p.541).

[32] La dernière phrase a été ajoutée plus tard. Corneille effectue la comparaison
dans sa dédicace de *Cinna* (1643) à Pierre Du Puget, seigneur de Montoron, receveur
général de Guyenne. La même pensée se trouve mot pour mot dans les 'Piccini notebooks' (*OCV*, t.82, p.552). Voltaire recycle la comparaison à de nombreuses reprises
sur une période de vingt ans, entre 1750 et 1771, notamment dans *Des titres* (*OCV*,
t.32A, p.281-82), deux fois dans les *Commentaires sur Corneille* (*OCV*, t.54, p.110,
390), et dans l'article 'Cérémonies' des *QE* (*OCV*, t.39, p.560).

tout est devenu lieu comun, tout est trouvé; il ne s'agit que d'enchâsser[33]

le premier qui a dit que les roses ne sont point sans epines, que la
60 bauté ne plait point sans les graces, que le cœur trompe l'esprit, etc, a étonné. le second est un sot.[34]

un livre doit être comme un homme sociable utile a nos besoins,[35]
un vieillard est un grand arbre qui n'a plus ny fruits ny feuilles, mais qui tient encor a la terre[36]
65 un simple imitateur est un estomac ruiné qui rend l'aliment comme il le recoit[37]

un plagiaire est un faussaire[38]

les paroles sont aux pensees ce que l'or est aux diamants.[39] il est necessaire pour les enchasser mais il en faut peu[.][40]

---

65 β: un ᵛ↑simple⁺ imitateur est un estomac ruiné qui <p>rend l'aliment

---

[33] Dans les 'Piccini notebooks' on lit: 'Tout est devenu bien commun' (*OCV*, t.82, p.552). Là, l'entrée concernant Bouhours (lignes 54-56) est insérée entre celle-ci et la suivante, sur les roses.

[34] Pensée qu'on retrouve mot à mot dans les 'Piccini notebooks' (*OCV*, t.82, p.552). Une autre version apparaît dans les 'Leningrad notebooks': 'Autrefois il y avait beaucoup d'esprit à dire, qu'il n'y a point de roses sans épines, que la foudre tombe sur les lieux élevés', avec un trait au crayon en marge (*OCV*, t.81, p.393).

[35] Phrase présente dans les 'Piccini notebooks' à la suite de celle sur les livres qu'on lit ci-dessus, lignes 27-28 (*OCV*, t.82, p.518). Une autre version se trouve dans les 'Leningrad notebooks' ('homme sociable, fait pour les besoins des hommes', *OCV*, t.81, p.351) et n'est pas concernée par une série de croix faites à l'encre en marge de certaines entrées.

[36] Pensée qui se trouve textuellement dans les 'Leningrad notebooks', marquée d'une croix en marge (*OCV*, t.81, p.350), ainsi que dans les 'Piccini notebooks' (*OCV*, t.82, p.552).

[37] Cette première phrase se trouve dans les 'Leningrad notebooks', sans l'adjectif 'simple', et avec une croix en marge (*OCV*, t.81, p.350).

[38] Même pensée, mot pour mot, dans les 'Piccini notebooks' (*OCV*, t.82, p.552).

[39] Bouhours, *La Manière de bien penser*: 'Je reconnais à cette heure que les pensées ingénieuses sont comme les diamants' (p.531).

[40] A quelques mots près, cette pensée se trouve dans les 'Leningrad notebooks' (le texte porte 'mettre en œuvre' au lieu du verbe 'enchâsser'), où elle est placée

entre les deux pensées qui précèdent ici (*OCV*, t.81, p.350). Elle est marquée également d'une croix et de lignes en marge. Dans les 'Piccini notebooks', elle suit la pensée sur les passions et le goût (ci-dessus, ligne 42) et l'expression est identique à ce qu'on lit ici (*OCV*, t.82, p.518).

FONDS RUAULT

3   Vers l'an 1580, on inventa l'opéra en Italie. Andromaque est le 1er. opéra qui fut joué pour le public en 1637, à Venise. [1]

13 Mahomet était si ignorant(+) qu'au ch.19, il confond les deux Maries; celle de Jésu et la sœur d'Aaron. Il appelle Marie, mere de Jésu, sœur d'Aaron. C'est une chose plaisante de voir avec quelle subtilité les théologiens défendent cette sottise. [2]

  (+) Il pouvait être ignorant de la Bible des chrétiens, comme les chrétiens sont ignorans du Coran.

14 Mahomet est mort en 633; il fut cocu, et n'en fit pas semblant. [3]

15 Suivant Tavernier[4] une pagode, près du Gange, fournit à manger à vingt mille pélerins.

---

* Les notations éditées ici proviennent d'un recueil manuscrit de la main de Nicolas Ruault (voir l'introduction ci-dessus, p.161-63), et furent publiées pour la première fois dans Andrew Brown, 'Des notes inédites de Voltaire: vers une nouvelle édition de ses carnets', *Cahiers Voltaire* 8 (2009), p.61-80. Le recueil (conservé dans une collection particulière) constitue une version des 'Piccini notebooks', antérieure et donc sans doute plus authentique que l'ouvrage publié sous le titre de *Pensées, remarques et observations de Voltaire. Ouvrage posthume* (Paris, an X [1802]) qui a constitué la source de Besterman pour lesdits 'Piccini notebooks' (*OCV*, t.82, p.499-567). Ne figurent dans la présente édition que les entrées inédites par rapport à celui-ci, des ellipses signalant ponctuellement les endroits où sont omis des éléments figurant déjà dans les carnets publiés. Les numéros des entrées sont ceux de Ruault. Pour une présentation plus détaillée, nous renvoyons à l'article susmentionné, 'Des notes inédites'.

[1] Il s'agit en fait d'*Andromeda*, paroles de Benedetto Ferrari, musique de Francesco Manelli, représentée sur le théâtre de San Cassiano de Venise.

[2] 'Mahomet [...] était si ignorant qu'il apelle Marie mère de Jésu sœur d'Aaron. C'est une chose plaisante de voir avec quelle subtilité les théologiens turcs défendent cette ânerie' (*OCV*, t.81, p.256).

[3] 'Mahomet est cocu, puis meurt en bandant' (*OCV*, t.81, p.256); 'Il fut cocu. La belle Hahissea couchait avec Safwan. Mais le prophète fit descendre du ciel un chapitre de l'Alcoran par lequel il fut déclaré incocufié' (*OCV*, t.81, p.382).

[4] Voltaire avait dans sa bibliothèque *Les Six Voyages de Jean Baptiste Tavernier, écuyer, baron d'Aubonne, en Turquie, en Perse, et aux Indes, pendant l'espace de*

16 La plupart des auteurs se trompent et se copient les uns les autres, en parlant de l'ancienne monnaye. Les antiquaires, par ordre de Colbert, évaluerent le talent romain à mille écus, mais aujourd'hui on ne songe pas que cela en fait deux mille.

21 Il falut que Charles IX fît donner plusieurs lettres de jussion au parlem^t. pour faire commencer l'année 1582 en janvier: belle matiere de désobéissance! il falut autant de lettres de jussion pour faire recevoir M^r. de Montmorency duc et pair, comme s'il n'avait pas été assez bon gentilhomme.[5]

22 Le p. Hardouin (jésuite) traite Pascal, Nicole, Arnauld, d'athées;[6] et le docteur L'Ange dit qu'il ne s'étonne pas que les jésuites soient amis de Volf, puisqu'ils sont athées comme lui.[7] On a appelé l'illustre Tillotson, le plus grave des athées. Moliere a été prêché comme athée.

23 L'histoire du sire de Joinville est remplie de faussetés.[8]

---

quarante ans, et par toutes les routes que l'on peut tenir, suivant la copie imprimée à Paris, 1679, 2 vol. (BV3251).

[5] 'C'est par cet esprit que ce même parlement a résisté si longtemps à la réforme du calendrier, qu'il a défendu d'enseigner d'autre doctrine que celle d'Aristote, qu'il a proscrit l'émétique, qu'il a fallu plusieurs lettres de jussion pour lui faire enregistrer les lettres de pairie d'un Montmorenci' (*EM*, ch.121, *OCV*, t.25, p.297-98).

[6] 'Le jésuite Hardouin, plus savant que Garasse, et non moins téméraire, accuse d'athéisme, dans son livre intitulé *Athei detecti*, les Descartes, les Arnaulds, les Pascals, les Nicoles, les Malebranches; heureusement ils n'ont pas eu le sort de Vanini' ('Athée, athéisme', *DP*, *OCV*, t.35, p.385); 'Le même discernement qui faisait voir au père Hardouin le Messie dans Enée, lui découvrait des athées dans les pères Thomassin, Quesnel, Mallebranche, dans Arnauld, dans Nicole et Pascal' (*Siècle de Louis XIV*, 'Catalogue de la plupart des écrivains français', *OCV*, t.12, p.116).

[7] 'Volf menacé d'être pendu pour avoir loué les Chinois, traité d'athée lui et les jésuites tandis qu'un jésuite accuse d'athéisme Arnaud, Mallebranche, Nicole' (*OCV*, t.81, p.136); 'Le docteur Lange, dit que tous les jésuites sont athées, parce qu'ils ne trouvent point la cour de Pekin idolâtre. Le frère Hardouin, jésuite, dit que les Pascals, les Arnaulds, les Nicoles, sont athées' (lettre de Voltaire à Stanislas Leszczinski, roi de Pologne, 15 août 1760, D9148).

[8] 'Mais nous n'avons point la véritable histoire de Joinville; ce n'est qu'une traduction infidèle qu'on fit du temps de François Ier, d'un écrit qu'on n'entendrait aujourd'hui que très difficilement' (*EM*, ch.58, *OCV*, t.23, p.379-80). Voir aussi *OCV*, t.81, p.411, et *OCV*, t.4, p.570-71.

31 Il faudrait confondre la brutalité féroce de ces superstitieux qui crient sans cesse que les vertus d'un Marc-Aurèle, d'un Platon, d'un Cicéron n'étaient que des vices.

32 Toute notre jurisprudence est barbare. Il n'y a gueres que des praticiens sans autorité qui aïent écrit des avis. Eh, pourquoi les juges n'ont-ils pas écrit des lois?

35 Mademoiselle de L'Enclos prête de mourir à 25 ans, disait: je ne laisse au monde que des mourans. [9]

40 Réponse à une pensée de Fontenelle. Pourquoi y a-t-il du plaisir à s'affliger dans la tragédie? – il y a du plaisir à verser des larmes sans affliction.

41 Il faut considérer le comte de Hapsbourg, tige de la Maison d'Autriche, comme un de ces chevaliers à qui leur mérite procurait des empires.

43 Testament du cardinal de Richelieu supposé. Aucun ministre n'a été assez bon pour penser à la postérité.

49 Ruyter avait été garçon cordier avec un petit Nègre. A l'âge de 40 ans, étant amiral, il rencontra son camarade qui était Roi. [10]

52 Les Romains dépensaient en statues: nous, en tabatieres. Eux, en amphithéatres: et nous, en magots de la Chine.

66 De toutes les religions non-révélées, la plus sainte est la chinoise: un Dieu et la justice, l'Empereur premier pontife &c. [11] Elle est si raisonnable qu'elle n'est pas faite pour le peuple.

68 On voit dans le sermon de S^t. Augustin sur le Pseaume VI, que le nombre de 4 a rapport au corps humain à cause des 4 élémens, et des 4 humeurs de l'homme, et des 4 saisons.

[9] 'mademoiselle lenclos ninon, etoit en danger de mort a vingt ans. on la plaignoit. je ne laisse dit elle sur la terre que des mourans' (fragment 55a, ci-dessus, p.270).

[10] 'Reuter avoit été mousse, il rencontra en Guinée étant amiral un ancien camarade nègre qui était roi' (*OCV*, t.81, p.258). Il s'agit de Michiel Adriaanszoon de Ruyter (1607-1676), amiral néerlandais.

[11] 'L'empereur de la Chine est pontife et prédicateur. Ses édits sont des sermons' (*OCV*, t.82, p.585).

Le nombre 3 a rapport à l'âme, à cause du triple amour, cœur, âme et esprit. Le nombre 7, composé de ces deux, fait tout l'homme; et le nombre 8 est le jour du jugement dernier.[12]

70 Le conte du derviche qui s'endormit dans l'appartement du calife, est bon. Celui-ci est meilleur:

Un derviche va se placer sur le trône. On lui donne vingt coups de bâton. Il crie; le calife arrive. Hélas! si on me bat pour m'être assis un moment sur ce trône, que vous fera-t-on à vous qui y siégez depuis dix ans?

90 On ne bâtit de villes régulieres que quand on les bâtit à neuf. Ainsi les lois, les religions à la Caroline sont meilleures qu'en Europe. Il y est déffendu de commenter la loi. Sept personnes d'accord suffisent pour y avoir droit d'y établir une religion. La plus simple est la meilleure. C'est parmi nous le contraire.[13]

120 Pour être heureux, il faut être né Roi, ou bête. Ancien proverbe romain.

---

[12] 'On est tout étonné de lire dans son sermon sur le septième psaume ces belles paroles: "Il est clair que le nombre de quatre a rapport au corps humain, à cause des quatre éléments, des quatre qualités dont il est composé, le froid, le chaud, le sec, et l'humide. Le nombre de quatre a rapport au vieil homme et au Vieux Testament, et celui de trois a rapport au nouvel homme et au Nouveau Testament. Tout se fait donc par quatre et par trois qui font sept, et quand le nombre de sept jours sera passé, le huitième sera le jour du jugement"' ('Traduction d'une lettre de milord Bolingbroke, à milord Cornsburi', *L'Examen important de milord Bolingbroke, OCV*, t.62, p.354, et voir *CN*, t.1, p.178).

[13] 'Le comte de Shaftersbury et Loke ont fait les lois de la Caroline. Défense de commenter la loi. Sept pères de famille d'accord y peuvent établir une religion. Plus les lois sont simples plus les magistrats sont respectés. Plus la religion sera simple, plus on révérera ses ministres' (fragment 9, *OCV*, t.82, p.602); 'C'était le grand philosophe Loke qui était tolérant, lui qui dans le code des lois qu'il donna à la Caroline, posa pour fondement de la législation que sept pères de famille, fussent-ils Turcs ou Juifs, suffiraient pour établir une religion dont tous les adhérents pourraient parvenir aux charges de l'Etat' (*Sermon prêché à Basle, OCV*, t.67 p.37); 'Jetez les yeux sur l'autre hémisphère, voyez la Caroline, dont le sage Locke fut le législateur: il suffit de sept pères de famille pour établir un culte public approuvé par la loi; cette liberté n'a fait naître aucun désordre' (*Traité sur la tolérance*, ch.4, *OCV*, t.56c, p.152).

128 Le duc de Villeroi disait que le cardinal de Noailles était le plus beau véro..lé de l'Eglise gallicanne.

135 Un air adagio ne guérit pas la morsure de la tarentule. Un air animé la guérit. Il faut partout de la vivacité.

142 Un prédicateur devait être averti de finir à un certain signe. Boucs infâmes, allez au feu éternel... (on l'avertit) c'est ce que je vous souhaite, mes frères, &c^a.

149 Il y a une grande différence entre avoir de l'esprit pour soi, et pour les autres.

151 Un homme à qui on donnait du pain rassis chez un évêque, lui dit: dic lapidibus istis ut panes fiant. [14]

154 Je n'ai que 130 ans, dit Jacob, et je n'ai pas eu un jour de bon. [15]

155 Monsieur votre père est mort, disait un jeune homme à son ami, mais j'espere que ce ne sera rien.

171 Les hommes ne sont dignes ni d'un bon gouvernement, ni d'une bonne religion.

172 Si on me trompe sur ce qui s'est passé hier dans ma ville, que sera-ce à cinq cents lieues, à cinq cents ans? [16]

173 Les Mille et une nuits sont traduites de l'arabe, par Galand. [17] Les Mille et un jours du persan, par Petit de la Croix. [18] Il n'y a que le quart de ces manuscrits orientaux de traduits. Ils sont à la bibliothèque du Roi.

---

[14] 'Pour du pain trop dur, dic lapidibus istis ut panes fiant' (*OCV*, t.81, p.354). Allusion aux paroles du diable adressées à Jésus: 'Dis à ces pierres de se transformer en pains' (Luc 4:3).

[15] Genèse 47:9.

[16] Voir ci-dessous, le n° 487 (p.291).

[17] Antoine Galland, *Les Mille et une nuit, contes arabes, traduits en français*, 6 vol. (Paris, Compagnie des libraires, 1747, BV2457).

[18] Alain-René Lesage et François Pétis de La Croix, *Les Mille et un jour, contes persans, traduits en français*, 5 vol. (Paris, Vve Ricœur, 1710-1712). Le catalogue de la bibliothèque de Voltaire à Ferney indique, f.45v, '5. [vol.] Contes Persans' (*BV*, p.1108). Il ne s'agit pas nécessairement de l'édition de 1710-1712.

176 Pretor's dit à fr.. oui, et même à la fin...[+]

(+ on ignore le mot de cette énigme)[19]

183 Il faut sous-entendre plus qu'entendre. Moliere avait dit d'abord: on voit bien que vous n'êtes accoutumé qu'à parler à des derrieres. Il corrigea ainsi: on voit bien que vous n'êtes pas accoutumé à parler à des visages. Il s'agissait d'un apothicaire.

186 Eh bien! me voilà cardinal et 1er. ministre; et vous n'êtes que secrétaire de l'académie des sciences. – Cela est vrai, mais je vous ai consolé souvent, et vous ne m'avez jamais consolé.[+]

+ Fontenelle au cardinal Dubois.

189 Quoiqu'en dise Montesquieu, la vertu n'est pas le fondemt. des Républiques: c'est l'amour-propre de chaque citoyen qui ne veut pas céder à l'amour-propre d'un autre. Quand il y a peu de tentations, on a peu de besoins du bouclier de la vertu. Rien ne tente dans une petite République.

213 Mot d'Arlequin voleur: *Vous me déchirez mon rabat*. Il crie au voleur lui-même: image de ce monde.[20]

231 Un homme, en tombant du haut d'une tour, disait tout bas en l'air: bon, pourvu que cela dure![21]

234 La société est une guerre sourde.

241 On disait au Roi de Prusse: Mais vous êtes le neveu du Roi d'Angleterre. – George est oncle de Frédéric, dit-il, mais le Roi d'Angleterre n'est pas oncle du Roi de Prusse.[22]

[19] 'He [Frédéric II] speaks not of his retreat from his own army which he thaught defeated nor of the pretor's answer to him, *yes, j saw battles and till the end too*' (fragment 47, *OCV*, t.82, p.681).

[20] 'Tous ces gens-là trouvent toujours mauvais qu'on ose se défendre contre eux. Ils ressemblent au Scaramouche de l'ancienne Comédie-Italienne qui volait un rabat de point à Mézétin: celui-ci déchirait un peu le rabat en se défendant: et Scaramouche lui disait: Comment! insolent, vous me déchirez mon rabat!' ('Du mot *quisquis* de Ramus, ou de La Ramée', *QE*, *OCV*, t.43, p.95).

[21] 'Celui qui tombait du haut d'un clocher et qui se trouvant fort mollement dans l'air, disait: *Bon, pourvu que cela dure*, me ressemblait assez' (*Paméla, OCV*, t.45C, p.153).

[22] 'Cette négociation d'une espèce nouvelle finit par un discours qu'il me tint dans un de ses mouvements de vivacité contre le roi d'Angleterre son cher oncle. Ces

253 Dans l'Esprit des Lois il est dit, à la Chine il est permis de tromper comme il l'était à Lacédemone de voler.[23] Ni l'un ni l'autre n'est vrai. Mais on ne peut punir, ni à la Chine ceux qui abusent de la bonne foi des acheteurs, ni en certains païs les hôteliers qui font payer dix pistoles pour deux œufs.

285 Bushius, à Marbourg, aïant un méchant habit, ne fut salué de personne. Il se mit en gala, et on le salua. Il jette son habit par terre et lui dit: es-tu Bushius, ou moi?

286 L'abbé Yeart dans sa poésie anglaise[24] a pris des chanoines pour des canons.

290 Le fameux Dunois était fils de Louis d'Orléans et de la dame d'Enghien, flamande.[25] Cette terre d'Enghien a été longtems dans la Maison de Condé. Henri IV la vendit à la Maison d'Aremberg. Le pere de Dunois était frere de Charles VI.

291 Charles VI, pour réhabiliter un pauvre diable à qui on avait coupé le poing, lui permet de s'en faire mettre un autre.

293 Sixte-quint fit élever le grand obélisque par Fontana,[26] qui en répondit sur sa tête. La tradition était que Ramesès avait mis son fils au bout de l'obélisque, pour engager les ouvriers à le lever sans risquer la tête de son fils.

---

deux rois ne s'aimaient pas. Celui de Prusse disait: "George est l'oncle de Frédéric; mais George ne l'est pas du roi de Prusse"' (*Mémoires pour servir à la vie de Monsieur de Voltaire, écrits par lui-même, OCV*, t.45C, p.371).

[23] 'L'univers est composé de bien des têtes. On dit qu'à Lacédémone on applaudissait aux larcins, pour lesquels on condamnait aux mines dans Athènes' (*L'A, B, C*, 4ᵉ entretien, *OCV*, t.65A, p.247).

[24] Antoine Yart, *Idée de la poésie anglaise, ou traduction des meilleurs poètes anglais, qui n'ont point encore paru dans notre langue, avec un jugement sur leurs ouvrages, et une comparaison de leurs poésies avec celles des auteurs anciens et modernes*, 8 vol. (Paris, Claude Briasson, 1749-1756). Le catalogue de la bibliothèque de Voltaire indique, f.54v, '4. [vol.] idées de la Poësie anglaise' (*BV*, p.1117).

[25] 'Jean de Dunois, fils naturel de Jean d'Orléans et de la comtesse d'Enguien' (*La Pucelle*, chant 1, *OCV*, t.7, p.270).

[26] 'Sixte-Quint rétablit la fontaine Mazia [...]. Cinq obélisques furent relevés par ses soins. Le nom de l'architecte Fontana qui les rétablit, est encore célèbre à Rome' (*EM*, ch.184, *OCV*, t.26C, p.151-52).

294 A l'élection de Ferdinand IV, roi des Romains, fils de Ferdinand III, les villes impériales et les princes tenterent de reprendre l'ancien droit de donner leurs suffrages.

295 Nulle loi permanente dans aucun Etat.

321 Che non voglia maudir, ne jura, ne mentir n'a voutrar ne occir, ne pondere de altrui, ni vangear se de le fis nemice le dis on qu'es Vaudois e degna di morir. [27]

323 Il y avait autrefois le roi des Ribauds, le roi des violons, le prince des sots, comme le roi d'Armes. Ce dernier subsiste, et est aussi inutile que les autres. [28]

324 Les secrétaires du Roi sont les plus anciens officiers de la Couronne et commensaux de sa maison. [29] Ils sont avant l'institution de la dignité de Connétable. L'un est aboli, l'autre avili.

414 L'Empire (d'Allemagne) est une épouse sans dot qui a besoin d'un mari riche. [30]

415 Il n'y a plus aujourd'hui de Grands-hommes, plus de héros, parce que toutes les actions des Rois sont imprimées.

422 [...] Et celui [le testament] d'une princesse de Conti. – un de mes yeux à mon frère qui est borgne, une jambe à Courcillon, mon c.. à mon mari, par ce qu'aucune femme ne voudrait lui donner le sien, ma patience à ses domestiques, &cᵃ. &cᵃ.

436 Croyez-vous, dit le pere Hardouin au pere Mourgues, que je me serai levé tous les jours à 4 heures du matin pour ne dire que ce que les autres ont dit? – C'est bien fait de se lever à

---

[27] Voltaire cite ces quatre vers dans l'*EM*, ch.82 (*OCV*, t.24, p.271, où on propose la traduction: 'Celui qui ne veut maudire, jurer, ni mentir / Ni occire, ni commettre l'adultère, ni voler autrui / Ni se venger de son ennemi / Nous le disons Vaudois et le faisons mourir').

[28] 'Roi d'armes, des ribaux, roi de la fève, roi d'Ivetot, roi des violons, roi du bordel' (fragment 17, *OCV*, t.82, p.620).

[29] 'La plus ancienne concession de la noblesse à un office de plume en France, fut celle des secrétaires du roi' (*EM*, ch.98, *OCV*, t.24, p.511).

[30] 'L'Empire passait depuis longtemps pour une épouse sans dot, qui avait besoin d'un mari très riche' (*Annales de l'Empire*, *OCV*, t.44B, p.461).

4 heures du matin, lui répond le pere Mourgues, mais souvent on écrit avant d'être bien éveillé.

438 [...] Swift fait la description d'un cu, et Brockson d'un v.. Toute l'Angleterre les prend pour des prodiges.

443 Dieu nous a oublié, disait une femme de 100 ans. Chut! lui dit Fontenelle. [31]

446 Madame de Bouzoles de Beaune rassurait la Duchesse de Berri sur ses remords; elle lui dit: Vos mains n'ont point trempé dans le sang innocent. Elle fondit en larmes... elle était accusée d'avoir empoisonné son mari qui l'avait trouvée un jour avec le Duc d'Orléans (régent)[+] en posture un peu indécente.

(+) Son père, *Regens stultus abbas ridet.* calembourg de ce tems-là, sur cet odieux sujet. [32]

459 Il est très faux que les anciens Perses aïent adoré deux principes: Orosmade et Arimane. [33] Ils n'eurent jamais qu'un seul Dieu, un seul formateur qu'ils appellent *Isad* dans la langue sacrée. Leur *Arimane* loin d'être un Dieu, était l'ennemi de Dieu, le *Satan* des Chaldéens, le méchant dont nous avons fait notre *Diable*.

474 Dans l'antiquité le même homme était poëte, musicien, danseur, médecin, chirurgien, apothicaire &c[a].

487 Quel est le village qui sait son histoire? Les vieillards déposent que ce champ appartenait à une famille, il y a 50 ans. On ne remonte pas plus loin. La plûpart n'ont point de titres. Ainsi l'histoire ancienne doit être encore plus incertaine. Tout

[31] Voir la *Correspondance littéraire* de Grimm, livraison du 1er février 1757.

[32] Seule la note est inédite. 'Madame de Bouzzols de Beaune rassurait la duchesse de Berri sur ses remords; elle lui dit: "Vos mains n'ont point trempé dans le sang innocent." Elle fondit en larmes; elle était accusée d'avoir empoisonné son mari, qui l'avait trouvée un jour avec le duc d'Orléans son père, dans une posture un peu indécente' (*OCV*, t.82, p.522). Le sens des mots latins est: 'le Régent agit follement, l'abbé [Dubois, son ministre] rit'.

[33] 'La doctrine des deux principes est de Zoroastre. Orosmade ou Oromaze l'ancien des jours, et Arimane le génie des ténèbres, sont l'origine du manichéisme' (*EM*, ch.5, *OCV*, t.22, p.112).

est fable, jusqu'aux Olympiades, et elles ne commencent que 770 ans, ou environ, avant notre ère.[34]

495 Un Dieu unique fut toujours reconnu à la Chine: il est prouvé par ses bienfaits et par l'ordre des choses, car où est dessein, là est ouvrier.[35]

496 La vertu consiste dans la grande maxime de Confucius: vis comme tu voudrais avoir vécu; ne fais aux autres que ce que tu voudrais qu'ils te fissent.[36]

533 La diversité des religions prouve qu'il n'y en a pas une de vraie.

586 A la Bastie Roland, près de Montélimart, on conserve les originaux des lettres de Calvin au m[is]. de Poet, grand-chambellan de Navarre. Voici une de ces lettres: '13 septembre 1561. Honneur, gloire et richesses seront la récompense de vos peines. Surtout ne faites faute de défaire le païs de ces zélés faquins qui excitent les peuples, par leurs sermons, à se bander contre nous. Pareils monstres doivent être étouffés, comme j'ai fait de Michel Servet, espagnol.'[37]

---

[34] 'Tout est fable jusqu'aux olympiades, et elles ne commencent que 770 ans avant notre ère. Quel est le village qui sait son histoire? Les vieillards déposent que ce champ apartenait à une famille il y a cinquante ans. On ne remonte pas plus loin. La plupart n'ont point de titres. Ainsi l'histoire ancienne' (fragment 26, *OCV*, t.82, p.636). Voir ci-dessus, n° 172.

[35] 'Il est naturel de reconnaître un Dieu dès qu'on ouvre les yeux; l'ouvrage annonce l'ouvrier' (*Histoire de l'établissement du christianisme*, ch.26, *OCV*, t.79B, p.518).

[36] 'Celle de Confutzée, mon maître: "Vis comme en mourant tu voudrais avoir vécu; traite ton prochain comme tu veux qu'il te traite"' ('Catéchisme chinois', *DP*, *OCV*, t.35, p.447); 'Il ne dit point qu'il ne faut pas faire à autrui ce que nous ne voulons pas qu'on fasse à nous-mêmes; ce n'est que défendre le mal: il fait plus, il recommande le bien: *Traite autrui comme tu veux qu'on te traite*' (*Le Philosophe ignorant*, doute 41, *OCV*, t.62, p.92).

[37] 'Le dernier trait au portrait de Calvin peut se tirer d'une lettre de sa main, qui se conserve encore au château de la Bastie-Roland près de Montelimar: elle est adressée au marquis de Poët grand chambellan du roi de Navarre, et datée du 30 septembre 1561. "Honneur, gloire, et richesses seront la récompense de vos peines; surtout ne faites faute de défaire le pays de ces zélés faquins qui excitent les peuples

590 Le dogme de Manès est celui de toutes les anciennes religions; c'est celui de Zoroastre, Orosmade et Arimane; chez les Egyptiens, Osiris et Typhon; chez les Siamois, Sammonocodon et Thevatat &c^a. [38]

592 Parmi les cruautés atroces qu'on peut reprocher aux premiers chrétiens, une de celles qui inspirent le plus d'horreur pour Anastase et Cyrille, est la mort d'Hyppatie, femme célèbre qui professait les mathématiques. Cyrille fut si jaloux de la gloire de cette payenne que ses partisans et ses satellites la traînerent dans son église où ils la massacrerent et la hacherent en pièces, sans que Valentinien III, et Théodose vengeassent cette mort. [39]

606 Les secrétaires d'Etat étaient clercs du secret, sans aucune dignité. [40]

612 Léopold, en 1693[+], déclara la guerre à Louis XIV, le crucifix à la main, [41] au pied du grand autel, et c'était en faveur des Hollandais hérétiques.

+ c'était en 1673.

614 Les premiers Rois de France s'intitulaient Votre Excellence; *vir excellentissimus.*

à se bander contre nous. Pareils monstres doivent être étouffés, comme j'ai fait de Michel Servet Espagnol"' (*EM*, ch.134, *OCV*, t.26A, p.35).

[38] Voir, entre autres, *EM*, ch.5, *OCV*, t.22, p.112-13.

[39] 'Y a-t-il rien de plus horrible et de plus lâche que l'action des prêtres de l'évêque Cyrille, que les chrétiens appellent saint Cyrille? Il y avait dans Alexandrie une fille célèbre par sa beauté et par son esprit; son nom était Hypatie [...] Les dogues tonsurés de Cyrille suivis d'une troupe de fanatiques, l'allèrent saisir dans la chaire où elle dictait ses leçons, la traînèrent par les cheveux, la lapidèrent, et la brûlèrent, sans que Cyrille le saint leur fît la plus légère réprimande, et sans que le dévot Théodose souillé du sang des peuples de Thessalonique, condamnât cet excès d'inhumanité' (*L'Examen important de milord Bolingbroke*, ch.36, *OCV*, t.62, p.334-35). Voir aussi l'article 'Hipathie', *QE*, *OCV*, t.42A, p.192-94.

[40] 'Les clercs du secret, clercs du roi, qui sont devenus depuis secrétaires d'Etat en France et en Angleterre, étaient originairement notaires du roi; ensuite on les nomma *secrétaires des commandements*' ('Clerc', *QE*, *OCV*, t.40, p.126).

[41] 'L'empereur Léopold déclare la guerre le crucifix à la main 1677' (*OCV*, t.81, p.215).

615 Le Roi Philippe le Hardi envoya consulter une béguine de
Flandres pour savoir s'il était cocu. [42]

616 On criait à la mort de Louis XII: *Le bon Roi, pere du peuple,
est mort!* [43]

621 On trouve dans Sully ces mauvais vers de Henri IV pour
Madame d'Entragues:

> Je ne sais par où commencer
> à louer votre grand' beauté,
> car il n'est rien, ni n'a été
> que vous ne puissiez effacer. [44]

Ceux de Charles IX pour Ronsard sont plus mauvais

> Car si tu ne viens tôt me trouver à Pontoise,
> Adviendra entre nous une bien grande noise. [45]

Il est clair que Charles IX n'est pas l'auteur des suivans:

> Ta lyre qui ravit par de si doux accords,
> te donne les esprits dont je n'ai que les corps;
> Elle t'en rend le maître, et te fait introduire
> où le plus fier tyran ne peut avoir d'empire. [46]

Ils sont d'Amyot.

625 Dieu a donné tout le nécessaire à ton corps, donc il l'a donné à
ton âme. — Mais ai-je une âme? n'est-ce pas un mot inventé

---

[42] 'On ose accuser la femme de Philippe III d'adultère, et le roi envoie consulter
une béguine pour savoir si sa femme est innocente ou coupable' (*EM*, ch.82, *OCV*,
t.24, p.287).

[43] 'Louis XII est le seul roi qui ait eu le surnom de père du peuple' (*La
Henriade*, chant 7, *OCV*, t.2, p.539).

[44] 'Vers envoyés par Henri quatre à mᵉ d'Entragues

> Je ne sais par où commencer
> A louer votre grand beauté,
> Car il n'est rien ni a été
> Que vous ne puissiez effacer' (*OCV*, t.82, p.448).

[45] Voir 'Charles IX', *QE*, *OCV*, t.40, p.43-45, et la lettre de Voltaire à Jean-Baptiste Vitrac du 23 décembre 1755, D19812.

[46] Voir 'Charles IX', *QE*, *OCV*, t.40, p.43-45.

pour signifier mes différentes actions? cette fleur végète, et nous disons *végétation*; cette abeille bourdonne, et nous disons *bourdonnement*; ce ressort plié reprend son état, et nous disons *force élastique*, ce chien court et nous disons *force motrice*. Cependant il n'y a point de tels êtres. C'est un nom général avec lequel on désigne ses sensations. En serait-il de même de ce qu'on appelle âme?

Il est probable que vous avez en vous quelque chose qui tient de la divinité, puisque c'est par la pensée que Dieu a arrangé le monde, et que c'est par la pensée que vous gouvernez vos Etats.

Quoi! un brigand a en lui quelque chose de divin! – Oui sans doute; et c'est pour cela qu'il sera puni, pour avoir souillé ce don divin. – Et comment sera-t-il puni? – Vous êtes juste, vous punissez les crimes dans votre Etat; Dieu est juste, donc il punit. – Mais si nous n'avons point une âme immortelle, comment punit-il? y a-t-il autre chose que matiere? – Qu'importe, pourvu qu'il y ait matiere intelligente. Nous ne savons pas ce qu'est matiere, ni ce qu'est esprit, mais nous savons que nous avons intelligence. [47]

626 Croyez-vous la métempsycose ridicule? – Non sans doute, c'est un systême très-ingénieux: car supposons que l'âme soit immatérielle, et ne puisse subsister sans corps (elle anime corps, donc elle peut être nécessairement jointe à corps.) pourquoi pas dans un enfant? pourquoi pas dans un animal? Combien d'animaux sont au dessus de beaucoup d'hommes! il est fort naturel qu'il y ait quelque analogie entre l'âme d'un emporté et celle du lion; doux, et brebis; adroit, et renard &cᵃ. Nulle contradiction dans ce systême. Supposé âme, pourquoi pas voyageuse. [48]

---

[47] Il ne s'agit pas ici d'une note, et probablement pas d'un fragment de carnet, mais d'un passage d'un ouvrage rédigé. Il en est de même pour le numéro suivant et pour les numéros 672 et 675. Celui-ci et le 626 sont à rapprocher des articles 'Ame' et 'Catéchisme chinois' (3ᵉ entretien) du *DP* (*OCV*, t.35, p.304-19, 449-59).

[48] Voir la note précédente.

640 Averroès est l'auteur du Mallebranchisme.

642 Les païs sauvages en Afrique et en Amérique sont comme nos villages des païs des montagnes, et certaines îles encore Morlaques &ᵃ. [49]

643 Partout des vices et des guerres, partout la vie humaine assiégée de maux, et des hommes chargés de l'art meurtrier de guérir l'âme et le corps de leurs semblables.

644 La tolérance de toutes les religions est établie de tems immémorial dans toute l'Asie, comme aujourd'hui en Angleterre, en Hollande, en Allemagne.

647 Un soldat ignorant tue Archimède; un vil bourreau anéantit l'âme de Cicéron.

654 La grande sottise, et le grand malheur, est qu'on veut nous nourir encore de gland, quand nous avons du blé. [50]

660 Un gueux qui s'était procuré des ulcères, demande en mariage la fille d'un autre gueux. – Monsieur, dit celui-ci, je l'ai déjà refusée à un possédé.

672 C'est sur l'article Dieu qu'il faut dire plus que jamais: Définissez les termes. Lisez Cicéron qui est toujours clair, voyez dans son livre *de la Nature des Dieux*, comme l'épicurien Velléius reproche à Platon, qui est toujours obscur, d'avoir dit qu'il y a un Dieu architecte du Monde, et d'avoir dit ensuitte que le Monde est dieu animé, sensible, rond, igné, mobile; mundum ipsum animo, sensibus, praeditum, rotundum, ardentem, volubilem Deum.

---

[49] 'Ils ont un sentiment confus de leurs coutumes, et ne vont pas au-delà de cet instinct. Tels sont les peuples qui habitent les côtes de la mer Glaciale dans l'espace de quinze cents lieues. Tels sont les habitants des trois quarts de l'Afrique, et ceux de presque toutes les îles de l'Asie, et vingt hordes de Tartares, et presque tous les hommes uniquement occupés du soin pénible et toujours renaissant de pourvoir à leur subsistance. Tels sont à deux pas de nous la plupart des Morlaques et des Uscoques, beaucoup de Savoyards et quelques bourgeois de Paris' ('Opinion', *QE*, *OCV*, t.42B, p.311).

[50] 'Ne nous remets pas au gland quand nous avons du blé' ('Bled ou blé', *QE*, *OCV*, t.39, p.420).

Quelle idée attachait Platon à ces paroles? Que voulait-il dire, ce Thalès en prononçant qu'un Dieu avait formé tout avec de l'eau? Et quel était ce Dieu?

Comprenez-vous mieux les contradictions d'Aristote, et les pauvretés de Xénocrate son disciple? Ce Xénocrate pour éviter la cigüe de Socrate avoue que le soleil est un Dieu, la lune un autre Dieu, Saturne, Jupiter, Mars, Vénus, Mercure, forment à eux cinq un autre Dieu, et toutes les étoiles ensemble cinq Dieux; ce qui fait huit Dieux, de compte fait.

Après cette belle supputation grecque, parlerons-nous des Dieux de Démocrite et d'Epicure, de ces chanoines du ciel, logés dans des intermondes pour ne rien faire?

Toutes ces folies passerent de la Grèce chez les Romains, chez le Peuple-Roi. Elles se joignirent fraternellement aux folies toscannes, et la seule remarque utile peut-être qu'on puisse faire sur ces démences, c'est qu'elles ne causerent jamais la moindre apparence de trouble dans la République des Scipions, ni dans l'Empire des Titus, des Trajan, et des Marc-Aurèle.[51]

675 Un corps en mouvement en rencontre un autre, et lui communique son mouvement. Une pensée en rencontre une autre, elle lui communique son être.

Par exemple, une femme échevelée est sur le point de perdre son fils, elle éclatte dans sa douleur, et elle en inspire. Comment son affection me donne-t-elle des affections? et comment cette boule communique-t-elle son mode à cette autre boule? On est obligé en fait de mouvement de recourir à des lois inconnues et invariables de la Nature. Il faut recourir à Dieu, comme à l'auteur actuel de tout mouvement. Il faut donc recourir à Dieu, comme à l'auteur actuel de toute pensée. C'est donc Dieu qui fait tout. Mais s'il fait tout, l'Univers entier n'est donc qu'un mode de Dieu. Il ne peut avoir

[51] Voir la note au numéro 625. Ce passage peut être rapproché des *Lettres de Memmius à Cicéron*, *OCV*, t.72, p.187-270.

tiré les choses de rien; il agit sur toutes choses: donc toutes choses sont dans lui.

Mais comment imaginer que des actions que nous nommons détestables, ou absurdes, ou dégoûtantes, ou ridicules, soient des modalités de Dieu? C'est que ces actions ne sont détestables, ou absurdes, ou dégoûtantes que par rapport à nous. Rien ne peut être tel pour Dieu: car qu'un tigre dévore un agneau, et qu'un porc dévore des excrémens, ce n'est pour lui que du mouvement; or c'est lui qui a créé le mouvement. Ce que nous appelons le bien et le mal n'est donc qu'un mouvement, un mode nécessaire du grand-tout.

Le grand-tout n'est donc qu'un assemblage de lois éternelles.

Si elles sont éternelles, elles sont donc nécessaires; il est donc prouvé que tout est soumis à un destin inévitable. [52]

676 L'esprit de l'homme est comme son corps, des parties qui donnent du plaisir, d'autres infectes, et souvent les mêmes.

---

[52] Voir la note au numéro 625. Peut-on voir dans ce passage un lien avec *Il faut prendre un parti* (*OCV*, t.74B, p.11-65)?

[*Appareil de classement*]

Edition critique

par

Gillian Pink

TABLE DES MATIÈRES

INTRODUCTION

Peut-être plus que tout autre élément du présent volume, l'appareil de classement de Voltaire, qui figure depuis 1983 dans la *Provisional table of contents*,[1] répond à ce titre de 'Fragments divers'. Il prend sa place à côté des feuilles de notes, des brouillons, et autres varia. Il s'agit d'un ensemble d'étiquettes annotées de la main de Voltaire, conservé à la Bibliothèque nationale de France. A l'examen, on comprend qu'il s'agit des restes d'un système de classement concernant majoritairement (mais pas uniquement) sa correspondance. En 1970, Andrew Brown écrit: 'Among numerous manuscripts bought by Seymour de Ricci from Charavay in 1920 are forty-one slips of paper or card cut from folders once used by Voltaire. With one exception, they are in his hand, and throw some light on one aspect of his life, obscure though it may be'.[2] En effet, il est possible de proposer quelques hypothèses concernant l'emploi que l'écrivain a fait de ces bouts de papier dans sa vie d'épistolier. Nous ajoutons à la série de la BnF la fiche que Besterman a publiée en 1976 sous le titre de 'Fragment 48b', un manuscrit qui n'a rien d'un fragment de carnet et qui fait clairement partie d'un appareil de classement.[3]

Du point de vue de leur fonction, les petits papiers qui retiennent ici notre attention sont à mettre en rapport avec les signets de la bibliothèque de Voltaire. Comme je l'ai fait remarquer ailleurs, 'de toutes les sortes de marque-page, le plus visible est le signet', celui-ci étant 'le fruit d'une activité organisée pour retrouver des passages lus', grâce à sa propriété prédominante, qui

[1] *Provisional table of contents for the Complete works of Voltaire*, éd. Ulla Kölving (Oxford, 1983), p.53.
[2] 'Calendar', p.90. Il y a quelques occurrences d'écritures autres que celle de Voltaire. Voir ci-dessous.
[3] Th. Besterman, 'Voltaire's notebooks (Voltaire 81-82): thirteen new fragments', *SVEC* 148 (1976), p.7-35 (ici p.28).

est celle de dépasser la tranche des livres. [4] Les étiquettes examinées ici jouent un rôle similaire: elles permettaient d'identifier des documents que Voltaire souhaitait conserver (pour une période plus ou moins longue, selon les cas) et retrouver avec facilité.

Matériellement, les dimensions varient grandement, depuis 'marin sur lalli' (f.350, 27 × 49 mm) à 'lettre d'admission dans plusieurs académies' (f.361, 165 × 145 mm). Il est difficile de concevoir la nature précise du dispositif mis en place. A. Brown, sans doute en suivant Besterman, [5] parle de chemises ('folders'). On observe que si plusieurs étiquettes ont été découpées aux ciseaux, peut-être dans des chemises, d'autres ont été déchirées, ce qui cadre moins bien avec l'hypothèse de découpages effectués après la mort de Voltaire. De manière plus significative, vingt-six des quarante-deux bouts de papier comportent des trous, ce qui semble indiquer l'introduction d'épingles, ou d'un fil, ce qui s'accorde tout à fait avec les pratiques de la première modernité quant au classement et à la conservation de documents. [6] Les étiquettes ont pu subir un traitement à une certaine époque, peut-être pour éliminer des parties usées ou abîmées, ce qui pourrait expliquer l'absence de trous sur quelques-unes d'entre elles. Le fait que sur les étiquettes ne comportant qu'un seul trou, celui-ci est souvent situé près du bord du papier abonderait dans ce sens. Les étiquettes étaient-elles donc fixées à des espèces de classeurs, ou bien à des ficelles ou des rubans ou encore à un autre support qui servait à rassembler des liasses de papiers? Dans la mesure où certaines étiquettes au moins semblent avoir été attachées à quelque chose par une épingle, elles

---

[4] G. Pink, *Voltaire à l'ouvrage* (Paris, 2018), p.23, 66.

[5] Voir le commentaire dans D2909 (n.*a*).

[6] On pense aux 'bultins' de Montesquieu, parfois épinglés: voir C. Bustarret, 'Usages des supports d'écriture au XVIIIᵉ siècle: une esquisse codicologique', *Genesis* 34 (2012), p.37-65 (ici p.57-58). Voir aussi Heather Wolfe et Peter Stallybrass, 'The material culture of record-keeping in early modern England', dans *Archives and information in the early modern world*, éd. Liesbeth Corens, Kate Peters et Alexandra Walsham, *Proceedings of the British Academy* 212 (Oxford, 2018), p.179-208 (ici p.180-81, 186).

rappellent fortement les signets collés de la bibliothèque,[7] ce qui suggère une volonté de permanence. Quelques étiquettes semblent désigner des manuscrits précis, connus et uniques.[8] Mais la preuve que constituent les trous sur les documents mêmes est ambiguë: un des manuscrits porte un trou beaucoup plus grand que celui qu'on voit sur l'étiquette;[9] un autre présente deux petits trous minuscules en bas à droite, disposés l'un au-dessus de l'autre,[10] mais l'étiquette qui correspond à cette lettre a été déchirée de sorte qu'elle ne comporte qu'un seul trou et on ne saurait dire s'il y en eu autrefois un deuxième. Ces données font penser que les étiquettes ne furent pas (ou pas toujours) épinglées aux documents directement, et font pencher pour l'hypothèse de la ficelle, du ruban ou de la chemise. Nous ne saurons jamais combien il y en avait, ni si celles qui nous sont parvenues constituent un échantillon représentatif de l'ensemble.

On note que le texte d'une des étiquettes, 'lettres de l'avocat manori qui ayant reçu de moy l'aumone fit contre moy un libelle' (f.358), se trouve sur l'une des lettres probablement désignées, presque à l'identique.[11] Il est possible de rapprocher cette répétition de la présence, dans certains des recueils factices que Voltaire gardait dans sa bibliothèque sous le nom de 'pots-pourris', du titre du recueil inscrit sur la première page d'un ou plusieurs des textes qui ont fini par le former.[12] Cela semblerait donc indiquer une

---

[7] J'évoque les signets collés dans *Voltaire à l'ouvrage*, p.81-84.

[8] La 'lettre de m^e calas apres larrest du conseil' (f.330) correspond à Paris, BnF: ms.fr.12900, f.214; la 'lettre de deux relligieuses' (f.335) à BnF: ms.fr.12900, f.68; le 'cordelier qui demande des vers pour le c la rochaimont' (f.334) à la Bibliothèque historique de la ville de Paris: MS-FS-11-005, f.217; et l''invitation aux etats' (f.331) peut-être à Genève, BGE (MV): MS CD 146.

[9] BGE (MV): MS CD 146, f.1. Je remercie Catherine Walser de cette information.

[10] BHVP: MS-FS-11-005, f.217. Le trou du bas se situe à 68 mm du bas de la feuille, le trou du haut à 72 mm du bas de la feuille. Je remercie Marie-Françoise Garion de m'avoir communiqué ces détails.

[11] D2973, lettre de Louis Mannory du 10 mai 1744.

[12] Voir *Voltaire à l'ouvrage*, p.89-90.

volonté d'ajouter la lettre à une liasse déjà existante, ou peut-être d'en former une nouvelle.

Il y a d'autres répétitions dans l'ensemble connu, dont les plus frappantes sont la série consacrée au duc de La Vrillière (présent sur trois étiquettes, dont deux avec Rouph de Varicourt, f.326, 339, 340), et les trois mentions de Frédéric II, roi de Prusse (f.324, 328, 352). Il en est de même pour 'vasselier sur porchelet dit jonval' et 'de jonval porchelet' (f.343, 344). Voltaire oubliait-il qu'il avait déjà créé des étiquettes pour certains groupements de papiers? Cherchait-il à rendre plus visibles les liasses, par exemple en les dotant de deux étiquettes créant ensemble un effet de recto-verso?[13] S'agissait-il de sous-catégories dans des collections plus vastes, comme par exemple toutes les lettres d'une même année?

Voltaire réutilise et modifie les étiquettes, de sorte qu'elles sont dans un état de flux: ce qui était désigné dans un premier temps 'Lettres du marquis d'Argenson' (f.353), vraisemblablement de la main de Collini, a été modifié à deux reprises par Voltaire lui-même, qui ajoute d'abord 'et du comte dargenson', qui supprime ensuite ce 'et', pour ajouter encore 'et de M amelot'. La 'lettre de la markgrave de Bareith' est devenue, après une suppression et un ajout, 'lettre de la princesse ulric depuis reine de Suede' (f.325). Parfois il n'y a que des ajouts: Voltaire a joint aux 'lettres de la Reine de suede de la markgrave de bareith de la duchesse de Brunswik etc' celles 'du Roi de prusse', le frère de toutes ces dames (f.352). Dans le premier cas, Voltaire a le soin de rayer le nom de la margravine de Bareith de l'étiquette avant de la réutiliser pour les lettres de sa sœur; dans le second cas, Voltaire semble, dans un premier temps, avoir envisagé de ranger sous une même catégorie les lettres de ces deux femmes ainsi que celles de la duchesse de Brunswick, mais il a décidé ultérieurement d'y rajouter celles de Frédéric II. S'agissait-il de deux classements indépendants qui coexistaient? (La question se pose également du rapport

---

[13] Il existe deux occurrences de signets dans sa bibliothèque apparemment conçus pour être lus des deux côtés (*Voltaire à l'ouvrage*, p.23).

entre ce groupement et ceux d'autres lettres de Frédéric classées ailleurs.) Mais si les deux étiquettes n'étaient pas utilisées en parallèle, comment expliquer que la plus ancienne, qui a peut-être été remplacée par l'autre, ait été conservée? On ne peut que constater la présence de ces répétitions et de ces variations, sans pouvoir y apporter une explication définitive.

On peut s'interroger également sur la permanence des catégories conçues par Voltaire en classant ses papiers, et des fiches qui servaient à les identifier. Il y a en effet une tension entre des lettres importantes, peut-être même conservées pour la postérité ('lettre du Roy de prusse 1743', 'lettre de m^e calas apres larrest du conseil', 'lettres des académies', etc., f.324, 330, 355) et d'autres, dont l'intérêt semble moindre, ou au moins plus éphémère: 'lettres de juin et juillet 1775', 'a répondre', 'Lettres en prose et en vers à examiner' (f.323, 349, 357). On remarque un caractère quelque peu désinvolte dans certains cas: 'lettre de deux relligieuses qui', phrase laissée inachevée (f.335), ou encore l'allusion à l'"afaire de la harpe', à laquelle on a ajouté 'et autres lettres' (f.356) – quelles autres lettres, et en quoi cet ajout était-il utile?

Il faut enfin signaler que le système de classement révélé par toutes ces étiquettes n'était pas forcément étanche, et qu'il se peut que plusieurs systèmes aient coexisté, l'un pour la correspondance, et d'autres pour des textes de différents types. La liste des souscripteurs des *Commentaires sur Corneille*, par laquelle débute l'ensemble (f.319), n'a peut-être pas fait partie du système de classement, à moins qu'elle ne servît à identifier les lettres par lesquelles ces personnes illustres promirent de souscrire. Ce papier comporte effectivement deux trous, cependant, ce qui montre qu'il a certainement été attaché à quelque chose. En tout cas, la forme diffère par rapport aux autres étiquettes. Et bien que la vaste majorité des documents signalés soient des lettres, tout n'est pas correspondance: 'chant onze', 'commentaire sur la henriade' et 'conscience liberté de conscience' semblent faire référence à d'autres textes, plus littéraires (f.321, 354, 359). Quant à la 'lettre de m^e de betisi' (f.332), il s'agit bel et bien d'une lettre, mais elle ne fut pas adressée à Voltaire. Cette étiquette a peut-être servi à désigner la lettre d'un tiers qui envoya à Voltaire le texte de la chanoinesse.

La participation de secrétaires est attestée, mais peut-être moins qu'on pourrait s'y attendre: deux étiquettes de la main de Wagnière, une inscription partiellement de celle de Collini, et une autre peut-être de Vuillaume (f.337, 338, 353, 357). L'écriture de Voltaire varie énormément entre les différents bouts de papier, sans doute en fonction des époques, de la rugosité du papier, et des conditions dans lesquelles il écrivait. Les références concrètes à certaines lettres suggèrent déjà une fourchette de dates entre 1743 et 1777 au moins. L'étude de ces étiquettes apporte peu de certitudes. On se doute qu'il ne nous est parvenu que des fragments de ce dispositif, par lequel Voltaire organisait ses papiers, et peut-être souhaitait-il en léguer quelques-uns à la postérité.

Manuscrits

MS I

[Collection de 41 étiquettes.]
Reliées dans un recueil intitulé *Pièces relatives à Voltaire et à son époque*. Les dimensions dans la liste qui suit sont approximatives, étant donné qu'il s'agit de papiers déchirés ou coupés de manière inégale. N.b. Les f.322, 333, 351 et 360 correspondent aux grandes feuilles du recueil dans lequel sont collées les étiquettes.

Feuillet		Présence de trous	Autres particularités
f.319	80 × 186 mm	deux trous, séparés de 8,5 mm	un pli
f.320	100 × 158 mm	deux trous, séparés de 10 mm	un pli
f.321	69 × 76 mm	un trou	trace de cire rouge
f.323	47 × 180 mm	deux trous, séparés de 16 mm	deux plis
f.324	63 × 91 mm	deux trous, séparés de 17 mm	un pli
f.325	43 × 93 mm	–	–

Feuillet		Présence de trous	Autres particularités
f.326	31 × 77 mm	–	–
f.327	35 × 63 mm	–	un pli
f.328	47 × 105mm	deux trous, séparés de 11 mm	–
f.329	55 × 112 mm	un trou	–
f.330	45 × 92 mm	–	–
f.331	38 × 95 mm	un trou	deux plis
f.332	45 × 142 mm	un trou	un pli
f.334	32 × 106 mm	un trou	un pli
f.335	27 × 85 mm	–	un pli
f.336	25 × 90 mm	–	–
f.337	26 × 89 mm	–	un pli
f.338	23 × 87 mm	–	–
f.339	28 × 104 mm	deux trous, séparés de 18,5 mm	–
f.340	30-34 × 77-100 mm	un trou	un pli
f.341	21 × 95 mm	deux trous, séparés de 24 mm	–
f.342	25 × 87 mm	deux trous, séparés de 22 mm	un pli
f.343	33 × 110 mm	deux trous, séparés de 18 mm	un pli
f.344	25 × 97 mm	–	deux plis
f.345	31 × 83 mm	un trou?	–
f.346	24 × 71 mm	–	un pli
f.347	22 × 95 mm	–	–
f.348	30-41 × 81-91 mm	deux trous, séparés de 18 mm	–
f.349	49 × 80 mm	–	deux plis, ou un seul qu'on a refait
f.350	27 × 49 mm	–	un pli
f.352	70 × 147 mm	deux trous, séparés de 16 mm	–
f.353	46 × 130 mm	deux trous, séparés de 17 mm	–
f.354	40 × 87 mm	deux trous, séparés de 23 mm	–
f.355	52 × 85 mm	deux trous, séparés de 18 mm	–
f.356	36 × 90 mm	deux trous, séparés de 25 mm	–
f.357	33 × 100 mm	un trou	–

Feuillet		Présence de trous	Autres particularités
f.358	56 × 110 mm	deux trous, séparés de 14-19 mm, [14] et deux autres, séparés de 18 mm	–
f.359	100 × 100 mm	deux trous, séparés de 6 mm	–
f.361	165 × 145 mm	deux trous, séparés de 19 mm	–
f.362	32 × 220 mm	–	un pli
f.363	50 × 170 mm	deux trous, séparés de 15 mm	–

Paris, BnF: n.a.fr.24343, f.319-63.

MS2

lettres de ministres [*etc.*]

L'étiquette mesure 91 × 138 mm et comporte deux trous, séparés de 2 mm.

Oxford, VF: MS21.

Principes de cette édition

Le texte de base est composé de MS1, suivi de MS2. La transcription est fidèle aux manuscrits d'origine. Les ratures sont indiquées par du texte barré.

[14] L'un des trous est large de 5mm, soit en raison de défectuosité du papier, soit parce qu'il a été abîmé.

[APPAREIL DE CLASSEMENT]

[f.319]
Lempereur 100
l'impératrice 100.
m^r de caunits 6[1]
m^r de voronsof 10[2]
5   m^r de la balle 4[3]

[f.320]
m le m de S^t florentin[4]

---

[1] Les trois premières lignes sont en rapport avec D10181, de Wenceslas Antoine de Kaunitz, comte de Rietberg, lettre du 28 novembre 1761. Concernant la souscription aux *Commentaires sur Corneille* (1761), le chancelier autrichien écrit: 'chargez-vous, je vous prie [...] du soin de me mettre du nombre des souscripteurs pour six exemplaires, trois in-quarto, et trois in-octavo. L'empereur et l'impératrice, auxquels j'ai eu l'honneur de rendre compte de ce que vous m'avez témoigné désirer, ont bien voulu y donner aussi leur consentement en votre considération, et vous voudrez bien moyennant cela, monsieur, me faire parvenir, dans son temps, cent exemplaires in-quarto, pour l'empereur et autant pour l'impératrice'. On trouvera leurs noms dans la liste des souscripteurs, reproduite dans l'édition de D. Williams (*OCV*, t.55, p.1087). D'après cette liste, Kaunitz ne devait recevoir qu'un seul exemplaire.

[2] Le 11 septembre 1761, Alexandre Romanovich Vorontsov promet à Voltaire une liste de souscripteurs (D10001). Selon la liste publiée, il semble avoir souscrit pour cinq exemplaires (*OCV*, t.55, p.1101).

[3] Nous n'avons pas réussi à identifier ce personnage, dont le nom ne semble pas apparaître dans la liste des souscripteurs.

[4] Probablement Louis Phélypeaux, comte de Saint-Florentin, marquis (puis duc, à partir de 1770) de La Vrillière. De même que son père (du même nom) communiquait au jeune Arouet des ordres de quitter Paris, ou la permission de venir passer quelques jours à la capitale en 1716 et en 1718 (D30, D31, D61, D64, D65, etc.), c'est lui qui transmet à Voltaire en 1750 la nouvelle que le roi lui accorde la permission de s'attacher au roi de Prusse, mais qu'il lui faudra renoncer à son titre d'historiographe du roi (D4215, D4239, D4243). Comme l'indique A. Brown ('Calendar', p.91, n.2), on lit, dans une belle main de copiste, une inscription orientée à 90° de l'écriture de Voltaire, 'M^r. D[e] / Chauveli[n] / A Co' a laquelle quelqu'un (Voltaire?) a ajouté 'de'. Cette inscription, qui a précédé la note de Voltaire, est tronquée.

[f.321]
chant onze[5]

[f.323]
lettres de juin et juillet
1775[6]

[f.324]
lettre du Roy de prusse
1743[7]

[f.325]
lettre ~~de la markgrave~~
~~de Bareith~~
de la princesse ulric depuis
reine de Suede[8]

---

[5] Il s'agit sans doute de *La Pucelle* (*OCV*, t.7, p.432-47). Au moment de la lettre de Voltaire à d'Olivet du 24 août 1735 (D906), le poème comptait dix chants. Vingt ans plus tard, peut-être aiguillonné par les éditions pirates de 1755, Voltaire mentionne le chant 11 dans une lettre à d'Argental (D6274), quoique les vers qu'il cite n'aient pas toujours fait partie de ce chant.

[6] Ces dates correspondent aux lettres D19499-D19584, à l'exception de la série D19532-D19539, lettres que Besterman a datées de 1775 sans davantage de précisions et a placées à cet endroit.

[7] Seize lettres de Frédéric II à Voltaire ont survécu pour l'année 1743: D2732, D2747, D2762, D2770, D2775, D2782, D2795, D2815, D2821, D2830b (lettre de Voltaire en marge de laquelle Frédéric a noté ses réactions avant de la lui renvoyer), D2832, D2835, D2855, D2873, D2885 et D2892. Parmi ces lettres il est probable que ce sont D2830b et D2832 que Voltaire avait choisi de conserver, du fait qu'elles sont en rapport avec la mission diplomatique que le poète devait accomplir pendant son second séjour en Prusse. Le 7 septembre, le roi répond à l'homme de lettres qui craignait de l'avoir offensé, sans que cela semble avoir été le cas (D2832). Sur ces lettres, et la rupture qui surviendra par la suite entre les deux hommes, voir Christiane Mervaud, *Voltaire et Frédéric II: une dramaturgie des Lumières 1736-1778*, *SVEC* 234 (1985), p.148-58. Après le séjour en Prusse, une période de silence s'instaure jusqu'en 1749.

[8] Entre les trois lettres envoyées à Voltaire par Louise Ulrique de Suède avant l'accession de son mari au trône en avril 1751 (D2863, D2872, D3953), et les sept dont nous disposons de Sophie Frédérique Wilhelmine, margravine de Bayreuth,

[f.326]
M le duc de la vrilliere
p^r m^r de varicour[9]

[f.327]
Dalbertas
avocat general[10]

[f.328]
du roi de Pruss
et du duc de virtberg[11]

[f.329]
m^e de bernieres[12]

---

qui précèdent également cet événement (D4292, D4306, D4341, D4360, D4387, D4427, D7537), il n'y a aucun recoupement de date, ce qui prête à penser que l'étiquette a tout simplement été réutilisée, sans qu'il y ait eu de rapport particulier entre les lettres des deux sœurs.

[9] Le destinataire de la lettre ou du document est sans doute Marin Etienne Rouph de Varicourt, père de Reine Philiberte Rouph de Varicourt ('Belle et bonne'). Louis Phélypeaux, comte de Saint-Florentin, est duc de La Vrillière à partir de 1770 (voir ci-dessus, n.4), ce qui aide à situer cette étiquette.

[10] Jean Baptiste d'Albertas, premier président de la Cour des comptes, assiste aux soirées théâtrales que Voltaire organise aux Délices (D9308). Voltaire lui prête également de l'argent à plusieurs reprises (D10312, D10338, D10377).

[11] A. Brown a raison de penser qu'il s'agit de Charles Eugène, duc de Württemberg ('Calendar', p.92, n.6). On lit au verso de l'étiquette la date de 1777 (c'est un fragment d'une lettre datée du 6 octobre 1777 de Tübingen). La principale relation qui unissait Voltaire et le duc de Württemberg est celle de créancier-débiteur: l'écrivain fit d'importants prêts au duc à partir de 1752, au moment où il se préparait à quitter la Prusse. La correspondance de Voltaire conserve la trace de lettres de janvier et de septembre 1777 qu'il envoya à Frédéric II au sujet des sommes que le duc lui devait encore (D20521, D20787).

[12] Une seule lettre de Marguerite Madeleine Du Moutier, marquise de Bernières et maîtresse de Voltaire, nous est connue (D1759); elle est datée du 9 janvier 1739, soit une vingtaine d'années après la période où Voltaire la fréquentait à Paris et dans son château de La Rivière-Bourdet en Normandie.

[f.330]
lettre de m^e calas
apres larrest
du conseil[13]

[f.331]
Cte de la forest[14]
invitation aux etats[15]

[f.332]
lettre de m^e de betisi chanoinesse
de poussé au ch de mezieres et
au ch de meuze avant sa mort[16]

---

[13] Le 9 mars 1763, Mme Rose Calas écrit à Voltaire pour lui témoigner sa reconnaissance (D11080). Voltaire a dû conserver précieusement cette lettre.

[14] Probablement Antoine René Charles Mathurins, comte de La Forest, mentionné par Voltaire dans sa lettre à Louis Gaspard Fabry du 19 avril 1775 (D18427). La Forest soutenait Voltaire dans ses projets. On se demande s'il n'y a pas confusion dans certaines identifications figurant dans l'index de la correspondance de l'édition Besterman: par exemple, le 'comte de la Forest' mentionné par Fabry dans D20097 ne serait-il pas ce même Mathurins, et non Gilbert de La Forest, comte de La Forest-Divonne, qui qualifie Voltaire d'"homme méchant et dangereux' dans une lettre à Charles de Brosses (D20013)?

[15] L'expression de Voltaire ne permet pas d'identifier l'allusion avec certitude. Pourrait-il s'agir de la demande du marquis d'Argenson d'un mémoire qui répondrait au refus du roi d'Angleterre et des Etats-Généraux de Hollande de reconnaître la victoire française à Fontenoy le 11 mai 1745 (D3220, 27 septembre 1745)? Sur cet épisode, voir l'introduction de J. Vercruysse aux *Représentations aux Etats-Géréraux de Hollande* (*OCV*, t.28B, p.407-409), ainsi que K. van Strien, *Voltaire in Holland, 1736-1745* (Louvain, Paris, Walpole, MA, 2011), p.222-30. Mais la référence aux 'états' pourrait également faire référence aux états du pays de Gex, ou encore à autre chose. La présence sur l'étiquette du nom de La Forest semble situer cette notation dans les années 1770, mais la mention 'invitation aux états' pourrait lui être antérieure.

[16] Voltaire a dû obtenir une copie du récit concernant Mme de Béthisy, chanoinesse de l'abbaye de Poussay, peut-être par le biais du duc de Richelieu, qui publiera l'anecdote dans ses *Mémoires*, 8 vol. (Paris, 1793), t.8, p.19-26, ou peut-être (mais cela semble moins probable) par Eugène Eustache Béthisy de Mézières, qui était connu de Voltaire (voir D15273). La chanoinesse, qui semblait aimer passionnément

[f.334]
cordelier
qui demande des vers
pour le c la rochaimont [17]

[f.335]
lettre de deux
relligieuses qui [18]

[f.336]
lettre du P. de latour
jesuite [19]

[f.337]
d'hermenches [20]

---

son frère (le chevalier de Mézières), cherchait à le rendre jaloux en nouant une intrigue amoureuse avec le chevalier de Meuze. Avant de se suicider en se tirant une balle dans la tête, elle écrivit une longue lettre à son frère, lettre citée par Richelieu dans ses *Mémoires* (p.22-25).

[17] A. Brown indique avec raison ('Calendar', p.92, n.11) qu'il s'agit de la lettre D17655, que Voltaire reçut d'un cordelier, Molin de Laval, le 23 mars 1772. Il demandait des vers pour Charles Antoine de La Roche-Aymon, archevêque de Reims, qui venait, le 16 décembre 1771, d'être reçu cardinal. Il avait été grand aumônier de France depuis 1760. Nous ne connaissons pas de poème de Voltaire qui réponde à ces critères.

[18] Il s'agit en effet de la lettre D8043, que deux religieuses florentines ont envoyée à Voltaire le 12 janvier 1759. Elles regrettaient d'avoir fait des vœux, s'enfuirent du couvent et demandèrent la protection du maître de Ferney. Voltaire fit suivre la lettre, ou une copie, à Constant Rebecque deux ou trois mois plus tard (D8237).

[19] Simon de La Tour est gouverneur du collège Louis-le-Grand. Voltaire lui écrit une longue lettre vers le 1er avril 1746 (D3348). Le jésuite lui répond quelques jours plus tard: 'J'ai reçu la lettre si judicieuse, si belle, et si touchante dont vous venez de m'honorer, et je l'ai vue avec autant de reconnaissance, que de plaisir et d'admiration, puisqu'elle est tout à la fois l'ouvrage de la raison, l'apologie de la vérité, et l'expression fidèle des sentiments les plus vertueux' (D3350). S'agirait-il de la lettre que Voltaire aurait conservée? C'est la seule que nous ayons de lui.

[20] David Louis de Constant Rebecque, seigneur d'Hermenches, dont six lettres adressées à Voltaire ont survécu de la période 1762-1776. Voltaire lui a offert un exemplaire annoté de l'*Emile* de Rousseau (voir *CN*, t.8, p.407-26, et *OCV*, t.145, p.399-426). Cette étiquette est de la main non pas de Voltaire, mais de Wagnière.

19. Etiquettes. Paris, BnF: n.a.fr.24343, f.334-50.

[f.338]
1ᵉʳ. Président de la Marche[21]

[f.339]
M le duc de la vrilliere
varicour[22]

[f.340]
Duc de la vrilliere[23]

[f.341]
marc michel[24]

[f.342]
m fabri[25]

[21] Claude Philippe Fyot de La Marche, ami de jeunesse de Voltaire, et premier président du parlement de Dijon, mort en 1768. Nous connaissons deux lettres de lui à Voltaire, du 16 novembre 1755 (D6586) et du 13 septembre 1761 (D10006). Il subsiste quarante-cinq lettres que Voltaire lui adressa. Il peut s'agir également de son fils, Jean Philippe (1723-1772), qui succéda à son père en tant que premier président à Dijon. La correspondance contient une lettre qu'il fit à Voltaire (D11476), et dix-neuf que Voltaire lui envoya. Cette étiquette semble être encore de la main de Wagnière.

[22] Voir ci-dessus, n.9.

[23] Voir ci-dessus, n.9.

[24] Il s'agit sans doute de l'imprimeur-libraire Marc Michel Rey, qui a imprimé un nombre important des œuvres de Voltaire, et qui est surtout connu pour être l'imprimeur et l'allié de J.-J. Rousseau. Chose curieuse, on ne connaît à ce jour aucune lettre de Rey à Voltaire. Deux lettres qu'il reçut de la part de Voltaire subsistent: D12207 (du 24 novembre 1764), où l'auteur se plaint du titre *Collection complète des œuvres de Monsieur de Voltaire* pour un recueil qui renfermait le *Testament de Jean Meslier*, le *Sermon des cinquante*, le *Catéchisme de l'honnête homme* et *L'Examen de la religion*, parmi d'autres (voir l'édition du *Sermon des cinquante*, *OCV*, t.49A, p.37); D15468 (7 février 1769), qui évoque un projet d'édition hollandaise du *Siècle de Louis XIV* et du *Précis du siècle de Louis XV* dont Voltaire a entendu parler, et qui exhorte le libraire à empêcher que son nom figure sur des listes d'ouvrages suspects imprimés aux Pays-Bas.

[25] Louis Gaspard Fabry est le premier syndic des Tiers Etats de Gex. La correspondance compte plus de cent lettres échangées entre Voltaire et lui entre 1758 et 1777, touchant surtout à des questions de ventes et d'achats de terres, d'impôts, et de projets pour le pays de Gex. Voir, dans les *OCV*, toutes les éditions des textes ayant pour sujet l'administration du pays de Gex: t.51B, 57A, 65A, 76, 77A.

m despagnac[26]

[f.343]
vasselier
sur porchelet
dit jonval[27]

[f.344]
de ~~dit~~ [?] jonval
porchelet[28]

[f.345]
chancelier[29]

[26] Jean Baptiste Joseph Damarzit de Sahuguet, baron d'Espagnac (1713-1783), fut maréchal de camps, puis biographe et historien militaire. C'est D'Alembert qui signala à Voltaire l'*Histoire de Maurice comte de Saxe* de d'Espagnac, publiée en 1773 (BV1231), et que Voltaire appréciait beaucoup (D18662, et voir n.2). Il écrivit à l'auteur (D18685) et ainsi débuta une correspondance qui compte dix-huit lettres jusqu'en avril 1778. Il est difficile de comprendre pour quelle(s) raison(s) Voltaire aurait rangé ensemble des lettres de Fabry et de d'Espagnac, bien que ces deux correspondances se recoupent sur le plan chronologique.

[27] Joseph Vasselier travaillait au bureau de la poste de Lyon. Il est l'auteur d'un *Almanach nouveau de l'an passé* (1785-1786). Il a conservé presque 200 lettres que Voltaire lui adressa entre 1768 et 1778; à ma connaissance, seules subsistent sept lettres de Vasselier à Voltaire (D15486, D18209, D18340, D18506, D19757, D20370, D20645). En mars 1772, Vasselier recommande un M. Jonval à Voltaire, qui répond: 'Je n'ai point eu de nouvelles de M. Jonval que vous m'aviez recommandé. On m'a mandé qu'il ne s'appelle point Jonval, mais Porchelet, et qu'il se disait de l'ancienne maison des Porchetets [*sic?*] en Provence. On ajoute qu'il travaillait à des brochures à Paris. On m'avertit qu'il faut beaucoup m'en défier. Je veux regarder ces avertissements comme des calomnies. Lorsque des gens de lettres disent du mal d'un homme de lettres, je suspends mon jugement, mais quand ils en disent du bien je les crois' (16 mars, D17643). La lettre de Vasselier conservée sous cette étiquette semble donc être celle à laquelle répondait Voltaire, aujourd'hui perdue. Le dénouement ne tarde pas: le 23 mars, Voltaire écrit à Vasselier: 'Je reçois votre lettre, mon cher correspondant, et celle de M. Jonval. Je suis affligé de lui être inutile' (D17654).

[28] Voir ci-dessus, n.27.

[29] Voltaire désigne probablement Maupeou, dont neuf lettres à Voltaire ont survécu. La première, très flatteuse, remercie l'écrivain des quatre volumes qu'il vient

[f.346]
bauteville [30]
monbailli [31]

[f.347]
colonel genner [32]

[f.348]
troubadours [33]

---

de recevoir (sur cet envoi, voir D15280): 'Je reçois avec reconnaissance, Monsieur, le présent que vous voulez bien me faire. Votre ouvrage tiendra le rang le plus distingué dans ma bibliothèque, comme ces deux siècles dans l'histoire des nations; et votre nom dans celle de nos grands écrivains' (D15297). D'autres lettres concernent les neveux de Voltaire, Dompierre d'Hornoy et l'abbé Mignot. Un troisième thème évoqué est celui des serfs de l'abbaye de Saint-Claude, Voltaire ayant adressé à Maupeou la *Supplique des serfs de Saint-Claude à Monsieur le chancelier* au mois de mai 1771 (*OCV*, t.73, p.343-50).

[30] Pierre de Buisson, chevalier de Beauteville, ambassadeur de France à Soleure et ministre plénipotentiaire à Genève, dont nous connaissons deux lettres à Voltaire (D12412, du 21 février 1765, et D18777, du 29 janvier 1774). Il joint à la dernière lettre un mémoire de sa plume à propos duquel il sollicite l'avis de Voltaire. Dans la bibliothèque de ce dernier on ne trouve de Buisson de Beauteville que l'*Acte de protestation de M. l'évêque d'Alais signifié à l'Assemblée du clergé, le 29 juillet, contre l'entreprise du Bureau de juridiction, au sujet de son Mandement sur le recueil des Assertions* ([1765], BV573), qui n'est sans doute pas le texte envoyé neuf ans plus tard. Buisson de Beauteville joue un rôle important dans l'affaire des natifs: voir *OCV*, t.61A, p.282-87.

[31] Dans le sillage des affaires Calas, Sirven, La Barre, et Lally, l'affaire de Daniel Monbailli, accusé à tort d'avoir assassiné sa mère avec la complicité de sa propre femme, est le sujet de *La Méprise d'Arras*, que Voltaire composa en 1771. Bien que l'écriture de Voltaire prête à penser que les noms de Beauteville et de Monbailli furent inscrits sur cette étiquette dans un même mouvement, les documents à notre disposition n'attestent d'aucune intervention de Beauteville dans l'affaire Monbailli.

[32] Un membre de la famille von Jenner, peut-être Beat Ludwig, invite Voltaire à séjourner chez lui à Berne (D6210, du 20 mars 1755; le texte de la lettre n'est pas connu). Voltaire demande à Elie Bertrand de transmettre ses respects au colonel Jenner à deux reprises au moins: voir D6513, du 26 septembre [1755], et D6522 du 30.

[33] Il s'agit peut-être d'une lettre qui accompagnait l'envoi de l'*Histoire littéraire des troubadours, contenant leurs vies, les extraits de leurs pièces et plusieurs particularités*

[f.349]
a répondre [34]

[f.350]
marin
sur lalli [35]

[f.352]
lettres de la Reine de suede
de la markgrave de bareith
de la duchesse de Brunswik
etc du Roi de prusse [36]

---

sur les mœurs, les usages, et l'histoire du douzième et du treizième siècles de Jean-Baptiste de Lacurne de Sainte-Palaye (BV1837), quoique, si lettre il y eût, elle semble avoir été anonyme: voir D19317 du 1er février 1775. La présence de deux cornes, dans le t.1 et dans le t.3, suggère que Voltaire a au moins parcouru l'ouvrage (*CN*, t.5, p.119).

[34] Il ne s'agit pas de l'écriture d'un Voltaire âgé, mais plutôt celle des années 1740 ou 1750. Cela laisse à penser que l'étiquette a pu servir pendant de nombreuses années.

[35] Parmi les manuscrits de Voltaire conservés dans sa bibliothèque, une note de François Louis Claude Marin, apparemment inédite, précède la longue lettre de Trophime-Gérard de Lally-Tollendal, fils de Thomas-Arthur, du 6 août 1770 (D16564). Dans ce document (Saint-Pétersbourg, GpbV: Manuscrits, t.6, f.138), Marin tâche de répondre à certains points que Voltaire aurait soulevés dans un mémoire que Marin a fait suivre à la comtesse de La Heuse, nièce de Lally. Marin fit suivre à Voltaire d'autres documents conservés dans le même recueil. Il répond à une lettre de Voltaire le 25 décembre 1771: 'Je n'ai pas entendu dire qu'on travaillât à revoir l'affaire de M. de Lally; mais je suis persuadé que si la famille se donnait des mouvements on viendrait peut-être à bout de réformer ce jugement inique' (D17527). Le 20 avril 1773 il lui écrit de nouveau (D18330) en faisant suivre, entre autres, une lettre de Lally fils (D18318). Le 18 mai il lui envoie (D18377) une seconde lettre du même chevalier de Lally-Tollendal.

[36] Voir ci-dessus, n.8. Aux lettres des deux sœurs, Voltaire en ajoute d'autres d'une troisième sœur, Charlotte Philippina von Preussen, duchesse de Brunswick-Wolfenbüttel, dont aucune lettre à Voltaire n'est connue à ce jour. Bien des années plus tard, à en juger par son écriture, Voltaire y ajoute encore des lettres de Frédéric II, frère de toutes ces dames illustres. S'agissait-il d'une collection de lettres en particulier qui traitaient de questions liées à la famille royale de Prusse?

[f.353]
Lettres du marquis d'Argenson
et du comte dargenson
et de M amelot [37]

[f.354]
commentaire
sur la henriade [38]

[f.355]
lettres des
académies [39]

[f.356]
afaire
de la harpe [40] et autres lettres

[37] La première ligne est de la main de Collini, ce qui permet de situer les origines de cette étiquette entre les années 1752 et 1756. Il existe bien une lettre du comte d'Argenson à Voltaire datée de cette période (D5686, du 21 février 1754), mais les lettres conservées ici semblent avoir disparu, car aucune lettre du marquis d'Argenson à Voltaire n'est connue pour cette période. On constate la même lacune dans la correspondance de Voltaire en ce qui concerne la famille Amelot de Chaillou.

[38] Ce pourrait être une allusion aux *Pensées* (ou *Critique*) *de La Henriade* par J. Gautier de Faget, auxquelles Voltaire aurait répondu par des notes marginales sur un exemplaire aujourd'hui perdu. Voir *OCV*, t.145, p.23-35.

[39] Il ne subiste qu'une seule lettre de l'Académie française à Voltaire, du 20 novembre 1755 (D6592), et on a retrouvé la trace d'une lettre de la Société royale des sciences de Montpellier (voir ci-dessous, n.44). Sans doute une liasse s'est-elle perdue. En revanche quelques lettres de Voltaire où il accepte de devenir membre de telle ou telle académie ont subsisté: à l'Accademia della Crusca (D3414), à l'Accademia etrusca di Cortona (D3433), à l'Académie royale d'Angers (D4132). On lit un témoignage quelque peu contradictoire de Wagnière: 'Avec les papiers remis par Mme Denis à M. Panckoucke, se trouvaient vingt diplômes au moins de diverses académies étrangères et de France. Ils lui étaient donnés: il pouvait les garder. Mais sous prétexte que les sceaux de plusieurs d'entre eux étaient contenus dans des boîtes d'argent, il les rendit tous. Ces parchemins réunis formaient en chœur un des plus rares panégyriques dont un homme de lettres pût être l'objet. On ne sait ce qu'ils sont devenus. [...] Par malheur, toute prière [à la veuve Duvivier de communiquer des papiers relatifs à Voltaire] a été mal accueillie' (*Mémoires sur Voltaire*, 2 vol., Paris, 1826, t.2, p.500, n.3; cf. ci-dessous, p.378).

[40] Il s'agit probablement, comme l'a senti A. Brown ('Calendar', p.92, n.22), des lettres qui ont trait à la subtilisation du manuscrit raturé du chant 2 de la *Guerre civile*

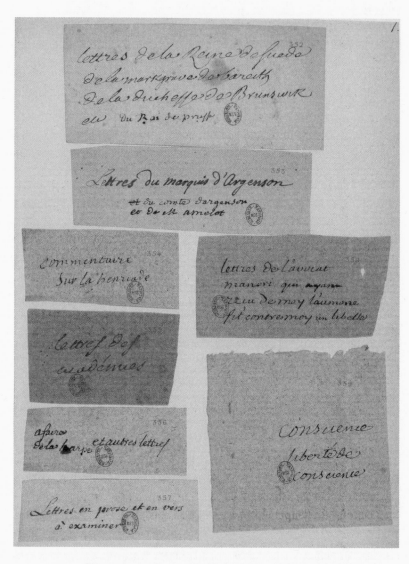

20. Etiquettes. Paris, BnF: n.a.fr.24343, f.352-59.

[f.357]
Lettres en prose et en vers
à examiner[41]

[f.358]
lettres de l'avocat
manori qui ayant
reçu de moy l'aumone
fit contre moy un libelle[42]

---

de Genève par La Harpe, à la dissémination de ce texte à Paris, et au refus du disciple
de reconnaître le mal qu'il avait fait au patriarche de Ferney. Voir la lettre de Voltaire
du 19 février 1768 (D14766), et celle du 22 à D'Alembert (D14770), celle à Mme
Denis du 1er mars (D14789), ainsi que le récit de cet épisode par J. Renwick dans
l'édition critique du poème (*OCV*, t.63A, p.32-35). Il va sans dire que les lettres
conservées ici n'étaient probablement pas celles du poète, mais les réponses qu'il
a reçues: de D'Alembert, D14782, D14816, D14829, etc.; de La Harpe lui-même,
D14819 (et allusion à une lettre de lui dans D14823), et ainsi de suite. On s'interroge
sur l'ajout 'et autres lettres', qui ne semble pas apporter de précisions très utiles.

[41] De la main d'un secrétaire, peut-être celle de Samuel Vuillaume. Si c'est le cas,
l'étiquette daterait du séjour de Voltaire en Prusse, car Vuillaume remplissait la fonction de copiste pour l'écrivain entre 1753 et 1755. La lettre mêlant prose et vers est à la
mode depuis le dix-septième siècle, et s'inscrit dans le mouvement galant (voir
M.-G. Lallemant, *La Lettre dans le récit: étude de l'œuvre de Mlle de Scudéry*, Tübingen, 2000, p.190, qui cite J. M. Pelous, *Amour précieux. Amour galant*, Paris, 1980,
p.187; voir aussi Y. Giraud, 'L'hybridation formelle dans le *Voyage* de Chapelle et
Bachaumont et les modalités de l'alternance prose/vers', dans *Fiction narrative et
hybridation générique dans la littérature française*, éd. H. Baby, Paris, 2006, p.111-24;
A. Viala, *La France galante: essai historique sur une catégorie culturelle, de ses origines
jusqu'à la Révolution*, Paris, 2008, p.50-51). Voltaire échange des lettres en prose et en
vers avec Frédéric II, notamment, et il en écrit à d'autres poètes, surtout dans sa
jeunesse: Fontenelle, Amfrye de Chaulieu, mais aussi de temps en temps à d'autres,
par exemple Voisenon jusqu'en 1774. Quel examen Voltaire comptait-il faire subir à
ces lettres, dont les auteurs ne sont pas nommés?

[42] Sur les rapports de Voltaire et Louis Mannory, et sur l'affaire de 1746-1747, voir
VST, t.1, p.493-505. Le libelle dont il est question est sans doute le *Voltairiana*
(1748). Besterman indique la présence sur le manuscrit autographe de D2973 du
même texte, ou presque, que celui qu'on lit sur cette étiquette ('lettre' et non 'lettres'
étant la seule différence). Même s'il ne le dit pas, cette information doit lui venir de
Moland (*M*, t.36, p.294, n.2). Besterman écrit: 'The holograph bears either at the
head or in the margin a note either in Voltaire's hand or in that of a secretary'; selon
Moland, la mention est de la main de Voltaire et se trouve en marge.

[f.359]
conscience
liberté de
conscience [43]

[f.361]
lettres
d'admission
dans plusieurs
académies

~

lettre de l'academie   5
de montpellier ou il est
dit que lon a a l'autheur
l'obligation davoir
fait connaitre la philosofie
de neuton en france [44]   10

~

[f.362]
Du Sauzet sur
des libelles. [45]

---

[43] Voltaire conservait probablement sous cette étiquette une version de l'opuscule de 1767, *De la liberté de conscience* (*OCV*, t.63B, p.285-301), reprise, avec des variantes, dans la section 4 de l'article 'Conscience' des *QE* (*OCV*, t.40, p.196-98), qui présente le sous-titre 'Conscience: liberté de conscience traduit de l'allemand'. Cet article est publié pour la première fois au printemps de 1771. Il est cependant possible que Voltaire ait envisagé une troisième refonte de cet écrit, ou peut-être même un article destiné à faire partie d'un autre projet, par exemple le proto-*Dictionnaire philosophique* conçu en Prusse, ou le projet Panckoucke de 1769 (voir *OCV*, t.34, p.41-46).

[44] Sur les académies en général, voir ci-dessus, n.39. La lettre de l'academie de montpellier' (pour laquelle Besterman a créé une entrée, D3496) ne nous est pas connue.

[45] Dans D2025 du 4 juin 1739 (vraisemblablement la lettre conservée ici), Henri Du Sauzet écrit à Voltaire: 'Je suis mortifié, Monsieur, que vous n'ayez point reçu la première lettre que je vous écrivis au commencement de mai, touchant l'infâme

[f.363]
chanson de collet le peché de
notre 1ᵉʳ pere. [46]
la polonade
du Roi de prusse [47]

[fragment d'Oxford]
lettres de ministres
a revoir
marquis dargenson bataille de fontenoi [48]
card de fleuri [49]

---

libelle qu'on a réimprimé ici [à Amsterdam]'; il y est aussi question de l'abbé Desfontaines et de Jean-Baptiste Rousseau. L''infâme libelle' serait-il la *Voltairomanie?*
Cependant cet ouvrage parut en 1738.

[46] Référence à Charles Collé (1709-1783). La bibliothèque de Voltaire ne comporte aucune édition de ses chansons, mais il en possède au moins deux manuscrits.
Celle qui est indiquée ici par l'incipit 'Le péché de notre premier père' est conservée
parmi ses manuscrits, t.2, f.84-85 (F. Caussy, *Inventaire des manuscrits de la bibliothèque de Voltaire*, Paris, 1913, p.9). (Par une étrange coïncidence, une autre copie
de ce poème est conservée dans le même recueil que les présentes étiquettes,
f.156-57.) En 1775, Voltaire fait allusion, dans une lettre au comte d'Argental, à la
chanson 'de Collet pour la sainte vierge Marie et pour toute sa famille' (D19658).
Il pourrait s'agir de la même chanson puisqu'il y est en effet question de Jésus
(je remercie Natalia Speranskaya et Olga Simbirtseva pour ce renseignement).

[47] Voltaire possède le manuscrit de *La Guerre de la Confédération* de Frédéric II
(t.12, f.1-53; Caussy, *Inventaire*, p.54), à la tête duquel Wagnière a écrit 'La Polo-
niade, poème burlesque'. Poème que le roi de Prusse annonce à Voltaire dès le
18 novembre 1771 (D17459), les chants 3 et 4, au moins, sont envoyés à Ferney le
12 janvier 1772 (D17552). Voltaire en accuse réception le 1ᵉʳ février. Sur les échanges
des deux hommes concernant ce poème, voir Ch. Mervaud, *Voltaire et Frédéric II*,
p.412, 414.

[48] Le 15 mai 1745, le marquis d'Argenson, secrétaire d'Etat des Affaires étrangères, écrit une lettre à Voltaire (D3118), dans laquelle il narre au futur auteur du
Poème de Fontenoy (*OCV*, t.28B, p.255-403) les principaux épisodes du triomphe
militaire des Français. Il s'agit sans doute de la lettre indiquée ici.

[49] On ne connaît qu'une seule lettre du cardinal de Fleury à Voltaire (D2658, le
18 septembre 1742); Fleury y accepte les explications fournies par Voltaire concernant sa correspondance avec Frédéric II depuis le mois de juin 1742 (une lettre de
Voltaire à Frédéric, compromettante par son cynisme et par les moqueries qui

St florentin etc[50]   5
quelques lettres de M^r de maurepas
et de m^r amelot a m^e du chatelet
concernant un voiage en prusse[51]
etc
lettres de la reine de Suede[52]   10

---

prenaient pour cible le gouvernement français, avait été divulguée et avait fait grand
bruit). Sur cet épisode, où Voltaire et Frédéric finirent tout de même par duper les
autorités françaises, voir Ch. Mervaud, *Voltaire et Frédéric II*, p.133-37. La lettre de
Fleury est flatteuse pour Voltaire et constitue une espèce d'attestation de sa bonne
volonté et de son attachement à sa patrie, et on comprend qu'il ait pu la garder
précieusement.

[50] Voir ci-dessus, n.4.

[51] La lettre du 30 août 1743 du comte de Maurepas à Emilie Du Châtelet (D2824)
était probablement la pièce maîtresse de ce dossier de 'quelques lettres'. Maurepas
était ministre d'Etat, et Amelot de Chaillou ministre des Affaires étrangères. Il est
question dans cette lettre du retour en France de Voltaire après le séjour en Prusse
évoqué ci-dessus (n.7). A cette époque, Voltaire cherchait à s'assurer qu'il serait bien
reçu à la cour de Louis XV, et les louanges de Maurepas concernant *La Mort de
César* ont probablement été conçues à cet effet (sur les difficultés de Voltaire à faire
représenter cette pièce, voir *OCV*, t.8, p.98-100). Une lettre antérieure d'Amelot de
Chaillou à Voltaire (D2818) annonce cette lettre, dont le contenu semble avoir été
convenu en accord avec Voltaire.

[52] Voir ci-dessus, n.8 et 36.

Appendice:
[*Corrections à une préface de Baculard d'Arnaud*]

Edition critique

par

Christiane Mervaud

TABLE DES MATIÈRES

INTRODUCTION

L'histoire mouvementée des relations de Voltaire et de Baculard d'Arnaud,[1] de l'amitié proclamée à la guerre à couteaux tirés, est illustrée, de manière exemplaire, par une préface de Baculard pour une édition des *Œuvres* de Voltaire qui en reflète et en condense l'évolution. Dans l'édition Machuel des *Œuvres de Voltaire* imprimée à Rouen en 1750, paraît une 'Dissertation historique sur les ouvrages de Mr de Voltaire, par M^r D'Arnaud, de l'Académie de Berlin, M.DCC.L.'[2] A lire cette banale préface, on ne soupçonnerait pas sa très complexe histoire, en partie révélée par des fragments manuscrits du texte original de Baculard (voir 'Manuscrit', ci-dessous, p.351). Cet important document éclaire partiellement l'histoire de ce texte et comporte maintes corrections de Voltaire. C'est donc un témoignage de la réécriture de Voltaire sur un texte le concernant et signé par un autre auteur. De nombreuses lettres, dans la correspondance de Voltaire, consacrées surtout aux démêlés des deux hommes de lettres au sujet de cet écrit devenu un enjeu, contribuent à l'histoire de cet écrit. La question paraîtrait relativement claire, si n'intervenait pas un troisième élément, et non des moindres, le seul connu de la recherche voltairienne: une édition de ce texte par Wagnière dans une autre version.

Dans les *Mémoires sur Voltaire et sur ses ouvrages*, une version de ce texte intitulée 'Préface d'une édition des œuvres de M. de

---

* L'établissement du texte et des variantes est le travail de Dominique Lussier et de Gillian Pink, laquelle est également remerciée ici pour ses observations portant sur le manuscrit.

[1] Toutes les biographies de Voltaire les étudient. Un ouvrage en deux volumes a été consacré à Baculard d'Arnaud par Robert L. Dawson, *Baculard d'Arnaud, life and prose fiction*, *SVEC* 141-42 (1976).

[2] w50R, t.1, p.i-xxiv (voir 'Editions' ci-dessous, p.351). Sur Machuel, voir David W. Smith, 'Robert Machuel, imprimeur-libraire à Rouen, et ses éditions des œuvres de Voltaire', *Cahiers Voltaire* 6 (2007), p.35-57 (sur cette édition en particulier, p.45).

Voltaire, que des libraires de Rouen se proposaient de faire en 1750', et attribuée à Baculard d'Arnaud, a été publiée.[3] Elle comporte maintes variantes. Son titre suggère que cette préface n'a pas vu le jour, ce qui tente de lui donner d'autant plus d'intérêt, et un dossier l'accompagne. Elle est précédée d'un 'Avis de l'éditeur'[4] qui retrace l'histoire des relations de Voltaire et de Baculard d'Arnaud, insiste sur l'ingratitude de ce dernier, rejette sur lui la responsabilité de sa brouille avec Voltaire à Berlin et explique son renvoi de Prusse par sa mauvaise conduite. Des indications biographiques rappellent les circonstances de la composition de cette préface de Baculard d'Arnaud:

Vers l'année 1750, des libraires de Rouen ayant eu le dessein de publier une nouvelle édition des œuvres de Voltaire, s'adressèrent à Darnaud, ami de l'auteur et en quelque sorte son élève, pour la diriger, ou du moins pour l'orner d'une préface, ou de quelque notice sur l'auteur et sur ses ouvrages. Darnaud, flatté de la proposition, ne voulut l'accepter qu'après en avoir demandé et obtenu l'autorisation de Voltaire. Il composa la préface, et lui en communiqua la minute écrite de sa main, en le priant d'y changer ou corriger ce qu'il jugerait convenable.

Puis, Wagnière analyse l'intervention de Voltaire: 'Les changements qui y ont été faits sont de deux sortes: premièrement, Voltaire supprima ou adoucit quelques éloges, quelques expressions qui lui paraissaient trop flatteuses. Secondement, il retrancha divers passages qui semblaient, sans utilité, trop allonger la pièce.'[5]

Après sa brouille avec Voltaire, Baculard d'Arnaud a rétracté publiquement cette préface, l'a condamnée 'comme falsifiée, dénaturée, etc...',[6] déclare Wagnière, qui se propose de mettre au jour les calomnies de Baculard en publiant ce texte dont il a en mains une copie provenant des papiers de Voltaire. Il expose ses principes

---

[3] Longchamp et Wagnière, *Mémoires sur Voltaire et sur ses ouvrages, par Longchamp et Wagnière, ses secrétaires; suivis de divers écrits inédits*, 2 vol. (Paris, 1826), t.2, p.473-510.

[4] *Mémoires sur Voltaire*, t.2, p.475-79.

[5] *Mémoires sur Voltaire*, t.2, p.475.

[6] *Mémoires sur Voltaire*, t.2, p.479.

d'édition: 'C'est ainsi qu'il [Voltaire] la fit copier par Longchamp son secrétaire, et que nous l'imprimons; d'après cette copie; mais la minute originale qui s'y trouve jointe, nous permet de placer comme variantes, à la suite de la préface, ces passages qui en ont été supprimés.'[7]

Ces 'Passages rayés par Voltaire sur la minute originale de la préface de Darnaud' sont suivis d'une 'Note écrite de la main de Voltaire, et qui était annexée à la Préface qu'on vient de lire', enfin de 'Pièces relatives à Baculard d'Arnaud'.[8] Cette 'note', texte alors inédit, répondant à des accusations de Baculard d'Arnaud, dont subsiste un manuscrit holographe, a été considérée par Besterman comme une lettre de Voltaire à Baculard d'Arnaud datée approximativement vers le 14 novembre 1750. Elle figure donc dans la correspondance de Voltaire (D4263). Elle paraît être une lettre ostensible exposant l'argumentaire de Voltaire à propos de cette préface. Les 'Pièces relatives à Baculard Darnaud' comprennent une 'Epître de Darnaud à M. de Voltaire' déplorant 'la mort d'une dame à laquelle il était fort attaché', écrite, selon Wagnière, 'vers le mois de juillet 1749', et évoquant les 'divins ouvrages' de son 'cher maître', *Mérope* et *Zaïre*.[9] Puis les *Mémoires sur Voltaire* reproduisent trois lettres dont la première, une 'Lettre de Darnaud à M. de Voltaire, ce 31 mai 1750' contient une épître, *A monsieur de Voltaire*, 'un hommage de [son] cœur' qui s'ouvre sur ce vers: 'Mon maître, mon ami, mon père dans les arts' (D4150).[10] Ces deux textes sont destinés à contraster fortement avec ceux qui vont peindre la noirceur de Baculard. Une 'Lettre de M. le comte

---

[7] *Mémoires sur Voltaire*, t.2, p.475; 'Passages rayés par Voltaire', p.504-509.

[8] *Mémoires sur Voltaire*, t.2, 'Note écrite de la main de Voltaire', p.509-10; 'Pièces relatives à Baculard d'Arnaud', p.511-18.

[9] *Mémoires sur Voltaire*, t.2, 'Epître de Darnaud à M. de Voltaire', p.511-12. Cette épître a été envoyée à Voltaire en juillet 1749 (D3963). Elle a été publiée dans le *Mercure de France* d'octobre 1749, p.87-89, puis dans les *Œuvres diverses* (3 vol., Berlin, 1751) de Baculard d'Arnaud, t.2, p.160-61 (voir Dawson, *Baculard d'Arnaud*, t.141, p.156-58).

[10] Wagnière rappelle en note que Baculard d'Arnaud a bénéficié de l'amitié sincère de Voltaire (*Mémoires sur Voltaire*, t.2, p.514).

d'Argental, ancien conseiller d'honneur au parlement de Paris, et depuis ministre plénipotentiaire de l'Infant duc de Parme, à Paris, à M. de Voltaire, à Potsdam, ce 24 novembre 1750' (D4280),[11] texte rédigé pour être montré, énumère les méfaits de Baculard d'Arnaud afin que Voltaire puisse en faire état. Une 'Lettre de M. de Voltaire à M. Thiriot, à Paris, Potsdam, novembre 1750' (D4266) est une longue diatribe contre Baculard d'Arnaud destinée à être diffusée dans la capitale.[12] Tous les textes qu'édite Wagnière sont annotés par ses soins, soit qu'il éclaire des allusions, soit qu'il rappelle des faits biographiques. Ils constituent, en 1826, un dossier à charge et proposent une version de cette préface limitant les interventions de Voltaire à quatre passages supprimés. Mais la *Dissertation historique* témoigne d'abord de l'admiration de Baculard d'Arnaud pour Voltaire.

1. La *'Dissertation historique'* de Baculard d'Arnaud: hommage d'un disciple

D'après Voltaire, à la mi-novembre 1750, cette préface aurait été écrite 'il y a environ dix-huit mois', c'est-à-dire en mai 1749 (D4266). Baculard d'Arnaud s'acquittait alors d'une dette de reconnaissance, car Voltaire l'a hautement protégé. En janvier 1736, François Thomas Marie Baculard d'Arnaud, jeune homme de dix-huit ans, d'origine bourgeoise, héritier d'une récente particule, venu chercher fortune à Paris et se destinant à la carrière des lettres, adresse à Voltaire, dont on sait qu'il accueille volontiers les jeunes talents, une épître très flatteuse. La stratégie est payante:

---

[11] *Mémoires sur Voltaire*, t.2, p.514-16.

[12] *Mémoires sur Voltaire*, t.2, p.516-18. Ce texte est accompagné de trois notes de Wagnière: la première déclare que le texte est donné en entier, la seconde est consacrée à une biographie malveillante de Baculard d'Arnaud insinuant des doutes sur sa noblesse et le peignant comme étant toujours 'aux expédients', la troisième réfute une anecdote qui le met en valeur à la cour de Prusse.

Voltaire apprécie les vers de Baculard sur ses tragédies et le favorise de billets gratuits pour les représentations d'*Alzire* (D994).[13] A l'impécunieux Baculard d'Arnaud, Voltaire fait envoyer durant l'année 1737, puis en 1738 et 1739, de petites sommes par son chargé d'affaires, l'abbé Moussinot. Il demande pour lui, en janvier 1739, une place de secrétaire auprès du fermier général Helvétius,[14] ce qui le met à l'abri du besoin et en contact avec le milieu philosophique. Voltaire n'a sans doute pas été étranger, comme le déclare Wagnière, à son poste lucratif d'agent littéraire de Frédéric II, succédant à Thiriot en juin 1748, ne serait-ce que parce qu'il passe pour un disciple de l'homme de lettres.[15] Dès 1736, Baculard d'Arnaud avait proclamé son allégeance au grand homme dans sa *Lettre à monsieur l'abbé Phi**. Au sujet des tragédies de M. de Voltaire*.[16]

En 1738, Voltaire l'utilise comme prête-nom. Il lui propose de signer un avertissement pour une édition de ses *Œuvres*. La transaction passe par l'abbé Moussinot: 'Présentez-lui le petit mémoire ci-joint transcrit de votre main. Vous aurez la bonté de me renvoyer l'original. La petite besogne qu'on lui propose est l'affaire de trois minutes. Il sera bon qu'il signe ce petit écrit afin qu'on ne puisse me reprocher d'avoir fait moi-même cet avertissement nécessaire, qui doit être de la main d'un autre' (D1517, 12 juin [1738]). Quelques semaines plus tard, 'la petite besogne', sans doute avec des ajouts de Baculard qui ne se contente pas de son rôle de copiste, est devenue trop longue au gré de Voltaire: 'Je vous prie d'écrire au grand d'Arnaud de rendre son *avertissement*

[13] Il lui enverra maints billets gratuits pour des représentations de ses pièces.

[14] Voir D1819, D1827, D1829, D1831.

[15] Voltaire l'en félicite (D3680). Baculard d'Arnaud recevait 1000 livres pour cette fonction et il était également l'agent littéraire du duc de Württemberg avec des appointements similaires.

[16] Cet ouvrage, paru à La Haye, que Baculard date du 30 mars 1736, contient un poème adressé à Voltaire qui paraîtra, légèrement modifié, dans le *Mercure de France* d'avril 1736, p.701-708, 'Vers envoyés à M. de Voltaire le 30 janvier 1736' (p.703-708). Voir Dawson, *Baculard d'Arnaud*, t.142, p.698.

quatre fois plus court, et plus simple, d'en retrancher les louanges que je ne mérite pas, et de laisser dans le seul feuillet carré de papier qui le contiendra, une marge pour les corrections que je ferai' (D1539, 3 juillet [1738]). On ignore s'il a modifié la version corrigée de Baculard. Voltaire se montre sceptique quant à ses talents. Dans leur correspondance, il lui prodigue ses conseils: 'Vous devriez bien apprendre à écrire, c'est une chose plus utile que vous ne pensez' (D1164); 'Travaillez, apprenez à écrire' (D1192).

L''Avertissement', le fruit d'une collaboration entre Voltaire et Baculard, est envoyé à Amsterdam où il paraîtra dans l'édition Ledet. Voltaire dirige toute l'opération, renvoie la préface, donne ses ordres: Baculard doit la recopier 'sur du papier honnête' et 'tâcher s'il se peut de l'écrire d'une écriture lisible. Après quoi il vous la remettra, avec un mot d'avis qu'il écrira aux libraires de Hollande', 'mot' que Voltaire a rédigé à sa place, qu'il a adressé à 'm^{rs} Veintein et Smith, libraires à Amsterdam' et dans lequel il se dit 'content' de cette préface (D1563, 21 [juillet 1738]). Et pour cause.

L'histoire de l''Avertissement' de 1738 peut éclairer, bien que le contexte soit fort différent, celle de la 'Dissertation historique', pour laquelle, malheureusement, on ne dispose pas de traces épistolaires concernant sa rédaction. Rapprocher les deux textes paraît, de prime abord, à la fois nécessaire et discutable: en 1738, Baculard ose ajouter quelques phrases de son cru à un texte de Voltaire; en 1749, celui-ci taille à sa guise dans la prose de Baculard. En 1738, Baculard est le jeune protégé d'un écrivain célèbre; au mitan du siècle, il a acquis un statut d'homme de lettres, et passe pour un satellite de Voltaire. Ce n'est plus un grimaud tout juste sorti du collège, auteur de deux pièces de théâtre jamais publiées, *Idoménée* et *Didon*,[17] mais l'auteur d'une tragédie philosophique, *Coligny ou la Saint-Barthelemy* (1740), d'un ouvrage pornographique, *L'Art de foutre* (1741), qui lui valut un petit séjour à la Bastille, puis à Saint-Lazare, surtout des *Epoux malheureux*, qui ont fait pleurer les

---

[17] Dawson, *Baculard d'Arnaud*, t.141, p.29.

âmes sensibles (1745) et de maints poèmes de circonstance dédiés aux Grands. Que des éditeurs aient proposé à Baculard d'Arnaud d'écrire une préface pour une édition des *Œuvres de Voltaire*, que le 'cher enfant en Apollon' (D2677) rende hommage à celui qu'il considère comme son maître, qu'il ait soumis son texte à son bienfaiteur et ami, est dans l'ordre des choses.

Selon les règles du genre, tous les ouvrages de Voltaire font l'objet d'éloges appuyés: poète galant incomparable, grand poète épique, successeur de Corneille et de Racine, historien de Charles XII instruit par le roi Stanislas et par des *Mémoires* 'supérieurs à ceux de Norberg', 'secrétaire des gens de goût' dans *Le Temple du goût*, esprit universel qui nous a donné la 'Philosophie de Newton'. Pour faire bonne mesure, la 'Dissertation historique' se clôt sur deux jugements très louangeurs, l'un, versifié, de Marmontel, l'autre, en prose, de Vauvenargues. Les variantes entre la 'Dissertation historique' et la préface publiée par Wagnière (voir ci-dessous, Appendice 1, p.361-80), dont un grand nombre sont d'ordre stylistique, n'affectent ni le contenu de ce texte, ni sa teneur dithyrambique. Les deux versions relatent les mêmes anecdotes, faits et jugements, ce qui conduit à analyser leur signification commune avant que soient étudiées les interventions de Voltaire.

2. La 'Dissertation historique', biographie autorisée de Voltaire

Non seulement Baculard s'efforce d'être à la hauteur de l'honneur qui lui est fait, mais il insiste sur ses relations étroites avec Voltaire. Dès les premières lignes, il se réfère à son statut privilégié: 'La liaison que j'ai avec lui depuis ma plus tendre jeunesse et la confiance qu'il a eue en moi, me mettent en droit d'assurer que cette édition nouvelle ne contient que ses véritables ouvrages'.[18] Il

---

[18] Voir ci-dessous, appendice 1, p.361.

avance des preuves de cette 'confiance', Voltaire lui a communiqué des documents privés. Baculard d'Arnaud fait état de lettres alors inédites auxquelles il n'a pu avoir accès que par Voltaire: 'J'ai vu une lettre de lui à un de ses amis, qui cultivait les lettres' (ci-dessous, p.364), en l'occurrence la lettre envoyée à Cideville le 2 mars 1731 (D404);[19] surtout, réel privilège, Voltaire lui a permis de recopier une de ses lettres au roi de Prusse (D2664, 2 septembre [octobre] 1742) (p.364-66);[20] il reproduit aussi deux extraits de lettres qu'un obligé de Voltaire, devenu son ennemi, lui avait envoyées (p.375); il aurait eu 'des preuves par écrit de la façon noble dont il s'est conduit avec des auteurs distingués' (p.378). Sans doute avait-il plastronné dans sa version originale en se vantant d'avoir eu accès à 'un tas de lettres' qu'il avait eu 'la patience de lire', un passage rayé de son manuscrit (ci-dessous, lignes 84-85).

La 'Dissertation historique' insiste sur la générosité, l'indulgence, le désintéressement de Voltaire. Il a remboursé de ses propres deniers l'argent des souscripteurs français de l'édition anglaise de *La Henriade* (p.369). Jamais il n'a reçu 'le moindre argent' des libraires et 'a donné *gratis* [...] l'*Anti-Machiavel*' (p.377). Cette préface s'organise en plaidoyer qui défend le grand homme de toutes imputations désagréables: elle proclame son innocence dans la conjuration de Cellamare (p.369), elle cloue au pilori les infamies composées par ses anciens obligés, Desfontaines (p.370), Thémiseul de Saint-Hyacinthe (p.370, 376), ce qui ne manque pas de sel pour qui connaît la suite des événements, elle

[19] Ces vers sont repris avec des variantes dans une lettre à Thiriot du 16 mars 1736 (D1037).

[20] Besterman signale comme première publication de D2664 les *Œuvres de M. de Voltaire*, 22 vol. (Paris, Lambert, 1757), t.6, p.381-83. L'impression de cette lettre dans la 'Dissertation historique' de l'édition Machuel (p.vi-viii) lui est donc antérieure. Dans la version du texte fournie par Wagnière, est précisé le nom du comte emprisonné (voir l'appendice 1, ci-dessous, variante aux lignes 137-38). L'édition de 1757 reproduit aussi ce nom, qui figure dans D2664. Il est permis de se demander si ce n'est pas Wagnière qui aurait ajouté cette précision ne posant point problème en 1826, mais sans doute délicate en 1749-1750.

propose une version favorable à Voltaire de ses différends avec
Jean-Baptiste Rousseau (p.376-77). Voltaire peut régler ses comptes
par le truchement de Baculard d'Arnaud. Alors que Voltaire avait
dû, en novembre 1736, le mettre en garde contre l'abbé Desfontaines,[21] désormais, en bon élève, il souligne son ingratitude: 'J'ai
vu la lettre même de l'abbé Desfontaines, écrite de sa propre main
à M. de Voltaire, où il lui donne le nom de *bienfaiteur*. Il déclare
que c'est à ses soins généreux qu'il doit sa liberté, et que sans lui
il serait mort de douleur dans sa prison' (p.374). Or la seule lettre
de remerciement que l'on connaisse de Desfontaines au sortir de
prison, si c'est à elle que fait allusion la 'Dissertation historique',
comme on a toute raison de le croire,[22] manifeste une certaine
désinvolture. L'abbé Desfontaines donne du 'cher ami' à Voltaire
et ne manque pas d'audace en lui demandant d'intervenir de nouveau en sa faveur, se permettant même de rédiger le texte d'une
nouvelle lettre de cachet à présenter à M. de Maurepas pour faire
lever l'ordre d'exil. L'abbé Desfontaines a, certes, fait part de sa
gratitude, mais en termes fort différents de la traduction qu'en
donne Baculard: 'Je n'oublierai jamais, monsieur, les obligations
infinies que je vous ai. Votre bon cœur est encore bien au-dessus
de votre esprit, et vous êtes l'ami le plus essentiel qui ait jamais
été' (D235). C'est d'ailleurs cette lettre, déjà connue depuis 1739
dans les *Lettres chinoises* du marquis d'Argens, puis reproduite
de manière condensée dans les *Œuvres de Mr de Voltaire* (Amsterdam, 1745), que citera Voltaire dans le *Commentaire historique sur les
œuvres de l'auteur de La Henriade*.[23] Le mot 'bienfaiteur' ne s'y
trouve pas, alors qu'il est mis en italique dans la 'Dissertation
historique' pour indiquer qu'il s'agit d'une citation. L'hypothèse
d'une traduction biaisée de la lettre de Desfontaines semble pertinente. Aucun démenti à craindre, l'abbé Desfontaines étant mort le

[21] Voir D1192.

[22] Si Voltaire avait eu en sa possession une lettre de l'abbé Desfontaines déclarant
que, sans lui, 'il serait mort de douleur dans sa prison', nul doute qu'il l'aurait
utilisée.

[23] *OCV*, t.78C, p.22-23.

16 décembre 1745, ce qui laisse toute latitude pour fausser ses propos.

La collaboration de Voltaire a peut-être pris d'autres voies moins évidentes. Il se peut que des anecdotes rapportées par Baculard reflètent des discours tenus par Voltaire, par exemple celle sur les vers rédigés pour un officier des Invalides à l'âge de quatorze ans (p.362-63), celles sur *La Henriade* commencée à la Bastille alors qu'il était sans plume et sans encre (p.368), sur le chant de la Saint-Barthelemy auquel il n'a jamais changé un seul mot (p.368), sur une parodie jouée au théâtre (p.370) – cette dernière trouve place dans le *Commentaire historique*.[24] Peut-être est-ce Voltaire qui serait à l'origine de cette remarque sur le succès de *La Henriade* en Angleterre et sur la faveur royale de son auteur: 'le roi d'Angleterre, George Ier non seulement fit à l'auteur un présent de six mille livres; mais il daigna l'admettre dans sa familiarité et dans ses soupers particuliers' (p.370).

Quelle est la part des confidences de Voltaire dans cette dissertation? On présume que c'est lui qui, laissant publier une de ses lettres au roi de Prusse (D2664), aurait inspiré cette déclaration sur sa discrétion quant à son commerce avec le souverain, un point particulièrement sensible: 'Je voudrais pouvoir insérer ici quelques lettres du grand homme qui a honoré notre auteur de ses correspondances. Ce serait bien mériter du public; mais je n'ai pu jamais en obtenir, et je suis réduit à estimer la discrétion du dépositaire de ces trésors et à m'en plaindre' (p.366).

Voltaire, étant intervenu dans cette préface et lui ayant donné son aval, se trouve, en quelque sorte, responsable des faits biographiques qui le concernent. Cette dissertation de Baculard d'Arnaud, porte-parole de Voltaire, peut être considérée comme une biographie autorisée de ce dernier en 1750. Elle représente le point d'aboutissement de relations de protecteur à protégé, et serait une sorte de palimpseste où, derrière l'écriture de l'auteur, se dissimuleraient la présence et, dans une certaine mesure, la voix de

[24] *OCV*, t.78c, p.18.

Voltaire. Leur influence directe s'exprime dans des interventions sur l'original de Baculard, ce qui permet d'étudier la marge de manœuvre de Voltaire.

3. *Voltaire correcteur de Baculard d'Arnaud*

Le manuscrit incomplet de la Bibliothèque nationale met en lumière les interventions avérées de Voltaire sur quelques pages que l'on peut comparer au texte de la 'Dissertation historique'. C'est un exemple, particulièrement significatif, de réécriture, par Voltaire, d'un écrit qui comprenait des gaucheries dans l'expression et des développements peu utiles. Les folios 194-97 n'étaient pas classés dans l'ordre du texte, qui est rétabli ci-dessous. Ils ont été soigneusement revus et corrigés: textes barrés, expressions du texte original de Baculard d'Arnaud corrigées, phrases ajoutées qui résument un paragraphe verbeux. Le nombre et l'ampleur des corrections n'étonnent point. Puisqu'il a l'occasion d'imprimer sa marque à un texte qui doit l'honorer, Voltaire se montre particulièrement attentif et minutieux.

Sans prétendre étudier cette réécriture dans ses moindres détails, on s'efforcera d'en dégager quelques lignes directrices. Voltaire est un maître redoutable qui ne laisse rien passer, d'autant plus que ses corrections sont inspirées par le souci de sa réputation. Aussi la présence de son ego est-elle prégnante tout autant que ses exigences de styliste. De nombreuses interventions concernent les folios 196 et 197, car il s'agit des persécutions subies par Voltaire de la part de ses ennemis. Baculard déclarait: 'je ne puis comprendre de pareils excès surtout dans des gens de lettres' (lignes 70-71) et il s'expliquait longuement sur ce sujet. Voltaire barre un développement plein de bonnes intentions, mais assez maladroit: afin de donner plus de poids à son texte et de faire bonne figure, Baculard s'était présenté en honnête homme soucieux d'une vérité incontestable, ne se rapportant pas, bien qu'ami de Voltaire, à la seule parole de ce dernier; il se met en valeur comme auteur de recherches et de preuves, ayant eu la patience de lire 'un tas de lettres' (ligne 84). Voltaire qui prévoit des ricanements probables sur ce qui pourrait être interprété comme un certain manque de confiance de Baculard et sur le crédit qu'on peut apporter à sa parole, n'a pas laissé subsister ce passage. Puisqu'il s'agit d'auteurs de libelles diffamatoires de la part de ses anciens protégés, il entend en faire la démonstration. D'abord, il l'annonce en une phrase lapidaire: 'Et cependant je n'en ay vu que trop de preuves', puis il résume l'argumentation sur l'ingratitude patente de ces 'malheureux', avant de recopier des lettres à l'appui de ses dires. Cette réécriture témoigne d'une exigence de concentration à la recherche de l'effet. Alors que Baculard bavarde, empêtré dans de bons sentiments, Voltaire frappe fort afin de faire taire toute contestation. En outre, il avait, au préalable, remplacé ce 'tas de lettres' trivial par une 'foule de lettres'. La version de Voltaire est reprise dans la 'Dissertation historique'.

On retrouve les mêmes exigences dans l'ensemble du manuscrit, qui donne l'impression de se trouver devant un mauvais devoir d'élève qu'un maître tatillon aurait amélioré afin de donner une leçon de style. Voltaire intervient pour un ajout lorsqu'il est question de comédie larmoyante, il précise: 'ou tragédie bourgeoise' (lignes 162-63). Il corrige une exagération: 'critique très mauvaise' remplace critique 'sanglante' (lignes 142-44), fait la chasse aux fautes de goût: il barre l'expression trop familière d'un jeune homme qui commence à 'barbouiller du papier' pour lui substituer l'expression plus noble, celle d'un jeune homme 'de goust' commençant à 's'exercer' à écrire (lignes 20-21); il ne supporte pas la trivialité de Baculard écrivant: 'cependant au collège on nous fait emballer plusieurs sujets', qu'il traduit dans une langue correcte: 'travailler dans nos premières études' (lignes 33-34). Il en est de même de la correction qui remplace l'expression vulgaire de Baculard: 'Mr de Voltaire s'était fait payer' par un langage soutenu: on a 'aussi prétendu qu'il avait tiré beaucoup' d'argent (ligne 166). Il s'agit d'un 'toilettage' de l'original, d'une mise au point faite de retouches afin d'adapter l'expression au genre noble d'un hommage.

Voltaire a surtout supprimé des longueurs dans le texte original de Baculard d'Arnaud, en témoignent une large partie des folios 196*r*, 196*v*, 197*r* et 194*r*, suppressions acceptées dans la 'Dissertation historique'. Il condense, en une phrase: 'quel est le fruit de ce bienfait', des explications verbeuses du second paragraphe du folio 197*r* qui a été barré. Même méthode en ce qui concerne le second paragraphe du folio 194*r* consacré à sa manière noble d'agir dont il résume l'argumentation. Baculard d'Arnaud, après avoir rappelé que Voltaire n'avait jamais reçu d'argent de ses libraires et avait donné gratis l'*Anti-Machiavel*, avait énuméré des exemples que Voltaire supprime: don de son *Poème de Fontenoy*, refus d'un service de Saxe offert par des libraires (après avoir ajouté, après 'service', la précision 'de porcelaine'). A la suite du rappel de sa conduite dans l'*Anti-Machiavel*, il enchaîne, annonçant d'autres preuves, celles de sa conduite avec des gens de lettres: 'qu'on ose demander ces faits, non seulement il en a usé tres genereusement avec tous ces gens la, mais ...' (ci-dessous, p.360). Il s'agit là, avec une autre phrase de remplacement (f.196*v*), des plus longs ajouts de la main de Voltaire, et dans les deux cas le thème est le même: il existe des preuves que Voltaire a fait montre de beaucoup de générosité envers des confrères qui l'ont ensuite accablé d'accusations. On comprend que c'est le message principal qu'il veut faire ressortir de ce texte.

Le sujet de cette biographie illustre, par ses corrections, sa connaissance supérieure de la littérature ancienne. Là où Baculard avait renvoyé aux écrits de Socrate et de Platon, Voltaire supprime le premier et ajoute Aristote (f.195*v*), sachant que ceux qui liront cette préface trouveraient ridicule la suggestion qu'il existe des œuvres de Socrate. A la même page, il fournit, après le nom d'Horace, ceux de Varron et de Cicéron pour donner plusieurs exemples d'auteurs anciens qui ont fait 'des odes, des epitres et des satires'. Ces enrichissements du texte rappellent les commentaires que Voltaire avait laissés en marge du texte du marquis de Vauvenargues, quatre ans auparavant, où il suggère à l'auteur des comparaisons littéraires: Pope, Shaftesbury et la *Fable des abeilles* de

339

Mandeville à un endroit; Montaigne un peu plus loin; La Fontaine, César Vichard de Saint-Réal et Antoine de La Fosse ailleurs.[25] Si, dans le contexte de la 'Dissertation historique', Voltaire se soucie sans doute de donner un texte correct, il y a peut-être en même temps la volonté d'instruire un jeune écrivain qu'il considère encore à l'époque comme un protégé.

Voltaire a remédié à un défaut de composition en supprimant une anecdote, d'ailleurs contestée par Baculard, selon laquelle la duchesse de Richelieu lui aurait donné cent louis d'or 'dont il acheta un carrosse' (lignes 109-20), puisqu'il est question des rapports de Voltaire et du duc de Richelieu dès la première page de la 'Dissertation historique'. Voltaire n'a pas apprécié que Baculard rapporte un exemple 'des faussetés et des calomnies grossières' dont sont remplis des libelles contre lui.

Baculard d'Arnaud, en recopiant les corrections de Voltaire, en a omis une, probablement par inadvertance. La 'Dissertation historique' reproduit à la suite deux citations de lettres des obligés ingrats de Voltaire. Celui-ci, soucieux de ne pas confondre les deux lettres, les avait séparées par cet ajout: 'un autre luy écrit' (lignes 97-98), phrase non reprise dans l'édition de 1750. Le manuscrit permet donc de mesurer à la fois le degré de docilité de Baculard d'Arnaud qui recopie pratiquement toutes les interventions du maître, et la minutie de Voltaire, son souci de correction d'expressions trop familières, sa volonté de réduction de bavardages oiseux et sa vigilance quant à la cohérence du développement. Il taille sans pitié dans les textes qui lui sont proposés. Il est vraisemblable qu'il a appliqué les mêmes critères et la même méthode dans les parties du texte dont les pages manquent au manuscrit, c'est-à-dire dans la majeure partie de cette préface. Y a-t-il eu d'autres échanges entre les deux hommes pour établir la version définitive de ce texte? On se heurte donc à des difficultés quasi insurmontables pour mesurer la réelle ampleur des interventions

[25] Voir les notes en marge de l'*Introduction à la connaissance de l'esprit humain* (1746) dans *OCV*, t.145, p.485, 492, 540.

de Voltaire. On dispose, grâce à Wagnière, d'une autre version de la 'Dissertation historique', mais quel crédit lui accorder et comment l'utiliser?

L'ancien secrétaire de Voltaire bénéficie toujours d'une excellente réputation. C'est 'le fidèle Wagnière' auréolé d'un 'statut quasi mythique', dont Christophe Paillard, son meilleur connaisseur, a montré qu'il était 'plus complexe et ambigu que ne le prétend sa légende dorée'.[26] En qualité d'éditeur, il a constitué, comme nous l'avons vu ci-dessus, un dossier qui entend peser sur l'interprétation d'un épisode de la biographie de Voltaire. Quant au texte, il prétend avoir en mains la copie de Longchamp et la minute originale qui s'y trouve jointe.[27] Il est intervenu ouvertement dans trois notes. L'une révèle le nom du dépositaire d'une souscription de *La Henriade*, non indiqué par Baculard d'Arnaud, Thiriot, qui a dissipé cet argent et auquel Voltaire a pardonné; la seconde précise la date de la tragédie *Mariamne* de Tristan L'Hermite, corrigée par J.-B. Rousseau, et la dernière explique pourquoi des parchemins précieux concernant 'vingt diplômes au moins de diverses académies étrangères et de France', confiés à Mme Denis, devenue Mme Duvivier, n'ont pu être récupérés. En 1826, Thiriot est mort depuis bien des années, en 1772, et Mme Denis en 1790. Wagnière signale aussi que la note sur Samuel Bernard est de Baculard d'Arnaud (ci-dessous, p.363, variante), et indique qu'il est question des *Lettres philosophiques* dans des *Mélanges* de Voltaire (p.371, variante), une référence absente de la 'Dissertation historique', mais sans danger au dix-neuvième siècle.

Les quatre passages rayés par Voltaire, que Wagnière reproduit (voir notre appendice 2), semblent dénués d'intérêt: il s'agit de textes que nous consultons dans le manuscrit. Deux d'entre eux, pourtant, posent problème: d'abord, le premier passage donné par Wagnière comme étant rayé par Voltaire n'est pas supprimé sur le manuscrit que nous connaissons (lignes 28-55), mais la phrase qui

---

[26] Christophe Paillard, *Jean-Louis Wagnière, secrétaire de Voltaire. Lettres et documents*, *SVEC* 2008:12. Les citations sont extraites des p.1-4.

[27] *Mémoires sur Voltaire*, t.2, p.475.

l'introduit, 'Au-delà de laquelle ils allaient eux-mêmes', ne s'y trouve pas. Wagnière se serait-il trompé de passage? L'autre se situe après 'Et il a méprisé les autres' (ci-dessous, p.382-83): à l'anecdote supprimée sur la duchesse de Richelieu, les *Mémoires sur Voltaire* ajoutent la citation d'une lettre du 8 février 1739 du maréchal de Richelieu. D'où les questions: est-ce un ajout de Wagnière? La copie dont il dispose présenterait-elle des différences avec le manuscrit que nous avons étudié? Autrement dit, quel crédit accorder à certaines variantes? On ne prétend pas résoudre cette énigme, seulement la poser.

Wagnière serait-il intervenu subrepticement en substituant le poème, 'Il faut penser sans quoi l'homme devient / Malgré son âme, un vrai cheval de somme', à ceux qui figurent dans la 'Dissertation historique', à savoir 'Les deux Amours' et le madrigal à la princesse Ulrique de Prusse, 'Souvent un peu de vérité...' (ci-dessous, p.367-68)? Or le choix de Baculard est pertinent. Il illustre son propos sur Voltaire poète galant par des vers appropriés et célèbres. Pourquoi Voltaire ou Wagnière ont-ils cru nécessaire de les supprimer? Le poème 'A Mme de Rupelmonde. Les deux Amours' est connu depuis belle lurette et il a figuré dans maintes éditions des *Œuvres de Voltaire*, où le nom de la destinataire est effacé.[28] Quant au madrigal à la princesse Ulrique de septembre 1743, Voltaire n'avait guère intérêt à en rappeler l'existence, étant donné qu'il avait été accusé de plagiat.[29]

Peut-on user du critère de vraisemblance, délicat à manier, susceptible d'induire en erreur? Par exemple, la préface publiée par Wagnière précise que la famille de Voltaire aurait occupé 'des charges dans la robe', 'des postes très honorables dans l'épée et la magistrature' (ci-dessous, p.362, variante), précisions absentes de la 'Dissertation historique'. Faut-il voir la marque de Voltaire

---

[28] Voir *OCV*, t.3A, p.252-55.

[29] *OCV*, t.28A, p.434-38. Ce poème a suscité maints commentaires déplaisants. Contrairement aux gloses des mauvaises langues, Frédéric ne fut pas froissé de ce madrigal (voir Christiane Mervaud, *Voltaire et Frédéric II: une dramaturgie des Lumières 1736-1778*, *SVEC* 234, 1985, p.158).

dans la réflexion: 'Quoique les gens de lettres n'aient pas besoin de l'illustration de la naissance, cependant la vérité oblige de dire...' (ci-dessous, p.362, variante)? Si ce texte fut écrit par Voltaire, on comprend mal pour quelle raison Baculard ne l'a pas repris. Par ailleurs, on peut penser que Wagnière a complété la liste des titres de Voltaire par celle de membre de l'Académie française (ci-dessous, p.361).

Faute d'avoir en mains l'original complet de Baculard corrigé par Voltaire, on s'interroge sur ce qui pourrait lui être imputé, et on soupçonne Wagnière d'être parfois intervenu. Il reste donc d'importantes marges d'incertitude sur les corrections de Voltaire. Elles s'ajoutent à celles signalées précédemment, quant à l'influence directe ou indirecte de Voltaire dans la composition de cet écrit de Baculard, et sont encore plus opaques à la suite de la brouille des deux hommes de lettres.

4. La 'Dissertation historique', otage de guerre pour Voltaire et Baculard d'Arnaud

Voltaire et Baculard d'Arnaud vont se brouiller de manière retentissante. Frédéric II avait apprécié l'*Epître au cul de Manon* et invité à Berlin Baculard, qui part de Paris à la mi-mars 1750. Il est arrivé en Prusse le 25 avril 1750[30] où il s'empresse de rimer une *Epître à Sa Majesté le roi de Prusse, ce 26 avril 1750*. Voltaire, que Frédéric veut attirer à sa cour, se fait attendre; son voyage, sans cesse différé, a fait l'objet de tractations avec le roi de Prusse, mais est finalement décidé: le 9 juin, il écrit à Clèves pour le 'forespann' (D4966).[31] Le 26, alors qu'il prend congé à Compiègne, il eut connaissance des vers de Frédéric saluant 'l'aurore' du jeune Baculard d'Arnaud opposée au 'couchant' de l'Apollon de la France qui

[30] Voir D4124, de Voltaire à Baculard: 'Enfin Darnaud, loin de Manon, / S'en va dans sa tendre jeunesse / A Berlin chercher la sagesse / Près de Fédéric Apollon', et D4136, de Frédéric à Voltaire: 'Il est enfin venu, ce d'Arnaud qui s'est fait attendre'.

[31] Sur les atermoiements de Voltaire, sur les pressions de Frédéric, sur le pari que fit alors l'homme de lettres, voir Ch. Mervaud, *Voltaire et Frédéric II*, p.169-81.

's'achemine à sa décadence'.[32] Ces vers faisaient un contraste sai-
sissant avec ceux qu'il venait de rimer (D4966):

> Ah que mon destin sera doux
> Dans votre céleste demeure!
> Que d'Arnaud vive à vos genoux
> Et que votre Voltaire y meure.

A ses illusions s'opposait la réalité. Voltaire fut piqué de ces 'galants
écrits' et il s'inquiète: 'Egratignez-vous d'une main / Lorsque vous
protégez de l'autre?'[33] A demeure, ces sombres pressentiments se
confirment d'autant plus que les sourdes rivalités opposant Voltaire et Baculard d'Arnaud offrent un divertissement de choix à
une cour friande d'intrigues qui s'ennuie sous la férule du roi et
qui prend fait et cause pour l'un ou l'autre des protagonistes.[34]
Comme le constatera plus tard Voltaire, 'qu'on mette au bout du
monde deux auteurs, deux femmes ou deux dévots, il y en aura qui
fera quelque niche à l'autre' (D4262). R. L. Dawson évoque entre
eux des picoteries d'amour-propre.[35] Leur rupture est consommée
à la suite d'un affront impardonnable dont Baculard s'est rendu

[32] Voir ces vers de Frédéric 'A Monsieur D'arnaud' et la réponse de d'Arnaud
dans Dawson, *Baculard d'Arnaud*, t.142, p.588-91.

[33] D4166, 26 juin 1750. Ces petits vers de Frédéric ne furent pas, comme le pré-
tendra Marmontel, la cause du départ de Voltaire.

[34] Aux biographies de Voltaire et à celle de Baculard d'Arnaud par R. L. Dawson,
il faut ajouter des analyses du rôle de Frédéric (voir Ch. Mervaud, *Voltaire et
Frédéric II*, p.185-89) et du jeu des intrigues (voir la lettre de Baculard d'Arnaud
à Duclos publiée par R. Duthil et P. Dimoff, *SVEC* 6, 1958, p.141-46; les articles
d'A. Thomson, 'Quatre lettres inédites de La Mettrie', *Dix-huitième siècle* 7, 1975,
p.5-19, et 'Aspects inconnus du séjour de Voltaire en Prusse', dans *Voltaire und
Deutschland*, Stuttgart, 1979, p.79-89; Ch. Mervaud, 'Voltaire, Baculard d'Arnaud
et le prince Ferdinand', *SVEC* 183, 1980, p.7-33).

[35] Il suggère deux causes de l'animosité entre les deux hommes de lettres: Voltaire
aurait été jaloux qu'une pièce de Baculard, *Le Mauvais Riche*, ait été représentée
pendant les festivités de Berlin; Baculard aurait été vexé que Voltaire proteste que
l'on ait 'publié sous [son] nom dans les gazettes, des vers qu'un jeune Français a faits
ici pour les dames de Berlin' (D4228). Il cite alors le madrigal à la princesse Ulrique,
mais ce poème est de 1743 (*Baculard d'Arnaud*, t.141, p.173-75).

coupable.[36] La scène est racontée par Laveaux,[37] et accréditée par Heinrich de Catt, secrétaire du roi.[38] Devant le roi et en présence de Voltaire, Baculard d'Arnaud insulte Mme Denis, qu'il juge ridicule. Colère de Voltaire contre l'ingratitude de ce 'petit d'Arnaud, avorton du Parnasse' lequel, sans perdre contenance, réplique brutalement: 'Si votre nièce ridicule... a eu des bontés pour moi, je les sens, mais aussi, pour la payer de ses bontés, j'ai dû coucher avec elle'.[39]

Baculard d'Arnaud est renvoyé, la décision prise dès le 14 novembre.[40] Darget l'annonce à Voltaire sur un ton triomphal: 'Enfin nous l'emportons: d'Arnaud est renvoyé; on vient de lui faire signifier l'ordre de partir' (D4275). Baculard d'Arnaud s'était rendu coupable d'indélicatesses financières, mais il est vrai que Voltaire l'a accusé auprès de Frédéric d'avoir 'semé la zizanie dans le champ du repos et de la paix' (D4265). Il s'en défend, diffusant une version de ce renvoi qui n'entame point sa réputation. Alors s'ouvre un autre volet de l'histoire de la 'Dissertation historique' portant sur son interprétation.

Voltaire, le 14 novembre 1750, ouvre les hostilités dans une longue lettre au comte d'Argental. Il ridiculise Baculard d'Arnaud, qui se donne 'pour un seigneur qui avait perdu sur les chemins ses titres de noblesse, ses poésies et les portraits de ses maîtresses, le tout enfermé dans un bonnet de nuit'. Baculard n'ayant que 'quatre

---

[36] Voltaire avait été sensible à l'audace et au 'peu d'éducation' de Baculard d'Arnaud dès 1739 (voir D1992).

[37] J. Ch. Thibault Laveaux, *Vie de Frédéric II, roi de Prusse*, 7 vol. (Strasbourg, 1788-1789), t.6, p.290.

[38] Heinrich de Catt, *Memoiren und Tageskalender*, éd. R. Koser (Leipzig, 1884), p.22.

[39] Baculard d'Arnaud a été reçu rue Traversière par Mme Denis à laquelle il a fait une cour assidue. Elle ne le repousse guère; 'Adieu, je sens si Dieu ne m'aide que je vous aimerai à la folie' (D3561); 'Non seulement je ne veux pas que vous mouriez pour me donner du plaisir, mais moi je meurs d'envie de vous voir' (D3579, 16 octobre [1747]); enfin, un vendredi à 3 heures après midi, 'Adieu, je vous aime de tout mon cœur, mais je ne veux pas avoir d'amant' (D3685).

[40] Voir Ch. Mervaud, *Voltaire et Frédéric II*, p.188, n.88.

mille huit cent livres d'appointements' le jalouse. Il est mécontent parce qu'il ne soupe point avec le roi ni ne couche avec les filles d'honneur (D4262). La préface destinée à l'édition rouennaise des *Œuvres de Voltaire* est alors prise en otage de part et d'autre, Baculard et Voltaire prévoyant ses conséquences néfastes pour leur image respective (toujours D4262):

Mon Bacular a voulu aussi désavouer une mauvaise préface qu'il avait voulu mettre au-devant d'une mauvaise édition qu'on a faite à Rouen de mes ouvrages. Il ne savait pas que j'avais expressément défendu qu'on fît usage de cette rapsodie dont par parenthèse, j'ai l'original écrit et signé de sa main. Il s'adresse donc à mon cher ami Fréron, il lui mande que je l'ai perdu à la cour, que j'ai mis en usage une politique profonde pour le perdre dans l'esprit du roi, que j'ai ajouté à sa préface des choses horribles contre la France, et qu'en un mot, il prie l'illustre Fréron d'annoncer au public qui a les yeux sur Bacular, qu'il se lave les mains de cet ouvrage.

La nouvelle est parvenue en Prusse, le roi a lu 'une ancienne épreuve de cette belle préface', a constaté qu'il n'y avait pas un mot contre la France et que Baculard est 'un peu menteur'. Même version en termes plus violents dans une lettre à Thiriot avec des précisions supplémentaires: Baculard aurait écrit cette préface afin d'obtenir 'quelque argent', Voltaire l'a trouvée 'si mal écrite' qu'il a défendu qu'on en fît usage, oubliant sciemment qu'il a contribué à sa mise au net (D4266). Voltaire a envoyé cette préface au lieutenant de police Nicolas René Berryer de Ravenoville 'afin qu'il soit convaincu par ses yeux de l'imposture, qu'il impose silence à Fréron, ou qu'il l'oblige à se rétracter' (D4262). Une lettre ostensible, dont Voltaire avait gardé copie dans ses papiers et qui, d'après Wagnière, était annexée à la préface, est la pièce maîtresse de la stratégie mise en œuvre (D4263). Voltaire prend à témoin le public des manigances condamnables de Baculard d'Arnaud:

S'il est vrai que monsieur d'Arnaud ait écrit en France pour rétracter une préface dont il m'avait demandé l'an passé la permission d'orner mes faibles ouvrages, ce procédé doit d'autant plus m'étonner, que cette préface est écrite toute de sa main et signée de lui, et je n'en ai retranché que les éloges trop forts qu'il me donnait.

Puis il démine le terrain, réfutant toutes les allégations de son adversaire: le roi de Prusse a lu ce texte et n'y a 'rien trouvé qui pût blesser personne', Voltaire a excusé toutes les fautes de Baculard en Prusse, il lui a rendu service à Paris, il l'avait supplié de supprimer cette préface et il se 'flatte qu'on [lui] a tenu parole'. Le voici devenu la malheureuse victime de l'odieux Baculard d'Arnaud.

La guerre épistolaire fait rage. Le comte d'Argental orchestre l'argumentaire voltairien dans une lettre du 24 novembre 1750 dont Voltaire le remercie (D4287, D4294). Selon d'Argental (D4280), Baculard...

a osé mander, à qui? à Fréron *qu'après lui avoir fait composer une préface pour mettre à la tête de l'édition de Rouen, vous aviez jugé à propos d'y ajouter des choses si graves et d'une si grande importance, qu'il ne pouvait ni ne voulait les adopter, attendu qu'il était bon Français et qu'il n'était pas dans l'intention de s'expatrier comme vous.*

Cette citation, fidèle ou non à l'original, fournit des armes à Voltaire d'autant plus que son ami d'Argental ajoute que Baculard a dû prier Fréron de ne plus montrer sa lettre, prétendant que 'l'édition de la préface était l'ouvrage du libraire' et enfin qu'il s'est répandu en 'impertinences les plus folles' sur la cour de Prusse, un sujet très sensible pour Frédéric.

A ces versions voltairiennes s'oppose celle de Fréron, qui, à son tour, cite, le 1er décembre 1750, la lettre de Baculard d'Arnaud. Voltaire avait attaqué Fréron dans une lettre à Pierre de Morand du 17 novembre 1750 (D4270). Fréron, qui en a pris connaissance, contre-attaque en voulant prouver que jamais Baculard d'Arnaud n'a dit que, dans cette préface, il y avait des traits contre la France ajoutés par Voltaire (D4284):

Voici ce qu'il m'a mandé. 'Je vous avertis d'une chose en passant. Il paraît une édition des œuvres de Mr de Voltaire avec une préface sous mon nom, laquelle préface est corrompue et altérée. Je ne reconnais plus mon ouvrage. On a ajouté des choses qui ne sont point dans l'original. Lorsque vos feuilles paraîtront, je vous recommande, cher ami, d'insérer ce désaveu qui est d'une très grande conséquence pour moi, et de dire que c'est sans doute la faute de quelque éditeur. Mr de Voltaire a mon manuscrit de ma main; il n'a qu'à le montrer.' Je vous rapporte mot pour mot, monsieur, les propres paroles de d'Arnaud.

Qu'en est-il, d'après les textes dont nous disposons? La réponse restera partielle dans la mesure où n'a pas survécu, à notre connaissance, l'original entier avec toutes les traces de lecture de Voltaire. En outre, on ignore la chronologie: date de la composition du texte par Baculard d'Arnaud, date de l'envoi de son texte à Voltaire, date de l'envoi de la version adressée à l'éditeur rouennais. Au dix-huitième siècle, ni Voltaire, ni Baculard n'avaient intérêt à montrer l'original pour appuyer leurs dires, parce que leurs déclarations respectives gauchissaient la vérité en fonction de leur intérêt immédiat.

Le marquis d'Adhémar, qui a lu cette préface, n'y a trouvé rien à redire (D4280). Il est évident qu'elle ne contient, dans aucune des versions connues, pas le moindre trait contre la France. Qui croire? Voltaire, qui accuse Baculard de cette calomnie? Fréron, qui l'en dédouane? Il est sûr que Voltaire n'avait aucun intérêt à introduire des traits satiriques dans une préface rédigée pour une nouvelle édition de ses *Œuvres* à Rouen. Il avait accumulé les désagréments en 1748 avec une édition pirate rouennaise et fait appel aux autorités.[41] Une démarche, consistant à se permettre des ironies sur le gouvernement de la France, aurait été une insigne sottise qui lui aurait valu force ennuis. Il n'avait pas davantage intérêt à attirer à son 'cher enfant' des tracasseries sans nombre. Il se peut que Baculard ait proféré oralement, ou même par écrit, cette calomnie dans un désir de vengeance et afin d'apparaître comme une pauvre victime du machiavélique Voltaire. Il se peut aussi que Voltaire, à partir des bruits rapportés sur des impertinences de Baculard qui le

---

[41] Voir *VST*, t.1, p.545-46; D. W. Smith, 'Robert Machuel, imprimeur-libraire à Rouen', p.36-41; et D. W. Smith, 'Did Voltaire collaborate in the Rouen (Machuel) 1750 edition of his *Œuvres*?', *Journal for eighteenth-century studies* 31:4 (2008), p.571-77.

concernaient et sur son désaveu de la 'Dissertation historique', ait dramatisé ce qu'il apprenait afin de pouvoir proclamer son innocence tout en mettant en lumière la perfidie de son adversaire. La 'Dissertation historique' a été supprimée dans cette édition et remplacée par un 'Avis de l'éditeur' beaucoup plus restreint, mais elle est revenue dans l'édition rouennaise de 1751, sans doute une initiative de Machuel. [42]

Cette 'Dissertation historique' a-t-elle été 'corrompue et altérée', selon les accusations de Baculard relayées par Fréron? L'accusation manque de vraisemblance. Pour que ce scénario soit crédible, il faudrait supposer que Baculard n'aurait pas pris connaissance de sa préface corrigée, ce qui aurait été hautement invraisemblable et qui est manifestement faux puisqu'il a accepté des modifications apportées à son texte original par Voltaire. Les termes, texte *corrompu* et *altéré*, attribués par Fréron à Baculard d'Arnaud dans la lettre que celui-ci lui avait écrite, sont parfaitement impropres et inappropriés. Le texte de Baculard d'Arnaud a été réduit, ce qui pour tout auteur est sans doute un crève-cœur, mais pas au point que Baculard d'Arnaud ne reconnaisse plus son ouvrage, une exagération manifeste. Quant aux corrections stylistiques, elles ne 'corrompent' pas cet écrit. Baculard, une fois de plus, fait preuve d'audace, en osant suggérer que des ajouts de Voltaire auraient altéré les qualités littéraires de son texte. En fait, Voltaire s'est efforcé d'améliorer le style plutôt lâche et languissant de son protégé en le rendant plus concis, plus nerveux. Il ne déroge pas de sa coutume consistant à resserrer la pensée. Quant aux suppressions des éloges dans la préface, dont se vante sans cesse Voltaire, on n'en trouve pas la moindre trace, ce qui était prévisible. Cette contre-vérité est reprise par Wagnière dans son 'Avertissement'. [43] Il est évident que les deux protagonistes travestissent la vérité à leur profit et que, dans ce nœud de vipères, il est difficile

---

[42] D. W. Smith, 'Did Voltaire collaborate in the Rouen (Machuel) 1750 edition of his *Œuvres?*', p.574-75.

[43] *Mémoires sur Voltaire*, t.2, p.475.

d'établir des faits exacts, tout au plus peut-on espérer traquer quelques mensonges, exagérations, gauchissements.

Ce texte appliqué et sans grande verve de Baculard d'Arnaud, non seulement a été l'objet d'une guerre intestine, mais a intéressé et suscité des réactions comme en témoignent les pages de la 'Dissertation historique' extraites de l'édition Machuel qu'une main inconnue a annotée et sur laquelle des phrases ont été barrées, [44] apparemment avec l'intention d'en faire une autre édition, car les phrases barrées sont majoritairement celles qui renvoient à l'édition rouennaise des *Œuvres*. Il est sûr qu'un ouvrage d'un ancien protégé de Voltaire, devenu son ennemi, ne pouvait passer inaperçu. Il figure en bonne place dans l'épais dossier des erreurs commises à Berlin par le chambellan du roi de Prusse avant 'la barbarie iroquoise' de Francfort. Amis et ennemis de Voltaire pourront gloser sans fin à partir du sort singulier réservé à ces quelques pages destinées, ironie de l'histoire, à mettre en valeur une édition des *Œuvres de Voltaire* au mitan du siècle. Sa trajectoire est significative: rien de plus simple au départ quant au projet initial, quelques pages de préface; rien de plus labyrinthique à l'arrivée pour la réalisation, vingt-six pages d'une 'Dissertation historique' dans une édition de 1750. Cet ouvrage d'un disciple de Voltaire paru dans une édition rouennaise, corrigé par le maître, reproduit selon une autre version par Wagnière qui défend la mémoire de Voltaire, résiste finalement, pour une large part, à l'analyse. Au fil des mois, s'y sont superposés les états d'âme variés et variables des protagonistes, les interventions à des dates différentes de tous ceux qui ont été impliqués dans sa publication, enfin des interprétations contradictoires reflétant les intérêts de Voltaire et de Baculard d'Arnaud dans une situation de crise.

[44] Paris, BnF: Rés. Z Beuchot 899 (8).

5. *Manuscrit et éditions*

MS

[*Sans titre*].

Relié avec des *Pièces relatives à Voltaire et à son époque*, manuscrit incomplet de la main de Baculard d'Arnaud, comportant des corrections et des biffures de Voltaire. D'une main inconnue: 'fragmens d'une Preface de Baculard D'arnaud, destinée a l'edition de <Dresde> Rouen des œuvr. de Voltaire. / jls sont de <s>la main de D'Arnaud et les corrections sont de celle de Voltaire'. Les feuilles ont été reliées dans le mauvais ordre: le texte fragmentaire commence p.3 (f.195*r*) et se poursuit jusqu'à la p.8 (f.197*v*), s'enchaîne sur le f.194*v* et enfin le f.194*r*. La numérotation des pages semble être de la main de Voltaire.

Notre texte de base.

Paris, BnF: n.a.fr.24342, f.194*r*-197*v*.

W50R

La Henriade et autres ouvrages. Londres, Société [Rouen, Robert Machuel], 1750-1752 (t.1-9, 1750 ou 1751; t.10, 1752). 10 vol. in-12.

Tome 1: i-xxvi Dissertation historique sur les ouvrages de Mr. de Voltaire.

Edition probablement faite avec la participation de Voltaire. Voir David W. Smith, 'Did Voltaire collaborate in the Rouen (Machuel) 1750 edition of his *Œuvres?*'. Après l'impression, cette 'Dissertation historique' fut supprimée et remplacée par un 'Avis'. Voir D. W. Smith, 'Robert Machuel, imprimeur-libraire à Rouen', p.45.

Bengesco 2130. Trapnell 50R. BnC 39.

Genève, ImV: A 1751/1 (t.1-9). Paris, BnF: Rés. Z Beuchot 9 (t.6), Rés. Z Beuchot 16 (t.10), Rés. Z Beuchot 899 (8).[45]

---

[45] Le volume désigné par cette dernière cote ne comporte que la 'Dissertation historique'.

MV1826

S. G. Longchamp et J.-L. Wagnière, *Mémoires sur Voltaire et sur ses ouvrages*. Paris, Aimé André, 1826. 2 vol. in-8.

Tome 2: [473]-510 Préface d'une édition des œuvres de M. de Voltaire, par Baculard Darnauld, et anecdote à ce sujet.

Nous donnons des variantes de la 'Préface' et reproduisons les 'Passages rayés par Voltaire' en appendice, ci-dessous, p.361-80, 381-85.

6. *Principes de cette édition*

Le texte de base de la présente édition est MS, et il est reproduit sans modernisation aucune. Etant donné le caractère du texte, nous suivons pour la mise en pages le modèle du *Corpus des notes marginales*, où les ajouts de Voltaire sont présentés en caractères gras soit à la droite du texte, soit en notes de bas de page, selon la nature des corrections dans un souci de clarté. Nous innovons seulement en indiquant les passages rayés avec du texte barré au lieu de les signaler en note. Le texte publié est donné en appendice. Comme cette version est plus complète que celle de MS, les variantes de MS et MV1826 sont fournies à cet endroit.

[CORRECTIONS À UNE PRÉFACE DE BACULARD D'ARNAUD]

[f.195r]

j'ai entendu ¹ plusieurs personnes se recrier contre ce petit ouvrage, et la plupart sans trop scavoir pourquoi, car mᵣ de voltaire n'a été pour ainsi dire que le secretaire des gens de goût. il a eu le courage d'ecrire ce qu'ils osent
5   penser. ² le moyen que la raison humaine fasse des progres lorsqu'on se contente de sentir les verités et qu'on n'a pas la force de les dire tout haut? j'ai eu le plaisir de faire convenir a ces critiques obstinés [?] du temple du gout, qu'il qu'il n'y avoit que tres peu de pages a lire
10 dans Marot, quoique sa versification bonne pour son tems soit semée de quelques graces, et ³ il ne pensoit point et quest ce que le merite d'un ⁴ faiseur de vers! ils avouerent que rabelais etoit inintelligible, que le peu qu'on en pouvoit lire etoit rempli d'ordures, et n'avoit d'assaissonne-
15 ment qu'une gayeté maussade, et impudente, voiture leur paraissoit infecté de ce faux bel esprit si aisé a attraper et qui par malheur pour le gout fait aujourdhui tant de progres, ils traitoient ségrais et pavillons de poetes pl versificateurs plats et miserables ⁵ tres convaincus qu'il n'y a
20 pas ⁶ de jeune homme ⁷ elevé a paris qui commencant a barbouiller ⁸ du papier n'écrive ⁹ mieux surtout que le   queux

---

¹ Au-dessus de 'j'ai entendu': 'on vit d'abord'.
² Apres 'penser', au-dessus de la ligne: 'et ce qu'ils ne disent que tout bas.'
³ Le 'et' est surchargé d'un 'qu''.
⁴ Après 'd'un', au-dessus de la ligne: 'simple'.
⁵ Après 'miserables': 'froids'.
⁶ Après 'pas': 'guere'.
⁷ Après 'homme', au-dessus de la ligne: 'de goust'.
⁸ Au-dessus de 'barbouiller', Voltaire a écrit 's'exercer'.
⁹ Au-dessus de la ligne, après 'n'écrive', Voltaire a écrit 'beaucoup', qu'il a ensuite barré.

~~dernier qui cependant eût l'honneur d'etre de l'académie~~
enfin ils poussoient beaucoup plus loin que monsieur
de voltaire leur critique sur le reste[10] [?] des ~~mêmes~~
auteurs dont il parle dans son temple de gout, et ces[11]
personnes [~~illisible~~] etoient les plus acharnées a dechirer,
et a rabbaisser cet ouvrage.

[f.195v]
quelle etrange contradiction! cest bien la qu'on doit
plaindre l'esprit humain de se laisser aller a de pareilles
~~vetilles~~ [?] inconsequences, et la cause en est dans le cœur
ou se trouve la source de l'envie; ~~de~~ je le repete on ne
veut point que le même homme fasse tant de choses, cela
l'eleve trop au dessus des autres, cependant ~~au college~~[12]
on nous fait ~~emballer~~[13] plusieurs sujets, prose, vers,
histoire, matieres philosophiques, et dans la suite de notre
vie il nous serait deffendu de nous livrer a la même
variété,[14] le fameux baron de lebnitz n'etoit il pas philosophe, poëte Historien,[15] m[r] de fontenelles ~~lui meme~~ ne
sest il pas essayé sur plusieurs genres litteraires, ~~on ne lui~~
~~a pas fait un crime d'avoir comparé des ouvrages écrits~~
~~dans un autre gout que ses ecrits~~ [~~illisible~~] ~~ses son histoire~~
~~de l'academie et les éloges~~ il ne s'en est point tenu a son
histoire de lacademie et a ses éloges, si nous voulions,
d'autres exemples nous verrions chés les grecs ~~un~~
~~socrates~~ un platon[16] qui écrivent sur divers sujets, chés
les romains un Horace[17] qui fait des odes, des epitres,
et des satires, un ovide qui se partage entre des élegies,
des Heroides, des métamorphoses et qui donne ~~une~~[18]

[10] Le mot 'reste' surcharge un mot difficilement lisible, peut-être 'compte'.
[11] Après 'ces', au-dessus de la ligne: 'memes'.
[12] Au-dessus de 'au college': 'au' ou 'on', ensuite barré.
[13] Au-dessus de la ligne: 'travailler dans nos premieres etudes sur'.
[14] Un point d'interrogation, probablement de Voltaire, surcharge la virgule.
[15] Un point d'interrogation, probablement de Voltaire, surcharge la virgule.
[16] Apres 'platon', au-dessus de la ligne: 'un Aristote'.
[17] Au-dessus de 'un Horace': 'des Varron, des Ciceron;'.
[18] Au-dessus de la ligne, après 'une': 'des'.

Tragédie[19] ~~de medées,~~ les italiens ont ~~je ne scais com-~~
~~bien~~[20] d'auteurs qui se sont distingués de meme[21] dans
plusieurs genres,

[f.196r]
m^r de voltaire[22] autorisé ~~par~~[23] l'exemple de ces grands
hommes ~~voudra suivre l'essor de son genie, et on lui~~
~~en fera un crime. on distribuera contre lui~~[24] les calomnies
les plus atroces, les libelles les plus odieux[25] ~~remplis~~   de la part de
~~dinvectives grossieres sur sa famille, sur ses talents sur~~   ceux même a
~~ses mœurs.~~   qui il a fait
~~je puis l'écrire parce que je le pense un honnete homme~~   du bien
~~ne peut voir qu'avec indignation un pareil déchainement,~~
~~est-ce là la recompense attachée a ceux qui professent~~[26]
~~les lettres avec autant d'honneur que le fait monsieur~~
~~de voltaire,~~ je ne l'aurois jamais cru, cependant il a fallu
me rendre a des preuves incontestables, j'ai vu la lettre
meme de l'abbé desfontaines ecrite de sa propre main a
monsieur de voltaire ou il lui donne les noms ~~de m^r~~ [?]
de bienfaiteur, il déclare que c'est a ses soins genereux
qu'il doit ~~a ses soins~~ la liberté,[27] que sans lui il seroit mort
de douleur dans sa prison, et il tient[28] avec mr de voltaire
la conduite qui est connue de tout le monde, je l'avoüerai
je ne puis comprendre de pareils exces ~~surtout~~ dans des
gens de lettres.[29] ~~qui devroient avoir une ame plus~~

[19] Ajouté à 'Tragédie': 's.'
[20] Au-dessus de 'je ne scais combien': 'quelques ~~plusieurs~~ auteurs'.
[21] Au-dessus de la ligne, après 'de meme', peut-être de la main de Baculard: 'a la fois'.
[22] Après 'voltaire', au-dessus de la ligne: 'ne se sera t'il'.
[23] Après 'par', au-dessus de la ligne: 'de'.
[24] Au-dessus de 'contre lui': 'que pour essuyer'.
[25] Après 'odieux': '?'.
[26] Au-dessus de 'professent', peut-être de la main de Baculard: 'honorent autant les'.
[27] Au-dessus de la ligne, après 'liberté': 'et'.
[28] Après 'tient', au-dessus de la ligne: 'depuis'.
[29] Après 'lettres', au-dessus de la ligne, et en marge: 'et cependant je n'en ay vu que trop de preuves'.

355

~~éclairée et par consequent moins susceptible de ces bas-~~
~~sesses~~ [30] ~~la tache, et la rouille des ames vulgaires,~~

[f.196*v*]
~~croira ton que la plupart des auteurs de ces libelles diffa-~~
~~matoires repandus contre monsieur de voltaire sont~~ 75
~~autant d'ingrats, on peut dire, de denaturés qu'il a~~
~~obligés, et qui lui doivent ces jours qu'ils employent a~~
~~le couvrir d'opprobres outrage qui assurement pas~~ [?]
~~si indigne usage, quelque soit l'amitié qui me lie a mon-~~
~~sieur voltaire depuis ma plus tendre enfance. je ne m'en~~ 80
~~suis point rapporté a ce qu'il auroit pu~~ [31] ~~dire, persuadé~~
~~qu'un honnete homme qui avance des faits au~~ [32] ~~publie~~
~~ne sauroit trop les appuyer de recherches et de preuves.~~
~~je n'écris ceci que sur la foy d'un tas~~ [33] ~~de lettres que j'ai~~
~~eu la patience de lire de lire. en voici même des morceaux~~ 85
~~que j'ai extraits de quelques unes pour donner une plus~~
~~juste idée de la depravation l'ingratitude de ces mal-~~
~~heureux qu'on veut bien encor par charité ne pas nommer~~
~~dans l'esperance qu'ils sentiront toute la noirceur de leurs~~
~~procedés.~~

jay vu les
lettres d'un
de ces
malheureux 85
qui luy ont
eu le plus
d'obligation,
et qui ont
ecrit ensuitte 90
ecrit contre
luy les plus
laches
libelles en
voicy une 95
que je
raporter[ai?]

'ayés pitié de moi monsieur, je m'adresse a vous comme a
la personne la plus repandüe et la plus considérée de
paris. n'ai je pas grande raison d'implorer votre secours,
je me jette entre vos bras pour y trouver la vie v....'
ce meme homme qui se jette entre ses bras, le reçoit et fait
un libelle –
~~autre ingrat~~

[f.197*r*]
'je remercie le plus grand cœur comme le plus grand
génie personne n'a jamais recu un bienfait plus grand que
moi dans le secours que vous mavés envoyé.'

un autre luy
ecrit [34]

100

---

[30] Après 'bassesses', au-dessus de la ligne: '**qui sont**'.
[31] Après 'pu', au-dessus de la ligne, peut-être de la main de Baculard: '**me**'.
[32] Au-dessus du mot 'au', peut-être de la main de Voltaire: '**devant**'.
[33] Le mot 'un' corrigé en 'une', et au-dessus de 'tas': '**foule**'.
[34] Dans la marge supérieure.

nouveau libelle [35]

~~je fais grace ici a plusieurs entre autres. un homme qui~~
~~deshonore bien de [36] talents a composer des libelles~~
~~contre son bienfaiteur Tandis quil pouvoit employer avec~~
105 ~~son esprit avec utilité pour [?] sa fortune, et avec honneur~~
~~pour sa réputation.~~   ×

j'ai vu beaucoup de lettres de ces miserables qui se retrac-
tent ou lui demandent pardon, il a recu leur retractation,
il leur a pardonné, et il a méprisé les autres

110 ~~je ne veux rapporter quun exemple des faussetes et de la~~
~~calomnie grossière dont sont remplis ces libelles. entre~~
~~autres sottises il est dit dans un de ces pitoyables ramas~~
~~dinjures que monsieur de voltaire ayant été introduit chés~~
~~m͏ͬ le mareschal duc de richelieu au sortir des classes fit~~
115 ~~des vers avec madame la duchesse de richelieu sa pre-~~
~~miere femme laquelle lui donna cent louis d'or dont il~~
~~acheta un carrosse. et la dessus on batit une histoire la~~
~~plus ridicule et la plus impertinente. qu'on juge par ce~~
~~trait a a quel exces de sottise l'imposture peut entrainer~~

[f.197v]
120 ~~jamais m͏ͬ le duc de Richelieu n'eut de femme qui fît de~~
~~vers.~~

~~m͏ͬ de voltaire nest point homme [39] a recevoir d'argent de~~
~~personne. on sait quil a toujours joüi d'une fortune tres~~
~~considerable pour un homme de lettres, quand il connût~~
125 ~~m͏ͬ le mareschal duc de Richelieu il [40] étoit veuf de sa~~
~~premiere femme, j'ai eu enfin communication d'une lettre~~
~~de ce seigneur écrite depuis quelque tems a monsieur de~~
~~voltaire dont je donne ici la copie.~~

Right margin notes:

quel est le
fruit de ce
bienfait [37]

× ce st
hyacinthe
qui a laissé a
la haye et a
paris une
memoire si
odieuse,
recoit de lui
les services
les plus
essentiels, et
le déchire [38]

---

[35] Ajouté en-dessous de la ligne: 'ce st'.
[36] Le mot 'des' surcharge le 'de'.
[37] Ajouté avant 'nouveau libelle'.
[38] De la main de Baculard.
[39] Au-dessus de 'nest point homme', probablement de la main de Voltaire: 'ne fut jamais dans le cas'.
[40] Au-dessus de 'il': 'ce seigneur'.

~~monsieur de voltaire etoit trop portee~~ [*sic*] ~~d'inclination a~~   130
~~suivre les conseils du mareschal de richelieu, pour ne pas~~
~~mepriser ces absurdes calomnies. les editeurs de ces infa-~~
~~mies osêrent en envoyer un exemplaire au roi de pologne~~
~~Stanislas qui voulût le faire bruler par la main du bour-~~
~~reau, monsieur de voltaire l'y~~ [*illisible*] [41] ~~disant que ce~~
~~seroit faire trop d'honneur a ces miseres, et à leurs~~   135
~~injures~~ [?] ~~auteurs que de marquer la moindre attention,~~
~~le mépris etant la plus sure mepr punition qu'on puisse~~
~~employer.~~
~~personne n'ignore que le parlement a condamné la plu-~~
~~part de ces libelles, et que leurs auteurs ont été forcés~~   140
~~de se retracter.~~

[f.194*v*]
on scait aussi la cause du fameux demêlé, entre m[r] de
voltaire, et le s[r] rousseau, ce dernier fit une critique   tres
~~sanglante~~ de marianne. il rhabilla meme celle de Tristan   mauvaise
qui ne gagna rien a ce pretendu rajeunissement, on ne   145
connaît aujourdhui que la mariamne de m[r] de voltaire,
~~de la sont partis tous ces écrits qui~~ [*illisible*] ~~la joye~~
~~maligne du public en deshonorant a la fois des lettres~~
~~et de l'humanité,~~ malgré tous ces differents m[r] de voltaire
est le premier a rendre justice aux talents du s[r] rousseau —   150
il a repris dans cet auteur le stile marotique [42] parce
qu'il ~~imagine~~ [43] qu'on doit écrire ~~surtout~~ [44] les [45] sujets
~~serieux~~ [46] dans toute la pureté, et la [*illisible*] [47] de sa
langue, ~~et~~ Marot pouvoit avoir ~~toutes~~ les graces du langage de son siecle, mais aujourdhui ce jargon est ridicule,   155
et n'est supportable tout au plus que dans une epigramme
dont la naiveté est le merite principal.

[41] 'l'en empêcha' surcharge un autre mot.
[42] Apres 'marotique', au-dessus de la ligne: 'dans les sujets serieu[x]'.
[43] Au-dessus de 'imagine': 'sait'.
[44] Après 'surtout', au-dessus de la ligne: 'sur'.
[45] 'les' changé en 'ces'.
[46] Après 'serieux', au-dessus de la ligne: 'surtout'.
[47] Au-dessus du mot illisible barré: 'severite'.

on ne s'est pas contenté de vouloir rabbaisser le merite
des ouvrages de m^r de Voltaire, on lui en a attribués
160   plusieurs ou il n'a aucune part comme ~~le preservatif~~,
athenais, des odes au roi, une longue epitre contre Rousseau dans laquelle on justifie la comedie qu'on appelle
larmoyante Tandis que m^r de voltaire est des premiers   ou tragédie
a crier contre ce monstre de nouveauté,   bourgeoise [48]

[f.194r]
165   il est aisé de juger ~~par~~ a la façon de penser, et au stile du
peu de solidité de pareilles imputations —
on a écrit que ~~m^r de voltaire setoit fait payer~~ [49] des
libraires qui ont tant multiplié les editions de ses ouvrages, [50] jamais il n'a recu le moindre argent d'eux. il
170   a donné gratis au nommé vaduren l'antimachiavel qu'on
l'avoit chargé de faire imprimer et qu'un autre eut eté en
droit de vendre cherement,
~~le s^r prault le pere l'a dit lui meme a tout le monde, m^r de~~   qu'on ose
~~voltaire lui fit présent de son poeme de fontenoy dont on~~   demander
175   ~~connait le succes il a refusé un service~~ [51] ~~de Saxe que les~~   ces faits. non
~~libraires ont voulu lui donner par reconnaissance qu'on~~   seulement il
~~ose dementir ces faits. cependant on ne se flatte point~~   en a usé tres
~~de desarmer l'envie on n'ecrit ici que pour les honnetes~~   genereuse-
~~gens qui pourraient sans examen et du premier coup~~   ment avec
180   ~~d'œil se livrer a certaines preventions dont les meilleurs~~   tous ces gens
~~[illisible] ne sont point exempts. il est si aisé de se laisser~~   la, mais jay
~~séduire par le faux qui souvent est d'autant plus danger-~~   des preuves
~~eux qu'il prend l'air du vraisemblable!~~   ~~quil en a usé~~

[48] Après 'larmoyante'.
[49] Au-dessus du texte barré: 'il avoit tiré beaucoup ~~de~~ d'argent'.
[50] Après 'ouvrages', au-dessus de la ligne: 'en hollande'.
[51] Après 'service', au-dessus de la ligne: 'de porcelaine'.

si m^r de voltaire eut eté susceptible de cet esprit de basse ~~jalousie qui est la maladie de contagion des gens de~~ ~~lettres, assurement il eût moins applaudi au merite de~~ ~~m^r de crebillon, on n'a qu'a lire la préface~~ de meme de 185
la facon
noble dont il
sest conduit
avec des
autheurs
distingues et
particuliere-
ment avec
m^r
destouche[s]
son confrere
a lacademie

APPENDICE 1

Nous donnons ici le texte modernisé de la 'Dissertation historique' telle qu'elle fut publiée en 1750. Les divergences par rapport au manuscrit (MS) et à la version de Wagnière (MV1826) sont fournies en variantes. Le gras est employé dans les variantes pour signaler les interventions de Voltaire.

Dissertation historique sur les ouvrages de M. de Voltaire, par M. D'arnaud, de l'Académie de Berlin M.DCC.L.

Il était temps que l'on donnât enfin une édition complète et exacte des œuvres de M. de Voltaire, après tant d'éditions fautives qui en ont paru. La liaison que j'ai avec lui depuis ma plus tendre jeunesse et la confiance qu'il a eue en moi, me mettent en droit d'assurer que cette édition nou-
5 velle ne contient que ses véritables ouvrages.

A l'égard de l'auteur, je dirai ce que je sais de certain touchant sa personne.

François de Voltaire, gentilhomme ordinaire de la chambre du roi, historiographe de France, etc. naquit le 20 novembre 1694 de François
10 Arouet, trésorier de la Chambre des comptes de Paris, et de Catherine Daumart, demoiselle d'une bonne noblesse. Il est dit dans un de ces

---

a-324   MS: [*début du texte absent*] ^{V}<j'ai entendu> $^V{}^\uparrow$**on vit d'abord**$^+$ plusieurs
a-b   MV1826: Préface d'une édition des œuvres de M. de Voltaire, que des libraires de Rouen se proposaient de faire en 1750.
2   MV1826: d'éditions indignes qui ont
4-6   MV1826: que celle qui vient de paraître à Dresde est la meilleure sans contredit qu'on ait faite. Celles de Hollande et toutes les autres sont incomplètes et absurdes. ¶A l'égard de M. de Voltaire, je dirai
8   MV1826: François-Marie de Voltaire,
9   MV1826: France, de l'Académie française, etc.
    MV1826: le 20 février 1694
11   MV1826: Daumart de Mauléon, d'une des meilleures maisons d'Anjou. Il

misérables libelles, qui ont couru contre lui et qui ont été oubliés, que son père était *porte-clef* du parlement. Jamais il n'y a eu un tel office au parlement; et cette impertinente anecdote est aussi vraie, que la petite historiette, imprimée par Arkstée et Merkus, à la suite d'un gros et ennuyeux libelle, avec le titre de Paris. On y parle d'une prétendue liaison de littérature qu'il eut au sortir du collège avec la femme de M. le maréchal duc de Richelieu, qui était veuf alors, et qui ne s'est remarié que quinze années après. Mais ces libelles, qui sont autant de *Mensonges imprimés*, faits pour la canaille, ne méritent pas d'être réfutés.

Il fut élève au collège des pères jésuites de Paris; et on voit par tous ses écrits qu'il a conservé pour ses maîtres la plus tendre reconnaissance. Son talent pour les vers français se développa chez eux dès ses premières années. Un jour un officier des Invalides vint prier un jésuite de vouloir bien lui faire quelques vers, pour être présentés au jour de l'an à Monseigneur, fils unique de Louis XIV, dans le régiment duquel il avait servi. Le jésuite, trop occupé, le renvoya au jeune Voltaire, qui composa pour cet officier les vers suivants.

> Digne sang du plus grand des rois, (*a*)
> Son amour et notre espérance,
> Vous qui sans régner sur la France,
> Régnez sur le cœur des Français,

(*a*) On faisait rimer alors François avec rois. On sent combien cela est dur à l'oreille.

12-13   MV1826: couru, que son père était greffier-porte-clef

14   MV1826: que celle qui dit que son grand-père était paysan. Quoique les gens de lettres n'aient pas besoin de l'illustration de la naissance, cependant la vérité oblige de dire que sa famille a très longtemps porté des charges dans la robe, et que tous les parents de M. de Voltaire occupaient des postes très honorables dans l'épée et la magistrature. On ne conçoit pas comment on a pu débiter tant de mensonges ridicules sur son compte. De cette nature est une petite

15   MV1826: suite de je ne sais quel gros ennuyeux

16   MV1826: On parle

17-18   MV1826: femme du duc

18-19   MV1826: quinze ans après.

19-20   MV1826: libelles, faits

27   MV1826: jeune Arouet, qui

n.*a*   MV1826: [*note absente*]

Pourrez-vous souffrir que ma veine,
Par un effort ambitieux,
35 Ose vous donner une étrenne,
Vous qui n'en recevez que de la main des dieux.
Mars vous a donné le courage,
Apollon, l'esprit, la beauté;
Minerve, dès votre jeune âge,
40 Vous donna la maturité.
Mais un Dieu bienfaisant, que j'implore en mes peines,
Voulut aussi me donner mes étrennes,
En vous donnant la libéralité.

Ces vers furent présentés à Monseigneur; et valurent un présent de
45 vingt louis d'or à l'officier invalide. Mais on fut fort surpris, quand on
sut que ce petit ouvrage était d'un écolier de quatorze ans. En effet, il
n'aurait pu mieux faire dans un âge plus avancé. Le nombre des petites
pièces dans ce goût, qui lui sont échappées depuis, est innombrable. Je
n'en sais guère de plus connue que l'inscription pour une statue de
50 l'Amour dans le magnifique jardin du président de Maisons, son camarade de collège et son ami jusqu'à la mort.

Qui que tu sois, voici ton maître;
Il l'est, ou le fut, ou doit l'être.

On a retenu aussi ce madrigal pour M. Bernard, jeune homme, qui com-
55 mençait alors à se distinguer par de très jolis vers.

Dans ce pays trois Bernards sont connus.
L'un est le saint ambitieux reclus,
Prêchant les rois et rendant des oracles;
L'autre (b) Bernard, est le fils de Plutus;
60 Bien plus grand saint, faisant plus de miracles;

(b) Samuel Bernard, conseiller d'Etat, mort riche de trente-trois millions effectifs; plus célèbre encore, par ses bienfaits, que par ses richesses.

49   MV1826: plus jolie que
53-54   MV1826: l'être. ¶Y a-t-il rien de plus agréable et qui sente plus l'homme
de bonne compagnie que ce madrigal
n.b   MV1826: richesses. Note de Darnaud. //

> Et le troisième, est l'enfant de Phébus,
> Gentil Bernard, dont la muse féconde
> Doit vivre encore aux derniers jours du monde,
> Quand des deux saints on ne parlera plus.

J'ai vu une lettre de lui à un de ses amis, qui cultivait les lettres, et 65
dont le style était trop diffus et pas assez châtié. Voici les conseils que
M. de Voltaire donne à son ami dans cette lettre.

> Emondez ces rameaux confusément épars;
> Ménagez cette sève, elle en sera plus pure;
> Songez que le secret des arts 70
> Est de corriger la nature.

Il a écrit peu de lettres où l'on ne trouve de ces vers qui lui échappaient. Mais c'est surtout dans son commerce de lettres avec Sa Majesté
le roi de Prusse, qu'il s'est le plus abandonné à cette facilité heureuse. Il
n'y a peut-être point d'exemple au monde d'un commerce épistolaire de 75
cette espèce.

Le roi de Prusse se délassait souvent des affaires du gouvernement
avec les muses; et ses lettres étaient presque toujours remplies de vers
en notre langue, du meilleur goût et du meilleur ton. Les lettres de ce
héros à M. de Voltaire, et celles de notre auteur, qui ont été imprimées, 80
ne sont peut-être pas les moins intéressantes. En voici une de M. de Voltaire, dont il m'a permis de tirer copie. Je crois faire quelque plaisir au
lecteur de la mettre ici.

LETTRE AU ROI DE PRUSSE (c)

> Vous laissez reposer la foudre et les trompettes,
> et sans plus étaler ces raisons du plus fort, 85
> Dans vos fiers arsenaux, magasins de la mort,

(c) A Bruxelles ce 2 septembre 1742.

65   MV1826: de M. de Voltaire à
66-67   MV1826: conseils qu'il lui donne dans
72   MV1826: vers frappés qui
81   MV1826: les plus intéressantes.
n.c   MV1826: [*note donnée en sous-titre*]

De vingt mille canons les bouches sont muettes.
J'aime mieux des soupers, des opéras nouveaux,
Des passe-pieds français, des fredons italiques,
90   Que tous ces bataillons d'assassins héroïques,
      Gens sans esprit et fort brutaux.
Quand verrai-je élever par vos mains triomphantes
Du palais des plaisirs les colonnes brillantes?
      Quand verrai-je à Charlotembour
95   Du fameux Polignac les marches respectables,
Des antiques Romains ces monuments durables,
Accourir, à votre ordre, embellir votre cour?
Tous ces bustes fameux semblent déjà vous dire;
Que faisions-nous à Rome, au milieu des débris
100   Et des beaux-arts et de l'empire,
Parmi ces capuchons blancs, noirs, minimes, gris,
Intrigants en soutane, et courtisans en mitre,
Portant au Capitole, au temple des guerriers,
Pour aigles, des bourdons, des agnus pour lauriers?
105   Ah! loin des monsignors tremblants dans l'Italie,
Restons dans ce palais, le temple du génie;
Chez un roi, vraiment roi, fixons-nous aujourd'hui;
Rome n'est que la sainte, et l'autre est avec lui.

    Sans doute, Sire, que les statues du cardinal de Polignac vous disent
110 souvent de ces choses-là. Mais j'ai aujourd'hui à faire parler une beauté,
qui n'est pas de marbre et qui vaut bien toutes vos statues.

    Hier je fus en présence
    De deux yeux mouillés de pleurs,
    Qui m'expliquaient leurs douleurs
115   Avec beaucoup d'éloquence.
    Ces yeux qui donnent des lois
    Aux âmes les plus rebelles,
    Font briller leurs étincelles
    Sur le plus friand minois
120   Qui soit aux murs de Bruxelles.

95   MV1826: Du docte Polignac
102 MV1826: Arlequins en soutane,

Ces yeux, Sire, et ce très joli visage, appartiennent à Mme de Valstein, ou Valenstein, l'une des petites-nièces de ce fameux duc de Valstein, que l'empereur Ferdinand III fit si proprement tuer au saut du lit par quatre honnêtes Irlandais; ce qu'il n'eût pas fait assurément s'il avait pu voir sa petite-nièce.

125

> Je lui demandai, pourquoi
> Ses beaux yeux versaient des larmes;
> Elle d'un ton plein de charmes,
> Dit c'est la faute du roi.

Les rois font de ces fautes-là quelquefois, répondis-je: ils ont fait pleurer de beaux yeux; sans compter le grand nombre des autres qui ne prétendent pas à la beauté.

130

> Leur tendresse, leur inconstance,
> Leur ambition, leurs fureurs,
> Ont fait souvent verser des pleurs
> En Allemagne comme en France.

135

Enfin j'appris que la cause de sa douleur vient de ce que le comte de *** est pour six mois les bras croisés, par l'ordre de Votre Majesté, dans le château de Vezel. Elle me demanda ce qu'il fallait qu'elle fît pour le tirer de là. Je lui dis qu'il y avait deux manières: la première, d'avoir une armée de cent mille hommes et d'assiéger Vezel; la seconde, de se faire présenter à Votre Majesté, et que cette façon-là était incomparablement la plus sûre.

140

> Alors j'aperçus dans les airs
> Ce premier roi de l'univers,
> L'amour, qui de Valstein vous portait la demande,
> Et qui disait ces mots que l'on doit retenir;
> Alors qu'une belle commande,
> Les autres souverains doivent tous obéir.

145

Je voudrais pouvoir insérer ici quelques lettres du grand homme qui a honoré notre auteur de ses correspondances. Ce serait bien mériter du public; mais je n'ai pu jamais en obtenir, et je suis réduit à estimer la discrétion du dépositaire de ces trésors et à m'en plaindre.

150

137-38 MV1826: comte de Furstemberg est

APPENDICE I

Voici une petite pièce de vers qu'il fit étant encore fort jeune; elle
155 prouve, à mon avis, que s'il avait voulu se borner à la vie oisive et volup-
tueuse des Bachaumonts, des Chaulieux, et restreindre ses talents aux
agréments de ces poésies de société, que Tacite appelle, *levia carmina
et faciles versus*, il aurait eu une réputation dans ce seul genre.

LES DEUX AMOURS

Certain enfant qu'avec crainte on caresse
160 Et qu'on connaît à son malin souris,
Court en tous lieux, précédé par les ris,
Et trop souvent, suivi de la tristesse,
Dans les cœurs des humains il entre avec mollesse,
Habite avec fierté, s'envole avec mépris.
165 Il est un autre amour, fils craintif de l'estime,
Soumis dans ses chagrins, constant dans ses désirs,

158-82 MV1826: eu par ce seul genre une grande réputation.

Il faut penser, sans quoi l'homme devient,
Malgré son âme, un vrai cheval de somme:
Il faut aimer, c'est ce qui nous soutient,
5 Car, sans amour, il est triste d'être homme

Il faut avoir un ami qu'en tout temps,
Pour son bonheur, on écoute, on consulte,
Qui sache rendre à notre âme en tumulte
Les maux moins vifs et les plaisirs plus grands.

10 Il faut le soir un soupé délectable,
Où l'on soit libre, où l'on goûte à propos
Les mets exquis, les bons vins, les bons mots;
Et sans être ivre, il faut sortir de table.

Il faut, la nuit, dire tout ce qu'on sent
15 Au tendre objet pour qui seul on soupire,
Se réveiller pour en redire autant,
Se rendormir dans cet heureux délire.

Mes chers amis, avouez que voilà
Ce qui ferait une assez douce vie,
20 Or, dès le jour que je connus Silvie,
Sans plus chercher, j'ai trouvé tout cela.

Mais son principal

> Que la raison soutient, que la candeur anime,
> Qui résiste aux rigueurs, et croît par les plaisirs;
>   De cet amour, le flambeau peut paraître
>   Moins éclatant; mais ses feux sont plus doux: 170
>   C'est le seul bien que mon cœur veut pour maître,
>   Et je ne veux le servir que pour vous.

Je mettrais surtout dans le rang de ces petites pièces de galanterie, qui sont précieuses aux gens de goût, cette lettre à une princesse d'Allemagne.   175

>   Souvent un peu de vérité
>   Se mêle au plus grossier mensonge,
>   Au rang des rois j'étais monté;
>   Je vous aimais, et j'osais vous le dire;
>   Mais mon réveil ne m'a pas tout ôté,   180
>   Je n'ai perdu que mon empire.

Mais son principal talent étant pour les choses sérieuses, il composa à l'âge de 18 ans la tragédie d'*Œdipe*, comme il se peut voir dans les lettres qui sont dans le recueil au-devant de cette pièce.

Il commença à l'âge de vingt et un ans le poème de *La Henriade*, étant   185
à la Bastille, sans plume et sans encre; Pélisson, se trouvant dans le même cas, avait fait, dans le même endroit, le poème d'*Alcimédon*. Mais la différence est, que cet *Alcimédon* est très insipide; au lieu que la France se glorifie aujourd'hui de *La Henriade*, comme l'Italie s'honore de la *Jérusalem délivrée*.   190

Une chose fort étrange, et que M. de Voltaire nous apprend lui-même; c'est qu'ayant refondu tout son poème, il n'a jamais changé un seul mot au chant de la Saint-Barthélemi, qui est encore tel aujourd'hui qu'il fut fait à l'âge de vingt-deux ans. Je renvoie le lecteur, pour ce qui regarde ce poème, à la belle préface de M. de Marmontel, qui est à la suite de   195
cette dissertation. J'y ajouterai seulement quelques anecdotes. L'action généreuse, dont parle M. de Marmontel, c'est que *La Henriade* ayant été imprimée par souscription à Londres, et l'argent des souscripteurs de

182   MV1826: sérieuses et grandes, il
195-96   MV1826: M. Marmontel, qui est à la tête de la *Henriade*; j'y ajouterai

France ayant été enlevé à un ami de l'auteur, qui en était le dépositaire,
200 M. de Voltaire remboursa cet argent de ses deniers à tous ceux qui
n'eurent pas la commodité de faire venir le livre d'Angleterre.

J'ajouterai, à propos de *La Henriade*, que j'ai trouvé dans l'édition de
Dresde, conforme à celle de M. de Marmontel, plus de trois cents vers qui
ne se trouvent pas dans les éditions de Hollande. Les variantes, recueil-
205 lies par M. l'abbé Langlet du Fresnoy, sont ici dans un très bel ordre,
qu'on ne voit pas ailleurs; et il y a des remarques très curieuses.

Si on me demande à présent, pourquoi la Bastille fut le berceau de ce
poème; je répondrai que vers l'an 1716 le prince de Cellamare, ambassadeur d'Espagne, ayant tramé une conspiration contre le régent de France,
210 et plusieurs personnes ayant été engagées par lui à semer des écrits contre
le gouvernement du régent, M. de Voltaire fut soupçonné d'être du
nombre. Il fut mis à la Bastille, avec plusieurs personnes. Mais son innocence ayant été pleinement reconnue, le gouvernement lui donna une
gratification de mille écus, et une pension de deux mille livres, que le
215 cardinal de Fleury réduisit depuis à 1600 livres quand il diminua toutes
les pensions. Il fit plus, il retrancha à M. de Voltaire une rente de mille
écus, qu'il avait sur l'Hôtel de ville, et la réduisit à la moitié, dans la
réduction qu'il fit des rentes sur le roi. Et on ne peut s'étonner assez
qu'un précepteur du roi ait si mal traité les gens de lettres, qu'il aurait
220 dû protéger.

La Henriade, comme le dit M. de Marmontel, fut d'abord imprimée
sous le nom de *La Ligue*, et ce fut même par les soins précipités et inté-
ressés de l'abbé Desfontaines, en 1723. Cet abbé défigura l'ouvrage par
plusieurs vers de sa façon, dont il remplit plusieurs lacunes. Cependant
225 le prodigieux succès de ce poème, tout tronqué et tout informe qu'on

---

199-200 MV1826: dépositaire [*avec note de Wagnière*: Darnaud s'exprime ici
avec un grand ménagement, et il pouvait alors en user ainsi par de bons motifs; sans
cela, au lieu de *enlevé à*, il eût dit plus franchement *dissipé par*. On n'ignore pas
aujourd'hui que l'ami dont il s'agit était Thiriot, le même qu'on vit douze ans après,
5 dans une circonstance importante, hésiter de se déclarer pour Voltaire contre l'abbé
Desfontaines, ce qui pourtant ne fut pas encore capable de lui faire perdre l'attachement et la bienveillance de son ancien ami.], M. de Voltaire
  206 MV1826: voit point ailleurs;
  209 MV1826: ayant à tramer une
  211 MV1826: gouvernement, M. de Voltaire
  223-25 MV1826: 1723. Le prodigieux

le donnait, et celui de la tragédie d'*Œdipe*, excitèrent contre l'auteur la jalousie envenimée des gens de lettres, et de ceux qui usurpent ce nom; et les effets n'en peuvent guère être comparés qu'aux épreuves où l'on mit en Italie la patience du Tasse, lorsqu'il illustra l'Italie de son poème épique. L'indécence et la fureur furent portées jusqu'à jouer publique- 230
ment *La Henriade*, l'auteur, et ses amis, à Paris, sur le Théâtre d'Arlequin; et M. Hérault, lieutenant de police, permit cette indignité. On écrivit plus de cent brochures contre l'auteur, et on n'épargna pas les plus horribles calomnies. L'abbé Desfontaines faisait la plupart de ces brochures pour gagner de l'argent; et le sieur de Saint-Hyacinthe-Témiseuil, 235
alors réfugié en Hollande, en faisait de son côté. Qu'est-il arrivé? Toutes ces satires sont tombées, et *La Henriade* est restée le seul poème épique qu'ait notre nation, et le seul que peut-être elle aura jamais.

Il y avait déjà plus de vingt éditions de *La Henriade*, lorsqu'un abbé, qui était membre de l'Académie des inscriptions, s'avisa de donner à son 240
Académie une dissertation sur le poème épique, dans laquelle il ne daigna pas seulement parler de *La Henriade*; mais il y donne hardiment le plan d'un poème sur la Pucelle d'Orléans; et dans le même temps on vit paraître un poème en prose française, intitulé *Aurélia*, traduit, disait-on, d'un prétendu poème latin. On ne connut jamais ce poème latin, 245
et on ne lut guère cette *Aurélia* en prose. Elle mourut en naissant, et à peine sait-on aujourd'hui qu'elle a existé. Voilà les suites de la jalousie présomptueuse et sans talent. Quand on parla à M. de Voltaire de ce poème en prose, il dit que l'auteur était un impuissant, fâché contre les gens à bonne fortune. 250

La plus grande réputation de *La Henriade*, et le meilleur accueil, furent chez les étrangers; car en 1727 lorsque ce poème fut magnifiquement imprimé par souscription; cette édition valut dix milles écus à l'auteur, qui n'avait essuyé que des satires dans sa patrie; et le roi d'Angleterre, George Ier, non seulement fit à l'auteur un présent de six 255
mille livres; mais il daigna l'admettre dans sa familiarité et dans ses soupers particuliers.

232   MV1826: et le sieur Hérault,
235-36   MV1826: et le sieur Saint-Hyacinthe, alors
237   MV1826: restée. C'est le seul
242   MV1826: il donne
250   MV1826: à bonnes fortunes.
253   MV1826: par souscriptions, cette

Le second tome de cette édition contient des mélanges extrêmement curieux d'histoire, de philosophie et de littérature. Ces morceaux déta-
260 chés, qui ont été imprimés sous beaucoup de noms différents, réveillèrent les ennemis, que le succès de ses pièces de théâtre, de ses poésies déta-chées, et surtout de *La Henriade*, lui avaient faits. On l'attaqua sur deux points délicats: l'un est la réfutation des *Pensées* de Pascal, qui se trouve dans ce tome II, page 214, l'autre est l'opinion de Loke, sur la puissance
265 qu'il admet dans Dieu, de communiquer la pensée à quelque être que Dieu veuille choisir, et même à la matière. Nous conseillons de lire atten-tivement le chapitre XIX du même tome, page 114. On y verra que nous sommes très loin de connaître les premiers principes des choses; que nous ne savons ce que c'est que matière et esprit. L'auteur, qui est persuadé de
270 l'immortalité de l'âme, comme de la puissance infinie de Dieu, de qui nous tenons tout, croit, avec le sage Loke, que ce Dieu tout-puissant pourrait, s'il voulait, donner la pensée à tous les êtres, selon ces paroles de l'Ecriture: *Dieu pourrait changer ces pierres en enfants d'Abraham*. Nous laissons à tout lecteur impartial à juger de cette philosophie.
275 Le second article regarde les *Pensées* de Pascal. La question, comme il est très bien dit dans la Préface du tome I, roule sur le péché originel. M. Pascal dit que c'est un mystère, et que la raison le prouve; et M. de Voltaire dit, que si c'est un mystère, la raison le respecte et ne le prouve pas. Nous y renvoyons le lecteur. Ce n'est pas à moi à discuter ces
280 matières.
On sait que sur l'*Histoire de Charles XII* il a été instruit plusieurs fois par la bouche du roi de Pologne Stanislas, qui assurément était bien au fait, et qui a honoré l'auteur de la bienveillance la plus marquée et la plus constante, et que ces principaux mémoires venaient de M. Fabrice, qui
285 resta tant de temps auprès de Charles XII en Turquie; ainsi les mémoires

260   MV1826: différents [*avec note de Wagnière*: Entre autres de, *Lettres philoso-phiques*.], réveillèrent
263-64   MV1826: Pascal; l'autre
267   MV1826: chapitre des mélanges, où ce sentiment de Locke est discuté. On
272   MV1826: s'il le voulait,
275   MV1826: L'autre article
275-76   MV1826: question roule
278   MV1826: Voltaire, que
284   MV1826: ces premiers Mémoires
285   MV1826: resta si longtemps auprès

sur lesquels il a travaillé, sont aussi supérieurs à ceux de M. Norberg, que le style de l'historien français l'emporte sur celui du compilateur suédois.

A l'égard de ses ouvrages divers de poésie, on sait que M. de Voltaire s'est ouvert au théâtre une nouvelle carrière, qu'il a remplie, avec les mêmes applaudissements qu'on a donnés à son poème épique. Le public ne s'est lassé ni d'*Œdipe*, ni de *Mariamne*, ni de *Brutus*, sujets au-dessus de la mollesse de notre théâtre. *Zaïre* nous a fait voir que l'on pouvait encore, après Racine, traiter avec intérêt une passion épuisée dans nos tragédies. Quelle nouveauté d'expressions, d'images; on peut dire même de sentiments et de situations, dans *Alzire*! *Mérope* n'est-elle pas le chef-d'œuvre de l'amour maternel? Ne devons-nous pas à *Sémiramis* un genre de tragédie qui nous était inconnu? Et *L'Enfant prodigue* n'est-il pas encore un nouveau genre? C'est cependant contre cet homme, qui nous a fait tant de différents plaisirs, que l'envie et la calomnie se sont déchaî-nées. Les succès du théâtre sont les plus prompts, les plus brillants, par conséquent excitent davantage la bassesse de la jalousie et de la satire; d'ailleurs la malice humaine n'a pu voir avec tranquillité que ce même homme fut à la fois le seul poète épique qu'ait eu encore la France, le successeur de Corneille et de Racine, qu'il fît des poésies aimables, qu'il écrivit l'histoire. On ne voulait point que l'auteur de *La Henriade* nous donnât la philosophie de Newton; parce qu'il y a des gens qui croient absolument qu'il est impossible d'être poète et philosophe; comme si la poésie devait exclure toutes les autres belles connaissances, et que même ces connaissances ne lui fussent point nécessaires. Cependant nous sommes bien heureux qu'Homére, Virgil, le Dante, le Tasse, l'Arioste, aient su autre chose que faire simplement des vers. La lecture de leurs ouvrages ne nous causerait point ce plaisir, qui nous les rend toujours nouveaux. Le fameux baron de Leibnitz n'était-il pas géomètre, poète, et historien? M. de Fontenelle ne s'est-il pas essayé dans les opéras, dans les tragédies, dans les églogues? S'en est-il tenu à l'histoire de l'Acadé-mie des sciences? M. Addisson n'a-t-il pas fait le *Spectateur* et la tragédie de *Caton*? et n'a-t-il pas continué à travailler quand il a été secrétaire

290

295

300

305

310

315

299   MV1826: a donné tant
300   MV1826: brillants, et par
304-305   MV1826: Racine, et souvent leur égal, le premier de nos poètes aimables et corrects, l'historien le plus nerveux, le plus élégant et le plus philosophe. On
307   MV1826: d'être à la fois poète

d'Etat? Enfin, quelle instruction recevons-nous tous dans nos premières études? On nous fait traduire, composer, apprendre l'histoire, l'élo-
320 quence, la poésie, la philosophie; et dans la suite de notre vie, il nous serait défendu de nous livrer à ces mêmes choses auxquelles on nous a forcés dans notre enfance? Cet esprit de cabale et d'injustice crut avoir trouvé dans *Le Temple du goût* quelque sujet d'éclater; on vit d'abord plusieurs personnes se récrier contre ce petit ouvrage, et la plupart sans
325 trop savoir pourquoi; car M. de Voltaire n'a été pour ainsi dire que le secrétaire des gens de goût. Il a eu le courage d'écrire ce qu'ils osent penser et ce qu'ils disent tout bas. Le moyen que la raison humaine fasse des progrès, lorsqu'on se contente de sentir les vérités, et qu'on n'a pas la force de les dire tout haut? J'ai eu le plaisir de faire convenir à ces
330 critiques du *Temple du goût*, qu'il n'y avait que très peu de pages à lire dans Marot, quoique sa versification, bonne pour son temps, soit semée de quelques grâces. Il ne pensait point; et qu'est-ce que le mérite d'un simple faiseur de vers familiers! Ils avouèrent que Rabelais était inintel-ligible; que le peu qu'on en pouvait lire était rempli d'ordures, et n'avait
335 d'assaisonnement qu'une gaieté maussade et impudente. Voiture leur paraissait infecté de ce faux bel esprit, si aisé à attraper, et qui par malheur pour le goût fait aujourd'hui tant de progrès. Ils traitaient Ségrais et Pavillon de versificateurs plats et froids, très convaincus qu'il n'y a guère de jeune homme de goût, élevé à Paris, qui commençant à s'exercer,
340 n'écrive mieux qu'eux; enfin, ils poussaient beaucoup plus loin que M. de Voltaire leur critique sur le reste des auteurs dont il parle dans son

327   MS: penser ^{V}↑et ce qu'ils <ne> disent <que> tout bas$^+$ le moyen
330   MS: critiques <obstinés [?]> du temple
332   MS: graces, ^{V}<et>qu'$^+$il ne
332-33   MS: d'un ^{V}↑simple$^+$ faiseur
333   MS: vers! ils
338-40   MS: de <poetes pl> versificateurs plats et <miserables> ^{V}froids$^+$ tres convaincus qu'il n'y a ^{V}<pas> ^{V}guere$^+$ de jeune homme ^{V}↑de goust$^+$ elevé a paris qui commencant a ^{V}<barbouiller du papier> ^{V}↑s'exercer$^+$ n'écrive ^{V}↑<beaucoup>$^+$ mieux ^{V}<surtout> ^{V}queux$^+$ ^{V}<que le dernier qui cependant eût l'honneur d'etre
5   de l'académie> enfin
341-48   MS: le $^{V?}$<compte [? *le mot 'reste' surcharge ce mot*]> ^{V}reste$^+$ des $^{V?}$<mêmes> auteurs dont il parle dans son temple de gout, et ces ^{V}↑memes$^+$ per-sonnes $^{V?}$<[*illisible*]> etoient les plus acharnées a dechirer, et a rabbaisser cet ouvrage. quelle etrange contradiction! cest bien la qu'on doit plaindre l'esprit
5   humain de se laisser aller a de pareilles $^{V?}$<vetilles [?]> inconsequences, et la cause

Temple du goût; et ces mêmes personnes lui reprochaient encore une hardiesse au-delà de laquelle ils allaient eux-mêmes.

Ce n'est donc certainement que dans l'envie qu'on peut trouver la source de tant de libelles calomnieux faits contre lui; mais croirait-on que la plupart de ces infamies ont été composées par ceux-là mêmes auxquels il avait fait du bien?

Je ne l'aurais jamais cru; cependant il a fallu me rendre à des preuves incontestables. J'ai vu la lettre même de l'abbé Desfontaines, écrite de sa propre main à M. de Voltaire, où il lui donne le nom de *bienfaiteur*. Il déclare que c'est à ses soins généreux qu'il doit sa liberté, et que sans lui il serait mort de douleur dans sa prison; et il tient depuis avec M. de Voltaire la conduite qui est connue de tout le monde: je l'avouerai, je ne puis

345

350

---

en est dans le cœur ou se trouve la source de l'envie; <de> je le repete on ne veut point que le même homme fasse tant de choses, cela l'eleve trop au dessus des autres, cependant <au college> on nous fait ^V<emballer> ^{V↑}**travailler dans nos premieres etudes sur**⁺ plusieurs sujets, prose, vers, histoire, matieres philosophiques, et dans la suite de notre vie il nous serait deffendu de nous livrer a la même variété<,> ^V?⁺ le fameux baron de lebnitz n'etoit il pas philosophe, poëte Historien<,> ^V?⁺ m^r de fontenelles ^V<lui meme>⁺ ne sest il pas essayé sur plusieurs genres litteraires, ^V<on ne lui a pas fait un crime d'avoir comparé des ouvrages écrits dans un autre gout que ses ecrits [*illisible*] ses son histoire de l'academie et les éloges> il ne s'en est point tenu a son histoire de lacademie et a ses éloges, si nous voulions, d'autres exemples nous verrions chés les grecs ^V<un socrates> un platon ^{V↑}**un Aristote**⁺ qui écrivent sur divers sujets, chés les romains un Horace ^{V↑}**des Varron, des Ciceron;**⁺ qui fait des odes, des epitres, et des satires, un ovide qui se partage entre des élegies, des Heroides, des métamorphoses et qui donne ^V<une> [↑]**des**⁺ Tragedie^Vs⁺ ^V<de medées,> les italiens ont ^V<je ne scais combien> ^{V↑}**quelques <plusieurs> auteurs**⁺ d'auteurs qui se sont distingués de meme [↑]a la fois⁺ dans plusieurs genres, m^r de voltaire ^{V↑}**ne se sera t'il**⁺ autorisé ^V<par> ^{V↑}**de**⁺ l'exemple de ces grands hommes ^V<voudra suivre l'essor de son genie, et on lui en fera un crime. on distribuera <u>contre lui</u>> ^{V↑}**que pour essuyer**⁺ les calomnies les plus atroces, les libelles les plus odieux^{V?+} ^{V↑}**de la part de ceux même a qui il a fait du bien**⁺ ^V<remplis dinvectives grossieres sur sa famille, sur ses talents sur ses mœurs.> je puis l'écrire parce que je le pense un honnete homme ne peut voir qu'avec indignation un pareil déchainement, est-ce là la recompense attachée a ceux qui professent [↑]honorent autant les⁺ <les lettres avec autant d'honneur que le fait monsieur de voltaire,> je ne l'aurois

10

15

20

25

342-43   MVI826: personnes osaient lui reprocher une hardiesse
350   MS: donne les noms <de m^r [?]> de bienfaiteur
351   MS: doit <a ses soins> la liberté ^{V↑}et⁺ que sans
352   MS: tient ^{V↑}depuis⁺ avec

comprendre de pareils excès dans des gens de lettres; et cependant je n'en
355 ai vu que trop de preuves. J'ai vu les lettres d'un de ces malheureux, qui
lui ont eu le plus d'obligation, et qui ont ensuite écrit contre lui les plus
lâches calomnies. Voici les lettres de l'un d'eux.

   Aye\z pitié de moi, Monsieur; je m'adresse à vous, comme à la personne la
plus répandue et la plus considérée de Paris. N'ai-je pas grande raison d'im-
360 *plorer votre secours. Je me jette entre vos bras pour y trouver la vie. V....*

   Je remercie le plus grand cœur, comme le plus grand génie. Personne n'a
jamais reçu un bienfait plus grand que moi dans le secours que vous m'ave\z
envoyé.

   Quel est le fruit de ce bienfait? Un libelle. Ce Saint-Hyacinthe, qui a
365 laissé à la Haye et à Paris une mémoire si odieuse, reçoit de lui les

354 MS: excès ^{V?}<surtout> dans
354-58 MS: lettres. ^V↑et cependant je n'en ay vu que trop de preuves⁺ ^V<qui
devroient avoir une ame plus éclairée et par consequent moins susceptible de ces
bassesses ^V↑qui sont⁺ la tache, et la rouille des ames vulgaires, croira-ton que la
plupart des auteurs de ces libelles diffamatoires repandus contre monsieur de voltaire
5   sont autant d'ingrats, on peut dire, de denaturés qu'il a obligés, et qui lui doivent ces
jours qu'ils employent a le couvrir d'opprobres outrage qui assurement pas [?] si
indigne usage, quelque soit l'amitié qui me lie a monsieur voltaire depuis ma plus
tendre enfance. je ne m'en suis point rapporté a ce qu'il auroit pu ↑me⁺ dire, persuadé qu'un honnete homme qui avance des faits au ^{V?}↑devant⁺ public ne sauroit
10   trop les appuyer de recherches et de preuves. je n'écris ceci que sur la foy d'un^Ve⁺
tas ^V↑foule⁺ de lettres que j'ai eu la patience de lire de lire. en voici même des morceaux que j'ai extraits de quelques unes pour donner une plus juste idée de la depravation l'ingratitude de ces malheureux qu'on veut bien encor par charité ne pas
nommer dans l'esperance qu'ils sentiront toute la noirceur de leurs procedés.> ^Vjay
15   vu les lettres d'un de ces malheureux qui luy ont eu le plus d'obligation, et qui
ont ecrit ensuitte ecrit contre luy les plus laches libelles en voicy une que je raporter[ai?]⁺ / 'ayés
357 MV1826: les paroles de
360 MV1826: jette en vos
360-61 MS: vie v....' / ce meme homme qui se jette entre ses bras, le reçoit et fait
un libelle. / ^{V?}<autre ingrat> ^V↑un autre luy ecrit⁺ 'je remercie
MV1826: vie, etc.' / Puis dans une seconde lettre il dit: ¶'Je remercie
363-66 MS: envoyé.' / ^Vquel est le fruit de ce bienfait⁺ nouveau libelle ^Vce st⁺
<je fais grace ici a plusieurs entre autres. un homme qui deshonore bien ^V<de>
^Vdes⁺ talents a composer des libelles contre son bienfaiteur Tandis quil pouvoit
employer avec son esprit avec utilité pour [?] sa fortune, et avec honneur pour sa
5   réputation.> [*Baculard d'Arnaud ajoute la phrase de Saint-Hyacinthe en marge*] / j'ai vu
363-64 MV1826: envoyé, etc.' ¶Quel fut le fruit

375

services les plus essentiels et le déchire. J'ai vu beaucoup de lettres de ces misérables, qui se rétractent, ou lui demandent pardon. Il a reçu leur rétractation. Il leur a pardonné, et il a méprisé les autres.

On sait aussi la cause du fameux démêlé, entre M. de Voltaire et le sieur Rousseau: ce dernier fit une critique très mauvaise de *Mariamne*;   370 il rhabilla même celle de Tristan, qui ne gagna rien à ce prétendu rajeunissement. On ne connaît aujourd'hui que la *Mariamne* de M. de Voltaire.... Malgré tous ces différends, M. de Voltaire est le premier à

366 MV1826: et il le déchire.

368-69 MS: autres. / ^{V}<je ne veux rapporter quun exemple des faussetes et de la calomnie grossière dont sont remplis ces libelles. entre autres sottises il est dit dans un de ces pitoyables ramas dinjures que monsieur de voltaire ayant été introduit chés m^r le mareschal duc de richelieu au sortir des classes fit des vers avec madame la duchesse de richelieu sa premiere femme laquelle lui donna cent louis d'or dont il   5 acheta un carrosse. et la dessus on batit une histoire la plus ridicule et la plus imper-tinente. qu'on juge par ce trait a a quel exces de sottise l'imposture peut entrainer. jamais m^r le duc de Richelieu n'eut de femme qui fît de vers.> / <m^r de voltaire nest point homme $^{V?\uparrow}$**ne fut jamais dans le cas**$^+$ a recevoir d'argent de personne. on sait quil a toujours jouï d'une fortune tres considerable pour un homme de lettres,   10 quand il connût m^r le mareschal duc de Richelieu il $^{V?\uparrow}$**ce seigneur**$^+$ étoit veuf de sa premiere femme, j'ai eu enfin communication d'une lettre de ce seigneur écrite depuis quelque tems a monsieur de voltaire dont je donne ici la copie.> / <monsieur de voltaire etoit trop portee [*sic*] d'inclination a suivre les conseils du mareschal de richelieu, pour ne pas mepriser ces absurdes calomnies. les editeurs de ces infamies   15 osèrent en envoyer un exemplaire au roi de pologne Stanislas qui voulût le faire bruler par la main du bourreau, monsieur de voltaire l'y [*illisible*] ^{V}**l'en empêcha**$^+$ disant que ce seroit faire trop d'honneur a ces miseres et à leurs injures [?] auteurs que de marquer la moindre attention, le mépris etant la plus sure mepr punition qu'on puisse employer.> / <personne n'ignore que le parlement a condamné la   20 plupart de ces libelles, et que leurs auteurs ont été forcés de se retracter.> / on scait

369-70 MV1826: le poète Rousseau:

370 MS: critique ^{V}<sanglante> ^{V}**tres mauvaise**$^+$ de

370-71 MV1826: de la tragédie de *Mariamne*, représentée avec un grand succès en 1725. Il rhabilla même la *Mariamne* de *Tristan*, croyant prouver qu'elle était bien supérieure à l'autre, mais elle ne gagna

372 MV1826: rajeunissement [*avec note de Wagnière*: Cette ancienne tragédie de *Tristan*, corrigée par J.-B. Rousseau, fut imprimée en 1731.]. On

372-73 MS: m^r de voltaire, ^{V}<de la sont partis tous ces écrits qui [*illisible*] la joye maligne du public en deshonorant a la fois des lettres et de l'humanité,> malgré

373-75 MV1826: tous les différends survenus entre eux, M. de Voltaire rend justice aux talents de Rousseau; mais il blâme cet auteur d'avoir employé le style

rendre justice aux talents du sieur Rousseau. Il a repris dans cet auteur le
375 style marotique dans les sujets sérieux; parce qu'il sait qu'on doit écrire
sur ces sujets avec la pureté et la sévérité de sa langue. Marot pouvait
avoir les grâces du langage de son siècle; mais aujourd'hui ce jargon est
ridicule, et n'est supportable, tout au plus, que dans une épigramme, dont
la naïveté est le mérite principal.

380 On ne s'est pas contenté de vouloir rabaisser le mérite des ouvrages de
M. de Voltaire en lui en attribuant plusieurs où il n'a aucune part, comme
Le Préservatif, Athénaïs, des odes au roi, une longue épître contre Rousseau, dans laquelle on justifie la comédie, qu'on appelle larmoyante, ou
tragédie bourgeoise.

385 Il est aisé de juger, à la façon de penser et au style, du peu de solidité
de pareilles imputations.

On a écrit qu'il avait daigné tirer de l'argent des libraires, qui ont tant
multiplié les éditions de ses ouvrages en Hollande. Jamais il n'a reçu le
moindre argent d'eux. Il a donné *gratis*, au nommé van Duren, l'*Anti-*
390 *Machiavel*, qu'on l'avait chargé de faire imprimer, et qu'un autre eût
vendu chèrement, dans un pays où l'on ne connaît que le commerce.

375-76 MS: marotique $^{V\uparrow}$**dans les sujets serieu[x]**$^+$ parce qu'il ^{V}<imagine>
$^{V\uparrow}$**sait**$^+$ qu'on doit écrire ^{V}<surtout> $^{V\uparrow}$**sur**$^+$ ^{V}<l>ces sujets ^{V}<serieu[x]> $^{V\uparrow}$**sur-**
tout$^+$ dans toute la pureté, et la ^{V}<[*illisible*]> ^{V}**severite**$^+$ de sa langue, <et> Marot

MV1826: écrire, principalement sur de tels sujets, avec toute la pureté et
la sévérité de la langue. Marot, comme nous l'avons dit, pouvait

377 MS: avoir ^{V}<toutes> les grâces

381-82 MS: m^r de Voltaire, on lui en a attribués plusieurs ou il n'a aucune part
comme ^{V}<le preservatif>, athenais

MV1826: M. de Voltaire, on lui en a attribué plusieurs où il n'a eu
aucune part, comme *Athénaïs*,

383-85 MS: larmoyante ^{V}**ou tragedie bourgeoise**$^+$ Tandis que m^r de voltaire est
des premiers a crier contre ce monstre de nouveauté, / il est aisé de juger <par> a la

384-85 MV1826: bourgeoise; mais il

387 MS: a écrit qu^V<e m^r de voltaire setoit fait payer> $^{V\uparrow}$**il avoit tiré beaucoup**
<de> **d'argent**$^+$ des

MV1826: a aussi prétendu qu'il avait tiré beaucoup d'argent des

388 MS: ouvrages, $^{V\uparrow}$**en hollande**$^+$ jamais

390-469 MS: eut eté en droit de vendre cherement ^{V}qu'on ose demander ces
faits. non seulement il en a usé tres genereusement avec tous ces gens la, mais jay
des preuves <quil en a usé de meme> de la facon noble dont il sest conduit avec des
autheurs distingues et particulierement avec m^r destouches son confrere a

Qu'on ose démentir ces faits. Non seulement il en a usé très généreu-
sement avec tous ces gens-là; mais j'ai des preuves par écrit de la façon
noble dont il s'est conduit avec des auteurs distingués. En un mot, il a été
l'ami de tous les gens de lettres, dont le cœur n'a point déshonoré l'esprit.   395
Il a partagé leurs succès. Il les a encouragés, et leur a souvent rendu de
grands services.

Ses correspondances, comme on le voit par ses œuvres, ont été
avec les principales personnes de l'Europe. Les Académies de Londres,
d'Edimbourg, de la Crusca, de Pétersbourg, de Rome, de Berlin, et   400
beaucoup d'autres, ont pris la peine de le venger de ses adversaires. Et
quels étaient ses ennemis? De misérables écrivains, sans noms, sans
talents, sans mœurs, qui cherchaient à se faire quelque réputation en atta-
quant la sienne. Mais aussi, ce qui arrive toujours, les plus honnêtes gens
dans les lettres, et les meilleurs esprits, l'ont dédommagé de l'ingratitude   405
des hommes méprisables; et parmi ceux que l'estime et la reconnaissance

---

lacademie$^+$ ^{V}<le s^r prault le pere l'a dit lui meme a tout le monde, m^r de voltaire lui   5
fit présent de son poeme de fontenoy dont on connait le succes il a refusé un service
^{V}↑de porcelaine$^+$ de Saxe que les libraires ont voulu lui donner par reconnaissance
qu'on ose dementir ces faits. cependant on ne se flatte point de desarmer l'envie on
n'ecrit ici que pour les honnetes gens qui pourraient sans examen et du premier coup
d'œil se livrer a certaines preventions dont les meilleurs [*illisible*] ne sont point   10
exempts. il est si aisé de se laisser séduire par le faux qui souvent est d'autant plus
dangereux qu'il prend l'air du vraisemblable!> / <si m^r de voltaire eut eté susceptible de cet esprit de basse jalousie qui est la maladie de contagion des gens de lettres,
assurement il eût moins applaudi au merite de m^r de crebillon, on n'a qu'à lire la
préface> //   15

394   MV1826: distingués, et particulièrement avec M. Destouches, son confrère
à l'Académie. En

401   MV1826: d'autres [*avec note de Wagnière*: Avec les papiers remis par Mme
Denis à M. Panckoucke, se trouvaient vingt diplômes au moins de diverses académies étrangères et de France. Ils lui étaient donnés: il pouvait les garder. Mais sous
prétexte que les sceaux de plusieurs d'entre eux étaient contenus dans des boîtes
d'argent, il les rendit tous. Ces parchemins réunis formaient en chœur un des plus   5
rares panégyriques dont un homme de lettres pût être l'objet. On ne sait ce qu'ils
sont devenus. Mme Denis avait épousé M. Duvivier, qui devint bientôt veuf. Il se
remaria et ne survécut pas longtemps à son nouveau mariage. On sollicita madame
sa veuve pour qu'elle voulût bien donner communication des papiers relatifs à
Voltaire qui pouvaient être restés chez elle. Par malheur, toute prière à cet égard   10
a été mal accueillie.], ont

lui ont attachés, il n'y en a point qui se soit signalé par un plus beau
monument que M. Marmontel. Son épître est un des morceaux de poésie
des plus tendres et des plus sublimes que nous ayons en français. Je citerai
410   ici, avec bien du plaisir, ces beaux vers, qui font tant d'honneur à celui
qui les a faits et à celui auquel ils sont adressés.

Des amis des beaux-arts, ami tendre et sincère,
Toi, l'âme de mes vers! O mon guide! O mon père!
(Car ce nom t'est bien dû: mon cœur me l'a dicté,
415   Et de tes sentiments il peint seul la beauté.)
Le tribut d'un talent que ta voix fit éclore,
M'acquitte auprès de toi, bien moins qu'il ne m'honore.
L'on saura que sur moi tu tournas ces regards,
Qui d'un feu créateur animait tous les arts:
420   L'on saura qu'au sortir des mains de la nature,
Inculte, languissant dans une nuit obscure;
Mais épris de tes vers, par ta gloire excité,
Je t'appelai du fond de mon obscurité;
Que mes cris de ton cœur réveillant la tendresse,
425   Tes bras tendus vers moi reçurent ma jeunesse:
Qu'à penser, à sentir, par tes leçons instruit,
Dans la cour d'Apollon, sur tes pas introduit,
Adopté pour ton fils au temple de Mémoire,
Sur moi tu fis tomber un rayon de ta gloire.
430   Que j'aime à me flatter qu'un si beau souvenir
Ira peindre ton âme aux siècles à venir!
Oui, de l'humanité cette touchante image,
Des pleurs de nos neveux doit t'assurer l'hommage.
'Il n'est plus, diront-ils, ô destins! ô regrets!
435   Heureux son siècle! heureux qui put le voir de près:
Heureux surtout l'ami, qui choisi par l'estime,
Et de tes sentiments dépositaire intime,
Put lire dans son cœur, et penser d'après lui!
Modèle des talents, il en fut donc l'appui;
440   Et la vertu qu'il peint avec des traits de flamme,
Ainsi qu'en ses écrits régna donc dans son âme!'

409   MV1826: et les plus sublimes

Après ces beaux vers de M. de Marmontel, je citerai un morceau de prose du livre intitulé, *Introduction à la connaissance de l'esprit humain*; livre où l'on trouve des choses admirables, et même neuves, dans un siècle où il semble qu'on ait tout dit. Voici comme l'auteur, également éloquent 445 et équitable, parle de M. de Voltaire, dans la *deux cent quarante-cinquième Réflexion*.

'Je n'ôte rien à l'illustre Racine, le plus sage et le plus éloquent des poètes, pour n'avoir pas traité beaucoup de choses qu'il eût embellies, content d'avoir montré dans un seul genre la richesse et la sublimité 450 de son esprit. Mais je me sens forcé de respecter un génie hardi et fécond, élevé, pénétrant, facile, infatigable, aussi ingénieux; et aussi aimable dans les ouvrages de pur agrément, que vrai et pathétique dans les autres: d'une vaste imagination, qui a embrassé et pénétré rapidement toute l'économie des choses humaines; à qui ni les sciences abstraites, ni les 455 arts, ni la politique, ni les mœurs des peuples, ni leurs opinions, ni leurs histoires, ni leurs langues même n'ont pu échapper. Illustre, en sortant de l'enfance, par la grandeur et par la force de sa poésie féconde en pensées; et bientôt après, par les charmes et par le caractère original et plein de raison de sa prose. Philosophe, et peintre sublime, qui a semé avec éclat, 460 dans ses écrits, tout ce qu'il y a de grand dans l'esprit des hommes; qui a représenté les passions avec des traits de feu et de lumière, et enrichi le théâtre de nouvelles grâces. Savant à imiter et à saisir l'esprit des bons ouvrages de chaque nation, par l'extrême étendue de son génie; mais n'imitant rien d'ordinaire qu'il ne l'embellisse. Eclatant, jusque dans les 465 fautes qu'on a cru remarquer dans ses écrits; et tel, que malgré les efforts de la critique, il a occupé, sans relâcher de ses veilles, ses amis et ses ennemis, et porté chez les étrangers, dès sa jeunesse, la réputation de nos lettres, dont il a reculé toutes les bornes.'

---

445 MV1826: l'auteur [*avec note de Wagnière*: Le marquis de Vauvenargues.], également
466 MV1826: cru apercevoir dans
467 MV1826: sans relâche de

APPENDICE 2

En 1826, dans les *Mémoires sur Voltaire*, Wagnière imprime le texte de la 'Dissertation historique', probablement aménagé un peu à sa façon, après lequel il donne ces 'Passages rayés', suivis d'une 'Note écrite de la main de Voltaire'.[1]

Passages rayés par Voltaire sur la minute originale de la préface de Darnaud

Page 497. *Après:* Au-delà de laquelle ils allaient eux-mêmes,
On lisait:[2]

Quelle étrange contradiction! C'est bien là qu'on doit plaindre l'esprit humain de se laisser aller à de pareilles inconséquences; et la cause en est

5 dans le cœur où se trouve la source de l'envie. On ne veut point que le même homme fasse tant de choses: cela l'élève trop au-dessus des autres. Cependant on nous fait travailler dans nos premières études sur plusieurs sujets, prose, vers, histoire, matières philosophiques; et dans la suite de notre vie, il nous serait défendu de nous livrer à la même variété!

10 Le fameux baron de Leibnitz n'était-il pas philosophe, poète, historien? M. de Fontenelle ne s'est-il pas essayé sur plusieurs genres de littérature? Il ne s'en est point tenu à son histoire de l'Académie et à ses Eloges. Si nous voulions d'autres exemples, nous verrions chez les Grecs un Platon, un Aristote qui écrivent sur divers sujets; chez les Romains,

15 des Varron, des Cicéron; un Horace qui fait des odes, des épîtres, des satires; un Ovide qui se partage entre des élégies, des héroïdes, des métamorphoses, et qui compose des tragédies. Les Italiens ont quelques auteurs qui se sont distingués de même dans plusieurs genres différents. M. de Voltaire ne se sera-t-il autorisé de l'exemple de ces grands hommes

20 que pour essuyer les calomnies les plus atroces, les libelles les plus odieux?

[1] Voir 'Editions', mv1826 ci-dessus, p.351.
[2] Ce passage n'est pas en fait rayé dans le manuscrit (voir ci-dessus, p.354-55).

Ce n'est donc, je le répète, que dans l'envie qu'on peut trouver la source, etc.

Page. 497. *Après:* Je n'en ai vu que trop de preuves,
On lisait:[3]

Je puis l'écrire parce que je le pense. Un honnête homme ne peut voir qu'avec indignation un pareil déchaînement. Est-ce là la récompense réservée à ceux qui honorent autant les lettres? Tous ceux qui les culti-vent ne devraient-ils pas avoir une âme plus éclairée et par conséquent moins susceptible de ces bassesses qui sont la tache et la rouille des âmes vulgaires? Croirait-on que la plupart des auteurs de ces libelles diffama-toires répandus contre M. de Voltaire, sont autant d'ingrats et de gens dénaturés qu'il a obligés, ou qui lui doivent même ces jours qu'ils emploient à l'outrager. Quelle que soit l'amitié qui me lia à M. de Vol-taire dès ma plus tendre enfance, je ne m'en suis point rapporté à ce qu'il aurait pu me dire, persuadé qu'un homme juste et impartial qui avance des faits devant le public ne saurait trop les appuyer de recherches et de preuves. Je n'écris ceci que sur la foi d'une foule de lettres que j'ai eu la patience de lire. Voici même des passages que j'ai extraits de quel-ques-unes, et qui peuvent donner une plus juste idée de la dépravation et de l'ingratitude de ces malheureux, qu'on veut bien encore, par charité, ne pas nommer, dans l'espérance qu'ils sentiront toute la noirceur de leurs procédés. Voici comme débute la lettre de l'un d'eux: 'Ayez pitié de moi, monsieur, etc.' (*Voyez le texte.*) Je fais grâce à plusieurs autres, mais je ne peux passer sous silence ce Saint-Hyacinthe, etc.

Page 498. *Après:* Et il a méprisé les autres,
On lisait:[4]

Je ne veux rapporter qu'un exemple des faussetés et des calomnies grossières dont sont remplis ces libelles. Entre autres sottises, il est dit dans un de ces pitoyables ramas d'injures que M. de Voltaire, ayant été introduit chez M. le duc de Richelieu, au sortir des classes, fit des vers avec madame de Richelieu, sa première femme, laquelle lui donna cent

[3] Voir ci-dessus, p.355-57. Wagnière semble fondre deux passages barrés en un seul.
[4] Voir ci-dessus, p.357-58.

louis d'or, dont il acheta un carrosse. Et là-dessus on bâtit l'histoire la
plus ridicule et la plus impertinente. Qu'on juge par ce trait à quel excès
55 d'impostures on peut se laisser entraîner. Jamais M. le duc de Richelieu
n'eut de femme qui fit des vers, et M. de Voltaire ne fut jamais dans le
cas de recevoir d'argent de personne. On sait qu'il a toujours eu de la
fortune, laquelle est devenue par la suite très considérable pour un
homme de lettres. Quand il connut M. de Richelieu, ce seigneur était
60 veuf de sa première femme. J'ai vu une de ses lettres, datée du 8 février
1739, où il dit à M. de Voltaire: 'Ce livre (*la Voltairomanie*) est bien ridicule et bien plat. Ce que je trouve d'admirable, c'est que l'on y dit que
madame de Richelieu vous avait donné cent louis et un carrosse, avec des
circonstances dignes de l'auteur et non pas de vous; mais cet homme
65 admirable oublie que j'étais veuf en ce temps-là, et que je ne me suis
remarié que plus de quinze ans après, etc.'

M. de Voltaire était trop porté d'inclination à suivre les conseils que
lui donnait M. de Richelieu dans cette même lettre, pour ne pas mépriser
tant d'absurdes calomnies. Depuis, les éditeurs de ces infamies osèrent en
70 envoyer un exemplaire à Lunéville a S. M. le roi de Pologne, Stanislas,
qui voulut le faire brûler par la main du bourreau. M. de Voltaire l'en
empêcha, disant que ce serait faire trop d'honneur à ces misères et à leurs
auteurs que d'y faire la moindre attention, le mépris étant en ce cas la
plus sûre punition qui puisse les affliger.

75 Personne n'ignore que le parlement de Paris a condamné plusieurs de
ces libelles, et que leurs auteurs ont été forcés de se rétracter. On sait
aussi la cause du fameux démêlé, etc.

Page 500. *Après:* M. Destouches, son confrère à l'Académie,
On lisait:[5]

80 M. Prault, le père, n'a-t-il pas dit à tout le monde qu'il ne put jamais
rien faire accepter à M. de Voltaire, qui lui avait donné le *Poème de
Fontenoy*, dont on connaît le succès et le prodigieux débit? Ne sait-on pas
que depuis peu, M. de Voltaire a de même refusé un magnifique service
de porcelaine de Saxe que les libraires de Dresde voulaient lui envoyer
85 comme un témoignage de leur reconnaissance? Quelque notoires que
soient ces faits et d'autres semblables, on ne se flatte pas de désarmer

---

[5] Voir ci-dessus, p.359.

l'envie; on n'écrit ici que pour les honnêtes gens qui pourraient, sans examen, et du premier coup d'œil, se livrer à certaines préventions dont les meilleurs esprits ne sont point toujours exempts. Il est si aisé de se laisser séduire par le faux, qui souvent est d'autant plus dangereux qu'il prend l'air du vraisemblable!

Si M. de Voltaire eût été susceptible de cet esprit de basse jalousie qui est une maladie trop contagieuse parmi les gens de lettres, assurément il eût moins applaudi au mérite de beaucoup d'entre eux, tels que MM. de La Motte, Crébillon, Fontenelle, etc. On n'a qu'à lire la préface......

Nota. Les derniers feuillets de la minute de Darnaud étaient fort souillés et endommagés; après quelques lignes qu'on ne pouvait lire, elle se terminait comme on le voit au texte, par:
Les Académies de Londres, d'Edimbourg, etc.

Note écrite de la main de Voltaire, et qui était annexée à la préface qu'on vient de lire[6] (a)

S'il est vrai que M. Darnaud ait écrit en France pour rétracter une préface dont il m'avait demandé, l'an passé, la permission d'orner mes faibles ouvrages, ce procédé doit d'autant plus m'étonner, que cette préface est écrite toute de sa main, et signée de lui; et je n'en ai retranché que les éloges trop forts qu'il me donnait. S'il a pu penser qu'il y eût dans cette préface quelques réflexions dont le gouvernement pût être mécontent, il a encore très grand tort: je l'ai montrée au roi de Prusse, qui n'y a rien trouvé qui pût blesser personne. Si M. Darnaud s'est plaint dans ses lettres que je l'ai desservi auprès du roi de Prusse, c'est un nouveau sujet de repentir qu'il s'est préparé: le roi m'est témoin que, non seulement je ne lui ai jamais dit le moindre mal de ce jeune homme, mais que je l'ai excusé dans toutes ses fautes, non seulement auprès du roi, mais auprès de la nation, et des Français qui sont ici. J'ai été assez heureux pour lui

(a) Cette note est sans date, mais doit avoir été écrite à Potsdam dans le mois d'octobre ou de novembre 1750.

[6] Ce texte se trouve dans la correspondance en tant que lettre envoyée à Baculard d'Arnaud écrite vers le 14 novembre 1750 (D4263). C'est une lettre ostensible.

rendre quelques petits services à Paris, et je n'ai point changé ici de sentiments à son égard. Je me flatte qu'il se rendra digne des bontés du roi et
115 de tous ceux qui sont à sa cour.

Quant à sa préface, il y a longtemps que j'avais supplié ceux qui
comptaient entreprendre une édition de mes ouvrages de supprimer ce
morceau, parce qu'il suffisait de celles dont M. Cocchi et M. Marmontel
m'avaient honoré. Je me flatte qu'on m'a tenu parole. Au reste, je ne
120 connais point l'édition nouvelle qui doit, dit-on, paraître; je souhaite
qu'elle soit plus correcte et plus fidèle que les précédentes.

OUVRAGES CITÉS

Alletz, Pons Augustin, *Dictionnaire portatif des conciles* (Paris, 1758).

Banier, Antoine, *Histoire générale des cérémonies, mœurs et coutumes religieuses*, 7 vol. (Paris, 1741).

Basnage de Beauval, Jacques, *Histoire de l'Eglise depuis Jésus-Christ jusqu'à présent*, 4 vol. (Rotterdam, 1699).

Bernier, François, *Evénements particuliers [...] dans les Etats du Grand Mogol*, 2 vol. (Paris, 1671).

–, *Suite des mémoires du S. Bernier, sur l'empire du Grand Mogol* (Paris, 1671).

Besterman, Theodore (éd.), *Voltaire's household accounts 1760-1778* (Genève et New York, 1968).

–, 'Voltaire's notebooks (Voltaire 81-82): thirteen new fragments', *SVEC* 148 (1976), p.7-35.

Bodin, Jean, *De la démonomanie* (Paris, 1582).

Bouhours, Dominique, *La Manière de bien penser dans les ouvrages d'esprit. Dialogues* (Paris, 1689).

Brice, Germain, *Nouvelle Description de la ville de Paris, et de tout ce qu'elle contient de plus remarquable*, 4 vol. (Paris, 1725).

Brown, Andrew, 'Calendar of Voltaire manuscripts other than correspondence', *SVEC* 77 (1970), p.11-101.

–, 'Des notes inédites de Voltaire: vers une nouvelle édition de ses carnets', *Cahiers Voltaire* 8 (2009), p.61-80.

–, et André Magnan, 'Aux origines de l'édition de Kehl. Le *Plan* Decroix-

Panckoucke de 1777', *Cahiers Voltaire* 4 (2005), p.83-124.

Butler, Samuel, *Hudibras* (Londres, 1720).

Calmet, Augustin, *Commentaire littéral sur tous les livres de l'Ancien et du Nouveau Testament*, 25 vol. (Paris, 1709-1734).

Cantimir, Dimitrie, *Histoire de l'empire ottoman*, 4 vol. (Paris, 1743).

Chardin, Jean, *Voyages de monsieur le chevalier Chardin, en Perse et autres lieux de l'Orient*, 3 vol. (Amsterdam, 1711).

Dictionnaire de l'Académie française, 4ᵉ éd., 2 vol. (Paris, 1762).

Dictionnaire des anti-Lumières et des anti-philosophes (France, 1715-1815), éd. D. Masseau, 2 vol. (Paris, 2017).

Dictionnaire européen des Lumières, éd. M. Delon (Paris, 1997).

Dictionnaire raisonné universel de l'histoire naturelle (Lausanne, 1776).

Dictionnaire universel français et latin [dit *de Trévoux*], 6 vol. (Nancy, 1738-1742).

Encyclopédie, ou dictionnaire raisonné des sciences, des arts et des métiers, par une société de gens de lettres, éd. Jean Le Rond D'Alembert et Denis Diderot, 35 vol. (Paris, 1751-1780).

Félibien, André, *Entretiens sur les vies et sur les ouvrages des plus excellents peintres anciens et modernes avec la vie des architectes*, 6 vol. (Trévoux, 1725).

Ferrand, Nathalie, 'Expériences du manuscrit', dans *Écrire en Europe. De Leibniᴣ à Foscolo*, éd. N. Ferrand (Paris, 2019).

Ferrer, Daniel, *Logiques du brouillon* (Paris, 2011).

Fleury, Claude, *Histoire ecclésiastique*, 37 vol. (Paris, 1722-1738).

Froumenteau, Nicolas, *Le Secret des finances de France* (s.l., 1581).

Grimm, Friedrich Melchior, *Correspondance littéraire*, éd. Ulla Kölving et autres (Ferney-Voltaire, 2006-).

Hearne, Samuel, *Voyage* [...] *du fort de Prince de Galles à la baie d'Hudson*, 2 vol. ([s.l.], an VII [1798]).

Inventaire Voltaire, éd. J. Goulemot, A. Magnan et D. Masseau (Paris, 1995).

Joinville, Jean de, *Histoire de saint Louis IX du nom* (Paris, 1668).

Journal des savants (22 février 1666).

Journals of the House of Commons, t.25 (1803).

Jurieu, Pierre, *Suite de l'accomplissement des prophéties* (Rotterdam, 1686).

Labat, Jean-Baptiste, *Voyages du P. Labat de l'ordre des FF. prêcheurs en Espagne et en Italie*, 8 vol. (Paris, 1730).

La Bourdonnais, Bertrand-François Mahé de, *Mémoire pour le sieur de La Bourdonnais avec les pièces justificatives* (Paris, 1750).

Lacroix, Nicolle de, *Géographie moderne*, 2 vol. (Paris, 1752).

La Mare, Nicolas de, *Traité de la police*, 4 vol. (Paris, 1722-1738).

Le Blanc, François, *Traité historique des monnaies* de France [...] *depuis le commencement de la monarchie jusqu'à présent* (Amsterdam, 1692).

Leclerc, Jean, *Sentiments de quelques théologiens de Hollande sur l'Histoire critique du Vieux Testament, composée par le R. P. Simon de l'Oratoire, où en remarquant les fautes de cet auteur, on donne divers principes utiles pour l'intelligence de l'Ecriture sainte* (Amsterdam, 1685).

Le Duc, Louis Léouzon, *Voltaire et la police* (Paris, 1867).

Longchamp, Sébastien, et Jean-Louis Wagnière, *Mémoires sur Voltaire et sur ses ouvrages, par Longchamp et Wagnière, ses secrétaires; suivis de divers écrits inédits*, 2 vol. (Paris, 1826).

Magnan, André, *Dossier Voltaire en Prusse (1750-1753)*, *SVEC* 244 (1986).

Mémoires pour l'histoire des sciences et des beaux-arts (juillet 1734).

Ménage, Gilles, *Ménagiana, ou les bons mots et remarques critiques, historiques, morales et d'érudition, de monsieur Ménage recueillies par ses amis*, 4 vol. (Paris, 1729).

Mercure de France (avril 1762, t.1).

Misson, Maximilien, *Nouveau Voyage d'Italie*, 3ᵉ éd., 3 vol. (La Haye, 1698).

Montesquieu, Charles de Secondat, baron de La Brède et de, *De l'esprit des lois*, 2 vol. (Leyde, 1749).

Montpensier, Anne Marie Louise d'Orléans, duchesse de, *Mémoires de mademoiselle de Montpensier*, 6 vol. (Amsterdam, 1730).

Observations sur les écrits modernes, t.19 (1739).

Ordonnances des rois de France de la troisième race, 22 vol. (Paris, 1723-1849).

Paillard, Christophe, *Jean-Louis Wagnière, secrétaire de Voltaire. Lettres et documents*, *SVEC* 2008:12.

Le Petit Nouvelliste, tant ancien que moderne (La Haye, 1778).

Pink, Gillian, *Voltaire à l'ouvrage* (Paris, 2018).

Racine, Louis, *Œuvres de M. L. Racine*, 6 vol. (Amsterdam, 1750).

Saurin, Jacques, *Discours historiques, critiques, théologiques, et moraux*, 11 vol. (La Haye, 1720-1739).

Sauval, Henri, *Histoire et recherches des antiquités de la ville de Paris*, 3 vol. (Paris, 1724).

Sévigné, Marie de Rabutin-Chantal, marquise de, *Recueil des lettres de madame la marquise de Sévigné, à madame la comtesse de Grignan, sa fille*, 6 vol. (Paris, 1754).

Simon, Richard, *Histoire critique du Vieux Testament* (Amsterdam, 1680).

—, *Réponse au livre intitulé Sentiments de quelques théologiens de Hollande sur l'Histoire critique du Vieux Testament, par le prieur de Bolleville* (Amsterdam, 1686).

Thévenot, Jean de, *Troisième Partie des voyages de M. de Thévenot aux Indes orientales* (Paris, 1684).

Veyssière de Lacroze, Mathurin, *Histoire du christianisme d'Ethiopie et d'Arménie* (La Haye, 1739).

Virgile, *Les Œuvres de Virgile*, trad. Pierre-François Guyot Desfontaines, 2 vol. (Amsterdam, s.d. [après 1743]).

Voltaire

—, *L'A, B, C*, *OCV*, t.65A.

—, *Abrégé de l'histoire universelle*, voir *Essai sur les mœurs*

—, *Annales de l'Empire*, *OCV*, t.44A-44C.

—, *Appel à toutes les nations de l'Europe*, *OCV*, t.51B.

—, *Carnets (Notebooks)*, *OCV*, t.81-82.

—, *Catéchisme de l'honnête homme*, *OCV*, t.57A.

—, *Commentaire sur le livre Des délits et des peines*, *OCV*, t.61A.

—, *Commentaires sur Corneille*, *OCV*, t.53-54.

—, *Conformez-vous aux temps*, *OCV*, t.60A.

—, *Conseils de Voltaire à Helvétius sur la composition et sur le choix du sujet d'une épître morale*, *OCV*, t.18C.

—, *Corpus des notes marginales*, *OCV*, t.136-45.

—, *De Cromwell*, *OCV*, t.30C.

—, *Défense de milord Bolingbroke*, *OCV*, t.32B.

—, *La Défense de mon oncle*, *OCV*, t.64.

— *Des Juifs*, *OCV*, t.45B.

—, *Dictionnaire philosophique*, *OCV*, t.35-36.

—, *Dieu et les hommes*, *OCV*, t.69.

—, *Le Dîner du comte de Boulainvilliers*, *OCV*, t.63A.

—, *Discours de l'empereur Julien contre les chrétiens*, *OCV*, t.71B.

—, *Discours sur la tragédie (Brutus)*, *OCV*, t.5.

—, *Eléments de la philosophie de Newton*, *OCV*, t.15.

—, *Essai sur les mœurs*, *OCV*, t.22-27.

—, *L'Examen important de milord Bolingbroke*, *OCV*, t.62.

—, *Fragments sur l'Inde et sur le général Lalli*, *OCV*, t.75B.

— *Fragment sur les Juifs*, *OCV*, t.60B.

—, *La Henriade*, *OCV*, t.2.

—, *Histoire de l'établissement du christianisme*, *OCV*, t.79B.

—, *Histoire du parlement de Paris*, *OCV*, t.68.

—, *Homélies prononcées à Londres*, *OCV*, t.62.

—, *Il faut prendre un parti*, *OCV*, t.74B.

—, *Lettre d'un quaker à Jean-George Lefranc de Pompignan*, *OCV*, t.57A.

—, *Lettres à son Altesse Monseigneur le prince de ****, *OCV*, t.63B.

—, *Lettres de Memmius à Cicéron*, *OCV*, t.72.

—, *Lettre sur M. Locke*, *OCV*, t.6C.

—, *Mémoires pour servir à la vie de Monsieur de Voltaire, écrits par lui-même*, *OCV*, t.45C.

—, *Le Mondain*, *OCV*, t.16.

—, *Le Philosophe ignorant*, *OCV*, t.62.

—, *La Philosophie de l'histoire*, *OCV*, t.59.

—, *Précis du siècle de Louis XV*, *OCV*, t.29A-29B.

—, *La Pucelle*, *OCV*, t.7.

—, *Le Pyrrhonisme de l'histoire*, *OCV*, t.67.

—, *Questions de Zapata*, *OCV*, t.62.

—, *Questions sur l'Encyclopédie*, *OCV*, t.37-43.

—, *Remarques pour servir de supplément à l'Essai sur les mœurs*, *OCV*, t.27.

—, *Le Russe à Paris*, *OCV*, t.51A.

—, *Sermon des cinquante*, *OCV*, t.49A.

—, *Sermon prêché à Basle*, *OCV*, t.67.

—, *Siècle de Louis XIV*, *OCV*, t.11A-13D.

—, *Le Temple du goût*, *OCV*, t.9.

—, *Traité de métaphysique*, *OCV*, t.14.

—, *Traité sur la tolérance*, *OCV*, t.56C.

—, *Un chrétien contre six Juifs*, *OCV*, t.79B.

INDEX

Aaron, 283

Abbas II (Mohammed Mirza), chah de Perse, 241n

Aben Esra, 57-58, 60, 62, 65, 86-87, 93n

Abraham, patriarche, 83, 92, 197n, 371

Académie française, 139, 162, 319n, 343, 360

Adam, 74, 213n

Addison, Joseph, 372; *Caton*, 372

Adhémar, Alexandre d'Adhémar de Monteil de Brunier, vicomte et comte de Marsanne, marquis d', 348

Adolphe-Frédéric, roi de Suède, 310n

Aesopus Clodius, 128

Akbar (Jalal al-Din Muhammad), empereur moghol des Indes, 243n

Albategne, 249

Albertas, Jean-Baptiste d', 311

Albina, Larissa L., 106, 213n

Alembert, Jean Le Rond D', 99, 102, 104, 108n-109n, 121, 122n, 127n, 316n, 321n; *Sur la destruction des jésuites en France*, 102

Alençon, Philippe d', cardinal, 205n

Alexandre VI, pape (Rodrigo Borgia), 252

Alexandre le Grand, 176n, 195, 196n, 199, 243n, 252n, 280

Alfragan (*ou* Alpherganus), géographe arabe, 249; *Muhamedis Alfragani arabis chronologica et astronomica elementa*, 249n

Algarotti, Francesco, 34

Ali, calife musulman, 241n

Alletz, Pons-Augustin, *Dictionnaire portatif des conciles*, 177n

Al Ma'mun (Almamom), calife abbasside, 249

Alméras, Pierre d', 266

Amalec, 204

Amelot de Chaillou, Jean-Jacques, 319, 324

Amon, roi de Juda, 69

Amos, prophète, 197n

Amyot, Jacques, 294

Anastase Ier, pape, 293

Annonces, affiches et avis divers, 20

Antoine I Grimaldi, prince de Monaco, 273n

Archimède, 296

Arenberg, maison d', 289

Argence de Dirac, François Achard Joumard Tison, marquis d', 57n, 69, 80, 88, 104, 109n

Argens, Jean-Baptiste de Boyer, marquis d', *Lettres chinoises*, 335

Argenson, Marc-Pierre de Voyer de Paulmy, comte d', 319

Argenson, René Louis de Voyer de Paulmy, marquis d', 312n, 319, 323

Argental, Charles Augustin Feriol, comte d', 19, 216n, 310n, 323n, 330, 347

Argental, Jeanne Grâce Bosc du Bouchet, comtesse d', 123

Arimane, 291, 293

L'Arioste (Ludovico Ariosto), 372

Aristote, 14n, 235, 236n, 284n, 297, 339, 354n, 374, 381

Arius, 176n